**여성 연구자,
선을 넘다**

지구를 누빈 현장연구 전문가
12인의 열정과 공감의 연구 기록

엄은희, 구기연, 채현정, 임안나, 최영래, 장정아,
김희경, 육수현, 노고운, 지은숙, 정이나, 홍문숙 지음

여성 연구자,
선을 넘다

"엄마, 나는 ○○이 싫어. 안 가면 안 돼?" 지역연구를 업(業)으로 삼고 있는 기혼 연구자들이 현지조사를 위해 짐을 쌀 때마다 가정에서 펼쳐지는 장면이다. "혼자 나와 있나요?" 이 또한 현지조사지에 장기 체류하는 동안 자주 접하는 질문이다. 위험을 걱정해주는 목소리지만 위험으로 다가오는 목소리이기도 하다. 이런 질문은 현지 방문횟수나 결혼 유무에 관계없이, 함께 조사하는 팀원이 있고 없음에 무관하게 자주 우리 앞에 던져진다. 그러함에도 주기적으로 연구현장을 찾아 국경을 넘어 현지를 찾는 여성들, 이들이 바로 이 책을 함께 쓴 12명의 여성 학자들이다.

　기존에 발간된 지역 현지조사를 다룬 저서들에도 박진감 넘치는 모험과 성장의 드라마가 있고, 현지조사에 도전하여 현지의 관점을 대자적으로 다루는 지역연구자들의 출발점을 찾아보는 재미도 있었다. 하지만 안타깝게 그 책들에는 '여성'의 목소리가 전혀 고려되지 않았다. 이 책의 저자들 중에는 여성주의 공부나 훈련을 거친 사람도 있고 그렇지 않은 사람도 있다. 하지만, 장기 현지조사를 선택하고 그것을 바탕으로 박사논문을 완성한 우리들은 각자 현장에서 그리고 현지조사 후 논문을 써내는 과정에서 '여성' 연구자이기에 감내해야 하는 경험들이 많았고 이는 남성 학자들의 경험과는 상이한 부분이었다. 대학원에서 혹은 박사학위를 취득한 뒤에도 우리는 곳곳에서 유리천장에 정수리를 부딪쳤고, 인생의 통과의례들(결혼, 출산, 육아 등) 때문에 고립과 좌절을 감내한 적도 많았다. 물론 고통만 있다면 이 길을 굳이 갈 이유는 없었을 것이다. 국경을 넘어 현지로 가는 길에는 곤란, 위험, 혼란, 두려움뿐 아니라 도전, 재미, 환대, 흥분, 저력, 긍지의 감정도 있어 우리의 길동무가 되어주었다. 우리는 사적 공간에서 '수다'로 머물러 있던 현지조사의 실질적인 경험과 조언들을 좀 더 많은 사람들과 나누고 싶었다. 그것이 바로 이 책의 출발점이다.

　오랜 토론 끝에 우리는 이 책의 제목을 『여성 연구자, 선을 넘다: 지구를 누빈 현장연구 전문가 여성 12인의 열정과 공감의 연구 기록』으로 정했다. 우리가 넘어선 '선들'은 무엇이었을까? 무엇보다 우리는 '직업 연구자'가 되기 위해 심리적 선을 넘어서야 했다. 연구라는 작업은 지적 전통을 좇으면서도 끊임없이 새롭게 질문하고 그에 대한 답을 찾는 연쇄적 과정이다. 어제의 나를 의심하고 미래의 나를 구축한다는 점에서 연구자는 늘 자신에게 심리적 형벌을 내리는 사람들이다. 우리의 연구대상은 물리적으로 영토적 경계 너머의 장소, 사회, 문화, 사건이라는 점에서 우리는 또한 지리적 선 넘기를 업으로 삼고 있는 사람들이다. 마지막으로 우리는 '여성 학자'로 살아남기 위해 사회문화적 선에 도전하고 넘어서기 위해 노력하는 사람들이기도 하다.

일본, 중국, 홍콩, 베트남, 필리핀, 미얀마, 태국, 이란, 이스라엘, 베네수엘라, 총 10개 지역에서 고군분투한 현지조사 기록을 이 책에서 마주할 수 있다. 이 책은 3부 12장으로 이루어져 있다. 1부 '나의 현장, 바뀌어간 질문들'에서는 지역연구자들이 조우하는 낯선 현지라는 공간에 주목한다. 여기서 현지는 연구자들과 분리된 실재로서 연구자들의 발길을 기다리는 곳이 아니라, 연구자들과의 상호작용 속에서 현지와 연구자가 끊임없이 재구성된다는 점을 보여준다. 또한 그 과정에서 질문과 문제의식이 끊임없이 바뀔 수밖에 없는 현지의 역동성을 보여준다.

채현정은 태국 북부에서 국경교역에 대해 연구하면서, 상인들과 함께 국경지역을 여행하고 동행하는 경험이 연구의 문제의식을 구체화하는 과정임을 보여준다. 임안나는 이스라엘 텔아비브의 필리핀 이주노동자 아파트에서 이주공간과 공동체 형성에 관한 연구를 수행하면서, 인류학 연구자로서 역동적인 현장에서 겪은 개인적 경험과 인식의 변화에 대해 이야기한다. 최영래는 중국의 연안을 조사하면서, 바다가 인간 활동의 수동적인 배경이 아니라 그것을 이용하고 관계를 맺어가는 사람들에 의해 사회적으로 만들어지는 공간임을 보여준다. 장정아는 홍콩인의 경계와 정체성이 어떻게 만들어지는지를 연구하면서, '중국'과 '홍콩'의 경계를 당연한 것으로 가정하지 말고 현장이 연구자와의 조우 속에서 계속 재구성되는 것으로 보아야 함을 강조하고 최근의 홍콩 사태에 대해서도 생생하게 들려준다.

2부 '낯선 사람들 사이에서'는 현지 '사람들'과의 관계 맺음과 라포 rapport 형성이 때로는 긴장과 갈등 관계를 가져오게 되는 이야기를 주로 다루고 있다. 현지조사 연구자들에게 연구대상자들은 가장 중요한 연구대상이자, 때로는 가장 어려운 관계이기도 하다. 우리가 현장 연구 기간 중 경험한 낯선 사람들과의 여러 오해와 갈등은 단순히 연구를 진행하는 과정에서 직면하는 해결해야 할 걸림돌이 아니라, 우리가 구축해온 세계와 현지인들의 세계가 맞부딪히며 발생한 파열음이기도 했다.

구기연은 이란 젊은 세대의 감정과 자아에 대한 연구를 통해, 통제와 검열이 심한 사회에서 현지조사하는 연구자의 심리적 갈등과 성찰의 과정을 기록한다. 김희경은 일본 농촌지역에 정착하는 과정에서 한국인이자 여성이어서 겪은 갈등들과 동일본 대지진과 같은 재난상황이 가져다주는 심리적 두려움 같은 경험들이 더 나은 해석으로 이어질 수 있음을 보여준다. 육수현은 베트남에서 연구자의 다양한 조건이 낯선 현지인과 관계를 맺고 유지하는 데 중요한 요소가 될 수 있고 그 과정에서 깨닫는 현지적 공감이 지역연구에서 타문화를 이해하는 문화적 해결법이 될 수 있음을 제안한다. 중국 옌벤조선족자치주에서 연구한 노고운은 라포를 형성하기 힘든 도시에서 단독으로 장기간 현지조사를 수행하는 여성 연구자가 경험하는 어려움은 무엇이고 그러한 육체적·정신적·학술적 어려움을 어떻게 극복했는지 구체적으로 기술하고 있다.

마지막 3부인 '관찰과 참여의 경계 위에서'는 연구자들이 관찰자의 위치에만 머무르지 않고 현지조사 대상자들과 끊임없이 서로 영향을 주고받으며 보다 역동적인 주체로 거듭나는 지역연구의 형태를 보여준다. 사회운동과 사회변화 혹은 발전 문제에 관심을 가진 독자와 연구자들이라면 공감할 만한 문제의식과 연구자들의 대응방식을 잘 보여주는 글들이다.

지은숙은 세대, 에스니시티, 결혼 여부와 가족 형태에 따라 달라지는 일본 여성의 삶의 결을 깨닫게 된 과정을 보여주며, 연구자가 때로는 연구대상자의 조언자가 되는 과정을 서술하고 있다. 엄은희는 필리핀 정부와 다국적 기업의 일방적인 광산개발에 저항하는 NGO 및 풀뿌리 조직 안에서 함께 생활하고 싸운 이야기를 들려주며, 그 현지조사가 동남아 지역전문가로서 현재를 만든 '불의 세례'였음을 고백한다. 정이나는 베네수엘라의 수도 카라카스의 빈민가 바리오에 정착하는 이야기를 통해 그들과 연구자가 '우리'가 되어가는 과정과 현지조사 과정에서 끊임없이 던진 질문에 대한 답을 찾는 이야기를 들려준다. 홍문숙은 미얀마 양곤 현지에서 동남아-국제개발-교육의 경계를 넘나드는 융합연구자로서 혼란스럽지만 치열하게 겪은 학문적·개인적 경험을 이야기한다.

해외 지역연구의 시작점은 의지와 우연의 연쇄로 결정되었으나, 과정 안에서 계속 '의지'를 입혀나갔다. 지역연구로 박사논문을 썼다고 저절로 특정 지역 전문가가 되는 것도 아니다. 하나의 연구가 끝날 때마다 다음 연구주제를 발굴해야 하고, 그 연구를 하기 위한 모색과 노력이 지속적으로 요구된다. 사실 우리 학계에서는 해외 지역연구가 독립된 학문분과로 인정되거나 그 사회경제적 가치를 인정받기가 어려운 풍토다. 그래서 박사논문이 끝난 뒤 현장과의 관계를 지속적으로 유지하며 연구를 해나가는 것이 쉽지 않다. 특정 지역에 대한 전문성을 유지, 발전시키려면 주기적으로 해외 현지조사를 수행해야 하는데, 그 과정은 경제적 측면뿐 아니라 개인의 기질이나 체력 측면에서도 늘 새롭고 도전을 요구한다. 특히 해외연구에는 상당한 비용이 요구되기에, '나 혼자 재미있는 주제'를 넘어 그 주제의 사회적 필요성과 요구를 꾸준히 설득하는 노력도 필요하다.

우리의 이야기를 '배운 여자들'의 현지조사 후일담으로 끝내고 싶지는 않았다. 책을 쓰고 서로의 현장경험을 털어놓고 토론하면서, 각자의 경험이 혼자만의 것이 아니라 '여성' '해외' '지역연구자들'의 공통된 경험임을 확인하게 되었다. 각자의 현장과 방문 시기는 달랐지만, 우리는 스스로 '연구도구'가 되어 다른 세상으로 걸어 들어가 장기체류하며, 참여와 관찰의 경계 위에서 때로는 위태롭게 때로는 흥미진진하게 다른 문화와 사람들을 만났으며, 마침내 '지역전문가'로 거듭났다.

이 책을 써내려가면서 우리는 서로의 현지조사 경험 속으로 들어갔을 뿐 아니라, 이 책에 참여하지 않은 여러 동학들에게 성찰적 조언을 받았다. 초고를 함께 읽어준 많은 선후배 동학들에게 다시 한번 감사의 인사를 전한다. 그들의 관심과 응원이 없었다면, 지난한 원고 수정 과정을 견뎌내지 못했을 것이다. 또한 이 책을 준비하는 과정에서 집담회를 지원해준 서울대학교 아시아연구소와 박수진 소장님께 감사드린다. 12명의 다양한 목소리에 귀 기울여준 눌민의 정성원 대표님과 꼼꼼하게 작업해준 편집자에게도 감사의 마음을 전한다. 마지막으로 필자들의 해외 현지조사 과정에서 든든한 힘이 되어준 모든 가족들과 출간의 기쁨을 함께 나누고 싶다.

이 책을 함께 쓰면서, 글을 쓴 우리들 자신이 가장 먼저 위로받았다. 서로의 현지경험을 말하고 들으며 그것이 개인의 경험이 아니라 집합적 실천임을 깨닫게 되었고, 그래서 다른 세계를 탐험한 여성 연구자들의 존재를 용감하게 세상에 보여주자 다짐했다. 더불어 우리들의 이야기가 동시대 여성 연구자들의 공동의 목소리로 합쳐질 수 있으리라 기대하게 되었다. 다른 한편으로 이 책은 여성들만의 이야기는 아니다. 12개의 이야기 속에서 수없이 질문들을 고쳐나가고 치열하게 해답을 찾은 과정은 해외 지역 현지조사를 경험했거나 준비하는 모든 이들에게 도움이 될 거라 기대한다. 마지막으로 우리의 첫걸음을 드러내는 이 일이 후배 여성 연구자들에게 구전으로만 전달되던 '인생의 허들 통과하는 법'이나 '지역연구자 되기' 비법들을 공개하고 '함께 이 길을 가보면 어떨까요?' 하고 손 내밀며 제안하는 책이 되기를 희망해본다. 여성이면서 동시에 지역연구자인 우리들의 이야기에 공명해줄 더 많은 후배 연구자들의 등장을 기대하고 응원한다.

2020년 1월
저자들을 대표하여
엄은희·구기연 씀

차례

각 저자 연구 지역 표시도

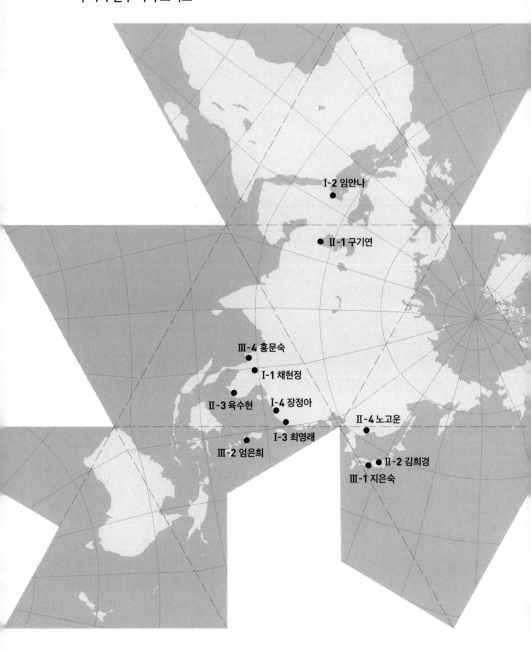

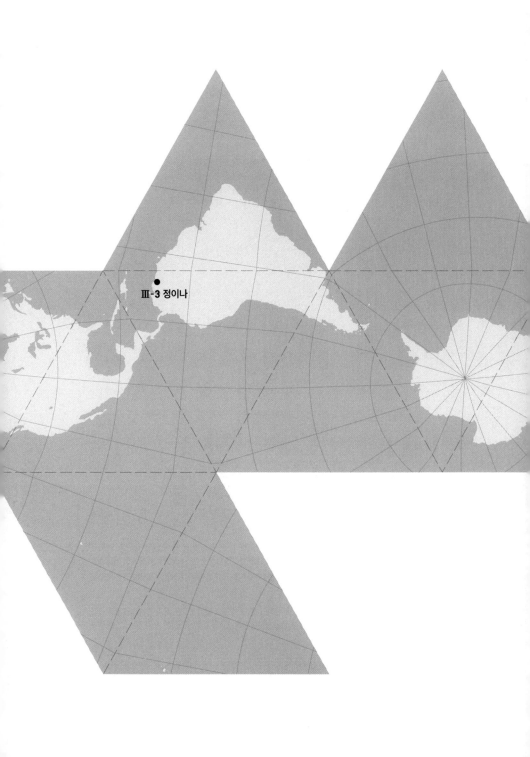

Ⅲ-3 정이나

일러두기

1. 본문에 실린 사진들은 모두 각 장의 저자에게 저작권이 있거나 저작권자로부터 사용 승낙을 받은 것들이다. 사진 중에는 개인정보 보호를 위해 블러 처리를 한 것들이 있다.

2. 이 책에 쓰인 세계 지도는 다이맥시언맵Dymaxion map이다. 리처드 벅민스터 풀러R. Buckminster Fuller가 1943년에 이 지도를 처음 발명했고, 1954년에 쇼지 사다오와 함께 개정해서 발표했다. 이 지도는 왜곡이 가장 적으며 지구 전체를 한눈에 볼 수 있도록 만들어진 것으로 알려져 있다. 지도의 굵은 점선대로 접으면 20면체를 만들 수 있다. CC BY-SA 4.0 정책에 의거해 사용했다.

3. 세계 지도에 각 장의 저자들이 연구한 지역을 점을 찍어 표시하고, 그 옆에 부, 장, 저자명 순으로 표시했다. 예를 들어 "I-1 채현정"은 1부 1장에 실린 채현정의 글을 말한다.

I

나의 현장, 바뀌어간 질문들

1

"당신의 국경으로 데려다주세요":

태국 북부에서의 국경교역 동행관찰기

채현정

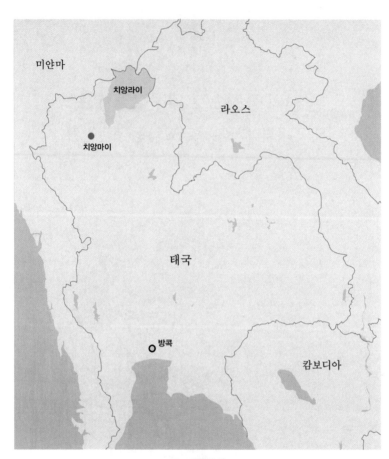

지도 1 **치앙라이**

1. 들어가며

내가 연구한 치앙라이는 태국 북부 국경지역의 작은 지방도시이다. 한국에서 치앙라이는 태국 북부의 유명한 관광지인 치앙마이 관광 패키지 상품에 엮여 있는 동네 정도로 알려져 있다. 그래서 연구지를 소개할 때마다 "치앙'마이'가 아니고 치앙'라이'"라는 설명을 덧붙여야 한다. 잘 알려지지 않은 치앙라이에 처음 방문했을 때 받은 인상은 '뭔가 있을지 모른다'는 것이었다. 매일 아침 시장에는 짐 보따리를 든 사람들이 북적이고, 한낮에는 텅 비었던 시내가 저녁이면 도시 외곽의 소수민족 마을이나 국경마을로 떠났던 관광객들이 돌아와 수선스러워지는 것이 독특한 느낌을 주었다. 연구를 하면서 알게 된 치앙라이의 특징이라고 할 수 있는 이동과 결집 현상은 나를 치앙라이 시내와 연결된 다른 장소들로 끊임없이 움직이게 했다. 그곳에서 사람들은 치앙라이라는 도시 안에 머물기보다 도시와 연결된 국경마을로 끊임없이 이동하고 있었다.

내 박사학위 논문은 국경상인들이 아세안지역경제협력으로 인해 변화하는 교역환경과 국경정책에 어떻게 적응하는지를 분석한 것이다. 연구지에서 내가 가장 궁금했던 것은 시장에서 만난 상인들이 어디서 와서 어디로 가는지였다. 내가 만난 상인들은 매일같이 국경마을에서 도시의 시장으로, 도시에서 국경으로 이동하는 삶을 살고 있었다. 그러므로 그들을 만나서 연구하는 과정은 이동과 연결의 장소인 국경을 따라 나도 함께 움직이고 이동에 동참하는 것이었다. 이 글은 박사학위 논문을 위한 현장조사에서 내가 상인들과 동행하거나 여러 장소로 이동하는 상황에서 연구자로서 고민했던 크고 작은 문제들에 대한 이야기이다.

2. 태국 국경 치앙라이에 도착하기까지

치앙라이를 연구지로 선택한 것은 다른 여러 도시들을 여행한 끝에 결정한 일이었다. 방콕 같은 대도시의 삶을 연구하고 싶었던 나는 지상철과 지하철을 중심으로 우후죽순 솟아나는 콘도미니엄이라는 주거문화와 도시 공간의 변화와 함께 나타나는 현대 태국 방콕 시민들의 삶에 관심이 있었다. 박사과정에서 도시 공간에 대한 관심을 가지고 논문 연구를 진행했지만 주제를 구체화하지 못한 채 방황하던 중, 지도교수님인 서울대 오명석 선생님께서 아세안 지역에서 '핫'한 이슈인 메콩 유역the Greater Mekong Subregion 개발과 관련해서 연구를 해보는 것이 어떻겠냐고 제안하셨다. 처음에 그 제안을 받았을 때는 지역경제협력이라는 다소 딱딱한 주제가 흥미롭지 않았고, 관련 연구들이 지리·환경·정치를 중심으로 이루어져 있어서 인류학적으로는 어떤 연구가 가능할지 고민이 되었다.

무엇보다 인류학의 태국 연구에서는 소수종족, 농촌마을, 이주자 등의 주제들이 주로 다뤄졌지만 실제로 가장 쉽게 접할 수 있는 태국 대도시의 삶과 사람들에 대해서는 연구가 많지 않았기에 방콕을 대상으로 연구하고 싶다는 욕심이 컸다. 그러나 방콕이라는 거대한 도시를 대상으로 인류학적 연구가 가능한 주제를 구체화하고 적당한 규모의 연구집단을 찾는 것이 묘연한 상황에서 선생님의 제안을 거절할 합당한 이유를 찾지 못했다. 그때부터 메콩 유역 개발과 나의 관심

나의 현장, 바뀌어간 질문들

사를 어떻게 맞춰볼 것인지 고민하기 위해 관련 문서와 연구들을 읽으며 연구주제를 찾기 시작했다. 그러나 개발계획과 결과에 대한 보고서 중심의 선행연구들로는 연구주제와 지역을 정하기 어려웠고, 그곳에서 어떤 일이 벌어지고 있는지 직접 보고 느끼지 않으면 파악할 수 없겠다는 생각이 들었다.

2014년 11월, 연구계획서를 제출해야 하는 박사논문 자격시험을 앞두고 메콩 유역 개발에서 주요하게 다뤄지는 태국 국경도시들을 답사하고 그곳에서 연구의 실마리를 찾아보려고 했다. 메콩 유역 개발을 통해 태국 및 아세안 국가에 불어오는 가시적인 변화의 하나는 아시아개발은행의 주도하에 이 지역을 연결하는 거대한 도로망이 생긴다는 것이었다. 도로와 같은 인프라의 개발은 도시 경관을 변화시키고 그에 따라 도시인의 삶에도 직접적인 영향을 미치므로, 도로를 연구 시작의 발판으로 삼고 도로가 지나는 거점 도시들을 차례로 방문해보기로 했다. 그래서 이전에 방문했던 콘깬과 이미 연구가 진행된 매솟을 제외하고 치앙라이, 우돈타니, 사께오, 깐짜나부리를 방문할 계획을 세웠다.

아무 연고도 없이 여러 국경도시와 경제회랑Economic Corridor 도시를 돌아다니는 것은 고되면서도 지루한 일정이었다. 비행기, 버스, 지인이 소개해준 사람의 차를 얻어타고 작은 도시들을 돌아다니다, 결국 치앙라이를 연구지로 결정했다. 여러 도시 중에서 치앙라이를 선택한 것은 치앙라이에 매사이, 치앙콩, 치앙샌이라는 국경교역 중심지가 분산되어 있어서 국경의 역동적인 이동을 관찰할 수 있을 것 같았기 때문이다.

국경은 분리와 경계의 공간이지만, 역으로 경계와 분리를 넘나드는

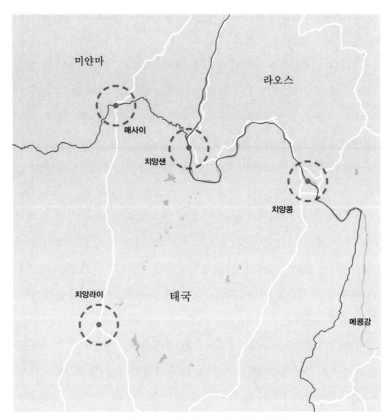

미얀마

라오스

매사이

치앙샌

치앙콩

치앙라이

태국

메콩강

지도 2 **치앙라이의 국경마을 매사이, 치앙샌, 치앙콩**

연결과 이동 덕분에 존재하는 공간이다. 국경/국경지역에서는 필연적으로 연결과 이동을 마주할 수밖에 없으며, 국경을 연구한다는 것은 국경이 구분하는 경계가 무엇이며 그것을 초월하는 이동과 연결을 통해 그 경계가 어떻게 무너지거나 (재)구성되는지를 살피는 작업이다. 또한 국경은 관계의 측면에서 공간을 살필 수 있는 대상이기도 하다. 특정 국경지역이 개발될 때는 국경을 사이에 둔 특정 도시와 시장을 연결하려는 목적이 선행된다. 국경의 특성이나 국경지역의 장소적 특성은 국경을 매개로 연결되는 여러 장소들이 어떠한 지리적·경제적·정치적 관계 속에서 상호작용하는지에 의해 규명된다. 이런 측면에서 치앙라이는 국경교역이 분산되어 있기에 여러 장소를 움직이는 사람과 물자의 이동을 관찰하기 좋은 장소였으며, 태국 북부 여러 장소들의 관계, 태국 국내 여러 국경지역들 간의 관계, 메콩과 아세안 차원에서 치앙라이와 다른 장소들의 관계를 분석할 수 있는 공간이었다.

치앙라이를 연구지로 선택한 것은 그곳에 지역경제협력 계획과 도로를 비롯한 여러 국경 인프라가 구축되고 있다는 연구 목적 차원의 이유가 컸다. 그러나 사람을 만나고 연구대상을 소개받아야 하는 인류학자의 입장에서, 치앙콩에서 만난 한 가게 주인과의 사소한 인연은 연구지를 선정하게 한 어떤 연구목적보다 강한 유인이었다. 치앙마이에서 메콩강 국경으로 가는 버스를 타고 구불구불한 길을 따라 치앙콩에 도착했을 때, 너무나 한적하고 조용한 마을 분위기에 적잖이 당황스러웠다. 내가 읽은 보고서와 연구에서는 치앙콩에 중국과 연결되는 도로 및 메콩강을 건너는 다리가 건설되면서 경제투자가 활발하게 이루어지고 있다고 했기 때문이다.

사진 1 **치앙콩에서 바라본 메콩강과 라오스**

활기찬 현장을 기대했던 나는 적막한 치앙콩 풍경에 막막해하며 시장과 항구를 배회하다 커피를 파는 작은 가게를 발견하고 일단 자리를 잡고 앉았다. 털실 가게 앞에 자리한 그 작은 커피숍은 관광객을 위한 환전 서비스도 제공하고 있었다. 내가 라오스로 여행하는 여행객인 줄 안 내 또래의 가게 주인 애니는 태국어를 구사하는 나를 반가워하며 대화에 응해주었다. 내가 연구를 하러 왔다고 설명하자, 치앙콩 토박이인 애니는 최근 치앙콩에 벌어지고 있는 여러 가지 변화에 대해 설명해주고는 시간을 내어 치앙콩 여기저기로 데려다주었다. 라오스 훼이사이에 다녀오려는 나를 이민국 직원에게 부탁해주고, 아직 개통되기 전인 태국-라오스 우정의 다리에서는 경비원에게 양해를 구하고 오토바이로 달려주기도 했다. 내가 치앙콩에 도착한 것은 수요일이었고 하루 숙박하고 목요일에 떠나는 일정이었는데, 애니는 치앙콩을 제대로 보려면 매주 금요일에 열리는 국경시장을 보고 가야 한다며 하루 더 묵으라고 권유했다.

가게 문을 닫은 저녁 시간, 애니가 망고를 예쁘게 썰어와 메콩강변에 앉아 함께 나눠먹으며 처음 만나는 외국인인 나에게 과분한 친절을 베풀어주었던 것이 아직까지도 생생히 기억에 남는다. 천성이 싹싹하고 친절한 애니가 치앙콩에서 내가 처음 만난 사람인 것은 엄청난 행운이었다. 애니 덕분에 치앙콩에 하루 더 머물게 되었고, 그토록 적막하던 국경마을이 국경시장이 열리는 금요일마다 북적북적 분주하게 변화하는 광경을 목격하고 '연구할 거리'가 있음을 확인할 수 있었다. 이후에도 애니는 나에게 치앙콩의 국경상인들을 많이 소개해주었을 뿐 아니라, 연구 기간 동안 마음이 힘들고 고될 때마다 가족과도 같은 따뜻한 위로를 해주고 결혼 초심자로서 사적인 고민들까지

나눈 소중한 인포먼트^{informant}였다.

3. 반쪽짜리 연구자 신분증

본격적으로 연구에 들어가기 위해 가장 중요한 것은 비자 발급이었다. 내가 조사를 떠나기 전까지도 태국은 외국인 체류에 비교적 너그러운 국가였다. 한국인의 경우에는 90일 동안 관광비자로 지낼 수 있고 90일이 지나기 전에 인근 국가로 잠깐 국경만 넘어갔다 오는 비자런^{Visa Run}으로 3개월씩 체류 기간을 연장할 수 있었다. 사전답사로 우돈타니에 갔을 때만 해도 농카이를 통해 라오스 국경을 넘어 비자런을 하려는 한국인과 외국인을 많이 만날 수 있었다. 하지만 비자런이 금지되면서 1년간의 체류를 위한 연구비자를 철저히 준비해야 했다.

연구비자를 얻기 위해 태국국가연구센터^{National Research Center for Thailand, NRCT}에 영어로 작성한 연구계획서와 지도교수의 추천서, 태국에 있는 지도교수의 추천서, 서울대학교와 쭐라롱꼰대학교의 MOU 서류를 보냈다. 서류는 무리 없이 처리가 되었고, 먼저 3개월 체류 비자를 우편으로 받고 태국에 입국했다. 그 비자로 석 달을 태국에서 지낸 후, NRCT에서 받은 연구자 신분증과 확인 메일을 가지고 방콕의 이민국에 가서 1년짜리 비자로 연장해야 했다. 우편으로 보내준 비자는 학생비자^{Non-Immigrant ED}였고, NRCT에서는 방콕 이민국에서 비자를 연장할 때 연구비자^{Non-Immigrant RS}로 발급받을 수 있다고 했다. 석 달의 체류 기간이 끝나갈 즈음 치앙라이에서 방콕으로 가서 연구비자로 연장하려 했으나, 이민국에서는 학생비자로 이미 입국했기 때문에 연구비자로 변경할 수 없다고 했다. 연구비자로 변경하려면 한국에 돌아가 지금까지 한 모든 절차를 다시 밟고 입국하는 방법밖에 없다는 이민국 직원의 말에 우선 학생비자로 1년 연장을 받을 수밖에 없었다.

NRCT에 상황을 이야기하고 문제를 해결해달라고 하니, 기관에서 서류를 잘못 발급해서 미안하다는 간단하고도 무책임한 답변만 돌아왔다. 비자를 발급받기 위한 여러 복잡한 서류 작업 끝에 NRCT로부터 연구자 신분증을 얻었지만, 정작 학생비자를 가지고 1년을 체류해야 하는 상황에 놓였다. 실질적으로 조사나 체류에 문제가 발생하는 것은 아니었지만, 학생비자를 갖고 있으니 뭔가 연구자로서 나의 지위를 보장받지 못하는 것 같은 생각이 들어서 한동안 찜찜한 마음을 떨쳐내지 못했다.

그래도 허울뿐인 연구자 신분증이 꽤 요긴하게 사용되어서 연구비자를 받기 위해 한 모든 작업이 완전히 헛수고는 아니었다는 생각에 위안이 되었다. 연구하면서 나는 치앙라이와 국경마을을 자주 오가야 했다. 국경마을 매사이에 다녀올 때면 치앙라이와 매사이 중간 지역인 매짠에서 신분증 검사와 차량 검문을 한다. 그것을 통해 불법 입국자를 색출하고 마약 등 밀수품을 갖고 있는지 확인하는데, 태국 주민증이 없는 사람들에게는 상당히 긴장되는 과정이다. 대중교통으로 이용되는 롯뚜(미니밴)에서 경찰에게 소지품을 수색당하거나 종종 차량 밖으로 나가서 몸수색을 당하기 때문이다. 계획 없이 매사이에 갈 때는 여권을 지참하지 못하는 경우가 많았는데, 그때마다 몸수색을 당하지는 않을까 매번 가슴이 콩닥거렸다. 다행히 지갑에 넣고 다니던 연구자 신분증을 제시하는 것만으로도 검문을 통과하는 데 충분했다. 가끔 연구주제를 묻는 경찰도 있었지만 단순한 호기심이었고 대부분 그조차도 묻지 않았다. 그저 종이 한 장일 뿐인 연구자증이 나의 신분과 이동을 보장해준다는 사실에 안도하는 한편, 국경지역을 이동하는 데 신분증이 지니는 위력을 실감하는 순간이었다.

4. 국경상인은 어디에

정보제공자를 찾아서

나의 현장연구는 국경지역을 오가는 상인들을 관찰하는 것이었다. 상인들의 이동을 통해 국경지역의 도시와 주요 국경이 있는 마을이 교역을 매개로 어떻게 연결되어 있고 상인들 간의 사회적 관계가 어떻게 엮여 있는지 밝히고 싶었다. 고백하자면, 연구 초기에 나에게 현장은 있었지만, 현장에서 주목할 만한 집단으로서의 연구대상은 명확하지 않았다. 막연히 그런 사람들이 그곳에 있다는 것을 알 뿐, 어떤 특정 집단에 접근해야 하는지 알지 못하는 상태였다. 도움을 줄 수 있을 만한 사람들을 만나 물어보았지만, 그들도 내 연구에 똑 떨어지는 집단을 소개해주지는 못했다.

우선은 치앙콩에서 만난 애니를 통해 그녀가 아는 치앙콩의 국경상인들을 만났고, 또 다른 한편으로는 도시의 중앙시장쯤 되는 시청 소재 시장을 기반으로 국경상인을 찾아다녔다. 그러나 초반에는 연구주제와 관련된 사람들을 찾기 어려웠다. 내가 처음 연구를 시작한

2014년 말에서 2015년 초 즈음까지도 아세안경제공동체라는 지역협력계획이 연구대상자들에게 크게 와닿지 않았다. 물론 지금도 이 계획이 치앙라이 주민들에게 엄청나게 영향을 미치고 있다고 인식되지는 않는다. 사실 지역협력계획이라는 것이 일반 사람들의 삶에 하루아침에 큰 영향을 주는 것도 아니고, 소규모로 물건을 파는 지역 상인들에게 그 영향은 장기간에 걸쳐 미미하게 나타나기 때문이다. 필자가 한국으로 돌아올 무렵에는 그나마 많은 사람들이 관심을 기울이고 이전보다는 중요한 사건임을 인식하는 것 같았다. 지역협력계획이 치앙라이 경제에 미치는 영향이 조금씩 드러나면서 사람들의 기대와 관심을 모았기 때문이다. 더불어 메콩 유역 개발과 아세안경제공동체와 밀접한 관련이 있는 연구를 하는 필자의 존재가 그들에게 지역의 이슈를 지각하게 하는 촉매가 된 감도 있어서, 필자 주변에는 아세안경제공동체와 얽힌 지역개발 이슈에 주목하는 사람들이 많아졌다.

하지만 처음에는 그들도 자신은 그저 장사를 할 뿐이지 메콩 유역 개발이나 아세안경제공동체와는 별로 상관이 없다고 말했고, 그럴 때마다 필자는 절망스러웠다. 그들은 자신은 그런 연구대상이 아니라고 말하면서 다른 사람을 소개해줄 수 있을지 고민에 빠졌다. 적어도 나를 적대하거나 경계하는 느낌은 아니었다. 그들은 먼 곳까지 와서 조사를 하겠다며 수소문하러 다니는 내가 안쓰러운 듯했고, 어떻게든 도와주고 싶어서 적당한 사람에게 연락을 취하기도 했다. 그렇지만 만나는 이들마다 지역협력은 자신들처럼 소규모의 장사를 하는 사람과는 관련이 없다고 여겼다.

이것은 나의 또 다른 연구대상이었던 치앙라이 상공회의소Chamber of Commerce 소속의 상인들과는 완전히 다른 태도였다. 상공회의소는 태국 전역 각 도마다 사업가들의 모임으로 조직되어 있는데, 치앙라이를 포함한 태국 북부 지역의 상공회의소는 지역경제에 영향력 있는 활동을 하는 것으로 유명하다. 상공회의소 전前 회장인 파타나 씨와의 인연으로 이 집단의 활동에 참여할 수 있었다. 내가 파타나 씨를 만난 것은 태국에서 내 연구를 도와준 쭐라롱꼰대학의 핏 퐁사왓 교수님의 인맥으로 거슬러 올라간다. 선생님은 치앙라이로 연구를 떠나는 나를 위해 치앙라이 매파루앙대학의 나타껀 교수님을 소개해주었고, 나타껀 교수님은 내 연구에 도움이 될 거라는 판단하에 파타나 씨를 소개해주었다. 파타나 씨는 사회개발 쪽으로 박사학위 논문을 쓰고 있던 터라 나의 처지를 잘 이해했고, 인류학에도 관심이 많았다. 인류학자는 다른 나라의 문화에 관심이 많지 않으냐며, 나를 자신이 속한 로터리 클럽 모임과 가족 식사 등에 초대해 태국의 문화를 보여주고 싶어했다. 나중에는 자신을 '쿤퍼(아버지)'라고 부르라 했고, 나는 상공회의소 전 회장의 '수양딸'이 되어 상공회의소 관계자들을 만나러 다니고 외부에 잘 공개되지 않는 세미나에도 참석할 수 있었다.

상공회의소에서는 아세안경제공동체와 메콩 유역 개발이 치앙라이에 어떤 계획을 갖고 있는지 소개하고 그에 대비해 사업가들이 전략적으로 어떻게 대응해야 할지 교육하는 세미나를 자주 개최했다. 대부분이 국경지역 개발에 관련한 것, 국경교역의 절차에 대한 것, 주변 국가의 발전상을 공유하는 것 등 국경교역과 관련한 내용이었지만, 의외로 상공회의소에 속한 사람들 중에는 국경교역 사업을 하지 않는 사람들도 많았다. 대표적으로 당시 상공회의소 회장은 도시에서 큰 레스토랑을 운영했다. 내가 보기에는 직접적인 관련이 더 없는

나의 현장, 바뀌어간 질문들

것 같은 상공회의소 회원들이 지역협력에 대해 적극적인 관심을 보이고, 시장에서 만난 상인들은 지역협력 정책에 대해 아는 것이 없어서 나에게 해줄 말이 없다고 했다.

이것은 치앙라이에서 소규모로 국경교역을 하는 사람들이 메콩 유역 개발이니 아세안경제공동체이니 하는 지역협력계획을 중요한 문제로 인식하지 않거나 무지해서라기보다, 이러한 계획에 로컬 단위에서 이루어지는 소규모 교역 활동을 고려하는 정책은 포함되지 않기 때문이었다. 이 부분은 '국경 없는' 지역 시장이 기존 국경상인의 사회적 자본을 어떻게 약화시키고 치앙라이 상공회의소 소속 상인들에게 유리한 국경 조건을 만들어내는지의 내용으로 박사학위 논문 5장에서 다루어졌다. 하지만 연구를 시작한 당시에는 연구주제가 잘못된 것은 아닌가 하는 절망에 빠질 수밖에 없었다.

사원 마당에 자리잡다

연구를 시작하고 넉 달이 지난 즈음 내가 한 가장 중요한 일은 라오스 상인들에게 주문받은 물건을 사러 시장과 시장 근처 사원에 오는 상인과 운전기사들을 만나는 일이었다. 국경지역에서 오는 사람들 중에는 라오스 상인들도 있었다. 그들은 도심 시장에 새롭게 등장한 구매자들이었다. 라오스에서 치앙라이까지 연결되는 길이 좋아지면서, 라오스 상인들이 국경지역 상인들의 매개 없이 직접 도시의 도매시장에서 생필품을 구매해가기 시작한 것이다.

나는 우연한 기회를 통해 이런 상인들을 만나게 되었다. 시장 상인들에게 물으면 라오스 상인 몇 명이 치앙라이까지 오기 시작했다고 하고, 국경마을의 상인들이 와서 물건을 사다가 국경 너머의 라오스

인이나 미얀마인에게 팔기도 한다고 답해주기는 했지만, 그 실체를 내 눈으로 확인하지 못하던 차였다. 그러던 중, 친구가 사원에 공양(탐분)을 드리러 간다면서 같이 가지 않겠냐고 나를 초청해주었고, 그렇게 친구를 따라 시장 옆 사원에 들르게 되었다. 늘 지나던 곳이지만, 맨 처음 그 사원에 들어갔을 때 요란한 풍경이 내가 기대했던 '성스러운' 종교 공간으로 느껴지지 않았던 기억 때문에 나는 늘 그 사원을 없는 듯 지나쳤다. 하지만 친구와 함께 방문한 이후로, 사람이 분주히 오가는 그 사원이야말로 내 연구주제의 주요한 장소이자 연구대상을 확장해서 만날 수 있는 시작점임을 깨닫게 되었다.

　사원은 시장 상인들이 주로 공양하고 행사에 참여하는 장소였을 뿐 아니라, 사원의 주차장은 시장의 도매 물건들이 분배되는 공간이자, 국경지역을 포함한 외부 상인들이 물건을 사러 올 때 차를 세워놓고 물건을 실어가는 곳이었다. 마침 친구와 함께 간 날은 방콕 수산시장에서 물건을 구매해온 도매상인이 다른 국경지역 상인들에게 물건을 납품하는 날이었다. 사원 마당에서 간이영수증을 작성하고 돈을 주고받고 물건을 실은 다음 출발하는 상인들의 분주한 모습이 너무나 새롭고 반가웠다. 그날부터 나는 시장 상인들이 신문을 보고 식사하고 아기도 재우는 사원 마당의 정자를 베이스캠프 삼아 그들과 함께 간식도 먹고 하루 종일 시간을 때우며 상인들을 기다리고 인터뷰했다. 사원 주차장을 관리하는 분들로부터 시장에 대한 전반적인 정보를 얻을 수 있었고, 해산물 상점을 통해 라오스 상인 뿐 아니라 국경지역에서 오는 상인들을 소개받고 그들의 일과를 참여관찰하는 기회를 얻었다.

　사실 시장은 사람들이 빠르게 드나드는 장소이기 때문에 연구하기

사진 2 **국경상인을 기다리던**
뭉므앙 사원 주차장의 정자

사진 3 **시장 안 모습**

가 어렵다. 특히나 국경으로 상품을 가져다 팔아야 하는 상인들의 경우에는 자신이 원하는 물건을 신속하게 고른 다음 물건값을 치르고 떠나기 때문에 머무는 시간이 더 짧다. 게다가 그들이 방문하는 날이 대략적으로 정해져 있기는 하지만 정확한 날짜를 정해놓지는 않기 때문에, 아쉬운 내가 알아서 그들의 방문을 기다려야 했다. 그러기 위해서는 오래 앉아 기다릴 수 있고, 상인들이 방문했는지를 한눈에 파악할 수 있는 장소가 필요했다. 해산물 상점을 방문하는 상인들을 만나기 위해 그 상점에서 기다리기도 했지만, 사람이 많고 바쁜 가게에 오랫동안 앉아 있기가 미안하기도 했거니와, 그 가게에 온 손님들만 만날 수 있고 다른 상인들을 만나보기 어려웠다.

그런 상황에서 시장 옆 사원의 정자는 내가 누구의 눈치도 보지 않고 시장을 방문하는 상인들을 기다리기 적합한 장소였다. 이곳에서 단발적인 인터뷰만 하기도 했고, 추후 연락을 지속하며 참여관찰을 한 경우도 있었다. 특히나 사원에서 오랫동안 일한 주차장 관리자의 소개, 그리고 사원의 주지스님이 내가 그곳에 몇 시간이고 앉아서 조사를 하고 있다는 것을 알고 챙겨주신 덕분에 상인들에게 다가가기가 편했다. 또한 국경마을에서 온 상인들을 따라 참여관찰을 하고 싶을 때, 내가 누구를 따라 어디로 가는지 사원 사람들에게 보여줌으로써 내 위치를 알리고 안전을 도모하는 일도 가능했다.

이렇게 사원에서 시간을 보내다 보니 반복적으로 국경에서 오는 상인들을 만날 수 있었지만, 만나는 사람이 한정되기 시작했다. 필자가 관찰하는 상인들의 활동이 언제나 비슷해 보였고, 무료한 느낌마저 지울 수 없었다. 처음부터 지역협력으로 인한 치앙라이의 국경교역이 1년의 조사기간 동안 획기적으로 변할 거라는 기대는 하지 않았지만, 매일같이 반복되는 국경상인들의 일상을 따라다니면서 얻는 자료가 어떤 의미를 갖는지 설명하기 어렵다고 느껴졌다. 연구의 중반기에 들어설 때까지도 내 연구의 주제와 대상이 제대로 정해진 것인지 끊임없이 의구심이 들었다. 누군가를 계속 만나고, 만날 수 있는 장소에서 무작위로 기다리며 자료들을 모았지만, 그 자료들이 국경도시 치앙라이의 특성을 대표적으로 보여주는 것인지 확신을 갖기가 어려웠다. 논문의 목차를 써보면서 모아놓은 자료를 분석하고 논문의 문제의식에 맞게 배치하는 과정을 통해 이러한 의심은 해소되었다. 하지만 필자 자신이 현지 상황을 제대로 파악하고 있다는 확신을 가지기까지는 꽤 시간이 필요했던 것 같다.

5. "풋 타이 다이 닛너이 카(태국어를 조금 해요)": 외국어 인터뷰의 어려움과 그 해법

언어 공부와 인터뷰 병행하기

연구가 진행되면 언어 문제는 자연스레 해결될 줄 알았지만, 반년이 지나도 의사소통 능력이 눈에 띄게 성장하지 않았다. 연구지역을 뒤늦게 선택한 탓에 박사과정 2학기에야 태국어 공부를 시작할 수 있었다. 처음에는 서강대학교 동아연구소에서 열린 강좌로 진행되는 태국어 강좌를 학기 중에 수강했다. 그러나 일주일에 한 번 하는 강좌이고 학기 중의 읽을거리에 치이다 보니 태국어 공부에 매진하기 어려웠다. 그래서 방학 기간에 맞춰 방콕으로 어학연수를 떠났다. 쭐라롱꼰대학교의 언어교육원에서 말하기와 읽기 초급 단계를 배웠다. 그래도 현지에서 배우니 언어 실력이 한국에서 배우는 것보다 빨리 향상되는 것이 느껴졌다.

　여전히 부족한 상태였지만, 현지에서 태국어 공부를 계속할 요량으로 현장연구를 시작했다. 현장연구 중에 개인 지도를 받으며 말하기 연습을 했고, 신문을 보고 연구에 필요한 태국어 기사를 추려 가서 함께 독해했다. 처음에는 물어보고 싶은 말들을 영어로 적어 학원에 가서 이렇게 질문하면 맞는지, 더 공손하고 좋은 표현은 무엇인지 배워 외우곤 했다. 그런데 인류학 인터뷰가 짜인 질문대로 진행되는 것도 아니고, 내가 물을 수 있는 말들에 한계가 있다 보니 동일한 정보만 반복적으로 수집된다는 생각이 들었다. 깊이 있는 연구를 하지 못하고 있다는 자책, 그것이 연구대상자들의 무관심이나 연구지역의 외부적 요인 때문이 아니라 필자 본인의 부족한 언어 실력 때문이라고 생각하니 점점 더 초조해졌다.

　조사 초기부터 현지인들은 나에게 연구보조원이 없느냐고 물었다. 그런데 나는 연구보조원을 둘 생각조차 해본 적이 없었다. 사실 많은 외국인 인류학자들이 현지 언어를 충분히 구사하면서도 연구보조원을 두고 조사를 진행함에도 불구하고, 한국에서 학사·석사·박사를 마친 나는 인류학 연구방법을 배우면서 연구보조원과 함께 조사하는 방법을 한 번도 배워본 적이 없다. 연구를 진행하면서, 주변에 자료들이 흘러다니는데도 불구하고 나의 언어 실력 때문에 여기저기 새고 있다는 느낌이 들자 스트레스를 받기 시작했다. 바쁜 상인들에게 묻고 싶은 것이 많은데, 내가 질문해도 의도를 오해하고 다른 대답을 하거나, 맥락을 아예 이해하지 못하는 경우도 많았다. 언어 선생님에게 그런 어려움을 하소연하자, 태국 사람들, 특히나 상인들을 인터뷰하는 것은 어려울 수밖에 없다고 말했다. 내가 많이 하는 '왜'라는 질문이 태국 사람들에게 익숙하지 않을 뿐만 아니라, 상인들 중에는 교육 수준이 낮아서 자기 행동을 논리적으로 설명하지 못하는 사람도 꽤 많을 거라는 것이다.

연구보조원과 함께 연구하는 어려움

결국 나는 인터뷰의 질을 높여보고자, 주변의 아는 사람을 통해 치앙라이에서 대학을 졸업하고 유학 준비를 하고 있다는 영어를 잘하는 태국인 학생을 소개받았다. 그 학생과 내 연구주제를 공유하고 인터뷰에 동행해줄 것을 요청했다. 처음에는 이러이러한 일을 도와줄 수 있다고 적극적으로 나서던 그녀는 단 한 번의 인터뷰에 와주고는 나의 연락을 받지 않았다. 유학 준비를 핑계로 계속 약속을 미루더니 아예 소식을 끊어버렸다. 이 일을 통해 나는 연구보조원을 고용해서 조사를 진행하는 것이 정신적·물리적 에너지를 얼마나 많이 소모해야 하는 일인가를 배웠다. 그리고 연구보조원을 어떻게 훈련하고 연구에 동참시켜야 하는지 등의 방법론적 지식이 나에게 없었음을 깨달았다.

연구보조원은 단순히 나를 '도와주는' 사람이 아니었다. 연구보조원과 함께 조사한다는 것은 내가 훈련하고 관리해야 하는 또 하나의 업무가 생기는 것이었다. 연구보조원은 그동안 내가 쌓아온 다른 참여관찰 정보를 모르기에, 인터뷰 질문에 담긴 맥락을 전혀 알지 못한다. 따라서 인터뷰를 하기 전에 어떤 질문을 할 것인지 비교적 구조적인 질문 목록을 작성해야 하고, 그것이 어떤 맥락에서 나온 질문인지를 연구보조원에게 설명해주어야 한다.

또한 외국인인 필자만 있을 때와 태국인인 연구보조원이 함께할 때 인터뷰 분위기가 달라지는 것도 불가피했다. 태국인이 아닌 필자에게 쉽게 사업에 대한 이야기를 했던 상인이 태국인인 연구보조원과 함께 인터뷰를 할 때는 정보를 제한적으로 설명한다는 느낌이 들었다. 또한 필자와 태국인 상인의 관계는 필자의 나이, 결혼 유무, 외국인이라는 복합적인 정체성에 의해 비교적 상호 존중의 분위기가 형성되어 있었지만, 학부를 갓 졸업한 태국인 연구보조원과 상인의 관계는 나이와 직업을 비롯한 태국 내에서의 사회적 관계에 영향을 받아 인터뷰가 사뭇 다르게 진행되었다. 연구보조원과 함께하면 효율적이고 깊이 있는 연구가 가능할 거라 기대했던 나는 나에게 연구보조원과 함께하는 연구능력이 없다는 한계를 깨달았다. 나 하나만 움직이는 연구도 통제가 되지 않는 상황에서 연구보조원과 함께해 또 다른 업무가 추가되는 일을 포기하게 되었다.

듣는 것만이 답은 아니다

결국 내가 할 수 있는 고지식한 방식으로 연구를 진행했다. 능숙하게 물을 수 없으니 앉아서 관찰하는 시간을 늘렸고, 잘 알아듣지 못하니 한번 물었던 것도 여러 번 되물었다. 그러다 보니 처음에는 이해되지 않던 것들의 맥락을 파악할 수 있었고, 내가 원하는 정보를 조각조각 붙여낼 수 있었다. 물론 그러려면 불편한 자리에 오래 머무를 수 있는 뻔뻔함이 필요했다. 혹시 장사에 방해가 되지 않는지 눈치도 보고, 적당한 시점에 자리를 떠야 한다고 생각했다. 하지만 그렇게 자리를 뜨려 하면, 나에게 현장연구의 집요함이 부족한 것은 아닌가, 너무 상대의 눈치를 보며 연구를 하고 있는 것은 아닌가, 조금 더 있으면 새로운 정보가 나오는 것은 아닐까 하는 생각에 발걸음이 잘 떨어지지 않았다. 오래 앉아 있으면서 새로운 정보가 나오지 않아 무료해하면서도, 조금만 더 있으면 새로운 정보를 포착할 수 있지 않을까 하는 미련이 매일같이 반복되었던 것이다.

이런 과정을 통해 인터뷰와 참여관찰이 우리가 생각하는 만큼 엄청난 사실을 보여주는 것은 아니라는 깨달음도 얻었다. 이 단계에서 나는 선배들에게 현장연구의 고충을 하소연하며 조언을 들을 수 있었는데, 그것은 우리의 연구대상자들이 모든 것을 '말해주지'는 않는다는 것이었다. 나는 내가 하고 싶은 말이나 주장을 연구대상자들로부터 직접 들으려고 하는 경향이 있었다. 연구대상으로부터 연구 내용에 대한 확신을 얻으려고 집착했던 것이다. 이 조언은 내가 현장연구 자료들을 내 연구의 관점 안에 위치시키는 데 큰 도움이 되었다. 현장에 가서 참여관찰과 인터뷰만 하면 논문을 다 쓸 수 있을 거라고 착각했다는 것도 깨달았다. 현장에 머무는 자체만으로도 연구자가 얻는 것이 많지만, 한편으로는 자신이 원하는 모든 주장을 현장에서 얻어낼 수는 없는 노릇이었다.

6. 인류학자의 이동의 자유?!

연구에 들어가기 전부터 나의 가장 큰 고민거리는 도시 내의 이동수단이었다. 본격적인 현장연구에 들어가기 전에 오토바이를 배우려고 시도도 해보았다. 본조사를 시작하기 전 사전조사를 갔을 때, 남편이 나에게 오토바이 특훈을 시켰다. 백화점의 빈 주차장에서 직진과

사진 4 백화점 주차장에서 오토바이 연수 중인 필자

커브 연습을 했지만, 천성이 겁이 많아 자동차로도 아는 길만 다니는 나에게 아무런 보호막 없이 달리는 오토바이 운전은 매우 공포스러웠다. 갑자기 배운 오토바이 실력으로 운전을 하는 것은 나에게도 남에게도 위험한 일이라는 생각이 들어 오토바이 운전은 연수 이틀 만에 포기했다.

대신 이동을 고려해 시장 가까운 곳에 숙소를 구했고, 덕분에 시장은 하루에도 몇 번씩 쉽게 드나들 수 있었다. 내가 지낸 치앙라이는 걸어서 시내 도심부를 다니기에 무리가 없는 작은 도시였지만, 도시 외곽 국경마을에 갈 때가 문제였다. 사람들은 나에게 어떻게 국경마을에 가느냐고 물었고, 내가 에어컨도 없는 로컬 버스를 타고 편도 두 시간 반씩 걸려 오가는 이야기를 들으며 안타까워했다. 처음에는 별 불만 없이 당일에도 그 거리를 오갔지만, 자주 방문해야 할 뿐만 아니라 로컬 버스가 끊기기 전에 돌아오려면 조사를 서둘러야 해서 새로운 방법을 강구해야 할 것 같았다.

장거리를 오가는 나를 안타깝게 여겨 친구들이 중고 차량을 알아봐주었는데, 태국은 자동차 가격이 우리나라의 1.5배 정도 되다 보니 중고 차량 가격도 생각 이상으로 비쌌을 뿐 아니라, 연구를 마치고 처분하기도 어려울 것 같았다. 게다가 학생이 차를 갖고 다닌다는 것이 신분에 맞지 않게 느껴졌고, 차를 갖게 되는 순간 차가 없기 때문에 얻을 수 있는 연구 기회를 놓칠까 우려되었다. 상인들을 만나서 함께 차를 타고 다녀야 그들의 이동 경로를 파악할 수 있고, 바쁜 사람들과 이야기를 할 수 있는 시간은 그나마 이동 중의 차 안이었기 때문이다. 이 점을 고려할 때, 혼자 빠르게 이동하는 것도 중요하지만, 시장 상인들과 가까워지고 자주 함께 다니기 위해서는 이동수단이 없는 편이 더 낫겠다는 판단이 들었다. 대신 갑작스럽게 국경 동행 기회가 생겼을 때 조사를 마치고 돌아오는 차편을 못 구할 경우를 대비해, 사원 앞 정자에서 상인들을 기다릴 때는 배낭에 세면도구와 여벌의 옷 같은 외박 용품을 넣고 다녔다.

덕분에 사람들은 어디를 갈 때 늘 나를 픽업해주었으며, 심지어 내가 어디에 가고 싶어할 때 기사를 자청해주기도 하고, 혼자 장거리 운전을 해야 할 경우 나를 친구 삼아 동행시키기도 했다. 이런 모든 상황이 나에게는 좋은 인터뷰 시간이었고, 혼자라면 갈 수 없었거나 알지 못했을 곳을 다니는 소중한 기회였다. 연구 초반에는 아직 잘 모르는 상인을 따라나서는 것이 겁나기도 했고, 다른 사람들이 나를 아무나 따라 차를 타고 다니는 사람으로 볼까 봐 걱정되기도 했다. 그래서 가능하면 치앙라이 시장 상인의 단골로 시장 내에서 어느 정도 신원이 보장된 사람과 함께하려고 했고, 이왕이면 부부가 함께 시장에 오는 상인을 따라다니려고 했다. 또 내가 오늘은 누구를 따라 어느 시장으로 갈 것인지를 시장에서 만나는 사람들에게 떠벌리고 다녔다. 사람들은 시장이라면 다 따라다니는 나를 우스워했지만, 그렇게 해야 혹시라도 문제가 생겼을 때 내가 어디에 있는지를 사람들이 알 수 있을 거라고 생각했다. 시장 사람들이 나를 기억해주고 내가 어느 상인과 동행해 어디로 가는지를 알게 하는 것은 일종의 안전장치였다. 나와 상인의 신뢰관계 그리고 나를 잘 모르지만 내가 잘 아는 상인과 국경상인의 신뢰관계가 도시와 국경 사이를 이동하는 나의 신변을 보장준다고 믿었기 때문이다.

남의 차를 얻어타는 것은 나의 이동의 자유를 포기하는 것이기도 했다. 나를 목적지까지 태워다주기로 한 친구는 가는 길목마다 마

나의 현장, 바뀌어간 질문들

주치는 잡다한 용무를 처리하느라 도착 시간을 지연시키는 일이 많았다. 어떤 때는 내 일정도 묻지 않고 자신이 보여주고 싶은 장소나 식당에 나를 데려가는 경우도 있었는데, 그럴 때면 호의로 여기고 감사해야 할지, 다시 집으로 데려다달라고 해야 할지 난감했다. 연구자의 시간 운용은 전적으로 정보제공자에게 달렸다고 생각하긴 했지만, 그런 일이 잦아지면서 피로해지기 시작했다. 정보제공자들의 호의가 피로하게 느껴지는 때가 바로 연구가 막바지에 이르렀나 보다 자각하는 시점이기도 했다.

7. 나의 국경, 그들의 국경

건널 수 없는 메콩강

현지에서 나는 여러 방식으로 사람들의 국경에 동행했다. 현지 친구와 지인들은 내 조사에 도움을 주기 위해 혹은 나와 함께 여행하는 즐거움으로 자신들의 국경을 나에게 보여주었다.

나는 치앙라이 도매시장에서 여러 가지 생필품을 구매해 치앙콩이나 치앙샌 국경으로 가져가는 상인들의 여정을 따라다녔다. 국경교역은 말 그대로 국경을 건너는 것이고, 교역상품의 이동 경로는 치앙라이라는 내 연구지역의 경계를 넘나드는 것이었다. 치앙라이 국경을 통해 통관되는 교역의 현장에 따라나서고 싶었지만, 거기에는 현실적인 문제가 있었다.

치앙라이 도매시장에서 농산물을 사다가 라오스 훼이사이 시장 상인들에게 납품하는 쏨 언니를 따라다닐 때였다. 쏨 언니는 자신의 마을 앞 항구에 농산물을 가지고 가서 배를 몰아 농산물을 가지러 오는 라오스 상인에게 팔았고, 시솽반나에 있는 중국 상인에게 보내는 과일을 라오스 선주에게 실어 보냈다. 나는 라오스 아주머니들이 어느 시장으로 가는지, 중국 상인에게 가는 과일은 어느 항구에서 내려져 육로 이동을 하는지 알고 싶었다. 라오스 상인들이 마을 항구에 배를 정박시키고 다시 배를 몰아 라오스 국경을 넘어가는 일은 가능했지만, 외국인인 나는 그들이 다니는 경로에 동참할 수 없었다. 엄연히 태국에서 라오스로 이동하는 것이고, 나는 외국인이어서 여권 심사를 받아야 했기 때문이다. 국경 통제에 무감했던 시절을 보낸 쏨 언니의 시어머니는 괜찮다며 그냥 다녀와도 된다고 말씀하셨지만, 쏨언니는 그건 불법이라 안 될 것 같다며 난색을 표했다. 처음에는 낯선라오스 상인을 따라나서는 것이 겁도 나고, 어찌 됐든 국경을 건너는일인데 잘못 건너갔다가 비자에 문제가 생기면 어쩌나 하는 생각만들었다. 하지만 연구가 진행되면서 내가 부딪힌 그런 상황이 연구의중요한 쟁점이라는 깨달음을 얻게 되었다.

그런 일은 다른 상황에서도 반복되었다. 전직 경찰인 치앙샌에 사는 와산 씨는 치앙샌과 매사이 국경에서 장사를 했다. 나는 치앙라이 시장에 물건을 사러 오는 라오스 아주머니들에게 차량 서비스를 제공하는 와산 씨를 사원에서 만났는데, 이후로 그는 나를 치앙샌의 여러 국경검문소에 데려다주고 이민국 직원들에게 소개해주기도 했다. 와산 씨는 아들과 함께 닭고기 꼬치를 만들어 일주일에 한 번 열리는 미얀마 시장에 가서 장사를 했다. 나도 그를 따라 미얀마에서 열리는 국경시장에 가보고 싶었다. 그런데 국경에 가고 싶으면 언제고 데려다주겠다고 하던 와산 씨는 정작 내가 미얀마 국경시장에 따라가

　　　　　　　　　　　　　　나의 현장, 바뀌어간 질문들

고 싶다고 하니 대답이 없었다. 상황을 잘 몰랐던 나는 와산 씨가 나에게 정보 주기를 꺼리는 거라고 생각했다.

어느 날 와산 씨는 따로 시간을 내서 자신이 미얀마 국경시장에 갈 때 지나는 국경검문소에 나를 데려다주겠다고 했다. 아쉬운 대로 다른 날 국경검문소에 간 나는 와산 씨가 왜 나를 국경시장에 데리고 가지 않았는지 알 수 있었다. 국경은 정말 작은 개울로 이루어져 있어서 마음만 먹으면 그 자리에서 건너뛸 수 있을 것 같았다. 국경초소에는 이민국 직원 한 명이 한가로이 앉아 있었고, 이따금 미얀마 쪽에서 사람들이 주민증을 보여주고 태국으로 넘어왔다. 그러나 그곳은 현지인만 출입을 허가하는 곳이기 때문에, 여권 심사를 받아야 하는 외국인인 나는 건널 수 없었다. 와산 씨에게는 매주 수요일 아침 그 국경을 건너 국경시장에서 닭꼬치를 팔고 저녁에 돌아오는 것이 일상이지만, 나 같은 외국인에게 그곳은 건널 수도 여정에 동행할 수도 없는 막다른 곳이었다.

'안전한' '불법' 월경

연구하는 동안 체류 자격을 유지하기 위해 극도로 조심했지만, 국경을 '불법'으로 넘은 적이 전혀 없는 것은 아니었다. 나의 태국 아버지이자 치앙라이 상공회의소 전 회장인 파타나 씨와의 매솟 여행에서 태국-미얀마 국경을 불법으로 넘기도 했다. 파타나 씨와 그의 부인 유와디 씨는 나를 가족 모임이나 자신들이 참석하는 로터리 클럽 모임 등에 초대해 태국의 가족이나 사교 모임을 경험할 수 있게 해주었다. 현지인의 집에서 24시간 함께하며 문화를 접하는 것이 참여관찰 조사의 정석이라 할 수 있지만, 도시의 콘도미니엄에 방을 얻어 지

사진 5 불법 출입국을 앞두고 차량 안에서 바라본 매솟−미야와디 국경

내는 내가 그런 경험을 자주 하기는 어려웠다. 그나마 내가 외롭게 지낼까 염려한 파타나 씨가 나를 가족이나 친지 모임에 초대해주었고, 덕분에 나는 부분적으로나마 태국의 가족을 경험하고 새해 같은 명절에도 함께 보내며 태국 문화를 맛볼 수 있었다.

한번은 파타나 씨가 로터리 클럽 멤버들과 매솟-미야와디 국경 여행을 가기로 했는데, 매사이와는 다른 미얀마-태국 국경을 보여줄 테니 같이 가자고 나에게 권했다. 미니밴을 빌려 다 같이 이동하는 것까진 좋았는데 태국 시민권자인 다른 사람들과 달리 외국인인 나 때문에 월경 절차가 번거로워진 문제가 생겼다. 미야와디 관광을 안내해주기로 한 미야와디 상공회의소 회장이 우리의 명단을 적어 이민국 사무소에 전달하고 검문 없이 국경을 통과하기로 했고, 나는 파타나 씨의 딸로 둔갑해 미야와디로 무사히 '불법' 출입국을 하고 돌아왔다. 경험하기 전에는 '불법'이 매우 위험한 일이라고 생각했지만, 파타나 씨 일행과 미얀마 상공회의소 소장의 조력으로 이루어진 국경 여행은 내가 한 어떤 국경 방문보다 안전했다. 나에게 국경을 보여준 여러 사람들 덕분에, 국경을 넘는 경험들이 이렇게나 달라질 수 있음을 깨달았다.

여행도 연구의 연장이다

파타나 씨뿐만 아니라 현지에서 연구참여자이자 친구가 되어준 많은 사람들과의 여행이 나의 현지 자료를 더욱 풍성하게 해주고 연구에 활력을 불어넣어 주었다. 치앙라이 시장 상인이자 나와 동갑인 친구 조이는 내가 치앙라이에서 다닌 대다수의 여행에 함께해주었다.

내가 치앙콩이나 치앙샌으로 조사를 갈 때 시간이 나면 나를 태

사진 6 핫바이 국경마을의 쭐라까틴 축제

사진 7 람빵 기차역, 치앙라이에는 중국과 연결되는 고속철도 건설 계획이
있었으나 무산되고 국내선 건설이 진행 중이다

워다주고 함께 숙박하는 동행자가 되어주었다. 조사가 끝나갈 무렵에
는 타이르족이 사는 핫바이 마을의 쭐라까틴(우안거가 끝날 때 마을 주
민들이 하루 동안 함께 가사를 짜서 스님에게 바치는 행사) 축제에 나를 데려
가주기도 했다. 이 여행을 계기로, 대중교통 편이 없어 자주 가지 못
했던 핫바이 마을의 국경에 대한 자료를 조이의 친구들을 통해 얻을
수 있었다.

연구 기간에는 연구에만 집중해야 한다는 강박이 존재하기 마련
이다. 태국에 1년을 넘게 있었지만, 태국에서 내가 다녀본 지역은 몇
안 된다. 그나마도 연구를 위해 방문한 국경지역이 대부분이다. 조이
는 태국 북부의 또 다른 국경지역인 난, 기차역이 위치한 람빵 등지도
구경시켜주었다. 조이가 북부 여행을 가자고 권했을 때, 나는 연구에
지친 나 자신에게 휴가를 준다는 마음으로 수락했지만, 그 여행은 오
히려 내 연구지의 특성이나 상황을 큰 맥락에서 바라보도록 시야를
넓혀주는 계기가 되었다. 연구 중에 나는 현지의 여러 사람들 덕분에
국경을 다이내믹하게 경험할 수 있었다. 국경은 나의 연구지이면서 여
행지이기도 했다. 여행이기도 한 여러 경험 속에서 나는 국경이 무엇
인가에 대해 고민할 수 있었다.

오해에서 이해로
사람들과 함께 국경을 드나들면서 연구를 진행하는 동안 깨달은 것
은 나의 연구를 제약하는 것이 연구참여자가 동행을 거절하거나 불
친절하기 때문이 아니라는 것이었다. 국경을 이동할 때는 항상 많은
준비를 해야 했다. 더욱이 태국인에게 적용되는 법과 나에게 적용되
는 법이 달랐기 때문에 조사이건 여행이건 함께 이동할 때 도태되지

않으려면 긴장하지 않을 수 없었다. 국경 이동에 제약을 가져오는 것은 국경을 이루고 있는 강물도 장벽도 아닌 국경에 적용되는 각기 다른 규칙들이었다. 어떤 국경검문소에서는 자유롭게 국경을 건널 수 있었지만, 다른 국경검문소에서는 연구참여자의 여정에 동참할 수 없는 벽을 경험했다. 나에게 불법인 것이 그들에게는 합법인 것, 누구의 입장에서 국경을 통과하느냐에 따라 혹은 동일한 사람이라도 어느 장소에 있는 국경을 통과하느냐에 따라 국경 이동의 적법성 여부가 달라지는 것은 연구를 진행하며 내가 현실적으로 부딪힌 문제이자 연구의 핵심 문제의식이었다.

연구를 하는 동안에는 국경시장에 함께 가지 못하거나 참여관찰 기회를 놓치는 것이 안타까웠다. 내가 부족해서 기회가 안 만들어지는 것은 아닐까, 어떻게든 갈 수 있는 방법이 있지 않을까, 내가 미얀마에 혼자 입국해서 시장을 찾아가야 하는 것일까 등 나 스스로를 불가능의 원인으로 몰아세우며 다른 방법을 찾아야 한다는 생각이 커졌다. 그러나 돌이켜보니 그것은 연구자가 연구참여자의 시선과 입장에서 모든 것을 이해할 수 있을 거라고 착각했기 때문에 생겨난 것이었다. 연구자가 아무리 연구대상자와 라포를 쌓고 연구지 사회의 내부자적 관점을 취하려고 해도, 결코 연구대상자와 동일해질 수 없다. 오히려 그들과 나의 다른 국경을 직간접적으로 경험하고 차이를 인식하는 지점에서 현장을 직시할 수 있었다. 이러한 경험들이 부지불식간에 나의 인식 속에 축적되어 연구주제로 구성될 수 있었다고 생각한다.

8. 나가며: 길 위에서

연구를 마치고 내 연구를 다시 돌아보니 다시 연구를 한다면 정말 제대로 설계해서 효율적으로 할 수 있을 것 같다는 아쉬움이 든다. 만약 내가 치앙라이의 여러 국경을 따라다니지 않고 한 국경마을마다 일정 기간씩 머물면서 현장연구를 했다면 어땠을까. 치앙라이의 국경교역을 지금만큼 이해하고 연구를 시작했다면 다른 어떤 사실들을 포착할 수 있었을까. 그러나 이런 모든 아쉬움은 내가 치앙라이에서 1년여 동안 연구를 하고 논문을 마쳤기 때문에 느낄 수 있는 것이다. 서울대 왕한석 선생님께서 모든 좋은 논문은 박사논문 다음 논문이라고 하신 말씀이 논문을 쓰면서도 논문을 쓰고 나서도 위안이자 자극이 되는 것도 그 때문이다.

논문을 마친 지금 현지의 경험을 되돌려보니, 연구 당시에는 문제라고 생각했던 것이 실은 문제가 아닌 연구의 중요한 주제이자 질문이었다. 다행히 연구를 진행하면서 그러한 사실을 발견한 경우도 있었지만, 대다수는 연구지를 떠나 논문을 작성하는 시점에야 깨달을 수 있었다. 당시에는 실패라고 여겼던 경험이 연구지의 특성이자 연구의 중요한 주제였던 셈이다. 명확한 주제를 가진 논문의 형태로 다듬어지면서 그때의 경험이 자료가 되었지만, 사실 현장에서 그 경험은 정확한 논리와 설명이 부재하는 상태로 존재했다. 다행인 것은 그러한 모든 경험이 내 몸과 뇌리에 축적되어 있었고 논문을 구성하는 자산이 되었다는 것이다.

이렇게 정리하고 보니, 현장연구는 연구의 도구인 연구자가 현지에 장기 체류를 하며 직접 경험해야 한다는 기본으로 돌아온 듯하다. 현장연구 방법론에 대한 설명이 너무 주먹구구식이 아닌가 하고 늘 불만을 토로하지만, 연구자는 논문의 재료가 될 (수도 있는) 지난한 시간을 현장에서 견디고 경험을 폭넓게 수집해야 비로소 논문의 주제와 근거를 얻을 수 있는 것이다. 여기에 한 가지 덧붙일 수 있는 것은 현장연구는 현지를 떠나며 끝나는 것은 아니라는 점이다. 현장연구의 경험은 오히려 책상에서 논문을 정리하면서 자료이자 연구의 주제로 연마된다. 어쩌면 우리는 돌아와서도 논문이라는 현장에서 연구를 지속하고 있는 것인지도 모르겠다. 그래서 매우 실용적인 팁으로, 현장연구가 마무리되지 않을 경우 무작정 현지에서 오래 지내기보다 귀국해서 자료를 정리하는 시간을 갖고 논문을 구성한 후 필요한 자료의 목록을 정리해서 현장에 후속 조사를 다시 가는 것이 좋다는 조언이 회자되는 것일 게다.

그런 면에서 현장에서 국경마을과 국경시장들을 전전했던 길 위에서의 시간은 내가 거리를 두고 연구를 바라보는 소중한 시간이었다. 국경에서 치앙라이 시내를 오가는 완행버스 안에서 보내는 두 시간 남짓한 시간이 지루한 날도 초조한 날도 있었지만, 천천히 달리는 버스 안에서 치앙라이의 넓은 들판과 산을 바라보고 짐 보따리를 들고 버스를 오르내리는 사람들을 관찰하는 망중한의 시간은 현지에서 나를 돌아보고 주제를 발견하는 더없이 중요한 순간이었다.

이동하는 것 외에는 아무것도 할 수 없는 길 위에서의 시간은 나에게 휴식이면서 사색의 시간이자 논문을 갈고 닦는 시간이었다. 지루하게 오가는 길이 매일같이 물건을 사러 다니는 사람들의 삶과 필자의 일상에 똑같이 자리했다는 생각이 들었고, 길 위에서의 시간마저도 국경지역 사람들의 일과이자 삶을 가능하게 하는 요소임을 깨달을 수 있었다. 픽업트럭, 승용차, 버스, 오토바이 등을 얻어 타고 관찰한 국경으로 가는 길에는 수많은 삶이 존재했다. 이러한 체득은 논문의 핵심주제를 구성하는 데 지대한 영향을 끼쳤으니, 현장에서는 지루하다고 여긴 국경을 오가는 길 위에서의 시간은 돌아보면 가장 값진 연구 시간이었던 셈이다.

2

나의 아파트 표류기:

이스라엘 도시 슬럼에서의
필리핀 이주노동자 연구

임안나

1. 들어가며: 텔아비브의 폐허 위에 태어난 '이방인의 공간'과 만나다

텔아비브Tel Aviv는 직항 노선을 따라 11시간 남짓 비행하면 도착하는 지중해 연안에 위치한 이스라엘의 관문도시이다. 대한민국 면적의 4분의 1 정도밖에 안 되는 이스라엘이라는 작은 나라에 도착하기 전 내가 이곳에 대해 가지고 있던 이미지는 메마른 광야, 양과 낙타 떼, 돌을 쌓아올려 만든 오래된 가옥 등 중동 지역에 대한 고정관념으로 물든 것이었다. 하지만 이스라엘 벤구리온 공항에 도착해 택시를 타고 10여 분 만에 텔아비브 시내에 진입했을 때, 나의 선입견이 얼마나 우스꽝스러운 것이었는지를 깨닫고 창문 밖을 겸연쩍게 바라보던 기억이 떠오른다.

이스라엘 최대 규모의 도시이자 경제 중심지로 알려진 텔아비브는 2004년 유네스코 세계유산으로 지정된 '화이트 시티White City'라 불리는 바우하우스Bauhaus 양식의 건축물이 있고, 히브리어로 '봄의 언덕'이라는 뜻의 이름에 걸맞게 기후가 온화하며, 자유로운 도시 분위기 덕분에 일 년 내내 수많은 외국인 방문객으로 붐빈다. 도시 북쪽에는 첨단기술과 스타트업 문화의 허브로 기능하는 글로벌 IT 개발센터가 있으며, 남쪽에는 지중해 해변을 따라 아름다운 옛 건물들과 산책이나 자전거 타기에 적합한 가로수길, 쇼핑몰과 크고 작은 상점들이 적절하게 배치된 매력적이고 활력 넘치는 '글로벌 도시'이다.

그런데 이 '글로벌 도시' 텔아비브에는 고립된 섬처럼 숨겨진 공간이 존재한다. 바로 도시 남서쪽에 있는 소규모 주거지역인 네베셰아난Neve Sha'anan Neighborhood이다. 네베셰아난 입구에는 전 세계에서 두 번째로 큰 텔아비브 중앙버스터미널HaTahana HaMerkazit HaHadasha이 위치해 있어 수많은 버스 이용객이 오가지만, 터미널 밖으로 나와 네베셰아난을 방문하는 사람은 거의 없다. 네베셰아난 지역은 주로 '타카나 마르카짓(텔아비브 중앙버스터미널의 줄임말)'으로 불리며 이스라엘에서 가장 악명 높은 우범지역이자 빈민가로만 알려져 있다.

네베셰아난은 1921년 동유럽 출신 유대인 이민자들의 정착지로 출발해 1960년대까지 텔아비브의 상업 중심지로 기능했던 곳이다. 1941년 텔아비브 중앙버스터미널이 들어서면서 이 지역은 이스라엘의 산업 및 교통 중심지로 떠올랐다. 하지만 1960년대 이후 상업 중심지가 도시 북부로 이동한 데다 1967년에 착수된 새로운 중앙버스터미널 건축이 경제불황으로 10년 만에 중단되면서 이 지역은 쇠퇴의 기로에 들어서게 된다. 1983년에 공사가 재개되어 10년 만에 완공되긴 했지만, 장기간의 공사 중단으로 인해 네베셰아난은 이미 마약 중독과 범죄의 온상이라고 낙인찍힌 슬럼 지역으로 변모해 있었다. 1990년대 초에는 구 소비에트연방 출신 이민자들의 정착지 역할을 하기도 했으나, 그들이 더 나은 거주지를 찾아 다른 지역으로 빠르게 빠져나가면서 네베셰아난의 명성은 순식간에 잊혀갔다.

퇴락한 구도심지로 남겨진 네베셰아난에 등장한 새로운 거주자는 1990년대 중반부터 이스라엘에 유입된 외국인 이주노동자들이었다. 네베셰아난에 대한 부정적 이미지는 2000년대 초 이 지역에서 수차례 일어난 팔레스타인 자살폭탄 테러에 의해 더욱 강화되었다.[1] 이 사건으로 아파트 건물이 붕괴하면서 발생한 부상자와 사망자 대부분이

---

1   2002년 7월 17일 저녁 네베셰아난에서 발생한 자살폭탄 테러로 3명이 사망하고 40명이 심각한 부상을 입었다. 2003년에 또다시 발생한 자살폭탄 테러로 15명의 이스라엘인과 8명의 이주노동자들이 사망하고 120명이 부상했으며, 2006년에는 하마스 자살폭탄 테러로 11명의 사망자와 50명의 부상자가 발생했다.

미등록 이주노동자들이었기 때문에, 네베셰아난은 '불법체류자의 소 굴'이자 테러의 위험이 도사리는 위험한 지역으로 알려지기 시작했다. 2005년부터는 이집트를 거쳐 이스라엘로 대거 유입된 남수단South Sudan과 에리트레아Eritrea 출신 난민 신청자들이 네베셰아난에 자리를 잡게 되면서 이 지역은 명실공히 이스라엘 시민들은 부재하는 '이방 인의 공간'이 되었다.[2] 환경 정화 목적으로 텔아비브 시가 2005년 네 베셰아난에 조성한 르빈스키 공원은 외국인 체류자들의 전유물이 되 어버렸고, 이 지역에서 살인, 폭행, 강도, 강간 등 각종 범죄가 일상적 으로 발생하면서 치안 문제는 텔아비브 시뿐 아니라 이스라엘 정부가 해결해야 할 골칫거리가 되었다.

텔아비브대학교 사회학·인류학과 박사과정생으로 텔아비브 북쪽 의 주거지역인 라맛 아비브Ramat Aviv에 위치한 대학 기숙사에 살고 있 던 나는 매주 토요일 아침이면 텔아비브 남쪽 해안가의 루터 교회 를 방문했다. 토요일은 안식일Shabath[3]이라 대중교통이 운행되지 않아 '셰룻monit sherut'이라 불리는 9인승 합승택시를 타고 종착지인 텔아비 브 중앙버스터미널에서 하차한 뒤 다시 도보로 15분 정도 이동해야 했다. 종착지에 도착해 나와 함께 셰룻에서 내린 필리핀 여성들과 아 프리카 남성들은 모두 나만 남겨둔 채 캐리어를 끌거나 배낭을 메고 네베셰아난 안으로 빠르게 사라져버리곤 했다.

텔아비브 중앙버스터미널에서 길 건너편에 보이는 네베셰아난 거

---

2 2006~2012년에 이스라엘에 유입된 난민 신청자 수는 6만 명에 달하며, 2017년 현재 4만여 명이 남아 있 는 것으로 보고된다(Sabar & Posner, 2013).

3 이스라엘에서 안식일은 금요일 해 질 녘에 시작해 토요일 해가 질 때까지 이어지는 유대교에 기반을 둔 휴일 로, 대부분의 운송수단이 정지되고 상점·학교·관공서가 문을 닫는다.

사진 1 안식일 오후의 네베셰아난 벼룩시장

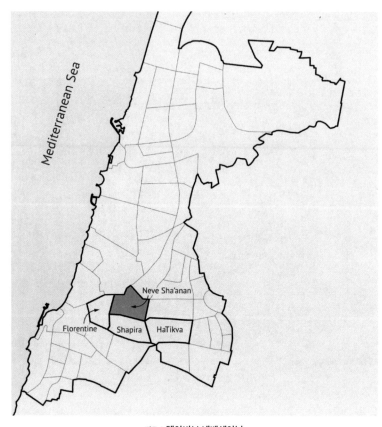

지도 1 텔아비브 네베셰아난

리와 르빈스키 공원은 주말이면 아프리카·필리핀·중국·태국·인도·네팔 사람들로 붐비지만, 안식일이 끝나 텔아비브 시내가 다시 활기를 찾기 시작하는 일요일 아침에는 아무 일도 없었던 것처럼 조용하고 한적해진다. 텔아비브의 여느 지역과 다른 방식으로 작동하는 듯 보이는 네베셰아난 내부가 너무 궁금했지만, 당시 나는 선뜻 그 안으로 들어갈 수 없었다. 평소 지인들로부터 들은 "타카나 마르카짓 근처는 대낮에도 가지 말아야 하는 아주 위험한 곳"이라는 충고 때문만은 아니었다. 길 건너에 보이는 네베셰아난의 북적이는 거리는 보이지 않는 벽으로 가로막혀 있어 왠지 내가 침범해서는 안 될 '그들만의 세상'처럼 보였다. 당시에 네베셰아난은 나에게 지나치다가 잠시 바라보기만 하던 곳이었기에 내가 그곳에서 박사논문을 위한 조사를 수행하게 되리라고는 상상조차 하지 못했다.

하지만 얼마 지나지 않아 나는 그곳에 첫발을 들여놓게 되었고, 1년이 지난 뒤 현지조사를 위해 2년 넘게 거주했다. 2008년 11월에 이스라엘 텔아비브대학교에서 인류학 박사과정을 시작한 나는 2010년 1월부터 2012년 2월까지 네베셰아난에서 수행한 연구를 바탕으로 이스라엘의 필리핀 이주민 사회에 관한 논문을 작성해 2015년에 박사학위를 취득했다. 26개월 동안 필리핀 이주자들이 집단 거주하는 아파트에 체류하면서 입주돌봄 노동자live-in caregiver로 일하는 이주자들이 아파트를 기반으로 어떻게 그들만의 사회를 형성하는가라는 질문의 답을 찾고자 했다. 네베셰아난에서 머문 시간은 내가 필리핀 이주노동자들의 실천을 통해 만들어지는 사회적 공간의 경계를 그려가는 여정이자 낯선 환경에 적응하면서 타인과 소통하는 과정이었다. 이 글에서 나는 이스라엘 필리핀 이주노동자에 관한 연구를 시작하게 된 배경과 어떤 질문을 가지고 연구를 진행했는지에 관해 서술하면서 예측 불가능한 현장 상황에서 연구자로서 겪은 시행착오와 경험을 반추하려고 한다.

2. 나는 왜 이스라엘에서 필리핀 이주노동자를 연구하게 되었나?

한국인인 내가 이스라엘에서 필리핀 이주노동자에 대해 연구했다고 소개하면 사람들은 대체로 의아하다는 반응을 보인다. 내가 굳이 왜 이스라엘까지 가서 필리핀 이주자들을 대상으로 연구를 진행하게 되었는지 이야기하려면 이스라엘을 박사과정 유학지로 정한 이유에 대한 설명부터 해야 할 것 같다. 나는 영문학과를 졸업한 뒤 뒤늦게 관심을 갖게 된 문화인류학을 공부하기 위해 석사과정에 진학해 '한국 남성과 결혼한 필리핀 여성의 가족관계와 초국적 연망'이라는 논문으로 인류학 석사과정을 마쳤다. 석사과정 재학 중 우연히 이주여성에 관한 연구 프로젝트에 보조연구원으로 참여한 것을 계기로 자연스럽게 필리핀 결혼이민 여성에 관해 학위논문을 썼다.

석사과정을 마친 후에는 국립민속박물관 소속 계약직 연구원으로서 세종시 개발예정 지역이었던 농촌 마을에 머물면서 1년간 현지조사를 수행했다. 당시 나는 앞으로의 진로에 대해 고민하고 있었는데, 조사 기간 중 틈틈이 대학 도서관에서 자료조사를 하다가 우연히 집어들게 된 책이 텔아비브대학의 인류학자들이 집필한 1960년대 이스라엘 사회에 관한 에스노그라피ethnography였다. 이 책을 시작으로 유대인 대량이민에 기반을 두고 건설된 이스라엘이라는 작은 나라의 내부적 다양성과 역동성을 보여주는 에스노그라피들을 찾아 읽으면서, 에스니시티ethnicity와 아이덴티티에 관련된 이슈를 연구하기에 흥미로운 지역으로서 이스라엘에 관심을 갖게 되었다. 물론 한국에 이스라엘을 대상으로 한 인류학 연구가 없다는 점도 중요하게 작용했다.

이스라엘 지역연구를 하기로 결심한 이후, 나는 미국 유학을 위해 GRE와 TOEFL을 준비하는 사이 한국 이스라엘문화원의 히브리어 기초반에 등록했다. 3개월의 기초 과정을 마친 뒤, 이스라엘 키부츠 자원봉사 프로그램Kibbutz Volunteer Program4을 이용해 2007년 12월 처음으로 이스라엘을 방문했다. 키부츠 자원봉사자로 현지 사회에 참여하는 석 달 동안, 이스라엘로 유학을 오면 현지조사와 학위 취득 소요 기간을 단축할 수 있겠다는 생각이 들었다. 키부츠 활동을 마치고 귀국하자마자, 나는 교수진과 학과 프로그램 수준을 고려해 텔아비브대학 박사과정에 지원하기로 결정했다. 이스라엘의 다른 대학들과 마찬가지로 텔아비브대학의 사회학·인류학과도 사회학에 비해 인류학의 입지가 매우 좁아지긴 했지만, 최신 인류학 이론과 이슈를 다루는 과목들이 이스라엘 내 다른 대학들에 비해 훨씬 다양하게 개설되어 있었고 여러 연구 분야에 걸친 교수진의 규모도 가장 컸다.

---

4 키부츠는 이스라엘 건국 이전부터 설립이 시작된 집단거주 공동체로, 원래 농업공동체에서 출발했으나 목축업과 공업 등 다양한 업종에 종사하며 전 세계에서 온 청년들을 자원봉사자로 수용하고 있다. 나는 하조레아 키부츠Kibbutz Hazorea에서 오전에 정원 가꾸기와 세탁소 다림질 업무를 맡았고, 오후에는 키부츠 내 어학교사에게 히브리어 개인강습을 받거나 다른 참여자들과 여가를 즐기며 시간을 보냈다.

1948년 이스라엘이 건국되면서 전 세계에 흩어져 있던 유대인 디아스포라가 이스라엘로 대량 유입되었다. 이스라엘 정부는 이질적인 문화 배경을 가진 유대인 이민자들을 '이스라엘인'이라는 동질적 정체성을 가진 국민으로 통합하기 위해 용광로 정책을 실시했다. 하지만 이러한 노력에도 불구하고, 이스라엘의 유대인 사회는 출신지에 따라 하위 종족 범주가 세분화되고 위계화되는 결과가 초래되었다. 건국 직후 북아프리카와 서아시아 출신 유대인들은 '미즈라히Mizrahi'로 범주화되어 아랍 문화의 흔적을 제거하고 '근대화된' 유럽식 아슈케나지Ashkenazi 주류 문화에 흡수될 것을 강요받으면서 사회경제적으로 주변화되어갔다(Sasson-Levy & Shoshana, 2013).[5] 나는 특히 예멘 출신 유대인의 사례에 초점을 두어 '차별적인 이민자 수용 정책과 출신지에 따른 거주지 분리 정책이 이루어지기 시작한 이스라엘 건국 시기부터 최근까지 이스라엘 내 종족 범주 및 정체성이 도시화와 더불어 어떻게 형성되고 지속되는가'라는 주제로 박사과정에 지원했고 입학 허가를 받아 8개월 만에 다시 이스라엘로 향했다.[6]

　　그런데 입학 후 학과장과의 첫 만남에서 학과장은 나에게 이스라엘 남성과 결혼한 필리핀 여성에 대해 연구할 것과 이스라엘의 노동이주·시민권·이민 연구자인 아드리아나 켐프Adriana Kemp를 지도교수로 정할 것을 강력하게 제안했다. 그는 최근 이스라엘 남성과 결혼하

5　이와 관련된 내용은 필자가 작성한 글의 링크를 참조하기 바란다.(http://diverseasia.snu.ac.kr/?p=2755)

6　키부츠 활동을 마치고 집으로 돌아온 뒤에는 흥미로운 장소에서 새로운 경험을 하고 싶다는 생각이 들어 울릉군 독도박물관에서 계약직 연구원으로 단기간 근무하면서 이스라엘 유학을 준비했다. 석사 졸업 후 1년 동안 박물관에서 일한 경력이 있었기 때문에, 박사과정 입학에 실패할 경우에 대비해 박물관에서 다시 1년의 경력을 채운 뒤 관련 업무 경력 2년을 요구하는 3급 정학예사 자격증을 취득할 목적도 있었다.

는 필리핀 여성의 수가 급증하고 있는 상황에서 그 주제에 대한 연구가 전무하다는 것과 내가 이미 한국 남성과 결혼한 필리핀 여성에 관한 주제로 석사학위 논문을 쓴 적이 있다는 것을 이유로 들면서 나를 설득하려고 애썼다. 하지만 내가 이스라엘로의 유학을 감행한 주요 이유는 이스라엘의 유대인 사회 연구에 있었기 때문에 학과장의 제안에 거부 의사를 밝힌 채 수업을 들으며 나름대로 연구를 진행해 갔다. 2009년 유월절 기간에는 남서쪽에 위치한 예멘 모샤브^{Moshav}[7]에 방을 빌려 한 달 동안 체류했으며, 이후 텔아비브 인근 소도시 레호보트^{Rehoboth}의 예멘 유대인 거주지역과 지역 아카이브를 정기적으로 방문하는 등 문헌자료를 수집하면서 박사과정의 첫 1년을 보냈다.

하지만 입학 후 1년이 지나도록 지도교수가 정해지지 않은 것은 큰 문제였다. 다행히 아드리아나 교수는 내가 원한다면 예멘 유대인에 관한 연구를 지도해주겠다고 하면서 마지막으로 한 달만 다시 생각해보라고 설득했다. 당시 나는 연구주제를 바꿀 마음이 전혀 없었기 때문에 더 고민하지 않고 아드리아나 교수와 만나기로 한 날짜가 되기만을 기다렸는데, 약속 날짜를 며칠 앞두고 갑자기 주제를 바꾸는 쪽으로 생각이 변했다. 우선 내가 소속된 학과의 공식적인 박사과정은 5년이며 사유서를 제출하면 1년이 연장되어 입학 후 6년 이내에는 심사용 논문을 제출해야 한다는 사실을 알게 되었다. 결국 내가 이스라엘 이민국에 요청할 수 있는 최대한의 체류 기간은 공식적 박사과

---

7 모샤브는 협동농업공동체^{cooperative farms}의 형태를 띤 정착지 마을이다. 내가 한 달간 머물렀던 가자 지구 북쪽 경계에 인접한 야키니 모샤브^{Moshav Yachini}는 1950년을 전후로 예멘 유대인과 이란 유대인 이민자들의 정착지로 조성된 소규모 농촌 마을이었지만, 문화적 갈등 끝에 이란 출신 이민자들이 모샤브를 떠나게 되면서 예멘 모샤브로 자리 잡았다.

정 소요 기간인 5년뿐이었다. 텔아비브에는 미등록 체류자들이 집중되어 있어 취업비자나 학생비자 소지자의 체류 역시 다른 도시에 비해 제한적이었다. 게다가 예멘 모샤브와 레호보트에서 만난 칠팔십 대 노인들은 아랍어 억양이 매우 강한 히브리어를 구사했기 때문에, 면담을 위해서는 그들의 말을 이해할 수 있는 자녀들의 도움을 받아야 했다. 이런 상황에서 코스워크를 마치고 히브리어를 습득해 현지조사를 실시한 후 논문을 제출하기까지 전 과정을 6년 이내에 마치는 것은 불가능해 보였다.

이러한 조건들이 내가 연구주제를 바꾸는 데 원인 제공을 했지만, 내가 필리핀 이주노동자들에게 관심이 없었다면 연구주제를 변경하지 않았을 것이다. 텔아비브에서 유학 생활을 시작하면서 가장 먼저 눈에 들어온 것은 이스라엘 노인을 부축하며 걸어가는 필리핀 돌봄노동자였다. 이스라엘은 1996년부터 외국인 입주 돌봄노동자를 고용해 거동이 불편하거나 알츠하이머 진단을 받은 노인의 일상생활 수행을 돕는 장기요양간병Long-Term Care 시스템을 운영하고 있다. 평일 낮시간 시내 곳곳에서 목격되던 필리핀 돌봄노동자들이 주말이 되면 네베셰아난으로 몰려드는 현상 하나만으로도 나의 관심을 끌기에 충분했다.

박사과정 입학 후 예멘 유대인에 관한 연구를 준비하면서 나는 필리핀 이주노동자에 관한 연구도 틈틈이 해보자는 야심 찬 목표를 가지고 이스라엘에 유학 온 지 한 달 반 만에 길거리에서 우연히 만난 필리핀 여성 루시에게 말을 걸고 이메일을 교환했었다. 당시에는 예상하지 못했던 일이지만, 그후 루시와 지속적으로 연락을 이어온 덕분에 1년 뒤에 연구주제를 갑자기 바꾸는 것이 가능했다. 필리핀 이

나의 현장, 바뀌어간 질문들

사진 2 안식일이 시작되기 전 장을 보고 집으로 돌아가는
이스라엘 노인과 필리핀 돌봄노동자

주민 사회의 내부자인 루시는 내가 연구현장에 진입하는 것을 가능하게 해주었을 뿐 아니라, 연구현장에 진입하는 데 소요되는 시간과 노력을 상당히 줄여주었다. 연구수행의 실현 가능성을 높여주는 매개자가 존재하는 상황에서 연구주제를 변경하지 않을 이유가 없었다.

3. 루시와의 만남

2008년 12월 안식일이 끝나가는 어느 토요일 저녁에 나는 텔아비브 시청 근처 버스 정류장에서 버스를 기다리다가 루시를 처음 만났다. 필리핀 여성인 루시에게 말을 걸기 위해 일부러 이미 방문한 적이 있는 성 안토니 성당[8]의 위치를 물으며 이런저런 이야기를 나누다가 이메일 주소와 전화번호를 교환하는 데 성공했다. 그로부터 2주 뒤 루시는 나를 크리스마스 단체관광에 초대했는데, 관광버스가 새벽 5시에 출발할 예정이라 전날 밤 루시가 사는 아파트에서 묵어야 했다. 드디어 네베셰아난을 방문할 명분이 생긴 것이다. 관광 전날 밤, 나는 루시의 친구 몇 명과 함께 루시가 새로 입주할 아파트로 이삿짐 나르는 것을 도우며 네베셰아난의 밤거리를 활보하고 다녔다. 자정에 가까운 시간이라 술에 취한 아프리카 남자들로 북적였지만, 네베셰아난의 '주민'인 필리핀 여성들과 함께였기 때문에 네베셰아난이 더 이상 낯설고 위험한 곳으로 느껴지지 않았다.

---

8   한국인들에게 '욥바'로 알려져 있는 텔아비브 남쪽 자파Old Jaffa 해안가에 위치한 성 안토니 성당은 타갈로그어, 아랍어, 영어 미사를 제공하는 가톨릭 성당으로, 필리핀 이주자들이 신자의 대부분을 차지한다.

사진 3 2008년 12월 이스라엘 북부 단체관광,
왼쪽 첫째가 필자

다음 날 새벽 베들레헴으로 향해야 할 버스 네 대는 그 전날 발발한 가자전쟁Gaza War의 여파로 도로가 봉쇄되면서 나사렛이 위치한 북쪽으로 갑자기 방향을 바꾸었다. 단체관광은 나사렛 수태고지 교회 방문을 시작으로 갈릴리 호수에서 유람선 파티와 관광지 쇼핑을 즐긴 후 텔아비브로 돌아와 아파트에서 '가라오케 파티'로 마무리되었다. 그날 이후로도 루시는 종종 자신의 아파트에서 열리는 생일파티에 나를 초대했고, 네베셰아난에 연고가 생긴 나는 그때부터 네베셰아난을 자유롭게 드나들게 되었다.

상황이 이러했기 때문에 아드리아나 교수와의 면담에서 연구대상을 바꾸기로 결정하자마자 곧바로 루시에게 문자 메세지를 보내 그녀가 살고 있는 리나 아파트[9]에 내가 입주할 수 있는지 문의할 수 있었다. 연구대상이 갑자기 바뀌었기 때문에, 당시로서는 필리핀 이주노동자들과 함께 지내다보면 연구주제를 찾을 수 있을 거라 믿고 무작정 현장으로 들어가는 수밖에 없었다. 그동안 루시가 농담 반 진담 반으로 나에게 입주 제안을 한 적이 여러 번 있었기 때문에, 가능성은 충분히 있어 보였다. 하지만 루시가 허락한다고 해서 내가 아파트에 쉽게 입주할 수 있는 것은 아니었다. 루시가 '주말에 아파트의 리더인 리나와 의논 한 뒤 연락을 주겠다'는 문자 메세지를 보내오고 2주가 더 지나고 나서야 입주 허락을 받을 수 있었다. 리더와 일부 입주자들이 내가 필리핀인도 이주노동자도 아니라는 이유로 나의 입주

---

9 조사 기간 중 내가 머문 아파트는 총 네 군데로, 편의상 아파트 '리더'의 이름을 붙여 구별하고자 한다. 필리핀 이주자들 사이에서 리더는 이스라엘 집주인과 임대계약을 맺는 공식 세입자이자 필리핀 이주자들에게 침대를 임대하는 집주인 역할을 수행하기 때문에, 아파트 내에서 히브리어로 집주인을 뜻하는 '바알하바이트ba'al habait'나 '리더'로 불린다.

를 반대했지만, 루시의 설득 덕분에 허락되었다.

아파트 입주 과정에서 알게 된 사실은 필리핀 이주노동자라 하더라도 아파트 구성원 중 누군가의 보증이 있어야만 입주할 수 있다는 것이었다. 만약 내가 루시를 알지 못했다면 아파트에 입주하는 것은 불가능했을 테고, 내 박사논문의 관심사와 주제의 방향은 달라졌을 것이다. 루시는 다양한 사회적·경제적 활동에 적극적으로 참여하고 인맥이 풍부했기 때문에, 내 현지조사의 시작부터 끝까지 중요한 인포먼트였다. 루시는 조사 기간 동안 내가 새로 입주할 아파트를 찾을 때마다 보증인이 되어주었으며, 내부인이 아니면 알 수 없는 장소로 나를 안내했다. 주말에만 영업하는 미용실과 송금 및 환전 거래소, 의류 판매점과 음식점 등 필리핀 이주민들만 알고 있는 비공식 사업장이 네베셰아난의 아파트 곳곳에 있었는데, 루시를 따라다니지 않았더라면 알지 못했을 장소들이었다.

하지만 이주민 사회에서의 평판을 고려하면, 루시는 이상적인 인포먼트는 아니었다. 루시는 고리대금업을 하면서 채무자들에게 무리한 빚 독촉을 했기 때문에 '돈만 밝힌다'는 비난을 받았으며, 다소 직설적이고 거친 입담 때문에 평판이 좋지 않았다. 시간이 흐르면서 나와 친해진 대부분의 필리핀 이주민들은 "네가 루시와 친구인 것이 이해가 되지 않는다"고 실토하면서 점차 나를 루시로부터 분리해서 보았다. 하지만 입주 초기에는 내가 루시의 친구라는 이유로 나와 거리를 두는 사람도 있었다. 또한 루시는 퇴근 후 저녁에 파트타임으로 일을 했기 때문에 아파트에 머무는 시간이 짧아서 면담을 수행하기가 쉽지 않았다. 따라서 루시의 도움으로 입주한 아파트에서 가능한 한 많은 인포먼트를 확보하기 위해 노력을 기울여야 했다. 주말에만 잠시 아파트로 돌아오는 필리핀 이주자들과 라포를 형성하려면 주말 저녁 식사와 생일파티, 계모임 등 공동체 활동에 적극적으로 '참여'하는 수밖에 없었다.

4. 무작정 들어간 현장: 자리 잡기와 주제 모색

텔아비브대학의 사회학·인류학과 박사과정은 A단계와 B단계로 구분된다. A단계는 학위논문을 위한 연구계획서를 준비하여 발표를 거친 후 본격적인 연구를 시작하기 전까지의 과정에 해당하며 B단계는 박사과정 수료 후 현지조사부터 논문심사까지의 과정이다. A단계에서는 매 학기 열리는 3학점짜리 세미나를 이수해야 하는데, 매주 두 명씩 돌아가며 자신의 연구계획을 발표하고 피드백을 받아 연구주제를 발전시키며, 학기 말에는 모든 학생들이 공개 발표를 한다. 그런 다음 학과 심사를 통과해야 B단계에 진입할 수 있다. 이 세미나의 주요 목적은 수강생들이 동료 학생 및 교수들과의 질의응답을 통해 주제를 구체화하여 연구계획서를 완성하는 데 있다. 이 세미나는 내가 단기간에 연구계획서를 작성하는 데 큰 도움이 되었다. 연구주제와 지도교수 선정이 동기생들보다 늦었지만, 무작정 현장에 들어가서 모은 구체적인 자료들을 토대로 '아파트'에 초점을 맞춰 연구계획서를 완성할 수 있었다.

입학 초기에 학과장이 나에게 제안한 연구대상은 '이스라엘 남성과 결혼한 필리핀 여성'이었지만, 나는 필리핀 돌봄노동자에 초점을 두고 연구를 진행하기로 결정했다. 다행히 아드리아나 교수와 나의 또 다른 지도교수로 합류하게 된 오프라Ofra Goldstein-Gidoni 교수도 나와 같은 의견이었다. 연구대상을 선정하는 과정에서 내가 가장 중요하게 고려했던 요소는 나의 관심사와 연구수행 가능성이었다. 이스라엘 남성과 결혼한 필리핀 여성들은 이스라엘에 돌봄노동자로 입국한 경우가 대부분으로, 이들과 관련된 단체나 공동체가 알려지지 않은 데다, 이들이 특정 지역에 분포하는 것도 아니어서 접근하기가 쉽지 않아 보였다. 한국에서 석사논문 현지조사를 수행했을 때는 인권센터를 통해 가정방문 한국어 교사로 자원 활동을 한 덕분에 필리핀 여성들에게 도움을 줄 수 있어서 그녀들과 연구 목적의 면담을 안정적으로 수행할 수 있었지만, 이스라엘에서는 내가 취약한 지위를 가진 외국인 학생이었기 때문에 이스라엘에 정착한 필리핀 여성들에게 접근하는 데 많은 시간이 소요될 뿐만 아니라 접근 자체도 쉽지 않을 것 같았다. 하지만 돌봄노동자의 경우 루시의 도움을 받아 수월하게 접근할 수 있기 때문에 상대적으로 연구수행 가능성이 높아 보였다.

필리핀 돌봄노동자에 초점을 두고 연구를 진행하기로 한 뒤에는 이주노동자들의 집거지가 형성되어 있는 텔아비브, 예루살렘, 하이파와 에일랏 같은 도시들 중 한 곳을 현장연구의 조사지역으로 선정할 필요가 있었다. 나는 별다른 고민 없이 텔아비브의 네베셰아난을 조사지역으로 결정했는데, 나의 연구를 도와줄 루시가 네베셰아난에 살고 있는 것도 중요한 이유였지만, 이스라엘에서 규모가 가장 큰 이주민 집거지라는 점에서 네베셰아난은 최적의 조사지였다. 네베셰아난에는 필리핀 이주자뿐 아니라 네팔·인도·스리랑카·태국·중국 등 다양한 국가에서 온 이주노동자들과 에리트레아와 수단에서 온 난민 신청자들, 그리고 소수이기는 하지만 네베셰아난에 소규모 사업장을 두고 있는 이스라엘 상인들과 선주민들이 한데 섞여 있기 때문에, 필리핀 이주자들이 어떻게 사회관계를 맺고 생활영역을 구축해나가는지를 가장 잘 관찰할 수 있는 곳이라 판단했다.

네베셰아난에서 현지조사를 수행하기로 결심하고 고려했던 조사 장소 중 한 곳은 처음 내가 루시에게 접근하기 위해 일부러 위치를 물었던 성 안토니 성당이었다. 하지만 주말마다 성 안토니 성당을 방문하면서, 성당에서 모임을 가지는 필리핀 이주자는 사제와 성가대원 등 소수이고, 대부분 자신의 생일이나 크리스마스 등 특별한 절기에만 성당을 찾거나 비정기적으로 주말 미사에 참석하는 것으로 관찰되어 성당은 주요 연구장소에서 배제했다. 성당을 방문하면서 안면을 튼 필리핀 이주자 및 아파트 구성원들과의 면담을 통해 알게 된 사실은 이스라엘에 거주 중인 필리핀 이주자들은 거의 모두 특정 아파트에 입주해 있다는 것이었다. 사실 내가 루시를 통해 아파트 입주를 시도했던 것은 네베셰아난이 주말이 되면 전국에 분산되어 있던 이주노동자들이 모여드는 곳이었기 때문에 인포먼트를 확보하기 수월하리라는 기대에서였다. 조사 초기 단계에 나는 아파트를 단순히 조사를 위한 나의 숙소 정도로 인식했지만, 처음으로 입주한 리나 아파트에서 지내는 동안 아파트는 필리핀 이주민들을 위한 집단숙소 이상의 다양한 기능을 가진 흥미로운 연구대상임을 알게 되었다.

그런 점에서 리나 아파트에서의 체류는 예비조사의 성격이 강했으며, 5개월 뒤 내가 리나 아파트에서 쫓겨나게 되면서 본격적인 조사가 시작되었다고 볼 수 있다. 리나 아파트에서 지낸 지 5개월이 되어가던 시기에 연구계획서 공개 발표를 마치고 한국으로 한 달간 휴가를 다녀오고 나니, 다른 구성원들이 루시가 리나와 다투고 다른 아파트로 옮겨갔다고 알려주었다. 수도요금과 전기요금이 평소보다 많이 나와서 리나는 루시가 주중에 아파트에서 빨래를 했을 거라 의심했고, 결국 루시와 언성을 높여 싸우다 루시를 쫓아냈다는 것이다. 리나는 루시가 더 이상 이곳에 살지 않으니 나도 아파트에서 나가달라고 요청했다. 나뿐 아니라 루시가 나보다 먼저 리나 아파트로 데려온 필리핀 여성 말루 역시 루시를 따라 다른 아파트로 옮겨간 상태였다. 거실 벽 월세 지불자 명단에 'Koreana'로 적혀 있던 내 이름이 간신히 'Anna'로 바뀌게 된 시점에 리나 아파트를 떠나야 하는 것은 매우 아쉬운 일이었다.

루시가 새로 입주한 헬렌 아파트는 리나 아파트에 비해 훨씬 깨끗한 데다 거주자 수가 25명이나 되었던 리나 아파트에 비해 비교적 적은 인원인 12명뿐이었지만, 적정 수용 인원이 이미 꽉 차서 나를 받아줄 수는 없다고 했다. 아파트의 방 두 개 중 하나는 필리핀 여성 헬렌이 이집트 남성 아마르와 함께 사용했고, 다른 방 하나를 필리핀 여성 10명이 사용하고 있었기 때문이다. 대신 헬렌은 내가 방을 구하는 한 달 동안 그곳에 임시로 머무를 수 있게 해주었다. 그렇게 헬렌 아파트에 머무르면서 루시의 인맥을 통해 입주할 아파트를 알아보던 중 다행스럽게도 기존 입주자 한 명이 필리핀으로 갑자기 귀국하는 바람에 헬렌 아파트에 정식으로 입주할 수 있었다.

힘들게 들어간 아파트를 5개월 만에 떠나야 하는 상황은 분명 큰 위기였지만, 리나 아파트에서의 체류는 연구지 상황에 친숙해지고 연구주제를 구체화하는 데 중요한 단서를 제공해주었다. '입주노동자에게 아파트가 왜 필요한가'라는 초기의 의문은 필리핀 이주자들이 이스라엘이라는 낯선 환경에서 어떻게 그들만의 세상을 만들어가는가라는 질문으로 이어졌으며, 이 질문의 답을 찾는 데 아파트가 중요한 열쇠라는 확신이 들었다. 나는 리나 아파트에서 아파트가 기본적으로 어떻게 구성되고 유지되는지, 집단숙소로서 아파트 내 구성원들은 어떤 의무와 권리를 가지고 있으며 서로 어떤 관계를 맺는지, 이주노동자들의 다양한 종교적·사회적·경제적 행위가 어떻게 이루어지는지를 파악하면서 아파트를 분석의 대상으로 정했다. 이주 가사노동자들이 체류국에서 형성하는 아파트는 로마나 캐나다의 필리핀 이주자를 대상으로 이루어진 일부 연구에서 언급된 적이 있지만, 아파트 자체에 초점을 두거나 아파트'에서' 현지조사를 수행한 연구는 찾아보기 힘들다. 더욱이 아파트가 사회적 공간으로 '만들어지는' 방식은 이스라엘의 맥락에서 다르게 이루어질 것으로 예상되었기 때문에, 나는 기대감과 모험심을 가지고 현장에 발을 내디뎠다.

5. 경계 위의 삶: 슬럼에서의 현지조사

'비일상적'인 도시 공간에서 살아가기

인류학자가 현장에 들어가면 이질적인 문화와 낯선 환경에 적응해야 한다. 나의 연구에서는 내가 필리핀 이주자들의 합숙소인 아파트에 거주하면서 네베셰아난의 주민으로서 일상생활을 수행해내는 것이 상당히 큰 부분을 차지했기 때문에, 현장에 적응하는 것이 특히 중요한 과제였다. 네베셰아난에서 살면서 내가 극복해야 했던 문제는 불안한 치안, 아파트의 열악한 주거환경, 그리고 이민경찰과의 실랑이로 요약된다. 이곳에서는 잠금장치가 허술한 창문이나 베란다를 통

나의 현장, 바뀌어간 질문들

해 강도가 난입하는 사건이 종종 일어났고 필리핀 여성이 으슥한 골목에서 가방을 빼앗기거나 성폭행을 당하는 사건이 빈번하게 발생했기 때문에 항상 긴장을 늦추지 않고 지내야 했다. 이주노동자들 사이의 칼부림과 그로 인한 구급차 및 경찰의 출동도 네베셰아난에서 흔한 일이었기 때문에, 나의 안전을 걱정하는 지인들이 가끔 안부를 물어왔다. 나의 경우 아파트 계단에 쇠사슬로 묶어둔 자전거를 도난당한 적이 여러 번 있기는 했지만, 네베셰아난에 머무는 동안 별다른 피해 없이 조사를 마칠 수 있었다.

네베셰아난에서 지내는 시간이 길어질수록 그곳이 '외부인'의 눈에 비치는 것만큼 위험한 곳은 아니라고 느껴졌다. 물론 네베셰아난이 범죄의 위험이 도사리고 있는 도시 슬럼임은 틀림없지만, 처음 내가 길 건너에서 바라보기만 했을 때 가지고 있던 이 지역에 대한 선입견과 공포는 다소 과장된 것이었다. 골목길을 걸을 때 자전거를 타고 내 옆을 지나가는 아프리카 남성들은 대체로 "(놀라게 해서) 미안합니다"라는 정중한 말을 남겼다. 무엇보다 나는 일상 속에서 낯선 이들과 개인적인 관계를 맺음으로써 타자화된 특정 집단과 장소에 대한 왜곡된 시각과 두려움에서 벗어날 수 있었다. 대학 캠퍼스 내 카페에서 주방보조로 일하는 에리트레아 출신 아저씨를 네베셰아난 거리에서 우연히 마주친 이후로 나는 그와 언제 어디서 만나건 반갑게 악수하며 안부를 묻는 사이가 되었고, 주말마다 네베셰아난의 벼룩시장에서 고장 난 라디오와 영어 책, 중고 자전거 등을 파는 수단 출신 남성, '할로할로(빙수와 비슷한 필리핀 음료)'를 파는 필리핀 여성과 안면을 튼 뒤에는 네베셰아난을 돌아다니는 것이 더 편하고 즐거워졌다.

네베셰아난의 아파트들은 대부분 관리되지 않고 방치된 노후 건물이기 때문에 주거환경이 열악했다. 특히 리나 아파트는 중앙버스터미널에 인접해 있어서 버스 소음 때문에 숙면을 취하기 힘들었던 데다, 바퀴벌레 약과 쥐덫을 방 안 곳곳에 설치해야 했다. 처음 리나 아파트에 입주했을 때는 드디어 현지조사를 시작한다는 데서 오는 설렘과 기대감이 충만했기 때문에 쥐를 발견하고도 아무 생각이 들지 않았다. 하지만 리나 아파트에서 5개월을 보낸 후 한국에 휴가를 갔다가 의기양양하게 '쥐 끈끈이'를 사들고 돌아온 날 밤부터 며칠 동안 나는 잠을 이룰 수 없었다. 하룻밤 사이에 끈끈이에 포획당하는 쥐의 수가 상당한 것을 보면서 내가 지난 5개월 동안 어떻게 이런 곳에서 살았는지 이해가 되지 않았고, 심지어 조사를 중단하고 싶다는 생각마저 들었다. 앞서 리나 아파트에서 쫓겨나게 된 사건이 현지조사 중 맞이한 첫 위기였다고 밝혔지만, 쫓겨나지 않았더라도 쥐와 바퀴벌레는 조사 기간 내내 큰 장애가 되었을 것이다.

네베셰아난에서 일상적으로 마주치는 또 다른 불청객은 이민경찰이었다. 네베셰아난에 거주하는 한, 합법적인 체류비자를 소지했다 하더라도 '잠재적인 불법 체류자'로 살 수밖에 없다. 여권을 소지하지 않은 상태에서 여권번호를 기억하지 못할 경우 수감시설로 보내지기도 했다.[10] 나는 학생비자 소지자임에도 불구하고, 이민경찰과 마주칠 때마다 이스라엘에는 언제 왔는지, 하필 왜 이스라엘에 온 건지, 누구와 사는지, 지도교수는 누구인지 등의 질문으로 한참 동안 검문을

---

10 텔아비브대학에 교환학생으로 와 있던 중국인 박사과정생이 여권을 소지하지 않은 채 예루살렘에 갔다가 여권번호를 몰라 이민경찰에 잡혀가 하루 종일 구금시설에 갇혀 있던 사건이 있었다. 그와 친분이 있던 나와 중국인 여학생이 그의 기숙사 방문을 열고 들어가 여권을 찾아낸 후에야 그 학생이 텔아비브로 돌아올 수 있었다.

받아야 했다. 조사 초기에 '여권을 항상 들고 다녀야 한다'는 필리핀 인포먼트의 충고를 무시하고 아파트 근처 셀프 세탁소에 갔다가 이민경찰이 내 여권을 확인해야 한다며 아파트로 따라온 적도 있었다. 다행히 그들이 아파트 아래층에서 수상해 보이는 남자를 발견해 끌고 가는 바람에 그들을 아파트 안으로 들이는 상황은 모면했지만, 그 일 때문에 나는 아파트에서 쫓겨날 위기에 처했다. 이 사건을 통해 합법적인 비자 없이 체류 중인 아파트 구성원의 안전을 위해, 이민경찰이 따라올 경우 아파트가 아닌 다른 곳으로 가야 한다는 규율이 있다는 사실도 알게 되었다.

아파트 안에 머무는 동안에도 이민경찰의 급습은 빈번하게 일어났다. 리나 아파트에 입주한 지 얼마 되지 않은 어느 일요일 저녁, 이민경찰 두 명이 현관문을 두드리며 문을 열라고 소리쳤다. 다른 방에 있던 플랫메이트 찰리와 제니가 쏜살같이 내 방으로 달려들어와 전깃불을 끄더니, 인기척을 내지 말아달라고 부탁했다. 그 둘은 고용주의 사망으로 이미 수 년 전에 근로계약이 종료되었지만 여전히 일을 하며 이스라엘에 체류 중이었다. 30분 정도 문을 세게 두드리며 소리를 지르던 경찰은 결국 아파트 건물의 전기 차단기를 내려버린 뒤 떠나갔고, 그날 밤 우리는 이불을 뒤집어쓴 채 어둠 속에서 잠이 들었다. 이민경찰의 문 두드리는 소리에 동요하지 않고 방 안에서 버티기만 하면 안전했지만, 심리적 압박을 이기지 못하고 문을 여는 순간 위험해졌다. 하지만 '불법 체류자'처럼 보이지 않기 위해 넥타이를 매고 서류 가방을 든 채 택시를 타고 청소와 돌봄노동을 하러 다니던 찰리는 그날로부터 몇 달 지나지 않아 길거리에서 이민경찰과 마주친 이후 아파트로 돌아오지 못했다.

네베셰아난 도처에 사복을 입은 이민경찰과 이민경찰의 '앞잡이' 역할을 하는 정체가 알려지지 않은 필리핀 이주자들이 있었기 때문에, 합법적인 비자 없이 네베셰아난에 사는 것은 사실 위험한 일이었다. 단속과 감시가 일상화된 위험한 지역임에도 불구하고 미등록 체류자들이 유독 그 지역에 집중적으로 분포해 있다는 사실은 아이러니해 보였다. 하지만 미등록 체류자에게 네베셰아난은 이스라엘에서 가장 위험한 지역이면서 가장 안전한 곳이기도 했다. 네베셰아난에는 그들을 기꺼이 도와줄 친구들이 있을 뿐 아니라 필리핀 이주자들이 필요로 하는 모든 음식과 물품, 다양한 서비스가 제공되는 곳으로, 그 중심에는 아파트가 있었다.

아파트에서는 이민경찰이 따라오면 다른 곳으로 따돌려야 한다는 규율 외에도 아파트에 누가 살고 있는지, 고향이 어디인지, 누구와 연애나 동거를 하는지 등 구성원들의 사적 정보를 외부에 노출해선 안 된다는 합의가 존재했다. 실제로 아파트 구성원들은 실명 대신 가명을 쓰는 경우가 많았다. 아파트는 합법적인 비자를 소지하지 않은 구성원의 안전뿐 아니라, 필리핀의 가족과 지역사회를 떠나 장기간 이어지는 이스라엘 체류 기간 동안 이주노동자들이 자유와 사생활을 누릴 수 있는 유일무이한 곳이었다. 아파트의 이런 '익명성'은 필리핀 이주자들이 이스라엘에서 만난 이방인인 나에게 자신들의 은밀하고 사적인 이야기를 보다 편하게 털어놓을 수 있는 조건을 만들어주었다.

집단생활과 프라이버시의 위기

내가 현지조사를 수행하기 위해 머문 아파트는 대체로 침대와 2층 침대로 꽉 차서 빈 공간이 거의 없었고, 베란다마저 합판을 파티션처

나의 현장, 바뀌어간 질문들

럼 이용해 방으로 꾸며졌다. 소파 옆 벽에 간이침대가 여러 개 구비되어 있고, 주말 밤에는 거실 소파 역시 침대로 활용되었다. 리나 아파트에 처음 입주한 날 나는 침대 하나와 옷장의 서랍 한 칸을 배정받았고, 내가 기숙사에서 들고 온 프라이팬과 냄비, 주전자 등 조리기구와 생활용품은 자연스럽게 아파트 내에서 공동으로 사용하는 물품이 되어버렸다. 루시와 말루는 저녁에 청소 일을 할 목적으로 고용주와의 합의하에 매일 출퇴근을 하는 돌봄노동자였다. 나를 포함해 아파트에 상시 거주하는 루시와 말루는 아파트에서 '리브인live-in'으로 분류되었으며, 입주 돌봄노동자로 주말에만 아파트를 이용하는 대다수의 구성원들은 '리브아웃live-out'으로 분류되었다(임안나 2016, p. 452). 네베셰아난의 아파트에서 필리핀 이주자들과 함께 살면서 나는 '리브인'과 '리브아웃' 외에도 리더를 가리키는 '바알하바이트'같은 네베셰아난의 필리핀 사회에서 통용되는 다양한 명칭과 은어를 자연스럽게 습득했다.

필리핀 돌봄노동자들은 대부분 입주 근무를 하기 때문에, 특히 조사 초기 단계에서는 아파트를 중심으로 주말에만 이루어지는 모든 공동체 활동에 적극적으로 '참여'하는 것이 중요했다. 나는 월세와 세금을 지불함으로써 구성원 자격을 획득한 뒤 주말 저녁마다 함께 식사를 준비하고 먹는 의무를 수행했다. 주말에 일찍 도착한 구성원들이 장을 보고 재료를 다듬기 시작하면, 뒤늦게 도착한 구성원들이 합류해 테이블에 모여 앉아 시간을 보내다 저녁 9시가 다 돼서 식사를 시작했다. 주말은 필리핀 이주노동자들에게 황금 같은 휴가였기 때문에, 개별 면담을 할 수 있는 기회는 많지 않았다. 따라서 참여관찰과 자유로운 대화의 성격을 띠는 비공식적 면담을 주로 활용하였으

사진 4 리나 아파트의 주말 저녁 식사 모임

며, 구성원들과의 라포가 어느 정도 형성된 뒤에는 주중에 그들의 작업장인 고용주의 집을 방문하여 개별 면담을 하려고 노력했다. 집단 면담이 한 가지 주제에 대한 다양한 목소리와 풍부한 경험을 들을 수 있는 장점이 있다면, 개별 면담은 개인의 경험과 솔직한 의견을 차분하게 들을 수 있다는 장점이 있었다.

하지만 인류학 연구자가 가져야 할 가장 중요한 수단이라 할 수 있는 언어 능력의 부재는 이 연구의 가장 큰 약점이었다. 주말 저녁 식사를 위해 모여앉아 채소를 다듬으면서 오가는 대화는 주로 타갈로그어와 여러 지역 방언들이었으므로 나는 소외되기 일쑤였다. 그럼에도 불구하고 나름대로 합리화해본다면, 필리핀의 주요 언어는 타갈로그어이지만 필리핀 이주자들은 각자 출신 지역의 언어를 우선적으로 사용하는 경향이 있었으며 타지역 출신과 대화할 때만 타갈로그어를 사용했다.

그러므로 현장연구를 시작하기까지 충분한 준비 기간이 주어지고 필리핀 이주자들이 타갈로그어만 사용한다고 가정하면 해당 언어를 습득하는 편이 타당하겠지만, 갑작스러운 연구주제 변경으로 연구를 당장 시작해야 하는 상황에서는 영어로라도 면담을 진행할 수밖에 없었다. 필리핀 이주자들은 영어를 자유롭게 구사했기 때문에 일상적인 대화나 공식적인 면담을 수행하는 데 큰 어려움은 없었다. 내가 타갈로그어를 구사하지 못하는 상황에서 연구를 진행할 수 있는 최선의 방법은 그들의 대화에 눈치껏 끼어들어 어떤 주제에 관한 내용인지를 물으면서 대화가 영어로 전환되도록 유도하는 것이었다. 그들이 타갈로그어나 지역어로 대화할 때 종종 영어나 히브리어 단어를 섞어 사용했기 때문에 대화의 주제를 대략 가늠할 수 있었다. 물론 타갈로그어에 능숙한 연구자가 수집하는 자료의 질이나 양과는 비교할 수 없겠지만 말이다.

아파트마다 분위기는 상이했지만, 대체로 모든 입주자들이 돌아오는 주말 저녁에는 공동 식사 후 카드게임을 하거나 필리핀산 맥주 산미구엘San Miguel을 마시며 밤을 새워 노는 일이 다반사였다. 필리핀 이주자들은 주말에 네베셰아난에서만 필리핀 음식을 먹을 수 있었기 때문에, 주말 저녁 식사는 잔치 못지않게 거하게 차려졌다. 주말에 생일파티라도 있으면 금요일 저녁부터 잔치 준비가 시작되었는데, 아파트 구성원들은 모든 준비 과정에 참여해야 했다. 마늘 까기와 채소 다듬기 등의 작업을 금요일 저녁부터 자정까지 하고, 토요일도 아침부터 파티가 열리는 저녁까지 요리하고 상을 차리는 일이 이어졌다. 요리에 익숙하지 않은 나와 몇 명은 주로 채소를 다듬거나 요리된 음식을 파티가 열리는 아파트 옥상이나 거실 테이블로 나르는 일을 맡았다. 이러한 행사는 관찰과 면담을 동시에 수행할 수 있는 좋은 기회였지만, 한 달에 한 번꼴로 열리는 생일파티를 맞아 평소에 하지 않던 부엌일을 이틀에 걸쳐서 하는 것은 육체적으로나 심리적으로나 매우 고달픈 일이었다.

아파트 안에 내가 혼자 사용할 수 있는 공간이 없고 주거환경이 열악해서 힘들기도 했지만, 무엇보다 이질적인 문화배경과 라이프 스타일을 가진 사람들과 살면서 무엇이든 함께 해야 하는 집단생활이 장기간의 연구에서 가장 힘든 부분이었다. 아파트에서는 주말마다 함께 장 보고 식사하고 생일파티를 하면서 시간을 보내야 하는 의무가 입주자 모두에게 적용되었기 때문에, 주말에 아파트를 떠나 있거나 다른 아파트에 오랜 시간 머무르면 눈치가 보일 수밖에 없었다. 입주자 한 명이 갑자기 이사를 나가게 되면 남은 입주자들이 내야 하는 월세가 비싸지기 때문에, 리더는 구성원의 유출을 방지하기 위해 끈끈한 공동체 의식을 조성하려고 노력했다. 이런 맥락에서, 내가 조사를 위해 주말 저녁에 다른 아파트에서 열리는 생일파티에 참석하기 위해 아파트를 비우는 일이 잦아지면서 리더로부터 잔소리를 듣거나 다른 아파트로 이사를 가려고 한다는 의심의 눈초리를 받기도 했다.

아파트는 외부와 차단된 폐쇄적 공간인 한편, 내부적으로는 모든 입주자의 사생활이 공유되는 개방적인 공간이었다. 아파트에서 일어나는 모든 활동에 참여하는 것은 인포먼트와의 라포 형성을 넘어서서 연구 내용 자체였기 때문에, 현장에서 나의 프라이버시는 박탈된 것이나 다름없었다. 커플이 유독 많았던 샐리 아파트에서는 어쩔 수 없이 그들의 '사생활'마저 공유해야 했다. 나의 일상이 그들의 삶에 지나치게 밀착되어 있었기 때문에, 가끔은 연구현장에서 벗어나 에너지를 재충전할 필요가 있었다. 이런 문제를 해결하기 위해, 나는 가끔 즉흥적으로 배낭을 꾸려 다른 지역에 거주하는 친구를 방문한다는 핑계를 대고 텔아비브 밖으로 여행을 떠나거나 네베셰아난에서 도보로 15분 떨어진 텔아비브 해변의 호스텔에서 하룻밤 묵고 돌아왔다.

그럼에도 불구하고 나 역시 가족과 떨어져 낯선 타국에 홀로 체류 중인 것은 마찬가지였기 때문에 네베셰아난의 아파트가 '안식처'와 '가족'을 선사해주는 친밀함과 위로의 공간이었음을 부정할 수 없다. 비록 저녁 식사 모임에서 가끔은 기름을 지나치게 많이 사용한 특정 음식을 선택의 여지 없이 먹어야 한다거나 생일파티 준비를 위해 부엌일에 동원되는 데서 오는 스트레스는 있었지만, 다행히 나는 레촌 카왈리, 아도보, 비콜 엑스프레스 같은 대부분의 필리핀 음식을 좋아했고, 주말마다 친밀한 사람들과 음식을 나누어 먹는 행위는 나에게 일종의 소속감과 안정감을 주었다. 토요일 아침이면 잠결에 들리는 "안나, 밥 먹어"라는 목소리와 필리핀에서 들여온 믹스커피의 향만으로도 아파트는 나에게 충분히 집과 같은 곳이었다.

파도를 타고 위기를 넘어

나는 26개월 동안 현지조사를 수행하면서 네 군데의 아파트에 체류했다. 처음 리나 아파트에 입주할 때만 하더라도 네 군데나 되는 아파트에 머무르게 될 줄은 예상하지 못했다. 앞서 언급한 것처럼 리나 아파트에서는 루시와 리나 사이에 공과금을 둘러싼 갈등이 일어나 루시가 쫓겨나게 되면서 나도 아파트를 떠나야 했고, 두번째 아파트인 헬렌 아파트에서는 종교·문화적 갈등으로 재계약이 이루어지지 않아 구성원 모두가 이사를 나가게 되었다. 헬렌의 남자친구인 아마르는 주말이 되면 어디론가 사라졌다가 안식일이 끝난 일요일 새벽이 되어서야 아파트로 돌아오곤 했다. 고용주의 집에서 허용되지 않는 돼지고기 요리를 네베셰아난 아파트에서만 먹을 수 있었기 때문에 돼지고기 요리가 주말 저녁 식사의 주 메뉴여서, 무슬림인 아마르는 주말마다 '불결해지는' 아파트에서 벗어나 있어야 했던 것이다.[11] 하지만 라마단 기간 동안만이라도 아파트에서 돼지고기를 먹지 말아달라는 아마르의 부탁에도 불구하고 필리핀 입주자들은 돼지고기를 먹고야 말았고, 이 문제를 둘러싼 오랜 갈등으로 인해 아마르와 헬렌은 결

---

11 대부분의 이스라엘 가정에서는 유대교 전통에 따라 규정된 '정결한 음식'인 '코셔kosher'를 먹는다. 특히 돼지고기는 필리핀에서 널리 사용되는 식재료지만, 이스라엘에서는 금지된 음식이다. 이슬람 문화권에서도 돼지고기는 '하람forbidden'으로 분류되어 금기시된다.

국 아파트를 떠나겠다는 통보를 했다.

헬렌과 아마르가 떠나면 남은 구성원들이 아파트 보증금과 월세의 절반을 메워야 했기 때문에 새 입주자를 구하려고 노력했지만, 여러 명의 입주자를 한 번에 구하는 것은 쉽지 않은 일이었다. 당시 나는 헬렌의 방을 인수해달라는 제안을 받았는데, 나 역시 연구를 위해 새로운 아파트를 구해야 하는 상황이었기 때문에 내가 인수해서 아파트를 유지할 것인지 잠시 고민에 빠졌다. 하지만 현장의 자연스러운 상황에 연구자가 임의로 개입하는 것은 연구에 도움이 되지 않을 뿐 아니라, 조사가 종료된 뒤 그 방을 인수할 사람을 찾지 못하면 내가 아파트를 떠나지 못할 수도 있으리라는 우려가 커서 '학생이라 돈이 없다'는 핑계를 대 거절할 수밖에 없었다. 결국 아파트 재계약은 이루어지지 못했고, 모든 구성원이 새로운 아파트를 찾아 뿔뿔이 흩어져야 했다.

필리핀인이 아닌 나를 선뜻 받아줄 아파트를 찾기 힘든 상황이었지만, 이번에도 루시의 도움으로 샐리 아파트에 입주할 수 있었다. 고리대금업을 하는 루시의 채무자 중 두 명이 샐리 아파트에 살았고, 특히 샐리의 남자친구인 마크가 루시로부터 큰 액수의 돈을 빌렸기 때문에 가능한 일이었다. 최소한 1년은 체류해야 한다는 구두 약속을 한 뒤에야 샐리 아파트에 입주할 수 있었다. 하지만 계약 종료 두 달을 앞두고 샐리는 나에게 아파트에서 나가달라고 했다. 두 달 뒤 나를 대체할 입주자가 나타나지 않을 수도 있기 때문에 그때 방을 보러 온 커플에게 내 침대를 임대할 생각이었던 것이다.

현지조사를 마무리하는 시기였기 때문에 아파트를 떠나도 연구에 큰 지장은 없었지만, 갑자기 숙소를 구해야 해서 난감했다. 다행히 한국에서 일한 경험이 있어 나와 친해진, 아래층에 살고 있던 안젤라가 자신이 리더로 있는 아파트 입주를 허락했다. 이 사실을 모르고 있던 샐리와 마크가 입주하기로 한 커플이 입주를 철회했다면서 그냥 계속 살면 안 되겠냐고 나에게 사정했지만 나는 거절했다. 그들의 태도가 괘씸하기도 했고, 출산 후 미등록 체류 중인 안젤라와 인터뷰를 진행하는 편이 나을 것 같았다. 네베셰아난에서는 같은 아파트 건물에 살아도 주말에만 돌아오는 이웃이 누구인지 몰랐기 때문에, 안젤라의 아파트에는 어떤 사람들이 살고 있는지도 무척 궁금했다. 안젤라의 아파트에서 3개월 동안 체류한 뒤 대학 기숙사로부터 입주 허가를 받으면서 나의 공식적인 현지조사는 종료되었다.

한 아파트에 최소한 1년 이상 머무르지 못하고 이삿짐을 싸게 되는 상황에 처할 때마다 조사가 원활하게 진행되고 있지 않다는 불안감이 엄습했다. 하지만 네베셰아난의 필리핀 이주민 사회에서 잦은 이사는 흔한 일이었으며, 내가 여러 아파트에서 살게 된 것도 현장의 자연스러운 상황에서 벌어진 일이었다. 의도치 않게 여러 아파트를 옮겨다니게 되면서 좀 더 많은 인포먼트와 아파트의 다양한 구성을 접할 수 있었으며, 자신의 라이프 스타일에 가장 적합하고 편안한 공동체를 찾아 끊임없이 이동하는 필리핀 이주민들이 추구하는 이상적인 아파트의 모습을 가늠할 수 있었다. 26개월의 현지조사가 마무리될 즈음에야 나는 정박anchoring과 이동mobility 모두 이주자들이 아파트를 경험하는 방식임을 깨달았으며 이 두 개념을 아파트라는 공간을 구성하는 핵심적인 요소로서 분석할 수 있었다.

나의 연구는 아파트에 초점을 두면서도 인포먼트를 따라다니며 아파트 바깥에서의 삶, 그러니까 필리핀 이주자들의 고용주의 집, 다른

나의 현장, 바뀌어간 질문들

돌봄노동자들과 접촉할 수 있는 고용주의 집 근처 공원, 타갈로그어 미사가 제공되는 성당이나 교회 등으로 확장되었다. 인포먼트가 가는 곳이면 어디든 '따라다니는 것'은 외부인인 내가 현장이라는 새로운 환경에 적응하는 과정이기도 했지만 그 자체가 다양한 목소리를 들을 수 있는 기회를 제공했다. 특히 샐리 아파트에 입주하면서 친해진 린다가 나에게 이런저런 부탁을 하게 되면서 린다의 이스라엘 고용주 집을 자주 방문할 수 있었다. 미등록 체류자인 린다는 주로 필리핀으로 휴가를 가는 돌봄노동자의 대체인력으로 일했다. 일거리가 생기면 한 달 동안 고용주 집에 머물다가 아파트로 돌아오는 패턴을 반복했다. 한 번은 주말에 네베셰아난에서 열리는 생일파티에 참석하고 싶어하는 린다의 부탁으로 알츠하이머에 걸린 이스라엘 노인과 반나절을 보내면서 입주돌봄 노동이 어떤 것인지를 조금이나마 이해할 수 있었다.

린다는 종종 나에게 자신이 일하고 있는 고용주의 집으로 돼지고기를 몰래 갖다달라고 부탁했는데, 처음에는 그녀의 부탁이 귀찮고 면담이 원활히 진행되지 않아 시간을 낭비하는 것 같았지만, 그녀와 함께 있는 것만으로도 다양한 상황에 접할 수 있었으며 새로운 정보를 얻을 수 있는 기회가 생겼다. 내가 린다의 일터를 방문하는 동안, 그녀는 끊임없이 일자리를 제안하는 전화를 받았다. 전화기 너머로 들리는 타갈로그어 대화 속 '릴리버'라는 단어가 무엇을 의미하는지 궁금해하던 일은 미등록 체류자들의 생계활동과 생존전략에 대한 자료수집으로 이어졌으며, 그녀의 새로운 일자리 면담에 동행하기도 했다. 그 과정에서 '불법 체류자들은 불안정한 지위와 열악한 근로조건하에서 억압받는 수동적인 존재'라는 일방적 편견에서 벗어날 수 있었다. 린다는 경찰에 체포되지 않는 한 언제 필리핀으로 돌아갈지를 그녀 스스로 결정했으며, 자신에게 제안되는 일자리를 임금 수준, 위치, 근무환경 및 조건, 고용주의 건강 상태를 고려해 자유롭게 선택했다. 어떤 면에서는 합법적인 체류비자를 가진 돌봄노동자보다 훨씬 유리한 입장을 누리는 모순적인 사례였다.

6. 그들과 나, 그리고 우리

네베셰아난에서 조사를 진행하는 동안 지도교수로부터 자주 들은 말 중 하나는 "네가 아니면 이스라엘에서 그곳에 들어가 현지조사를 할 사람이 없다"는 것이었다. 이스라엘인들이 네베셰아난에 발을 들여놓는 것 자체를 극도로 꺼리기도 했고, 내가 한국이라는 아시아 국가에서 온 삼십 대 여성이었기 때문에 필리핀 이주자들에게 좀 더 친숙하게 받아들여질 수 있었다는 의미에서 한 말이었다. 실제로 필리핀에서 한류의 영향을 많이 받은 연령대의 여성이라는 점 외에도 내가 한국에서 필리핀 결혼이민 여성들을 조사했던 경험 덕분에 대부분의 필리핀 이주자들은 나에게 우호적이었다. 이스라엘에 돌봄노동자로 오기 전 한국 공장에서 일한 경험이 있거나 필리핀에서 한국인 학생들에게 영어를 가르쳤거나 필리핀 대학에서 한국인 어학연수생들과 어울렸던 경험이 있는 필리핀 이주자들은 한국에 대한 많은 정보를 갖고 있었고, K-pop과 드라마 등 한국의 대중문화에 익숙했다.

또한 나는 이스라엘에 체류하는 외국인이자 아시아 여성으로서 겪은 공통의 경험을 바탕으로 필리핀 여성들과 친밀한 관계를 형성할

나의 현장, 바뀌어간 질문들

수 있었다. 예를 들면 우리는 현지 남성들이 무례하고 오만한 태도로 접근해왔던 경험과 외국인으로서 이스라엘에 체류하는 것이 얼마나 힘든 일인가에 관해 긴 대화를 나누었다. 이스라엘에는 아시아 여성은 '이주노동자'나 '가사노동자'라는 고정관념이 존재했다. 나 역시 네베셰아난에 거주하는 아시아 여성이었기 때문에 그러한 편견에 맞서야 하는 경우가 비일비재했다. 예를 들어 버스 안이나 길거리에서 나를 이주노동자로 판단한 이스라엘 중년 여성들이 서슴없이 나에게 접근해 청소 일을 제의하는 경우가 종종 있었다. 아시아 여성들은 영구 정착을 위해 이스라엘 남성을 '잡으려고' 한다는 편견 역시 암묵적으로 확산되어 있었다. 네베셰아난 주변에는 아시아 여성에게 접근하려는 현지 남성들이 종종 나타나곤 했는데, '커피 마시러 가자'며 자동차에 태우려는 시도가 가장 많았다.

비유대인에게 배타적인 이스라엘 사회에서 삼십 대 아시아 여성이라는 조건은 여성이 대다수인 이스라엘의 필리핀 이주민 사회에 내가 비교적 수월하게 받아들여질 수 있었던 요인으로 작용했다. 하지만 '한국인 여성'에 대한 고정관념이 나에게 투사되는 순간 몇몇 인포먼트와는 갈등을 겪기도 했다. 특히 루시의 경우가 그랬다. 어느 날 내가 반바지와 셔츠 차림으로 학교에 갈 준비를 하고 있는데, 루시가 나에게 필리핀에 어학연수를 오는 한국인 여학생들은 '완벽한 메이크업에 스커트와 하이힐'을 착용한다고 말하면서 어떻게 그렇게 부끄럽게 하고 학교에 갈 수가 있느냐고 잔소리를 했다. 루시와의 관계 유지를 위해 참다가 인내심이 한계에 다다른 어느 날 조사를 중단하게 되는 위험을 감수하더라도 반박하리라 결심하고 크게 다툰 적도 여러 번 있지만, 다행히 루시와 나의 관계는 그런 갈등으로 쉽게 깨어지지 않았다. 이후 루시가 자신의 이스라엘 고용주에게 나를 자신의 친구라고 즐겨 소개하는 것을 보면서, 아시아인인 내가 이스라엘 대학에서 옷차림 때문에 기세가 꺾이지 않기를 바라는 마음에서 잔소리를 한 거라고 이해하게 되었다.

비혼으로 타국에서 유학과 현지조사를 수행하면서 연구와 조사에만 집중할 수 있다는 장점은 있었지만, 한국인 싱글 여성이기에 겪어야만 했던 압박과 스트레스도 존재했다. 내가 해외로 유학을 결심한 것은 결혼 압박에서 벗어나기 위한 이유도 컸는데, 현지조사 기간 내내 부모님 대신 필리핀 이주자들로부터 걱정과 잔소리를 끊임없이 듣는 처지가 되었다. 한편으로는, 한국으로의 이주 기회를 엿보던 이웃집 필리핀 남성 리처드가 틈만 나면 나와 동갑인 자신의 조카를 데려와 나와 이어주려고 노력했다. 리처드는 이스라엘이 해외 돌봄인력을 고용하기 직전인 1995년에 관광비자로 이스라엘에 입국해 2년 동안 '불법 체류'를 하다가 필리핀으로 돌아간 후 2000년에 동생인 리처드의 이름으로 여권을 만들어 돌봄노동자로 재입국에 성공한 필리핀 남성이다. 리처드는 입국 후 얼마 지나지 않아 필리핀 여성 에블린과 결혼하여 두 명의 자녀를 출산한 뒤 10년이 넘게 미등록으로 체류 중이었다. 그는 조카와 나의 혼사를 도모하다가 실패하자, 결국에는 아내를 동반하고 나를 찾아와 자신과의 위장결혼을 제안하기까지 했다. 'Only paper'를 외치며 끈질기게 위장결혼을 요구하는 리처드에게 한국에서 약혼자가 기다리고 있다고 둘러댈 수밖에 없었다.

'연구자는 곧 조사도구'라는 말은 연구자가 어떤 조건을 가진 사람인지가 인포먼트와의 관계 형성에 영향을 미치며 그것에 따라 획득하는 자료의 내용이나 범위가 달라질 수 있다는 것을 의미한다. 나는

나의 현장, 바뀌어간 질문들

갑작스럽게 연구주제를 바꾸게 되면서 타갈로그어 구사능력의 부재라는 치명적인 약점을 가진 채 무작정 현장으로 들어갔다. 하지만 석사논문을 위해 필리핀 이주 여성들과 심층면담을 수행했던 경험과 비유대인에게 배타적인 이스라엘에 체류하는 삼십 대 아시아 여성이라는 조건을 기반으로 필리핀 이주자들과 단기간에 라포를 형성할 수 있었다. 대부분의 필리핀 이주자들이 일터에 가 있을 평일 낮시간에 네베셰아난에 머무르는 것만으로 나는 그곳에서 비정상적인 존재로 비쳤지만, 네베셰아난의 필리핀 사회에서는 출신지나 국적보다는 같은 아파트에 거주하는지의 여부가 공동체 경계를 구분하는 더 중요한 기준으로 작용했기 때문에, 최소한 아파트 안에서만큼은 내가 옆집의 필리핀인 이웃보다 더 가까운 존재로 받아들여질 수 있었다.

마지막으로, 한국 국적자인 내가 이스라엘에서 장기간 현장연구를 수행할 수 있었던 것은 이스라엘 소재 대학에 소속된 학생이기 때문에 가능한 일이었다. 학생비자로 이스라엘에 5년간 머무르면서 나는 매년 내무부 외국인 체류비자 담당 부서에 신청서류를 제출하고 인터뷰를 거쳐 체류비자를 갱신해야 했다. 외국인이 해외에 장기 체류하기 위해 겪어야 하는 자연스러운 절차지만, 이스라엘처럼 국경 통제가 엄격하게 이루어지는 나라에서 그 경험은 항상 불쾌한 긴장을 유발했다. 하지만 만약 내가 한국이나 미국 대학에 소속된 학생으로서 이스라엘에서 조사를 수행하려고 했다면, 보통 관광비자를 통해 3개월 또는 교환학생 신분으로 최대 1년 동안만 체류가 허용되기 때문에 장기간의 연속적인 현장연구가 불가능했을 것이다. 이스라엘에 체류하는 동안 가끔 한국에 다녀오기 위해 '악명 높은' 벤구리온 공항 검색대를 통과할 때마다 내가 이스라엘 소재 대학에 소속되어 있다는 사실에서 오는 안도감을 더욱 뼈저리게 느꼈다.

7. 나가며: 끝나지 않은 이야기

박사과정에 입학했을 때, 나는 교내 장학금과 이스라엘 외무부 장학금을 받고 있었던 데다 네베셰아난에서 지출하는 생활비가 매우 저렴해서 다행히 경비로 인한 어려움은 없었다. 텔아비브대 박사과정 장학금 수혜 기간은 4년이고 외무무 장학금은 최대 8개월이다. 내가 이스라엘에 1년 더 체류할 수 있었던 것은 요나단 샤피로 재단 장학금 덕분이었다. 그 장학금 수혜 조건으로 나는 이스라엘에서 보낸 마지막 해에 이스라엘의 대표적인 NGO 중 하나인 '카브라오베드'에서 자원활동을 해야 했다.[12] 이 단체는 임금체불이나 인권침해, 퇴직금과 임금의 정확한 산정까지 다양한 사례들을 처리하는데, 나는 매주 일요일에 사무실을 방문하는 태국·필리핀·인도·네팔 출신 돌봄노동자들의 퇴직금과 연금을 계산하여 고용주에게 보낼 공식 레터를 작성하는 업무를 지원했다. 현지조사 기간에 이 단체에서 활동했더라면 더 많은 자료와 인포먼트를 확보할 수 있었겠지만, 카브라오베드는 자체적으로 관련 연구와 보고서 작성, 세미나 개최를 통해 이스라엘의 이주민 정책에 깊이 관여하고 있었기 때문에 논문을 작성하는 동안 이 단체를 통해 이주민 정책에 관한 최신 정보를 신속하게 접할 수 있었다.

　현지조사를 마친 후 이스라엘에서의 마지막 해를 대학 기숙사에

12　카브라오베드 홈페이지–https://www.kavlaoved.org.il/en/

　　　　　　　　　　　　　나의 현장, 바뀌어간 질문들

서 보내면서 카브라오베드에서 자원 활동을 하고 논문을 썼다. 하지만 기숙사가 네베셰아난에서 버스로 겨우 30분 거리에 위치해 있었고 그 주변에 몇몇 인포먼트의 일터가 있어서 조사 종료 후에도 인포먼트와의 만남은 자연스럽게 지속되었다. 네베셰아난의 아파트에서 생일파티가 열리면 어김없이 나를 초대하는 문자가 왔고, 나는 맥주 한 박스를 사들고 네베셰아난으로 갔다. 네베셰아난 생활에 익숙해진 나는 생일파티가 없더라도 돼지고기와 쌀, 필리핀 음식을 사기 위해 주말마다 네베셰아난을 방문했다. 나와 인포먼트의 물리적 접촉은 2013년 겨울 내가 한국으로 귀국하고 나서야 중단되었다. 한국에서 논문을 마무리해 제출하고 심사에 통과한 뒤 학위 수여식에 참석하기 위해 2015년 여름 한 달 동안 네베셰아난에 머무를 때만 하더라도 더 이상 네베셰아난에 올 일이 없을 것만 같았다.

하지만 나는 한국연구재단 박사 후 연구지원 프로그램의 일환으로 2017년 겨울 두 달 동안 '필리핀 미등록 이주여성의 가족과 사회관계'라는 주제를 가지고 또다시 네베셰아난에서 현지조사를 수행했다. 2년 5개월 만에 다시 방문한 네베셰아난은 예전 같지 않았다. 네베셰아난을 통제하려는 텔아비브 시의 규제로 네베셰아난 거주자들의 사교의 장이었던 벼룩시장이 폐지되어 주말마다 시끌벅적했던 네베셰아난 거리가 황량하고 지루한 곳으로 변해 있었고, 네베셰아난의 랜드마크인 르빈스키 공원은 어린이집과 놀이시설이 들어서면서 농구장만 한쪽 구석에 겨우 남아 있었다. 텔아비브 재개발 붐의 여파는 네베셰아난에도 어김없이 찾아왔다. 네베셰아난에는 아파트 재건축 공사가 한창이었고, 오랜만에 만난 인포먼트들은 안 그래도 비싼 임대료가 더 올라가면 자신들이 발붙이고 살 곳이 없게 될 거라며 걱정하고 있었다.

변한 것은 네베셰아난의 물리적 경관만이 아니었다. 그사이 루시는 휴가를 이용해 필리핀에서 결혼식을 올린 뒤 남편을 필리핀에 남겨둔 채 돌아와 있었다. 그동안 이스라엘에서 번 돈으로 학비와 생활비를 지원해주었던 동생 두 명도 이스라엘로 데려왔다.[13] 미등록 장기체류 중이던 린다는 필리핀에 3층짜리 주택을 지을 정도의 자금을 다 모았다며 필리핀으로 돌아갈 준비를 하고 있었다. 캐나다로의 재이주를 열망하던 헬렌은 이미 돌봄노동자로서 캐나다로 옮겨간 뒤였다. 나에게 끈질기게 청혼했던 리처드와 에블린 부부는 운 좋게도 그사이 자녀들이 영주권을 받게 되면서 이스라엘에 온 지 18년 만에 필리핀의 고향 마을을 방문하는 중이었다. 두 살배기 딸을 어두운 방안에 가둬놓고 청소 일을 하러 다니던 안젤라는 이제 자신보다 히브리어를 더 잘하는 여덟 살 딸과 힘겹게 의사소통하면서 자신과 딸의 불투명한 미래에 대한 걱정이 이만저만이 아니었다. 내 박사논문의 긴 여정은 끝났지만, 네베셰아난은 끊임없이 변화하고 있으며 나를 포함해 그곳을 거친 모든 사람들의 삶 또한 어딘가에서 다른 방향으로 지속되고 있었다.

---

13 이스라엘은 이주노동자가 부부나 가족 단위로 입국하는 것을 허용하지 않기 때문에 이스라엘 내 이주노동자들은 대부분 배우자 및 자녀와 떨어져 살고 있다. 루시는 고리대금업을 포함한 각종 소규모 비즈니스를 하면서 모은 돈으로 동생 두 명이 이스라엘에 돌봄노동자로 올 수 있도록 1인당 1만 달러[USD]에 달하는 이주 경비를 지원했다.

나의 현장, 바뀌어간 질문들

참고문헌

임안나, "'주말아파트'와 공동체: 이스라엘 내 필리핀 노인 돌봄 노동자의 이주 공간 형성에 관한 연구", 『비교문화연구』 22(1): 435-483, 2016.

Sabar, Galia, and Rachel Posner, "Remembering the past and constructing the future over a communal plate," *Food, Culture & Society* 16(2): 197-222, 2013.

Sasson-Levy, Orna, and Avi Shoshana, "Passing as (Non)Ethnic: The Israeli version of acting white," *Sociological Inquiry* 83(3): 448-472, 2013.

Shohat, Ella, "The Invention of the Mizrahim," *Journal of Palestine Studies* 29(1): 5-20, 1999.

인터넷사이트

Population and Migration Authority of Israel, https://www.gov.il/en/departments/population_and_immigration_authority (2020.01.13. 접속)

3

중국의 바다에서 만난 사람들,
그들이 만드는 사회적 연안

최영래

1. 들어가며: 정치생태학을 만나다

나는 지난 10여 년간 정치생태학의 렌즈를 통해 동아시아 연안과 해양을 관찰해왔다. 많은 이들에게 생소하게 들릴 '정치생태학'은 전통적인 정치학과 생태학의 결합으로 정의 내릴 수 없는 신생 분야로, 자연과 인간의 관계를 비판적으로 사유하는 학문이다. 정치생태학의 '정치'는 의회에서 혹은 기업 등 조직 내에서 발생하는 힘겨루기를 넘어, 인간 대 인간 또는 인간 대 자연의 마주침에서 발생하는 모든 힘의 관계 및 차이를 뜻한다.

정치생태학의 '생태'는 인간의 몸을 비롯한 물질적 자연 및 자연에 관한 지식과 담론 등을 포괄하는 용어이다. 정치생태학은 자연과 인간이 어떻게 상호작용하는지, 그러한 과정에서 발생하는 불균등한 힘의 관계가 어떠한 결과를 초래하는지에 대해 기존의 학문들이 질문하지 않는 불편한 지점들을 찾아내고 캐묻는다. 경관, 공간, 장소성 등을 중심으로 사고하는 지리학과 인간의 환경 적응, 문화 등에 관심을 두는 환경인류학을 중심으로 발전해온 정치생태학은 최근 들어 환경사·철학·사회학·환경정책, 그리고 자연과학으로 지평을 넓혀가고 있다. 정치생태학의 학문적 범주가 넓고 깊어질수록 간학제성interdisciplinarity은 정치생태학의 주요한 특징이 되었다. 또한 정치생태학은 상아탑 안에서 보호받고 자라는 학문이 되기를 거부한다. 많은 정치생태학자들은 그들이 경험하고 연구하는 현실 속으로 들어가 상황을 변화시키려고 노력한다. 이러한 실천성은 여타의 사회과학 학제들과 대비되는 정치생태학의 또 다른 특성이다.

라틴 아메리카의 농촌 정치경제 및 자원 갈등을 연구해온 정치생태학자 톰 페로Tom Perreault는 한 인터뷰에서 "그저 관심 가는 일들을 해왔을 뿐인데, 어느 날부터 정치생태학자로 불리고 있었다"고 말했다. 나에게도 정치생태학은 일관적으로 추구해온 학문이라기보다는—정치생태학자가 되고 싶어 오랫동안 한 우물을 파는 방식으로 훈련받았다기보다는—여러 길을 걸어오다 우연히 만나 함께하게 된 동지처럼 느껴진다. 지금은 연구와 강의를 주업으로 하는 직업에 종사하고 있지만, 학부 시절 나는 해양학을 전공하는 자연과학도였고, 지리학과 환경정책으로 석사를 마친 뒤에는 한국해양연구원(현 한국해양과학기술원)에서 만 5년 동안 해양정책 수립에 참여하고 세계자연기금WWF 황해 생태지역 지원사업의 국가보전 코디네이터로서 생물다양성 보전활동에 몸담았다.

교과서에서 배운 정책이 합리와 과학의 옷을 입고 깔끔하고 준수한 외모를 지녔다면, 학교 밖의 세상에서 몸으로 부딪치며 접한 정책에는 매일같이 잡다한 실랑이가 벌어지고 시끌벅적하며 우연한 마주침들이 있었다. 그즈음 나는 서울대학교 박배균 교수님의 지리학 세미나를 청강하고 대학원생들과 교류하면서 정치생태학이 공적 영역에서 쉽게 드러나지 않는 다중적이고 상충하는 과정들에 관심을 가지는 학문이라는 것을 배웠고, 정치생태학의 렌즈를 통해 내가 경험적으로 체득한, 그러나 어디에도 쓰여 있지 않은 것들에 대해 알고 싶었다. 그렇게 공부를 더 해보고 싶은 마음이 고조되던 즈음인 2008년 말, 한국에서 동아시아비판지리학대회가 열렸다. 나는 참가자들의 시화호 답사를 안내하는 역할을 맡았는데, 그들로부터 오하이오주립대 지리학과에 어업의 신자유주의화, 해산물과 여성의 몸의 관계 등을 연구하는 정치생태학자가 있다는 말을 들었다. 이후 나의 지도교수가 된 베키 맨스필드^{Becky Mansfield}였다. 그녀의 이름을 처음 듣고 약 2년이 흐른 뒤, 나는 대서양으로부터 700킬로미터가 넘는 거리를 달려가야 도달하는 미국의 내륙도시 콜럼버스에서 바다를 연구하는 인문지리학 박사과정생이 되어 있었다.

2. 바다를 따라 중국으로

해양과학, 환경정책, 해양보전, 지리학을 가로지르며 구불구불한 궤적을 그려오기는 했지만, 나의 그런 선택들을 관통하는 키워드가 있다면 바다가 아닐까. 바다는 학제의 차이를 뛰어넘어 한결같이 나에게 호기심과 영감을 가져다주었다. 뒤돌아보면, 학문의 경계를 넘고 중국 연구자로 입문하게 된 계기에는 바다를 향한 관심의 확장이 있었던 것 같다. 대학생이 되고 첫번째 여름방학, 나는 해양화학 실험실에서 고기후변화를 연구하는 박사님을 도와 해저 시추로 추출한 퇴적물 코어^{core}의 지질시료로부터 유공충을 분류하고 동정하는 일을 하게 되었다. 동글동글한 버블 같은 각질들이 모여 흡사 팝콘을 연상시키는 유공충들은 몸길이가 1밀리미터 전후밖에 되지 않지만 고기후 연구에 있어 대단히 중요한 존재이다. 탄산칼슘으로 이루어진 그들의 각질, 즉 껍데기의 화학 조성을 분석하여 그들이 서식하던 환경조건을 유추할 수 있기 때문이다. 그해 여름, 눈이 빠지도록 현미경을 들여다보며 마주한 바다는 지구의 역사를 간직한 거대한 타임캡슐이었다.

한편, 2000년대 초중반 석사과정 시기를 전후로 나는 갯벌과 얕은 바다를 메워 육지로 만드는 간척과 매립에 빠져 있었다. 당시 '단군 이래 최대 규모의 국책사업'으로 불린 새만금 간척사업은 국가 재건과 경제발전을 목표로 불도저식 개발을 합리화해온 발전국가 developmental state의 유산이자 지방자치제도의 시행과 더불어 상대적으로 저발전된 지방의 발전 욕망이 가시화한 사업이었고, 그 사업의 결과로 발생한 불가역적인 사회적·생태적 변화에 저항하는 과정은 시민들의 환경의식을 고양하는 계기가 되었다. 새만금 간척사업과 이후의 황해 보전활동을 통해, 나는 바다와 특별한 관계를 맺고 있는 어민과 갯벌의 보호 여부에 생존의 명운이 달린 철새 및 바다생물에 대해 배웠다. 과학의 연구대상 이상으로 바다는 인간과 비인간이 공존해야만 하는 삶의 터전이었다.

바다는 또한 나를 중국으로 이끌었다. 오랜 기간 관찰해온 연안공간의 매립과 간척이라는 주제의 연장선상에서, 나는 한국과 비교되는 중국의 상황에 관심을 가졌다. 이 책의 여러 저자들과 마찬가지로, 나 또한 박사과정을 시작하면서 중국 연구에 입문하게 되었다. 그러나 연구 참가자 모집 및 현지조사 지역 파악 등 중국 연구에 진입하는 과정은 박사과정을 시작하기 전부터 황해 생물다양성 보전활동을 하며 교류해온 중국 내외의 지인들이 있었기에 상대적으로 수월하지 않았나 싶다. 특히 그들은 여간해서는 접근하기 어려운 정부부처, 성省과 시市의 공무원을 비롯한 정책 집행자들을 인터뷰하는 데 큰 도움을 주었다. 한편 지리학자로서 나의 연구대상은 중국 전체를 대상으로 한 연안매립이었다. 따라서 연구도 한 장소에 오랜 기간 머무는 심층적인 민족지ethnography보다는 중국 내 몇몇 지역을 사례연구case study로서 조사하는 방식으로 이루어졌다. 하지만 네트워크, 즉 '꽌시關係'가 있다고 하여 연구가 물 흐르듯 원만하게 진행되지는 않았다. 후술하겠지만, 당시만 해도 연안매립은 중국 내에서 정치적으로 민감한 주제였다. 예상치 않았던 여러 변수들로 인해 연구지역이나 인터뷰 대상을 변경해야 했고, 그 과정에서 새로운 연구 소주제를 발견하기도 했다.

　현지조사는 불확실성의 연속이다. 특히 해외의 현지조사는 익숙한 안전지대를 벗어나는, 말 그대로 알을 깨고 나오는 과정을 필연적으로 동반한다. 이는 연구자에게 불안과 두려움을 가져다주기도 하지만, 다른 한편으로 연구자가 '나'와 '그들'이라는 이분법을 깨고 자아의 경계를 확장할 수 있는 흔치 않은 시간이다. 이 글에서 나는 박사논문을 위한 현지조사를 통해 중국 연구에 입문한 계기와 과정을 기술한다. 제목에 쓰여 있듯, 나는 여전히 중국에 대해 배워가고 있기에 중국 연구자 혹은 전문가로 불리는 것은 부담스럽고 머쓱하다. 나는 중국 연구자가 되어가는 중이다. 그런 되어감becoming의 과정인 현지조사와 이후에도 지속되고 있는 관계들을 통해 점차 확장되고 있는 '우리'로 호칭하고 싶은 이들과의 교류, 그리고 그들로부터 알게 된 중국의 바다에 대해 이 글에서 나누고자 한다.

3. 중국과의 첫 만남

내가 처음으로 중국을 방문한 해는 2006년이다. 영국에서 석사과정을 마치고 돌아와 첫 직장인 한국해양연구원에 근무한 지 채 1년이 되지 않았을 때이다. 황해광역해양생태계보전사업에서 주최하는 국제회의에 옵저버로 참석차, 서울발 베이징행 비행기를 탔다. 수심이 낮고 조수간만의 차가 큰 황해 연안을 썰물 때 내려다보면 말 그대로 누런빛을 띠는데, 그 광경을 처음으로 보았다. 베이징은 예상보다 훨씬 낯설고 이국적인 도시였다. 자금성 동쪽 노동인민문화궁 부근에 위치한 호텔 창밖으로 회색빛 기와가 얹힌 후퉁 골목이 보였고, 아침이면 근처 공원에서 열리는 단체 체조의 기합과 노랫소리가 들렸다. 이국적인 경관과 문화. 게다가 중국의 거리에서는 영어도 한국어도 통하지 않았다. 학교에서 배운 번체자 한문으로는 간체자로 된 간판이나 메뉴의 절반 정도를 겨우 읽을 수 있었다. 중국의 첫인상은 한마디로 'lost in translation'이었다.

이처럼 낯설기 그지없던 중국이 친근하게 다가온 첫번째 계기는 이듬해인 2007년 세계자연기금의 한중일 황해보전 프로젝트인 황해 생태지역 지원사업에 본격적으로 참여하면서부터였다. 중국에 갈 기회가 많아지고 함께 사업을 추진하는 중국인 동료들과 친해지면서, 그들의 언어와 문화에 대해 더 알고 싶은 마음이 들었다. 그러기 위해 우선은 외계어로만 들리던 중국어를 본격적으로 배워보자 싶었다. 처음엔 인터넷 강의로 기초 중국어를 수강하면서 발음을 익혔고, 이후 한양대학교 평생교육원에서 회화를 연습했다.

그렇게 겨우 입이 트일 무렵인 2009년, 황해보전 프로젝트를 함께 수행한 한중 파트너 기관들이 참여하는 워크샵이 베이징에서 개최됐다. 본래는 워크샵을 마친 뒤 황해 연안의 어촌이나 도시로 답사를 가기로 예정되어 있었다. 그런데 마땅한 장소를 찾기가 쉽지 않았는지 중국 동료들이 마지막에 계획을 변경하는 바람에, 엉뚱하게도 만리장성 부근의 한 농가에서 1박 체험을 하게 되었다. 짧은 시간이었지

사진 1 2009년 방문한 베이징 근교의 농촌

만 나는 이때를 베이징, 상하이, 광저우 등 이전에 방문한 화려한 대도시에서는 만나본 적 없는 또 다른 중국을 마주한 경험으로 기억하고 있다.

지금은 이름이 기억나지 않는 그 농촌 마을은 수수하고 소박했다 (사진 1). 가로등이 없어 어둠이 그대로 깔린 늦은 저녁에 도착한 우리 일행은 플래시로 어둠을 쫓아가며 고택의 문을 찾아 들어갔다. 중국은 온돌이 아닌 침대 문화라더니, 방에는 매트리스 대신 판자가 놓인 딱딱한 침대가 있었다. 정말 추운 밤이었는데 난방이 거의 되지 않았다. 감사하게도 일행 중 누군가 핫팩을 나누어주었다. 가지고 온 옷을 전부 껴입고 핫팩 몇 개의 온기에 의지하며 잠을 청했다. 다음 날 아침 농촌에서의 일과 체험으로 몇 가지 선택지가 주어졌는데, 나는 비닐하우스에서 딸기를 수확하게 되었다. 황해보전에 대해 논의하러 왔는데 난데없이 딸기를 따고 있다니! 어제까지만 해도 해양보호구역, 인식 증진, 지역 주민과의 협력에 대해 이야기하던 우리는 큭큭거리며 열심히 딸기를 따서 봉지에 담았다. 베이징과는 비교할 수 없을 만큼 낙후된 환경 속에서 강한 향신료가 들어간 음식을 먹으며, 계획에도 없던 노동까지 하며 하루를 보냈다. 그런데 조금 불편하긴 해도 화장기가 빠진 중국이 무척 새롭게 다가왔다. 당시에는 중국을 연구 대상으로 박사논문을 쓰게 될 거라고는 전혀 예상하지 못했다. 그러나 뒤돌아보면 그런 경험이 하나하나 차곡차곡 쌓이면서 중국이라는 나라에 알게 모르게 매료되었던 것 같다.

사진 2 중국의 연안매립 현장

4. 박사과정의 시작

만 서른이 되던 해, 미국 유학길에 올랐다. 인생의 짧지 않은 시간을 쏟아야 하는 박사과정. 다시 학생이 되었다는 기쁨이 컸지만 더불어 부담도 만만치 않았다. 오랜 시간 공부를 손에서 놓고 있다 본격적인 사회과학 수련을 시작한다고 생각하니 막막했다. 박사과정을 시작한 첫 학기는 정치생태학이라는 학문을 본격적으로 접하고 박사논문 주제를 정하기 위해 고군분투하던 시간이었다. 바쁘게 달려온 한국에서의 시간을 정리하면서 내가 현재 '꽂혀 있는' 주제가 무엇인지 고민했다. 당시는 '저탄소 녹색성장' 계획의 일환으로 무수한 반대의견에도 불구하고 4대강 사업이 착공되던 시기이다. 녹색이라는 이름으로 포장된 개발의지는 바다에도 투사되어, 해양공간과 생태계가 잠재적 가치를 지닌 경제적 자원으로 새롭게 인식되면서 각종 개발사업의 청사진들이 제시되고 있었다. 바다의 보전은 단순히 좋은 정책을 수립하고 집행하는 것만으로는 요원했다. 녹색성장이라는 거대 패러다임은 돈으로 환산할 수 없는 생태적 가치를 지닌 갯벌을 한순간에 전력생산을 위한 조력발전 대상지로 평가했다. 이런 문제의식을 박사논문에 녹여내고 싶은 마음 한편으로, 이미 속속들이 알고 있고 나 또한 이해 당사자로 깊숙이 참여해온 한국의 상황을 대상으로 할 경우 객관적인 연구가 어렵겠다는 생각이 들었다.

시작부터 결론이 정해진 연구를 할 수는 없었다. 궁극적으로 내 박사논문은 중국과 한국을 모두 다루게 되었지만, 당시 나는 황해 보전사업을 하면서 점차 관심을 가지게 된 중국으로 눈을 돌렸다. 박사과정을 시작하기 한 해 전인 2009년, 마닐라에서 개최된 동아시아해양회의에서 중국의 연안매립 현황에 관한 발표를 들은 적이 있다. 새만금 사업 이후 대규모 간척매립 시대를 종언한 우리나라와 달리, 중국에서는 놀랍게도 2000년대 들어 새만금에 버금가는 규모의 매립사업들이 속속 진행되고 있었다(사진 2). 박사과정 초기에 의무적으로 이수해야 하는 연구 디자인research design 수업에서, 나는 '중국이 대규모 연안매립을 추진하는 까닭'을 주제로 중국의 국가 시스템, 토지 시장, 지방정부의 재정 현황 등에 관한 문헌조사를 진행했다. 그렇게 박사논문의 주제가 조금씩 형태를 갖추어갔다.

5. 你是ABC吗?

한국에서 맛보기로 기초 중국어를 배웠다면, 미국에서는 본격적으로 중국어를 습득했다. 공부가 부담스러웠던 박사과정 첫 학기를 수월한 수업들로 채워보려고 이리저리 살피다 수강하게 된 일대일 중국어 강좌를 시작으로, 졸업할 때까지 꾸준히 중국어를 익혔다. 무엇보다도 중국어 실력이 일취월장하게 된 계기는 2011년 여름 칭다오에 위치한 중국해양대학교에서 진행된 중국어 어학연수 교환학생 프로그램이었다. 언어 습득과 더불어 사전연구preliminary research의 시간이기도 했다. 나는 두 가지 목표를 갖고 중국으로 향했다. 첫째는 중국 사회에 온전히 녹아들고 언어 실력을 향상하는 것이었다. 다행히 어학연수 기간 동안 용위, 곧 샤오옌Xiao Yan[중국에서는 본인보다 나이가 어린 친구일 경우 작을 소小(샤오)를 성에 붙여 부른다]이 나의 룸메이트이자 중국어 선생님이 되어주고 곁에 있어주었다. 샤오옌은 상하이외국어대학교에서 영어를 전공하고, 가을부터 내가 다니는 오하이오주립대학교에서 중국어 교습 석사과정을 시작하기로 되어 있었다. 나는 외국인에게 중국어를 가르치는 교사가 되는 것이 꿈인 샤오옌의 첫번째 제자가 되는 영광을 누리면서 궁금한 것들을 시시때때로 질문했고, 친절한 샤오옌은 언제나 내 우문보다 훨씬 풍성한 답변을 들려주었다. 더불어 나와 함께 어학연수를 간 오하이오주립대 학생들, 그리고 그들의 중국인 룸메이트들이 있었다. 그들과 함께 학교 앞 식당에서 밥을 먹고, 은행 계좌를 열고, 물건을 구입하고, 시내를 둘러보며 일상생활에서 사용하는 중국어를 익혔다.

오하이오주립대 학생들 여럿과 함께 다닐 때, 나는 종종 현지 가이드 혹은 ABC로 오인받았다. ABC란 America-Born Chinese의 약자로, 미국에서 출생한 중국인을 뜻한다. 하지만 당시 나는 중국인들과 유사한 외모를 가졌을 뿐, 6개 반 중 가장 낮은 초급반 학생이었다. 택시 안에서, 식당에서, 혹은 길거리에서 중국 사람들은 제일 먼저 나에게 다가와 호기심 어린 눈초리로 이 낯선 외국인들이 어디서 왔는지, 무엇을 하러 왔는지, 어딜 가는지 물어보았다. 그러면 나는 질문을 알아듣지 못하거나 고개를 갸우뚱거리며 제대로 된 답을 하지 못하고, 옆에 있는 고급반 백인 학생들이 유창한 중국어로 답하는 우스운 상황이 벌어지곤 했다. 하지만 ABC 혹은 중국인으로 오해받는 상황에도 장점은 있었다. 어딜 가나 주목받고 질문 세례를 받은 비아시아계 학생들에 비해 나는 과도한 관심으로부터 자유로웠고, 지역사회에 비교적 쉽게 동화될 수 있었다.

칭다오에서 나의 둘째 목표는 중국 연안매립의 역사와 현황에 대해 잘 아는 연구자들을 만나고, 사례연구 후보지를 추려내고, 매립사업장을 실제로 방문해보는 것이었다. 칭다오는 이런 사전조사를 수행하는 데 최적의 장소였다. 칭다오는 제1해양연구소^{FIO}와 한중해양과학공동연구센터를 비롯해 다양한 해양 관련 기관이 입지한 도시이다. 또한 중국해양대학교는 이름 그대로 해양 관련 분야를 전문적으로 다루는 학교이다. 나는 우선 해양연구원에서 근무하던 시절 황해 보전사업을 하면서 알고 지내던 이들에게 연락을 했다. 또한 그간 읽은 유익한 논문의 저자들 중 칭다오에 살고 있는 사람들에게 이메일을 보냈다. '꽌시'가 중요한 중국 사회에서는 아무래도 후자보다는 전자를 통해 인터뷰 대상자를 구하는 편이 훨씬 수월했다. 그러나 새로운 관계를 만들어가는 것도 불가능하지는 않았다. 그렇게 연안매립 정책 부문에서 저명한 연구자인 천 교수님(가명)과 그의 동료 및 학생들을 알게 되었고, 2009년 동아시아해양회의에서 중국 매립에 대해 발표하셨던 장 박사님을 만났다. 지금이야 남중국해 영유권 분쟁 지역인 스프랫리 제도$^{Spratly\ islands}$에서 중국이 인공섬을 조성, 확장하고 있다는 사실이 주목을 받으면서 매립을 일사천리로 진행하는 중국이 보유한 기술과 경험에 관심이 크지만, 당시만 해도 중국이 자국의 영해를 엄청난 속도와 규모로 매립하고 있다는 사실이 거의 알려지지 않은 상태였다. 장 박사님의 발표는 이러한 추세를 국제적으로 알린 드문 자리였고, 나는 운 좋게도 마침 그곳에 있었던 것이다. 천 교수님과 장 박사님은 중국의 간척과 매립에 관심을 갖고 있는 나를 환영했고, 연구할 만한 지역과 관계자들을 추천해주었다. 든든한 지원군이 생긴 기분이었다. 특히 천 교수님은 내가 칭다오 주변의 산둥성 연안지역을 중심으로 연구하기를 바라셨다. 추천받은 장소들을 답사하기에 앞서, 우선 함께 답사를 갈 수 있는 중국어 통역을 물색하기

나의 현장, 바뀌어간 질문들

사진 3 **칭다오 외곽의 자오저우만 어항**

로 했다.

현지 언어를 자유자재로 구사하지 못하는 외국인 연구자는 필연적으로 통역자를 동행해야 하고, 그에게 소통의 많은 부분을 의지할 수밖에 없다. 따라서 어떤 통역자를 구하는가의 문제는 연구의 내용, 질, 중립성과 직접적으로 연결된다. 특히 일반적인 대화가 아닌 전문 분야의 경우 더더욱 그러할 것이다. 소통의 오류를 최소화하기 위해, 나는 전문 통역가보다는 되도록 관련 분야 전공자를 통역으로 삼고 싶었다. 황해 보전활동을 하면서 알고 지내던 중국인 동료를 통해 중국해양대학교 법학과 박사과정에 재학 중인 슈아이를 소개받았다. 그이와 함께 답사활동을 할 수 있었던 것은 큰 행운이었다. 중국 해양법, 정책, 제도와 현지의 상황을 잘 이해하는 슈아이는 이제 막 중국 연구에 입문한 나에게 여러 배경지식을 가르쳐주고, 인터뷰 대상자와 나 사이를 중재하며 맥락에 맞는 질문과 답변을 할 수 있도록 도와주었다. 통역은 물론 나의 연구조교까지 되어준 셈이다. 나는 슈아이와 함께 칭다오 외곽의 매립사업 부지, 예정지 등을 방문하고 그곳에 거주하는 어민들을 인터뷰했는데(사진 3), 그런 경험은 슈아이 본인의 연구에도 도움이 되었을 것으로 생각한다. 이후 중국어 실력이 어느 정도 향상된 후에도, 나는 주로 그 지역의 대학에서 관련 전공을 공부하는 대학원생을 통역으로 삼아 답사하는 방식을 선호했다. 서로 배우고 가르칠 수 있는 최적의 상황이기 때문이다.

마지막으로, 칭다오에서의 경험은 박사과정에 진학하기 전 황해 해양보전 분야에서 쌓은 커리어가 중국 연구의 큰 자산이 될 수 있다는 사실을 깨닫게 해주었다. 칭다오에서 지내는 동안 나는 한중해양과학공동연구센터를 통해 장쑤성 리엔윈강 정부를 공식적으로 방문할

나의 현장, 바뀌어간 질문들

수 있었다. 쉽게 만날 수 없는 지역정부 관계자들을 인터뷰할 수 있는 기회였다. 현장답사를 포함해 아침부터 저녁까지 꼬박 하루가 걸린 방문에서 도시계획, 해양수산 등 관련 부서 공무원들을 두루 만날 수 있었다. 사실 중국에서 기업 혹은 정부 관계자들로부터 이해관계가 얽혀 있거나 민감한 주제에 관한 그들의 견해를 듣기란 대단히 어려운 일이다. 설령 직접 만나는 기회가 주어진다 해도, 그들이 내어주는 정보와 소견은 대단히 제한적인 경우가 많다. 리엔윈강 정부 관계자들과의 만남도 처음엔 다소 서먹서먹했다. 그런 어려움을 돌파할 수 있는 한 가지 방법은 인터뷰를 일방적인 정보 획득을 위한 자리가 아니라 상호 정보 공유와 학습의 장으로 만드는 것이 아닐까 싶다. 모든 현지조사에 적용할 수 없는 특수한 상황일 수도 있겠으나, 인터뷰 도중 한국의 사례를 제시해 비교하고 문답을 나누면서 처음 기대한 것보다 훨씬 깊이 있는 답변을 들을 수 있었다. 이 경험 이후, 나는 지역 및 중앙 정부 관료들, 부동산 기업 관계자, 각종 위원회의 핵심 회원 등 연안매립과 관련된 제반 사업들을 기획, 실행, 평가하는 사람들을 인터뷰할 때 종종 파워포인트 파일을 함께 들고 가서 한국 연안매립의 역사, 현황, 황해 보전 등에 대해 브리핑했고, 한국과 중국의 상황을 비교하고 대화하면서 내가 준비한 질문만으로는 들을 수 없는 풍성한 관점과 정보를 얻었다. 칭다오에서의 사전조사는 향후 진행될 본격적인 연구조사 때 다양한 행위자들에게 어떤 방식으로 접근하고 어떤 방법으로 대화할 것인가를 디자인하는 데 있어 대단히 중요한 준비단계였다.

6. 불확실성과 함께한 현지조사: 스노볼링, 더하기, 빼기

연구자가 갖춰야 할 필수 덕목 중 하나는 유연성이다. 연구를 아무리 완벽하게 디자인한들, 필드에서는 예상하지 못했던 변수들이 나타나게 마련이기 때문이다. 임기응변으로 해결할 수 있는 사소한 문제들이 있는가 하면, 보다 장기적으로 연구방식을 수정하거나 연구방향 자체를 변경해야 할 수도 있다. 그런데 연구를 진행하는 과정의 불확실성에 대해 인지하고 있어도, 실제로 맞닥뜨리면 적잖이 당황할 수밖에 없다. 나 또한 중국의 정치적 지형 변화로 인해 급격히 달라진 연구환경에 좌절했고, 연구계획을 대폭 수정할 수밖에 없는 상황을 겪었다.

2011년과 2012년 두 해 동안 사전조사를 마치고, 2013년 본격적인 현지조사에 돌입했다. 사전조사를 하면서 알게 된 사실은 중국 내에서도 연안매립에 관한 관심이나 공개된 자료가 많지 않다는 것 그리고 실제로 매립이 이루어지는 과정과 배후의 정치경제학적 추동력을 이해하기 위해서는 관련 기관들의 내부 자료 획득과 행위자들의 심층 인터뷰가 대단히 중요하다는 것이었다. 다시 한번 꽌시의 중요성을 실감하면서, 내 연구에 공감하고 관련 인사들에게 나를 소개해줄 수 있는 지인들이 포진해 있는 지역을 중심으로 사례연구를 하기로 했다. 이른바 스노볼snowball 방법론을 활용하여 차츰차츰 인터뷰를 늘릴 계획이었다. 스노볼 방법론은 연구를 위한 접근성이 수월하지 않은 환경에서 눈덩이를 굴려가듯 아래에서 위로 인터뷰 대상자들을 점차 확장해가는 방식으로, 인터뷰 대상자들의 유형 등을 미리 결정하는 구조적, 위계적 방법론과는 차이가 있다.

내가 정한 사례지역 중 한 곳은 이미 많은 시간을 보내며 네트워크를 쌓은 칭다오였다. 그런데 2013년 첫 방문지인 베이징에서 놀라운 소식을 들었다. 칭다오에 계신 천 교수님이 투옥되었다는 것이다. 나에게 그 소식을 알려준 지인은 '아마도' 천 교수님이 정부에 밉보일 만한 일을 하지 않았을까라고 추측할 뿐, 정확한 경위를 알지 못했다. 이후 내가 연락을 주고받은 이들 중 그 누구도 구체적으로 답을 하지 못했다. 영국에 소재한 시민단체와 메일을 주고받았다는 둥, 협력사업을 하는 과정에서 중국 외부로 새어나가지 않아야 할 정보를 넘겼다는 둥, 돈을 받고 정보를 팔았다는 둥의 루머가 돌았을 뿐이다. 시진핑이 집권하면서 중국 정부는 기강이 해이해진 관료, 과학자 등 사회지도층을 계도하는 프로그램들을 꾸준히 진행하고 있었는데, 정부가 개인의 신변에 이만큼 개입할 수 있다는 것을 과시하는 본보기로 투옥된 것이라는 말도 있었다. 사유가 무엇이든 천 교수님 투옥 사건이 해양 분야 전문가 그룹에 엄청난 영향을 미친 것은 사실이다. 사람들은 몸을 사리고 있었다. 정확한 투옥 사유를 모른다는 사실, 즉 합법과 불법, 허용과 처벌 사이의 경계의 모호함이 그들로 하여금 더욱 철저히 자기검열을 하게 만드는 것 같았다.

천 교수님의 안위가 가장 먼저 걱정되었고, 다음으로는 내 연구에 직간접적으로 참여해온 이들의 안전이 염려되기 시작했다. 내 연구를 환영하고 격려해주던 이들이 우려를 표하기 시작했기 때문이다. 작년까지만 해도 대련에 와서 연구하길 바란다던 지인은 이제 도움을 주기 어려울 것 같다며 연락이 뜸해졌고, 국가해양국 내에서 영향력 있는 지위에 있는, 현 상황을 잘 아는 또 다른 지인은 연구주제를 바꿀 것을 권유했다. 그는 국제적으로 멸종 위험에 처해 있는 철새들의 기착지인 중국 내 연안습지가 매립으로 인해 급속히 사라지고 있다는 사실이 알려지면 지속가능한 발전, 녹색경제, 재생에너지 분야에서 국제적 리더가 되고자 하는 중국의 이미지가 타격을 입을 거라고 했다. 그는 당국이 바라지 않는 정치적으로 민감한 주제보다는 다른 주제를 찾아보는 것이 어떻겠냐고 제안했지만, 한편으로 우회할 수 있는 길도 알려주었다. '정치'는 중국에서 민감한 용어이므로 '정치생태학' 대신 인문지리학이나 환경학 등의 용어를 사용해 내 연구를 설명하고, 과학은 중국이 지향하는 가치이므로 내 연구가 '과학'적인 작업임을 강조하라는 것이었다. 또한 분위기가 싸늘해진 베이징이나 칭다오 대신 정치권력으로부터 멀리 떨어진 남쪽 지방에 가보라고 권유했다.

북쪽의 지인들로부터 애정 어린 조언들을 듣고, 나는 며칠 동안 연구주제를 바꿀 것을 심각하게 고민했다. 연구를 제대로 수행하지 못하리라는 염려보다는 중국 내에 거주하는 지인들의 안전이 걱정되었다. 혹시라도 무슨 일이 생기면, 책임을 져야 할 사람은 외국인 연구자인 내가 아니라 그들일 것이므로. 그건 결코 일어나서는 안 될 일이었다. 나는 우선 지도교수를 비롯해 내 박사 커미티에 속한 교수님들에게 이메일을 보내 상황을 설명했고, 그들은 내가 오하이오주립대 기관윤리위원회Institutional Review Board, IRB에 제출한 연구계획서와 권고사항을 다시 꼼꼼히 들여다보라고 조언했다. 미국에서 IRB는 인간을 대상으로 하는 모든 연구 프로젝트가 거쳐야 하는 단계로, 연구의 각 단계가 윤리적으로 적절하게 계획되고 실행되는지를 심사한다. IRB는 의학이나 심리학 등 인간이 직접적 실험대상이 되는 임상연구를 중심으로 발전해왔고, 따라서 IRB 제출 양식에 등장하는 질문들도 그에 걸맞게 대단히 구체적이다. 인간에게 직접적인 위해를 가할 가능성이 적은 사회과학 연구에는 해당되지 않는 문항들도 많아, 사실 현지조사를 나오기 전에 나는 IRB를 형식적으로 거쳐야 하는 연구준비단계 이상으로 여기지 않았다. 그러나 실제로 내 연구가 누군가의 프라이버시나 안전을 침해할 수도 있다고 생각하니, IRB를 통해 학습했던 내용이 실질적인 도움으로 다가왔다. IRB의 가이드라인에 의하면, 연구자는 우선 연구로 인해 발생할 수 있는 위험을 산정하고(risk assessment), 그럼에도 불구하고 연구를 수행할 가치가 있는지 판단하고, 연구참여자와 이러한 내용을 충분히 공유한 뒤 동의를 구하고(informed consent), 그들의 프라이버시와 컨피덴셜리티confidentiality(비밀 유지)를 침해하지 않도록 연구를 수행해야 한다. 이때 프라이버시란 연구대상으로서 연구에 참여하는 자가 본인에 대한 정보를 공유하는 정도를 스스로 통제할 수 있는 능력을 뜻하며, 연구방법과 수행과정에서 고려되어야 할 개념이다. 한편 컨피덴셜리티란 연구자가 연구를 통해 획득한 정보의 기밀을 유지하는 것으로, 연구결과를 다루고 공개하는 과정에서 염두에 두어야 한다.

이러한 개념들을 다시금 자세히 들여다보면서, 나는 연구계획을 수정하고 연구에 동참하는 이들의 신변을 보호하기 위해 내가 할 수 있는 최선의 노력이 무엇인지 확인했다. 우선 칭다오는 그때까지 진행한 단계에서 마무리를 하고, 북쪽의 사례지역들보다는 남쪽에서 더 많은 시간을 보내기로 했다. 또한 연구참여를 위한 동의를 구할 때 문서로 남기지 않는 대신 동의서를 읽고 답변을 듣는 것으로 갈음했으며, 인터뷰 녹음도 최소한으로 했다. 인터뷰 내용을 정리해 연구결과에 반영할 때 익명으로 처리함은 물론이고, 모든 자료를 암호화된 하드드라이브에 저장해야 한다는 사실도 다시금 상기했다. 더불어 지도교수님은 박사논문에 5년간 엠바고를 걸어둘 수 있다는 사실을 알려주셨다. 실제로 시간이 해결해주는 일들이 있었다. 몇 년 전, 중국이 영유권 분쟁 해역인 남중국해에 해군기지를 짓기 위해 인공섬을 조성하고 있다는 사실이 대서특필되면서 중국이 보유한 매립기술이 부각되었다. 그 밖에 크고 작은 사건들이 서구 언론에 공개되었고, 연안매립은 더 이상 예전만큼 정치적으로 민감한 이슈가 아니다. 또한 중국은 2018년부터 생태적으로 중요한 지역의 개발을 원천적으로 규제하는 '생태홍선' 정책을 전국적으로 시행하고 있는데, 이러한 정책을 공개하고 홍보하는 것은 곧 자국에서 행해온 무분별한 매립을 시인하는 것이기도 하다. 5년 전과는 사뭇 다른 분위기이다. 그때는 혹여 감시나 도청의 대상이 되지 않았을까 싶어, 인터뷰 일시와 장소가 정해지고 나면 그전에 주고받은 이메일이나 문자 메세지를 삭제하곤 했다. 돌아보면 과민한 반응이었던 것 같지만, 당시에는 연구 참가자 보호가 최우선이었다. 연구를 계속하기로 한 이상, 고마운 이들에게 조금이라도 피해가 가서는 안 될 일이었다.

7. 샤먼에서의 잠 못 이루던 밤들

남쪽 지방에서 더 많은 시간을 보내기로 결정하면서, 나는 2012년에 단기 방문을 한 적이 있는 샤먼대학교의 해양정책학과에 자리를 잡고 2013년 가을 학기를 보내게 되었다. 박사논문 현지조사 기간을 통틀어 가장 순탄하고 즐거웠던 시간이다. 누군가 나에게 중국에서 살

사진 4 샤먼의 불교 사찰

고 싶은 곳이 어디냐고 묻는다면 나는 주저없이 샤먼이라고 답할 것이다. 샤먼은 타이완의 진먼다오를 마주 보고 있는 푸젠성의 연안도시로, 온화한 기후와 아름다운 바다 그리고 친절한 사람들이 있는 곳이다. 자연환경 외에도, 샤먼은 문화와 생활방식이 북방 지역과 사뭇 다르다. 칭다오와 마찬가지로 오랫동안 유럽인들의 조계지로 이용되었던 샤먼에는 서양식과 남방식이 혼합된 독특한 건축물들이 있다. 샤먼의 사찰들은 밝고 화려한 색들이 조합되어 동남아시아의 불교 사원을 연상시킨다(사진 4). 또한 샤먼은 청나라 시대를 거치면서 주변 국들과 전 세계로 이주한 화교들이 여전히 경제적·정치적 영향력을 행사하는 무역 및 외교의 거점이다. 그래서인지 샤먼 시내 상업지구에는 볼거리가 풍성하고 다양한 물건들이 있고 활기가 넘친다.

샤먼과 인근 지역을 돌아다니면서 가장 기억에 남은 것은 무엇보다도 남방 전통의 차 문화이다. 언제 어디를 가든 그곳에서는 제일 먼저 차를 대접받는다. 차는 고위 관료를 만나는 관공서 사무실에서는 고급스러운 금빛 찻잔에 담겨, 새우 양식장 노동자들의 허름한 숙소에서는 금이 가고 이가 빠진 찻잔에 담겨 처음 만나는 사람들 사이의 어색한 분위기를 녹인다. 딴 지 얼마 되지 않은 찻잎을 덖어 진공 포장한 철관음의 향과 맛은 정말이지 어디에도 비할 수 없을 만큼 좋다. 오래 묵힌 찻잎은 또 그 나름대로 구수하고 진한 맛이 있다. 조그마한 찻잔에 따뜻한 차를 따르고 마시기를 몇 번 하면 한두 시간이 훌쩍 지나갔다. 어쩌면 푸젠성의 차 문화가 심층 인터뷰의 비결이었는지도 모르겠다. 다소 냉랭했던 북방 지역의 분위기와는 달리, 이곳에서는 사람들을 만나고 인터뷰를 진행하는 과정이 어렵지 않았다. 미리 약속하지 않고 우연히 찾아 들어간 곳에서도 마찬가지

나의 현장, 바뀌어간 질문들

였다. 우선 들어가서 내 소개를 하면, 외국인—정확히 말하면 미국에서 공부하고 있는 한국 사람—이 뭐하러 여기까지 왔을까라고 말하듯 경계심과 신기함이 뒤섞인 눈빛을 보이다가도 결국엔 이렇게 말했다. "우선 앉아서 차를 좀 마십시다." 사실 나는 카페인에 민감해서 커피 한 잔만 마셔도 밤을 꼴딱 새운다. 그런 내가 하루에만 수십 잔의 차를 마셨으니 잠을 이루지 못한 밤이 수도 없이 많았다. 그럼에도 불구하고, 다음 날이면 나는 사양하거나 머뭇거리지 않고 또 다른 누군가와 차를 마셨다. 우선 차맛이 너무 좋아서 거부할 수 없었다. 둘째로, 그들과 대화하고 새로운 사실들을 알아가는 시간이 너무도 즐거웠다.

중국 남부 푸젠성 일대는 민난어를 사용하는 지역인지라, 중국어에 어느 정도 자신감이 붙은 시점이었음에도 나는 여전히 통역 겸 연구조교를 동행하고 현지조사를 다녔다. 샤먼대학 해양정책학과에서 방 교수님의 지도하에 석사과정을 밟고 있던 샤오챠오. 석사논문 주제를 정하고 아르바이트도 할 겸 나를 따라나선 그녀는 나에게 남방 지역의 언어와 문화를 가르쳐준 선생님이자 내 첫번째 비공식 지도제자였다. 당시 나는 샤먼대학 소속 차량을 빌려 먼 어촌 지역까지 현지 조사를 나갔는데, 민난인인 그녀와 운전기사님을 통해 민난어를 종종 배웠다. 신기하게도 민난어는 우리말과 비슷했다.

예를 들면 학생은 '학성', 학교는 '학꺄오'로 발음되는 식이다. 땅 토 ±와 콩 두豆를 결합한 단어는 중국의 표준어인 보통화로 감자를 뜻하는데, 민난어로는 말 그대로 땅콩이 된다. 푸젠성의 토착 방언인 호끼엔어, 민난어는 보통화에서 사라진 고대 중국어의 발음을 보존하고 있다고들 하는데, 먼 옛날 중국과 우리나라의 문화교류의 흔적이

사진 5 샤먼대학 해양정책학과 학생들과 중추절을 축하하며

음성학적으로 남아 있는 것인가 싶었다. 어찌 되었든, 민난어를 배우면서 머나먼 중국 남방 지역이 점차 친숙하고 편하게 느껴졌고, 샤오챠오와 나, 운전기사님 사이의 라포도 단단해졌다. 답사하러 가는 차 안이 곧 현지문화를 배우는 시간이었고, 나도 그들에게 한국에 대해 알려주곤 했다. 그리고 그런 대화들을 연습 삼아, 실제 인터뷰를 진행할 때는 더욱 자연스럽고 편안하게 현지인들에게 접근할 수 있었다.

대학 졸업과 동시에 캠퍼스 커플이었던 남자친구와 결혼해 당시 첫째 아이를 임신하고 있던 샤오챠오는 자신보다 연장자인, 무려 서른이 넘은 내가 여전히 미혼인 채로 홀홀단신 타국에 와서 현지조사를 다니는 상황을 염려해주곤 했다. 그런데 그녀를 통해 들은 더욱 놀라운 사실은 그런 나를 걱정해주는 사람이 한둘이 아니라는 것이었다. 그녀는 교수가 한번 제자를 들이면 결혼할 때까지 책임을 느끼는 것이 정상(?)이라며, 샤먼대학 해양정책학과에서 내가 선생님으로 부르며 따르던 몇몇 교수님들이 말은 안 해도 실은 내 걱정을 하고 있다고 했다. 비록 나는 그들의 정식 지도제자도 아니고, 한 학기를 지내다 갈 뿐이지만. 지도교수와 제자의 관계가 도제를 넘어 그 정도로 가부장적일 수도 있구나 싶었다. 그것이 남성 교수-여성 제자에만 적용되는지, 혹은 여성 교수-남성 제자 사이에도 유효한 심적 부담감인지는 모르겠다. 또한 샤오챠오가 생각하는 '정상 여성'의 범주는 북방 지역인 허베이성에서 나의 연구동료가 되어주었던 또 다른 이의 삶과는 사뭇 달랐기 때문에, 중국 젊은이들의 결혼관, 인생관이 이러저러하다고 정형화하고 싶지도 않다.

다만, 그때가 나에게는 스스로를 여성 연구자로 자각하게 된 계기 중 하나였던 것 같다. 남성이 아닌 까닭에 감당해야 하는 시선과 말.

그것이 관심과 애정에서 나왔다고 해도 여전히 낯설고 조금은 불편한 기분. 그렇지만 내가 바꿀 수 있는 것은 없었기에, 그들 사이에서 내가 조금 특이한 존재로 인식되고 어쩌면 관찰의 대상이 될 수도 있겠다는 나의 위치성positionality을 그대로 받아들이기로 했다. 돌아보면 샤먼대학 해양정책학과 구성원들과의 교류는 중추절을 함께 축하하고(사진 5), 대학원 수업에서 초청강의를 하고, 다양한 연구주제에 관해 토론하던 기분 좋은 추억으로 남아 있다.

8. 중국의 연안: 배경 공간에서 사회적 바다로

박사논문의 연구주제로 시작했던 중국 연안매립으로 돌아가, 2011년부터 2014년까지 지속된 현지조사를 통해 나는 중국에서 대규모 연안매립 사업들이 시행되는 주요한 정치경제학적 메커니즘으로 중앙-지방 정부간 힘의 불균형으로 인한 지방정부의 만성적 재원 부족, 토지국유제의 모호성으로 인해 토지개발이 지방정부의 주요한 수익창출원으로 기능하게 되는 과정, 한국과 달리 도시용지 위주의 연안매립을 통한 토지개발의 높은 수익성 등을 파악할 수 있었다. 이렇듯 중국 연안이 국가 및 지역의 경제발전에 공헌하는 주요 개발 대상이 되어감에 따라, 해양·연안 생태계 및 연안 지역 주민들이 바다와 맺는 관계는 급격히 변화하고 있었다.

연안매립의 정치생태학적 의의를 고찰할 때 특별히 기억나는 한 장면은 중국 톈진의 대규모 매립 지역인 빈하이신구에 위치한 거대한 마조媽祖상이다(사진 6). 마조는 송나라 시대 푸젠성에서 기원한 해신海

사진 6 **톈진 빈하이신구에 위치한 바다의 여신 마조상**

神이다. 송나라부터 청나라에 이르기까지 국가적 공인화를 거쳐 중국 전역으로 전파되었다고는 하나, 마조를 지극정성으로 숭상하는 지역은 중국 남방, 타이완을 비롯하여 말레이시아, 싱가포르 등 남방 출신 화교들이 대거 진출해 있는 동남아시아 국가들이다. 북방 지역의 마조 사원은 칭다오, 톈진의 천후궁 등 손에 꼽을 정도인 반면, 남방 지역에는 수백여 개의 마조 사원이 존재한다. 그런데 현존하는 최대 규모의 마조상, 나아가 현존하는 최대 규모의 여신상은 2012년 완공된 높이 42.3미터의 톈진 마조상이다. 남방 사람들에게 사랑받는 마조가 발해만 한가운데 덩그러니 서 있는 것도 모자라, 그녀가 보호해야 마땅한 어민들이 그녀의 새로운 처소가 된 매립지에 바다를 빼앗기고 뿔뿔이 흩어진 것을 생각하면 아이러니하다. 빈하이신구의 마조는 더 이상 바다 사람들의 안위를 지키는 수호신이 아니다. 마조문화공원에서 관광객들을 맞이하며 소멸된 해양문화를 기리고 소비하도록 그들을 부추길 뿐이다.

중국 내 여러 도시의 매립 예정지, 사업지 및 주변 지역을 답사하고 비교하는 과정을 거치면서 나는 연안매립이 궁극적으로 연안 공간 전반에 관한 인식과 관리에 관한 거버넌스governance의 문제라는 사실도 인지하게 되었다. 1982년 채택되고 1994년 발효된 UN 해양법 협약을 통해 이른바 '해안선으로부터 12해리'까지의 영해 개념이 국제적으로 확정되었다. 영해란 한 국가가 배타적 주권을 온전히 행사할 수 있는 바다 공간인데, 이것이 국제적으로 합의된 지 이제 겨우 스물다섯 해 정도밖에 되지 않은 것이다. 중국은 해양법 협약이 발효된 뒤 발 빠르게 움직여 2002년 바다의 공간적 활용에 대한 전국적 단위의 계획인 '해양공능구획'을 발표했다. 해양공능구획의 목표는 개발과 보전이 조화를 이루는 해양 공간의 합리적 이용으로, 매립의 엄격한 통제를 원칙으로 한다. 하지만 현지조사에서 확인한 그 정책의 실제 효과는 주요 매립사업들을 해양공능구획에 정식으로 포함함으로써 연안매립을 합법화하고 대대로 바다에 기대어 살아가는 어민들을 바다의 실질적 주인에서 국가에 사용료를 내는 이용자로 격하시키는 것이었다. 일례로 내가 방문했던 한 매립 예정 어촌의 광장에는 "매립에 따른 어업보상을 받고 싶으면 우선 사용료를 지불하라"는 지방정부의 공지문이 붙어 있었는데, 그 공지문이 나붙기 전까지 어민들은 그들의 어장과 양식장이 매립 대상 지역이 되리라는 사실을 전혀 알지 못했다. 그뿐 아니라, 그들에게는 소액의 사용료를 지불함으로써 그들의 바다가 매립되는 것을 허용하고 보상을 받고 떠나든가, 혹은 사용료를 지불하지 않음으로써 자신들의 존재를 인정받지 못하고 보상도 받지 못하는 두 가지 선택지가 있을 뿐이었다. 이렇듯 현지조사를 하면서 문헌조사나 연구 디자인 단계에서는 알지 못했던 사실들을 관찰하고 발견함에 따라, 박사논문의 주제는 '연안매립'에서 '해양 거버넌스'로 옮겨갔다. 최종적으로 출간된 나의 논문 제목은 '사회적 연안'이라는 용어로 시작된다. 바다가 그저 인간 활동의 무대가 되는 수동적 배경이 아니라, 그것을 이용하고 관계를 맺어가는 사람들에 의해 사회적으로 만들어지는 공간이라는 의미에서다.

9. 맺으며: 나의 중국 연구는 현재진행형

우리에게는 중국인에 대한 수많은 편견과 정형화된 이미지가 있다.

미디어를 통해, 주변 사람들로부터 듣는 이야기를 통해, 심지어 중국통이라 불리는 유명인들을 통해 우리는 그것을 학습한다. 여러 차례 중국에 출장을 다녀오면서 한때 나에게도 그러한 선입견이 생긴 적이 있다. 그러나 중국 현지조사를 다니는 과정에서, 특히 남쪽 지방에서 만난 다양한 출신과 외모의 중국인들을 통해 나의 선입견은 완전히 깨졌다. 지금 나에게 중국은 다양성으로 설명할 수 밖에 없는 나라다. 그들의 외모, 말투, 식습관, 생활습관 등을 하나로 규정하는 것은 불가능에 가깝다. 비록 강력한 국가체제가 구축하는 사회상이 있을지언정, 중국의 국가권력은 사회집단에 따라 완전히 다른 방식으로 작동하고, 국가의 통치영역 바깥에서 지내는 이들도 무수하다. 짐작건대, 여태껏 밟아보지 않은 중국의 여러 지방에는 지금까지 내가 경험한 것보다 훨씬 다양한 삶의 모습들이 있을 것이다. 그래서 중국이라는 나라를 알면 알수록, 중국을 '안다'고 말하기가 더더욱 어려워진다.

중국에서의 현지조사를 돌아보면, 연구자로 살아가면서 갚아나가야 할 많은 빚이 떠오른다. 나를 중국 연구의 길로 인도해 준 지인들, 귀중한 자료와 연구 참가자를 찾는 데 도움을 준 수많은 동료 연구자들, 무엇보다 처음 보는 이방인에게 자신의 삶을 말해주고 보여준 현지 사람들. 느리게 가더라도 필요한 연구를 계속함으로써 그들의 친절에 보답해야겠다고 느낀다.

바다와 사람들. 박사논문에는 들어가지 않았지만, 못다 한 이야기들을 생각할 때 가장 먼저 떠오르는 주제는 현지조사를 통해 알게 된 이주 어민의 문제다. 바다가 매립되면서 삶의 터전을 잃고 주변 지역으로 이동하고, 또 그 지역이 매립되면 다른 지역으로 이동하면서 살아가는 이들. 한번은 정부에서 '생태마을'로 지정한 어촌을 방문한 적이 있다. 언뜻 보기에도 부촌이었다. 잘 지어진 이삼 층의 벽돌집들, 깔끔하게 구획된 거리, 마을 어귀에서 돌아가는 미니 풍력발전기. 그곳에 사는 어민들을 인터뷰하고 돌아가는 길에 마을 건너편 바닷가 쪽에 해사 적재장이 보였다. 괜히 한번 가보고 싶은 마음이 들었다. 샤오챠오와 함께 길을 건너 바닷가를 따라 해사 적재장 옆으로 난 좁은 길을 걷는데, 지도에도 없고 마을 주민들 중 그 누구도 존재조차 알려주지 않은 작은 마을이 나타났다. 마을이라기보다는, 콘크리트 블록과 양철 지붕으로 대충 지은 임시 건물들이 모여 있는 구역이었다. 그곳에서 놀랍게도 나는 몇 명의 십 대 청소년들을 마주쳤다. 어른들은 고기를 잡으러 나가고, 아이들만 그곳에 남아 그물을 고치고 있었다. 그들은 그 지역 출신이 아니며 이곳저곳 옮겨다니다 지금은 여기에 살고 있다고 했다. 몇 명은 학교에 가고, 몇 명은 가지 않는다고 했다. 그중에서 연장자로 보이는 한두 명은 가끔 시내로 아르바이트를 하러 간다고도 했다. 그들은 한국 사람을 처음 본다면서 나를 격하게 환영해주었다. 그들의 환대를 받으며 그들이 살아온 이야기를 듣고, 또 내가 온 나라에 대해 알려주면서 오후를 보냈다. 그리고 작별인사를 하면서, 속으로 언젠가 다시 오겠다고 마음먹었는데 아직도 가지 못하고 있다. 박사논문에서 이주 어민 문제를 떼어놓으면서 더 연구해서 언젠가는 이들의 존재를 알리겠다고 다짐했는데, 그것도 여전히 하지 못했다. 아직 마무리하지 못한 일들. 고마운 이들을 향한 마음의 빚. 어쩌면 그 덕분에 나는 여전히 배우고 있고, 중국 연구자가 되어가는 중이다.

4

'진심'은 알 수 없는 것:
홍콩 현장에서 바뀌어간 질문들

장정아

1. 중국, 그런데 왜 홍콩?[1]

내가 박사논문을 위한 장기 현지조사지로 홍콩을 택한 것은 1990년
대 후반으로, 당시 국내에서 홍콩은 연구대상지로 낯선 곳이었다. 물
론 중국 연구자 중 중국에서의 직접 조사가 어려운 등의 이유로 대만
이나 홍콩으로 유학을 가는 이들은 종종 있었지만, 이때에도 주요 목
적지는 대만이었다. 그러면 나는 왜 낯선 홍콩을 연구대상지로 택했
을까? 이것은 당시에도, 또 그때로부터 거의 20년이 지난 지금까지도
한국과 홍콩에서 많이 듣는 질문이다. 그만큼 한국 연구자가 홍콩을
연구한다는 것은 낯설게 받아들여진다.

　나는 홍콩을 통해 민족주의[2]를 다르게 상상할 가능성을 찾고 싶
었다. 민족주의는 나에게 단지 연구주제에 불과한 것이 아니라 나 자
신의 문제였다. 나는 1970년대 한국 사회에서 정서적으로 국가주의
적 민족주의에 깊이 침윤되어 자랐다. 어린 시절부터 국민교육헌장을
외웠고, 오후 6시에 애국가가 흘러나오면 길거리 어디서건 멈춰 서서
가슴에 손을 얹고 국기에 대한 경례를 했다. 박사논문을 쓸 때는 집
중하기 위해 고시원에 몇 달 동안 들어갔는데, 허름한 고시원 벽에는
'나라를 위해 물과 전기를 아끼자'라는 사장님의 손글씨가 씌어 있
었다. 지금은 많은 이들이 황당해할 이런 정서가 나의 성장기에는 익
숙하고 당연했다.

1　초고를 읽고 많은 조언을 해준 양선아, 이경묵, 조문영 동학께 깊이 감사드린다.

2　Nationalism의 번역어로 '민족주의'가 적절하지 않다는 지적이 많이 있어왔다. 이 글의 맥락에서도 '민족
주의'보다 '국민주의'가 좀 더 적절한 표현이겠지만, 여전히 한국에서 '국민주의'는 낯선 용어이고 또 홍콩에
서 최근 '민족주의民族主義'가 새롭게 등장하고 있으므로 여기서는 민족주의라는 용어를 쓰겠다.

이십 대에 들어서야 나는 나를 구성해온 그런 무반성적 민족주의에 대해 성찰을 시작했다. 그래도 국민이 아닌 인간으로서 살아간다는 게 어떤 것인지 상상하기는 여전히 쉽지 않았다. 대학원에 들어가 김광억, 오명석 선생님 강의 시간에 국민, 민족 그리고 국가에 대한 이론적 논의를 읽고 동료들과 토론하면서, 중국을 연구하고 싶다는 생각과 민족주의라는 화두가 결합했다. 중국 민족주의에 대한 비판적 논의들을 읽으며 중국에서 국가와 민족에 대한 다양한 상상과 논의가 역사적으로 존재했음을 알게 되었고, 중국인이 된다는 것의 의미를 둘러싸고 치열하게 벌어져온 경합에 대해서도 공부했다. 동시에 국가라는 경계의 해체 가능성, 그리고 그러한 경계로 규정되지 않는 새로운 주체성을 모색하는 논의들에 매혹되었다. 중국 남부 지역이 지니는 탈중심화 역할, 그리고 해외 중국인이 중국에 포섭되면서 국가 경계를 뒤흔드는 존재로서 가지는 가능성에도 주목하게 되었다. 홍콩은 이런 논의들이 교차하는 지점에 있었다.

그러나 주로 서양에서 쏟아져나오는 그런 논의들을 읽으며 점점 의문이 커졌다. 많은 논의들이 국경을 넘나드는 개인 및 집단과 시민권이 지니는 유연함 및 자유로움을 지나치게 강조하고 있는 듯했다. 국가와 국민, 민족이라는 화두에 '세뇌'되어 자란 나는 비록 그 화두를 극복하려 하긴 했지만, 그 극복이 지나치게 자유롭게 상상되는 것은 의심스러웠다. 아마도 내가 여전히 극복하지 못한 정서적 국가주의, 민족주의가 일종의 무게추로 나를 끌어당겨서였을 것이다. 나의 개인적 경험과 정서는, 여러 나라 여권을 가진 기업가들의 사례가 마치 '국가를 넘나드는' 대안인 듯 제시되는 논의에 거부감을 갖게 만들었다. 쉽게 대안과 희망을 이야기하는 데 대한 의심이 커졌다. 내 질문은 현대의 보통 사람들에게 국적과 시민권이 과연 유동적인가, 어떤 이들에게는 국적이나 시민권이 목숨을 건 싸움의 대상이 아닌가 하는 물음으로 옮겨갔다.

　홍콩 출신의 개인과 집단들은 이런 초^超국가주의의 단골 사례였다. 그리고 홍콩 사회의 독특성도 주목을 받았다. 즉 영국의 식민지배를 받았던 중국 땅으로서 어느 나라에도 강한 소속감을 느끼지 않는, '사이에 끼어 있고 얽매이지 않음'은 홍콩의 특징으로 규정되며 곧잘 찬양의 대상이 되었다. 나는 그 독특성이 정말 자유로움을 만들어내는지 알고 싶었다. 그리하여 나는 중국 민족주의를 '주변'에서 바라보며 새로운 상상의 가능성을 탐색하고자, 민족이나 국민·국가에 대해 강한 동일시를 하지 않는 사람들은 어떤 가치에 의탁하는지 알고 싶어서, 그리고 마지막으로 이를 통해 나 자신과 한국 사회를 다르게 바라보기 위해 홍콩을 연구대상지로 택했다. 임대근이 지적했듯이 (2014), 한국 학계와 대중이 홍콩을 이야기할 때 그동안 간과했던 "홍콩은 우리에게 무엇인가"라는 질문을 이제 던져야 한다면, 그 질문에 대한 나의 대답은 이것이다.

　홍콩을 조사하기로 했지만, 구체적으로 어떤 주제를 연구할지는 어려운 문제였다. 실링^{詩靈}이라는 홍콩 친구는 나에게 홍콩에서 정체성으로 인한 갈등이나 운동을 보기는 힘들 거라고 조언했다. 수시로 시위가 벌어지고 갈등이 격화하는 최근과 달리, 중국 반환 직후인 당시에는 표면화되는 갈등이 거의 없었다. 홍콩에 대해 자료조사를 하면서, 홍콩인이 중국 본토에서 낳은 자녀들이 홍콩 법에 따라 홍콩 거주권을 달라며 소송을 제기하여 촉발된 분쟁이 1997년 중국 반환 이후 쟁점이 되고 있음을 알게 되었다. 홍콩인이 중국 본토에서 낳은 자녀들은 다른 나라에서 낳은 경우와 달리 오랜 시간을 기다려야만 홍콩 거주권이 주어졌고, 대부분 기다리다가 연령제한에 걸려 못 오게 되어 가족이 평생 떨어져 살아야 하는 상황이었다. 이들이 중국 반환 이후 홍콩 거주권을 요구하며 홍콩에서 소송을 벌여 이슈가 된 것이다.

이 분쟁은 홍콩인의 자녀이되 홍콩인이 되지 못한 중국 본토인들이 홍콩인이 되려고 몸부림친 사건으로서 내 관심사인 정체성과 관련이 있었지만, 그 분쟁이 얼마나 많은 것을 보여줄지는 감이 잡히지 않았고 실제로 조사할 수 있으리라는 확신도 전혀 없었다. 일단 홍콩에서 쓰이는 언어인 광둥어를 배우고 홍콩에 들어가 부딪쳐보기로 했고, 광둥어를 배우기 위해 중국 광저우廣州에 발을 디뎠다.

나는 이 글에서 내가 홍콩 현지에 진입한 과정과 조사 과정, 연구 대상자들의 불안한 신분이 내 연구에 가져다준 장점과 난점, 그리고 내가 받았던 시선을 서술하고, 중국과 홍콩이라는 현장이 가지는 의미에 대해 이야기하며 마무리할 것이다. 현지조사 경험을 서술하는 과정은 현지조사를 통해 내 질문이 바뀌어간 과정이기도 하다. 나는 이 글을 통해 현장과 현지조사를 어떻게 볼 것인가 하는 문제를 제기하려 한다.

2. 현지에 진입하기

"도대체 홍콩에서 뭘 하고 있는 겁니까?": '불법 아닌 불법' 체류자로 살기

1999년 어느 날 이민 가방 두 개를 질질 끌면서 중국 광둥성 광저우시에 도착할 때도, 몇 달 후 다시 가방들을 메고 끌고 낑낑대며 육로로 홍콩에 들어갈 때도, 나는 현지에 아는 사람이 아무도 없었다. 조사가 얼마나 걸릴지도 기약할 수 없었다. 당시 대학에는 박사과정 학생의 현지조사에 대한 지원금 제도도 없었기에, 무한정 길어질지도 모르는 현지조사 비용 준비가 걱정이었다. 다행히도 외부 장학금 중 1년간 중국에서 체류하며 공부하는 박사과정 학생 지원 프로그램을 우연히 발견하고 지원하여 선정되었다. 거기서 지원받은 중국 체류 1년을 위한 금액을 아껴서 2년간의 중국과 홍콩 생활 내내 썼다. 무척 아껴썼지만 마지막엔 당연히 돈이 많이 부족했다. 그래도 그 외부 장학금이 없었다면, 당시 내 개인적 상황으로는 장기 현지조사를 나가기 어려웠을 것이다.

중국 광저우에 있을 때부터 홍콩 조사를 위한 준비를 본격적으로 시작했다. 내가 생각하는 주제 또는 그 외의 주제와 대상자들에게 접근할 수 있는지, 접근하려면 어떻게 해야 하는지, 그리고 홍콩에서 가장 쟁점이 되는 이슈는 무엇인지 파악하려면 사회단체 같은 곳에 적을 두는 것이 좋겠다고 판단했다. '발판' 혹은 '기댈 언덕'을 마련하는 것은 연구현장에서 가장 우선적으로 필요한 일이었다(이용숙 외, 2012, p. 80). 그래서 광둥어를 배우기 위해 머물던 광저우 중산대학中山大學 근처의 허름한 PC방에 수시로 가서 이메일을 통해 홍콩 민간단체들과 접촉하기 시작했는데, 중국에서는 그런 단체 홈페이지에 대한 접근이 종종 차단되었다.

나는 "영어와 중국 표준어, 광둥어를 할 줄 아는데 어떤 일이라도 무보수로 도울 테니 몇 달 함께 있게 해달라, 나는 홍콩을 이해하고 홍콩에서 조사할 주제를 확정해나가기 위해 당신들의 도움이 필

나의 현장, 바뀌어간 질문들

요하다"고 메일을 보냈다. 몇몇 단체는 시큰둥했고, 한 단체가 환영했다. 나중에 보니 그 단체는 매년 영어로 보고서를 작성해 UN에 제출하는 일을 비롯해 여러 사회 문제에 개입하고 성명서를 내는 등 일이 많았는데 재정이 풍족하지 않아 일손이 부족했고, 그래서 내 무보수 봉사 제의를 크게 환영했다. 나는 석 달 넘게 매일 아침부터 저녁까지 다른 직원들을 도와 자료 복사, 전화 받기, 회의 준비와 참석, UN 제출 보고서 작성 등을 함께 했다.

홍콩에 오자마자 매일 나갈 사무실이 있다는 것은 심리적 안정을 주었다. 또 하루 종일 틀어놓은 광둥어 라디오 방송에서 정시마다 나오는 짧은 뉴스에 그들이 어떻게 반응하고 대책을 세우는지 관찰할 수 있어서 홍콩을 빠르게 이해하는 데 도움이 되었다. 처음엔 하루 종일 사무실에 있었고, 두 달쯤 지난 뒤에는 조사대상자들에게 조금씩 접근할 수 있게 되어 외부에서도 시간을 많이 보냈지만, 그래도 상당 기간 동안 그 단체에 계속 가서 조금이나마 일을 도우며 신뢰관계를 쌓았다. 특히 그 단체는 변호사, 교수, 국회의원들과 폭넓은 인맥을 쌓고 있었기 때문에 네트워킹에도 큰 도움이 되었다. 또 그 단체를 통해 다른 민간단체들과 연결되면서, 내가 생각하던 주제인 홍콩 거주권 분쟁 당사자들과 접촉하고 현지조사를 시작할 수 있었다.

장기간 현지에 체류하기 위해 중요한 또 한 가지 문제는 비자였다. 인터넷에서 찾아보니 홍콩중문대학교香港中文大學校 안에 외국 연구자들의 홍콩 체류 비자 발급을 도와주는 서비스 센터가 있었다. 거기서 방문학자로 받을 수 있는 최대 기간인 6개월 비자를 받았다. 이 비자는 연장이 가능한데, 인류학의 조사방식이 일반 학자들의 연구방식과 다르다는 데서 문제가 발생했다. 이 비자를 받은 대부분의 외국 학자들은 그 센터에 머물며 자료조사를 해서 하루 종일 그곳 직원들에게 얼굴을 보일 수 있지만, 나는 사람 한 명이라도 더 만나려고 밤까지 뛰어다니느라 센터 내 도서관에 있는 시간이 적었다. 그래서 비자 연장을 신청했을 때 직원들이 "당신이 정말로 홍콩에서 연구를 하는 건지, 아니면 혹시라도 여기서 비자를 받아 다른 일을 하는 건 아닌지 매우 의심스럽다"고 했다. 인류학 현지조사의 특성을 설명하며 간신히 연장을 받아내긴 했지만, 비자 연장이 점점 어려워졌고 스트레스도 심해졌다.

결국 마지막 몇 달은 공식 비자 없이 '불법 아닌 불법' 체류자로 지냈다. 즉 무비자로 가능한 한 달(현재는 석 달) 체류를 이용해 매달 한 번씩 육로를 통해 중국 본토(선전深圳)로 갔다가 다시 홍콩에 들어와서 지냈다. 이런 일이 반복되자 나중에는—당연하게도—홍콩 출입국 심사대에서 의심을 받았고, 불법 입국자들을 모아놓은 방에 하루 종일 갇혀 있기도 했다. 그 방에 갇혀 있는 사람들은 대부분 성매매 등을 위해 홍콩에 오는 중국 본토 여성으로 보였다. 항의해도 소용없었고, 쫓아내겠다는 위협만 돌아왔다. 물론 내가 불법 행위를 저지른 것은 아니기에 저녁 늦게 홍콩 내 거주지와 지인들의 이름을 쓰게 하고 풀어주었지만, 그들은 얼마든지 나를 내쫓을 권리를 갖고 있었다. 이후에도 몇 번을 그런 의심 속에서 "도대체 홍콩에서 뭘 하고 있는 겁니까? 연구를 한다고요? 그걸 어떻게 믿죠?"라는 거듭되는 질문을 받아야 했다. 유창한 광둥어는 더욱 의심을 사는 장애요인이 되었다. 영어를 사용해야 대접받는다는 많은 홍콩 친구들의 조언에도 불구하고 나는 일종의 오기로 계속 광둥어를 썼지만, 나중에 입국심사 때는 어쩔 수 없이 영어를 사용했다.

이처럼 동양 여성이기에 한 경험이 소위 '개방적인 국제도시' 홍콩의 이면을 이해하게 해주었고, 그것이 나의 연구주제와도 밀접한 관련이 있음을 뒤늦게 깨달았다. 그러나 이런 깨달음은 머릿속에서 이루어지는 것이었고, 출입국 심사 때뿐 아니라 일상에서도 중국 본토 여자로 오해받으며 끊임없이 받은 의심과 경멸의 시선, 그리고 연구대상자들로부터도 받은 중국 정부의 스파이라는 의심은 연구자이기 전에 인간으로서 나를 많이 지치게 만들었다. 홍콩 거주권 소송을 하는 이들을 연구한다는 연구주제의 심각성과 무게에 내 신분의 불안함까지 더해져, 조사 기간 내내 긴장 없이 지낼 수 있는 시간이 한순간도 없었다.

세 가지 언어가 필요했던 현지조사

1998년 잠깐 홍콩에 갔을 때, 나는 영어보다 중국 표준어가 의사소통이 훨씬 더 안 되는 것을 느끼며 충격을 받았다. 그만큼 광둥어와 표준어의 차이는 컸다. 그래서 홍콩에서 지내며 조사하려면 이미 배워둔 중국 표준어 외에 광둥어가 반드시 필요하다고 생각했다. 지금은 정부가 표준어 교육방침을 강화해 홍콩인들의 표준어 실력이 크게 늘어서 표준어로도 어느 정도 인터뷰 조사가 가능하지만, 당시에는 전혀 그렇지 못했다.

외국인이 광둥어를 배울 경우, 대부분 홍콩에서 배운다. 홍콩에 외국인을 대상으로 영어로 진행하는 광둥어 수업 과정이 많기 때문이다. 하지만 나는 중국 본토에서 광둥어를 배우기로 했다. 중국이 홍콩보다 학비가 싸다는 요인 외에도, 홍콩 현지조사에 앞서 중국 본토를 경험하며 중국에 대한 이해를 넓히려는 의도가 있었다. 한국에서 알아보니 중국 남부 광둥성 광저우의 중산대학에 광둥어 어학 과정이 있어서 등록금을 내고 신청하여 초급부터 배웠다. 광둥어 수업은 표준 중국어로 진행되었고, 함께 수업을 듣는 학생들의 국적은 미국, 일본, 한국 등 다양했다. 나는 유학생들과 식사하는 자리도 최대한 피하며 독하게 공부했다. 서른 살이 다 된 나이에 남자친구(지금의 남편)와의 결혼도 미루고 홍콩 장기 체류에 부족할 것이 뻔한 장학금만 들고 나간 나로서는 마음이 너무 급해서 한국어 쓰는 데 소모할 시간이 없었다. 거리를 지나다니는 사람들을 보고 있으면, 얼른 의사소통이 자유로워져서 마음껏 조사하며 저 사람들의 마음을 다 이해할 수 있다면 길거리에 떨어진 음식을 주워먹고 살아도 행복하겠다는 생각이 들곤 했다.

아침 8시부터 오전 내내 수업을 듣는 것 외에도 실전을 통해 빨리 언어를 익히기 위해, 지나가는 대학생과 대학원생들에게 무작정 다가가 언어 공부를 도와줄 수 있느냐고 물었다. 며칠간 도전한 결과, 한국에서 온 나를 신기해하는 두 명이 응낙했다. 한 명은 베이징 출신의 남자 대학생으로, 함께 표준어를 공부했다. 돈을 주려 했더니 자기 같은 '북방 출신'은 돈을 따지는 남방인들과 달리 인연과 친구를 중시한다며 완강히 거부했다. 우리는 하루에 몇 시간씩 신나게 표준어로 정치토론을 했다. 다른 한 명은 광저우 출신의 여자 대학원생이었는데, 그가 원하는 금액을 지불하고 광둥어를 배웠다. 인상 깊었던 점은 그 여학생이 광둥어를 가르치다 말고 수시로 나에게 중국 역사책을 보여주며 20세기 초에 중국이 약해져 서양 열강에 굴욕을 당했다면서 다시는 약해져선 안 된다고 강조하는 모습이었다. 우리는 우연히 만나 광둥어를 가르치고 배우는 관계였지만, 그는 외국인인 나에

나의 현장, 바뀌어간 질문들

게 중국이 강대해져야 하는 이유를 납득시키고 싶어했고 중국의 애국주의 논리를 열정적으로 설파했다.

이렇게 몇 달간 본토에서 현지인들과 교류하며 광둥어를 배운 경험은 나에게 큰 도움이 되었다. 특히 본토와 홍콩에서 사용하는 광둥어에 차이가 있고 그것이 문화적 차이와 관계 있다는 것을 관찰할 수 있었다. 같은 광둥어라도 중산대학의 본토 교수들이 가르치는 광둥어는 홍콩에서 쓰는 광둥어와 다른 점이 많았다. 뜻과 아무 상관 없이 영어를 음차해 표기하거나 영어를 그대로 사용하는 것에 대해 홍콩인들은 거부감이 전혀 없는 반면, 본토에서는 중국식으로 번역해서 만든 표현을 사용하는 경향이 컸다. 중국 본토인들은 영어 단어를 번역 없이 그대로 섞어 쓰는 홍콩인들을 '문화적 자부심이 없고 식민주의 세례를 지나치게 많이 받은 이들'로 여겼다.

내 인터뷰와 조사는 본토인과 홍콩인, 그리고 외국인을 모두 대상으로 했기에 표준어와 광둥어, 영어가 모두 필요했다. 연구대상자들 중에는 본토 도시 출신도 있었지만 농촌 출신이 많아서, 광둥성 출신을 제외하면 광둥어를 전혀 못 하거나 홍콩에 온 뒤 배워서 어눌한 이가 많았다. 표준어도 다들 능숙한 건 아니어서 자기 고향 방언만 하는 이들도 많았고, 광둥성 출신 중에는 광둥어만 하고 표준어를 전혀 못 하는 경우도 있었다. 이런 복잡한 언어 상황이 조사를 어렵게 만든 것이 사실이다. 간신히 약속을 잡아 만나도, 표준어나 광둥어로 소통이 잘 되지 않는 이들과는 인터뷰가 불가능했다. 물론 그들도 홍콩 체류 시간이 길어지면서 광둥어 실력이 향상되기도 했고, 상당수는 표준어와 광둥어 둘 중 하나로 긴 대화가 가능했으며, 어떤 이들과는 두 언어를 번갈아 사용하면 거의 완전한 소통이 가능했다.

홍콩 현지조사에서는 영어도 중요했는데, 영어와 중국어의 극명한 권력관계를 경험할 기회가 몇 번 있었다. 나의 주요 참여관찰 대상에는 법정소송도 있었다. 그래서 한동안 매일 아침부터 당사자들과 함께 줄을 서서 들어가 법정에서 이루어지는 심리審理를 방청했다. 처음 법정에 들어갔을 때 가장 충격적이었던 것은 길게 늘어진 서양식 금발 가발을 쓴 홍콩 변호사들이 정중한 영국식 영어로 변론하는 모습이었다. 나는 그 '식민주의적' 광경에 끝까지 적응이 잘 안 되었다.

지금은 법정에서 광둥어도 사용하지만, 당시의 법정은 다른 어떤 공간보다도 영어의 권력이 살아 있는 곳이었다. 소송 당사자라 해도 영어를 알아듣지 못하면 방청을 해도 아무 소용 없었다. 내 연구대상자들은 아침부터 길게 줄을 서고도 법정에 들어가지 못하고 복도나 바깥에서 지루하게 기다렸고, 그날의 심리가 끝나고 활동가들과 내가 법정 밖으로 나오면 우르르 몰려들어 우리가 광둥어로 번역해서 설명해주는 내용을 듣고 자기들끼리 갑론을박을 하며 흩어지곤 했다.

중국 본토에서 광둥어를 배우며 본토인들과 교류한 뒤 홍콩에 가서 현지조사를 하는 과정은 광둥어에 대한 본토인과 홍콩인의 시각차를 발견하는 과정인 동시에, 홍콩에서 본토에 대한 차별이 가장 극명하게 드러나는 장場이 바로 언어임을 실감하는 과정이었다. 본토인의 상당수가 홍콩에 이주해 와서도 광둥어가 서투르다는 점은 홍콩인들에게 본토인들의 '게으른 근성'의 상징으로 인식되고 있었다. 홍콩 조사 초기에 나는 본토인들의 광둥어 능력에 대한 홍콩인의 차별에 주목했고, 나 역시 종종 그 차별의 대상이 되어 본토인들에게 감정이입이 되기도 했다.

그러나 시간이 지나고 연구가 진전되면서 아이러니를 깨달았는데, 그것은 본토인에 대한 차별의 중요한 기반인 광둥어가 정작 홍콩에서 모어母語의 지위를 한 번도 인정받은 적이 없다는 사실이었다. 홍콩의 공식 언어는 영어와 중국어인데, 여기서 중국어가 광둥어인지 표준어인지는 놀랍게도 한 번도 제대로 규정되지 않았다. 홍콩인들에게 당신의 '모어'가 뭐냐고 물으면 광둥어라고 답한다. 그러나 홍콩인의 '모국어'는 중국 표준어이므로, 표준어를 잘 못하는 것은 수치라는 것이 정부의 공식 입장이다. 모어와 모국어 사이의 간극이라는 골치 아픈 문제는 회피되어왔다. 본토에서 온 이주민이 광둥어가 어눌하면 차별과 무시를 받지만, 광둥어도 지배적 언어라고 하기 어렵다. 홍콩인들은 점점 강화되는 표준어 교육 속에서 광둥어가 위협받는다며 광둥어 지키기 운동까지 벌인다. 홍콩인은 본토가 낙후했다며 본토인을 무시하지만, 본토인은 홍콩이 중국 없이 생존할 수 없다며 홍콩을 무시한다. 이렇게 나는 광둥어를 통해 중국 본토에 대한 홍콩의 차별을 느끼는 데서 시작했지만, 표준어와 광둥어의 권력관계가 중국과 홍콩의 권력관계처럼 복잡하게 꼬여 있음을 발견했고 그 꼬임을 어떻게 이론화할지 고민하게 되었다.

일곱 번의 이사와 '숙소 아닌 숙소' 맥도날드

2000년대 초반만 해도 인터넷보다는 주로 종이로 정보가 공유되었다. 그래서 나는 온갖 종류의 길거리 정보지(영어 또는 중국어로 된)에서 월세방 정보를 보고 일일이 전화를 걸어 찾아가는 방식으로 숙소를 구했다. 모든 것을 전화로 해결해야 했기에 광둥어 능력이 더욱 절실했다. 숱한 전화 통화를 하고 집주인을 만나 방을 보고 다니며 어학 실력과 현지에 대한 '감각'이 빠르게 늘어갔다. 요즘처럼 인터넷으로 많은 정보를 얻고 문제를 처리할 수 있었다면, 현지어 회화 능력에 대한 조급함과 절실함이 어쩌면 덜했을지도 모른다.

숙소를 아직 구하지 못한 상태에서 처음엔 전 세계 배낭여행객들의 유명한 숙소인 청킹맨션重慶大廈 내의 좁디좁은 방에 잠깐 머물고 대학 기숙사에도 잠시 체류했지만, 대학 기숙사들은 비용이 비싸고 시내와 동떨어진 경우가 많아 고려 대상이 아니었다. 정보지에서 보고 찾아가 정한 첫 숙소의 홍콩인 주인 아저씨는 나를 보자 웃으며 "착해서 홍콩에서 사기당하기 쉬울 것 같으니 조심해라. 절대 남에게 돈 빌려주지 마라"고 조언했다. 도시에서 나고 자라 시끄러운 도시 생활에 익숙한 나는 번화가 술집 거리 근처의 그 숙소가 마음에 들었다. 새벽까지 떠들면서 술 마시는 소리를 들으며 누워 있으면 불안함과 막막함, 외로움도 사라져서 좋았다. 하지만 가격에 비해 방이 너무 좁아 침대 옆에 접이식 책상을 펼 공간도 부족해서, 방 안에서 아무것도 할 수가 없었다. 그래서 중국에서 광둥어를 가르쳐주던 중국 친구의 소개로 그의 친척 집으로 이사했다.

그곳은 홍등가 근처 후미진 곳에 있는 아파트였다. 처음으로 홍콩 가정집에 살면서 중하층의 평범한 홍콩인들이 아침부터 밤까지 어떻게 지내는지 관찰하는 귀중한 경험을 했다. 그런데 어느 날 전형적인 중국 본토 이주민인 그 집 부부가 자신과 비슷한 처지의 내 연구대상자들, 즉 홍콩에 이주해오려 하는 이들에게 커다란 반감을 품고 있음을 알게 되었다. 본토 이주민 모임에서 알게 된 한 이주민의 열 살짜리 딸아이가 어느 날 나에게, 본토에 있을 때 엄마가 피를 팔기도 했고 지금도 돈이 없어서 하루에 빵 한 조각만 먹고 산다고 담담하게 이야기했다. 마음이 아파서 다음번 모임 때 한국 과자를 갖다주려고 들고 나가려다 그 집주인 아주머니와 마주쳤는데, 아주머니가 나에게 목청 높여 말했다.

"중국에서 오는 사람들은 다 사기꾼이야. 홍콩에 공헌한 것 하나 없으면서 정부에서 돈만 받아먹어. 내가 제일 혐오하는 게 본토에서 온 사람들이야. 맨날 마작이나 하고 말이야. 하루에 빵 한 조각밖에 못 먹는다고? 웃기지 마. 홍콩엔 비싼 것도 많지만 싼 것도 많아. 홍콩은 그래서 재미있는 곳이야. 돈이 없어도 먹고 입을 것을 얼마든지 싸게 살 수 있다고. 그 사람들 너한테 사기치는 거야. 어이, 장씨 아가씨, 너 인생 경험이 별로 없지? 그래서 그런 사람들을 보면 동정심이 들고 그러지? 정신 차려. 속고 다니지 말라고."

사실 이 사건은 내가 직접 체험한 당시 홍콩의 매우 보편적인 현상이라는 점에서 중요한 의미가 있었고, 나는 박사논문의 한 장章을 이 사건으로 시작하여 서술했다. 같은 본토 이주민끼리 서로 어려움을 이해할 거라는 내 예상을 깨준 이 일을 통해 고맙게도 현실을 알게 되었지만, 당시에는 그런 고마움보다는 나의 연구대상에 대해 반감을 가진 사람들과 함께 산다는 괴로움이 컸다. 그리고 집이 홍등가 근처여서, 밤늦게 귀가할 때면 경찰 등 주위 사람들의 시선이 달갑지 않았고 신분증 검사도 당했다. 그러던 차에 한국인이 운영하는 여관(모텔)을 알게 되어 찾아갔다. 방이 좁고 창도 없고 화장실은 언제나 그렇듯 공용이었지만, 딸 같다며 주인 부부가 따뜻이 맞아주는 그곳으로 이사했다.

한 달쯤 되었을 때 주인 아주머니가 나에게 돈을 빌려달라고 했고, 이미 연구대상자 중 한 명에게 돈을 빌려주었다가 못 받은 경험이 있던 나는 거절했다. 이후 주인 부부는 공개적으로 나에 대한 인신공격성 비난을 했다. 또 그 여관에는 중국 교포(조선족) 청소 아주머니가 계셨는데, 조선족 교포들은 대부분 불법체류자 신분으로 홍콩에 머물고 있어서 외출도 마음대로 못하는 취약한 위치였다. 주인 아주머니는 하루에도 몇 번씩 그 교포 아주머니에게 심한 욕을 했다. 월급도 몇 달째 주지 않고 있다고 했다. 나는 어느 날 참다못해 주인 아주머니에게 "아이도 있는 분한테 그렇게 욕하시면 안 되죠"라고 말했고, 내게도 바로 욕과 함께 "어디서 싸가지없게 어른한테 대들어? 너 대학원생이라며?"라는 지극히 '한국적인' 비난이 날아왔다. 월세 기간이 아직 남아 있었지만 그날 밤 바로 짐을 싸서 잠시 양해를 구하고 홍콩 친구네 집으로 들어갔다.

마지막으로는 연구대상자 중 한 명인 아주머니가 월세를 놓는 집에 들어갔다. 개인 공간에서 연구대상자와 자주 마주치면 사생활이 노출되어 평판에도 영향을 미치고 불편할까봐 꺼려졌지만, 한국 여관에서 급히 나와 다른 숙소를 알아봐야 했기에 어쩔 수 없었다. 나는 하루가 멀다 하고 열리는 집회와 시위, 모임에 참석하고 인터뷰하느라 거의 매일 밤 12시가 넘어 귀가하고 있었다. 주인 아주머니는 내가 본인과 관계가 좋지 않은 단체의 집회에 참가하면 못마땅해했고, 어디 갔다 오냐고 물을 때 얼버무리면 마치 외국에 나와서 '문란하게' 놀고 다니는 것 같아 눈치가 보였다. 하지만 더 이상 짐을 끌고 이

나의 현장, 바뀌어간 질문들

사진 1 현지조사 노트에 붙여놓은 월세 영수증,
모든 숙소가 같은 형식의 영수증을 사용했다

사진 2 유일하게 창문이 있던 사진 3의
집에 머물 때 창문을 통해 맞은편 집들을 찍은
사진, 긴 막대기는 빨래를 너는 데 쓰인다

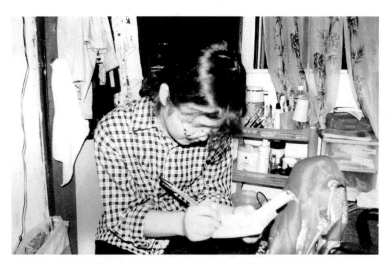

사진 3 홍콩 가정집에 월세를 살 때 그 집 딸이 필자를 찍어준 사진,
필자의 홍콩 숙소 중 가장 큰 방이었다

사 다닐 기운이 없어서 여기가 마지막 숙소가 되었다. 매트리스를 사서 시멘트 바닥에 깔고 잤는데, 이 숙소 역시 방에 창문이 없고 옆방의 소리가 다 들렸다. 옆방도 나와 비슷한 크기의 비좁은 방이었는데 3명의 가족이 살았다.

그렇게 총 일곱 번 이사를 다니며 여러 숙소를 경험했다. 쉽게 자주 이사를 다닐 수 있었던 건 당시의 간편한 월세 제도 덕분이었다. 복잡한 절차 없이 보증금으로 1~2달 치 월세를 내면 바로 어디든 들어갈 수 있었고, 나올 땐 그 보증금을 돌려받으면 되었다. 큰돈이 아니기에 보증금 반환은 거의 문제가 없었다. 화장실과 부엌은 어디서나 공용이었다. 중국 친구의 친척 집은 가정집의 방이기에 그나마 3~4평 되었지만, 그 외의 방들은 3평이 채 안 되었다. 침대 외에 책상을 놓을 공간이 없었고, 접이식 탁자를 간신히 사용할 뿐이었다. 매일 신문 스크랩이 중요한 일과였던 나는 방 안에 공간이 없어서 침대 위에 조그만 수납함을 놓고 책상으로 쓰며 신문 스크랩을 하고 조사일지를 썼다. 창문도 없는 방에 지독한 신문기름 냄새가 가득해 항상 머리가 아팠다.

그런 나에게 24시간 영업을 하는 맥도날드는 너무나 고마운 장소였다. 홍콩은 습한 날씨 때문에 어디서나 에어컨을 강하게 틀기에, 장시간 맥도날드에 앉아 있으려면 추워서 옷을 껴입어야 했다. 그래도 신문기름 냄새가 가득하고 몸을 제대로 펴고 걸어다닐 공간도 없는 좁은 방에 비하면, 새벽까지 마음 놓고 넓은 탁자에 신문을 펼쳐놓은 채 자르고 붙이고 공부할 수 있는 맥도날드는 천국이었다. 한글로 쓴 노트를 보고 궁금해하며 갑자기 나에게 다가와 말을 걸고는 3~4시간 동안 수다 떨다 가는 홍콩 사람을 볼 때면 하루에도 기차 안에서 그런 일이 수차례씩 일어나던 중국 본토와 비슷한 느낌을 받기도 했고, 새벽에 들어와 거울을 보며 옷을 찢어 멋을 부리고는 어디론가 몰려가는 청소년들도 있었다. 맥도날드는 도시의 익명성으로 나를 가장 오랜 시간 품어준 '숙소 아닌 숙소'였다.

3. 불순한 목적으로 중국 본토에서 온 여성으로 끊임없이 오해받다

연구대상자들과의 관계: 호기심, 호감, 보호, 그리고 우려의 대상

홍콩에서 조사하는 동안 여성이어서 힘든 점이 많지는 않았다.[3] 당시에는 홍콩인도 본토인도 한국에 대해 호감이 컸고, 나는 조사 과정 내내 언제나 어디서나 호감과 호기심의 대상이 되었다. 당시만 해도 한국에서 홍콩으로 유학 온 사람이 많지 않았고, 대부분의 사람들에게 홍콩을 '연구'하러 왔고 광둥어를 할 줄 아는 한국인 여자는 사실상 내가 처음이었다. 많은 사람들이 왜 연구대상으로 홍콩을 택했는지 궁금해했고, 도와줄 수 있는 것은 무엇이든 도와주려 하는 경우가 많았다. 내 연구대상자들도 항상 나에 대해 신기해했고, 내 귀갓길을 걱정하며 대중교통편을 알려주거나 버스를 함께 기다려주는 일도 흔했다.

다만 본인들의 분쟁에 내가 도움을 줄 수 있을지도 모른다는 지나

---

3   윤택림(2004, p. 100)은 여성 인류학자들이 남성 인류학자들보다 현지민과 더 좋은 라포(관계)를 형성한다고 하지만 사실 이것은 여성에 대한 사회적 이미지, 즉 여성은 사회적으로 양육자이고 사교적이며 감정적 의사소통을 잘한다는 성별화된 이미지에 기반한 것이라고 지적하면서, 여성 연구자가 라포를 더 잘 형성하느냐의 여부가 핵심이 아니고 여성 연구자가 현지에서 어떻게 위치 지어지는지에 대한 자기성찰적 분석이 더 중요하다고 이야기하고 있다.

친 기대나 중국 스파이가 아니냐는 의심으로 인한 압박감은 있었다. 또 조사 과정에서 젊은 남자와 단둘이 인터뷰를 하게 되는 경우 조심스러울 때가 많았다. 내 연구대상자인 홍콩인의 본토 자녀들은 임시 허가를 받아 홍콩에 머물면서 거주권 소송을 하고 있는 상태라 신분이 불안정했고, 언제 잡혀갈지 모른다는 불안감 때문에 시위 등 집단적 모임 외에는 외출을 극히 꺼렸다. 좁은 도시 홍콩에서 장시간 조용하게 대화를 나눌 일상적 장소가 많지 않은 데다, 그들은 신분 노출이 두려워 남들이 우리 대화를 듣는 상황을 꺼렸기에, 시끄럽고 아무도 서로 신경 쓰지 않는 맥도날드 또는 본인의 집을 인터뷰 장소로 선호했다. 본인 집에서 만나자는 제안은 나로서도 조용히 긴 인터뷰를 할 수 있어서 반가운 것이었지만, 상대가 남자인 경우는 조심스러울 수밖에 없었다.

몇몇 홍콩인들, 심지어 그들을 돕는 민간단체 사람들도 종종 나에게 "중국 남자들과 둘이 있을 때 조심해라, 한국에 남자친구 있다고 말해도 소용없다, 심지어 남편이 있다고 해도 소용없을 거다, 절대 집 안에 단둘이 있지 마라"고 충고했다. 나는 이런 말은 본토인에 대한 일부 홍콩인의 스테레오타입에서 생기는 오해라 여겼기에 크게 신경 쓰진 않았지만, 긴장이 안 될 수는 없었다. 어쨌든 언제 갑자기 중국에 돌아가거나 소식이 끊길지 모르는 연구대상자들과 따로 만날 기회가 생기면 어떤 상황도 마다하지 않고 인터뷰를 해야 했다. 다행히 조사는 별문제 없이 마무리되었다. 나를 보호해주려 한 여러 사람들의 노력과 배려 덕분이기도 했을 것이다.

이처럼 큰 위협이나 위기 상황은 없었지만, 당혹스러운 순간들은 많았다. 간신히 인터뷰를 잡아 만난 할아버지가 아들의 홍콩 거주권을 위해 앞장서 싸우는 사람이라 인터뷰하고 싶은 것이 많았는데, 만나자마자 너무 기쁜 얼굴로 "내가 이렇게 한국 아가씨를 알게 되어 얼마나 기쁜지 모르겠다"며 월극(광둥 지역의 중국 희극) 표를 사놓았으니 보러 가자고 했다. 어떤 이들은 너의 남자친구가 정말 믿을 만한 사람이냐며 걱정하기도 했고, '호탕하고 근성 있는' 중국 남자를 사귀라고 권하는 이들도 있었다.

일상 속 오해와 차별: 중국 본토 여성을 바라보는 시선을 체감하다

이처럼 연구대상자들과의 관계에서는 약간의 당혹감과 긴장 외에는 크게 힘든 점이 없었지만, 일상생활에서는 항상 중국 본토 여성, 그것도 불순한 목적으로 홍콩에 온 여성으로 여겨져 냉대를 받고 스트레스가 심했다. 나는 아침부터 밤까지 어떤 집회든 시위든 달려갈 준비가 되어 있어야 했기에 허름하고 활동적인 복장으로 생활했다. 그러니 사무직으로 보이지 않는 젊은 동양 여성인 데다 광둥어를 할 줄 아는 나는 성매매 등을 위해 본토에서 온 젊은 여자로 오해받기 쉬웠다.

요즘은 홍콩에 중국 본토 출신 유학생이 많지만 당시엔 지금처럼 많지 않았기에, 젊은 본토 여성은 다음의 셋 중 하나로 여겨졌다. 성매매 여성, 홍콩 남성과 결혼한 이주민, 아니면 홍콩 남자와 부적절한 관계를 맺고 있는 여성. 셋 다 홍콩인들에겐 반감의 대상이었다. 홍콩 신문에는 본토(당시엔 주로 선전)에 가서 유흥을 즐기고 퇴폐 행위를 하는 홍콩 남성들과 그들의 중국 현지처에 대한 선정적 기사가 항상 넘쳐났다. 그래서 상당수의 홍콩 기혼 여성은 본토 여성에게 남편을 빼앗길 수도 있다는 위기감과 적대감을 공유하고 있었다. 이는 중국에 대한 차별 여부와 상관없이 당시 광범위하게 존재하던 대중적 정서였다. 나는 이런 적대감과 반감의 일상적 타깃이 되곤 했다. 홍콩인들은 말 몇 마디로도 토착 홍콩 사람인지 아닌지를 귀신같이 알아챘다.

홍등가 근처의 월세방에 살 때, 한번은 새벽에 귀가하는데 경찰이 불러세워 신분증을 보여달라고 했다. 홍콩에는 불심 검문이 합법화되어 있는데, 주 목적은 본토에서 온 불법 입국자 및 불법 체류자의 검문을 위해서이다. 내가 불쾌해하며 "난 한국의 박사과정 대학원생이고 여기서 연구하고 있다"고 말하자, 비웃으며 "거짓말 마라, 한국 사람이 어떻게 광둥어를 이렇게 잘하겠냐. 신분증이나 내놓아라"라고 했다. 신분증을 꺼내어 보여주자 "어, 정말 한국 사람이네, 이상하군" 하면서도 조롱하는 듯한 표정으로 지갑과 가방을 하나하나 뒤졌고, 특별한 물건이 나오지 않자 "거참 이상하네"라고 말하고는 그제야 가라고 했다.

나는 홍콩이라는 도시의 익명성 속에서 대체로 편안하고 자유로웠지만, 나의 신분을 모르고 익명으로 마주칠 때 홍콩인들은 나를 본토인으로 오해하며 반감을 드러내곤 했다. 그런 일들은 단순히 나의 개인적 에피소드에 그치는 것이 아니라, 당시 중국과 홍콩의 관계가 나를 바라보는 그들의 시선에 미친 영향을 잘 보여주었다. 만일 내가 나이가 많았거나 남성이었다면, 또는 외모가 현저히 다른 비아시아권 여성이었다면 하기 어려웠을 경험이다. 한국의 어느 학자(남성)는 "홍콩은 국제적인 대도시이고 홍콩 교수들이 얼마나 관대하고 친절한데 그런 차별이 있을 리 없다"며 내 경험을 믿기 힘들어하기도 했다. 홍콩에 방문하는 외국 학자들은 주로 홍콩 교수들을 만나 학자로서 교류하기 때문에, 또 일반인을 만나더라도 외국인임을 밝힌 상태에서 주로 영어로—요즘은 중국어 표준어로도—대화하기 때문에 그런 차별적 경험을 하기 어렵다.

한국과 달리 국가나 국민, 민족에 대한 강한 동일시가 없는 국제 대도시 홍콩은 더 자유로울까 하는 질문을 안고 홍콩에 간 나는 예상보다 훨씬 더 강한 배타성을 끊임없이 경험하며 놀랐다. 본토의 광저우라는 도시는 내가 유학생 신분으로 체류했기에 국가의 통제를 경험할 일이 적었겠지만, 어쨌든 사회주의 중국 본토에 비해 오히려 홍콩에서 불심 검문과 즉각 송환의 위협 등 '경계 넘기'에 대한 통제가 훨씬 더 일상적이었다.

요즘은 당시에 비해 상황이 많이 변했다. 본토인들에 대한 차별이 없어진 건 아니지만, 위계관계가 복잡해졌다. 중국의 힘이 커지고 홍콩에 대한 압박과 통제가 심해지면서, 중국 본토 이주민이나 관광객들은 홍콩을 '정복'하러 온 '침략자'로 여겨진다. 이제 다시는 오지 않을 상황, 즉 홍콩이 중국 본토보다 여러 면에서 압도적 우위를 점하던 상황에서 현지조사를 했던 경험이 있기에, 지금의 변화 속 연속성과 불연속성을 더 포착해낼 수 있는 것 같다. 광둥어를 하는 한국의 젊은 여성으로서 내가 접한 홍콩은 어쩌면 어떤 이들에겐 영원히 보이지 않을 홍콩인지도 모른다. 그런데 그건 내가 그들보다 더 '깊이' 들어갔기에 가능했던 일일까? 어쩌면 '현지'라는 것이 고정된 실재로서 거기 그대로 있고 사람마다 더 깊이 또는 덜 깊이 들어간다기보다, 그래서 얼마나 '완전히' 이해하느냐라는 대답 불가능한 질문을 둘러싼 '성찰'을 무한루프처럼 반복해야 한다기보다, 내가 어떤 신분으로 어떻게 조우하느냐에 따라 현지가 다르게 나타나고 다르게 구성된다고 보아야 하는 것은 아닐까?

4. 도시에서 신분이 불안한 이들을 조사하기

민간단체를 통한 만남: 나에 대한 신뢰, 기대, 실망

내가 생각했던 주제를 조사할 수 있을지 전혀 알 수 없는 상황에서 홍콩의 가장 유명한 민간단체 중 한 곳이 나의 무보수 봉사를 허락하고 받아줌으로써, 나는 홍콩 조사를 위한 시동을 걸면서 안착했다. 하루 종일 다른 직원들과 함께 아침부터 저녁까지 전화 받고 자료를 정리하고 복사하고 청소하고 우편물을 부치러 다니고 보고서 작성을 도우며 신뢰를 쌓았다. 중국 본토에 있을 때 이메일을 보내 접촉했던 또 다른 유명한 단체도 홍콩에 도착하자마자 찾아갔는데, 대표적 빈민운동가인 그 단체의 대표는 시큰둥한 표정으로 "우리는 하층민을 돕는 단체인데 네가 아직 광둥어를 엄청나게 잘하는 것도 아니면서 뭘 할 수 있겠냐?"고 했다. 좀 좌절했지만 그래도 홍콩을 너무 이해하고 싶으니 내가 도울 수 있는 일이 있으면 무엇이든 참여하게 해달라고 다시 부탁하자, "정 그러면 주말마다 신이민(중국 본토에서 온 지 7년이 안 된 이주민) 여성들의 모임이 있으니 거기에 나가든가" 하며 허락해주었다. 그 모임은 홍콩에서 본토 이주민이 처한 현실과 이주민들의 직접적 대응을 볼 수 있는 중요한 공간이었다.

　나를 받아준 단체를 통해 또 다른 천주교 단체를 알게 되었는데, 그 단체는 홍콩에서 유일하게 홍콩 거주권 소송 당사자들을 전폭적으로 지원하는 곳이어서, 그 단체를 통해 연구대상자들을 만나고 분

　　　　　　　　　　　　나의 현장, 바뀌어간 질문들

쟁 과정을 참여관찰할 수 있었다. 그 단체에서도 최대한 무보수 봉사를 하며 긴밀한 관계를 쌓았다. 나중엔 그 단체에도 거의 매일 출근하다시피 하며 분쟁 관련 자료 정리와 신문 스크랩과 복사를 도맡아 했다. 손이 많이 가고 시간이 소요되는 일이었기에 그들은 내 일손을 크게 환영했고, 나는 중요한 자료를 많이 얻을 수 있었다. 단체 간사 중 그 분쟁 일을 전담해서 맡고 있는 활동가 1~2명은 나에게 가장 중요한 통로였고, 나는 그들을 통해 분쟁 당사자들을 계속 소개받고 관련 집회나 활동에 모두 참가하며 본격적으로 조사를 시작했다.

홍콩인이 과거 중국 본토에서 낳은 자녀들이 홍콩에 와서 홍콩 거주권을 달라고 요구한 이 분쟁은 홍콩 현지에서 보니 홍콩에 오기 전 언론보도로 접한 것보다 훨씬 더 중요한 이슈였고 1997년 홍콩의 중국 반환 이후 가장 뜨거운 쟁점이었다. 약 3년 동안 이뤄진 1만여 명의 법정소송을 통해 나는 폭력과 방화, 자살, 중국과 홍콩 정부의 대응, 그리고 '홍위병', '현지처의 자식들'이라는 낙인까지 등장하는 격렬한 싸움의 장을 현지에서 참여관찰할 수 있었다.

민간단체들을 통해 관계를 맺으며 조사하는 데는 장단점이 있었다. 무엇보다 짧은 시간에 쟁점을 파악하고 중요한 내부 자료들을 접하기 좋았다. 쟁점을 제기하고 활동하는 과정, 정부와 대립하거나 협상해나가는 과정도 관찰했다. 특히 첫 단체에서는 주요 오피니언 리더들이 어떻게 사회문제에 대처하고 논의하는지 볼 수 있었고 네트워킹에도 도움이 되었다. 천주교 단체가 연구대상자들 중 약 350명을 대상으로 설문조사를 수행하며 나에게 함께 설문을 만들고 조사 과정에 참여해달라고 부탁한 것도 좋은 기회였다. 그 조사결과를 활용해도 된다고 허락받은 나는 사람들을 마음껏 만나 많은 질문을 '공식적으로' 던질 수 있었고, 그 과정에서 불안한 신분의 사람들에게 설문조사를 해서 솔직하고 정확한 답을 얻어내기는 힘들다는 것도 절감했다.

민간단체를 통해 연구대상자들을 접촉했으므로, 취약한 지위에 있는 그들의 신뢰를 얻으며 접근하기 좋았고 보호막도 되었다. 물론 그들 중에는 갑자기 내 가방을 뒤지는 이들도 있었고, 끝까지 나를 경계하는 이들도 없진 않았다. 분쟁 자체가 중국 및 홍콩 정부와의 싸움이었기에 정부, 특히 중국 정부가 스파이를 파견했을 거라는 의심이 팽배해 있었다. 그래도 일반적으로 그런 의심은 주로 남자를 향하는 경우가 많기 때문에, 내가 여자라는 점이 경계심을 푸는 데 유리하게 작용했음을 부인할 수 없다.

그러나 민간단체를 통해 관계를 맺었기에 어려운 점도 있었다. 여러 단체와 함께 움직이며 활동하다 보니, 중국에서 블랙리스트에 오를 수도 있다는 불안감이 있었다. 홍콩뿐 아니라 중국 연구도 계속해야 하는 연구자로서 블랙리스트에 올라 중국 입국이 불가능해진다는 것은 감수하기 힘든 위험이었다. 내가 함께 활동하거나 친하게 지낸 상당수의 활동가와 정치인들이 중국에서 블랙리스트에 올라 있었고, 단순한 여행 목적으로도 중국에 입국할 수 없었다. 물론 이 블랙리스트는 고정된 것은 아니고 시기에 따라 다르며 몇 년 지나면 풀리기도 했다. '연구자'라는 정체성에 그다지 익숙하지 않던 연구대상자들은 외국인인 내가 도움이 될 거라는 환상과 기대를 갖고 나에게 UN 접촉을 부탁하기도 했다. 한국에 가서 알리긴 하겠지만 나 같은 개인이 이런 문제를 해결하긴 어렵다고 이야기하면, 그럼 넌 도대체

나의 현장, 바뀌어간 질문들

뭐하러 이러고 있느냐며 실망하고 화내는 사람도 있었다.

언제 추방될지 모르는 불안감

연구대상자들은 대부분 단기 방문 비자로 홍콩에 입국해 체류 기간을 넘겨 장기 거주 중인 이들로서 일종의 '불법' 체류자였다. 그러나 이 사건이 사회적으로 큰 관심을 받고 홍콩 변호사들의 무료 변론으로 법정소송을 하게 되면서, 그들은 특수한 신분이 되었다. 홍콩의 독특한 발명품인 '행가지行街紙(길거리를 돌아다닐 수 있는 종이, walk-around-paper)'라는 한 장짜리 종이가 이들의 홍콩 체류를 임시로 보장해주는 유일한 서류였다.[4] 2주 또는 한 달에 한 번씩 출입국관리사무소에 가서 체류 기간 연장을 받아야 하는데, 허가 여부는 상황과 담당자에 따라 달라져 운이 나쁘면 허가받지 못하고 즉시 본토에 돌아가야 했다.

요즘은 본토와 홍콩을 오가는 것이 훨씬 편해졌지만, 당시에는 그렇게 본토에 돌아가면 당분간 다시 홍콩에 나오지 못하는 경우가 많았다. 특히 홍콩에 가족이 있는 경우엔 홍콩에 가서 불법으로 장기 체류를 할까봐 본토에서 단기 방문 허가조차 내주지 않는 경우가 많았다. 또 본토 출신으로서 중국의 공안국 등 정보기관에 대한 두려움을 체화한 그들은 자신이 홍콩에서 집회 및 시위에 참가하며 '소란'을 일으키고 있다는 걸 중국 공안국에서 알게 될까봐 두렵다는 말도

---

4 이 임시 신분증으로는 말 그대로 '길거리를 돌아다닐' 수만 있을 뿐, 홍콩에서 학교를 다닐 수도, 일을 할 수도 없다. 흥미로운 점은 이 '행가지'가 원래 영국 식민통치 시대에 화인華人에 대한 차별정책에서 생겨났다는 사실이다. 즉 영국 식민시대에 화인을 잠재적 범죄자로 보아 '이 사람은 원래 길거리를 활보해선 안 되지만 특별한 상황에서만 이 서류에 의거해 길거리를 돌아다니게行街 허용해주'던 제도가 아이러니하게도 홍콩 반환 후 중국 본토인들에게 적용되어 그들을 강제송환의 공포에 떨게 만든 것이다(장정아, 2003, p. 145).

자주 했다. 본토로 강제송환된 이들이 실종되었다는 소문도 많았다.

따라서 그들은 항상 불안에 떨었다. 약간 허름한 차림으로 다니면 경찰은 언제 어디서든 불심 검문을 했고, 쓸쓸한 표정으로 그 한 장짜리 종이를 꺼내어 검사받는 이들의 풍경을 자주 볼 수 있었다. 홍콩 언론에서 연일 이 분쟁에 대해 보도해서 이 사건을 모르는 이가 거의 없었는데, 대부분의 언론보도는 부정적이고 선정적이었다. 가장 자극적인 보도는 그들이 대부분 홍콩 남자의 내연녀가 낳은 자녀라는 것이었다. 그것은 사실관계와 전혀 맞지 않았고 수많은 추정에 근거한 악성 루머였지만, 많은 홍콩인들이 가장 오랫동안 기억하는 충격적인 '사실'이 되어버렸다. 인권이고 뭐고 그 자녀들은 절대 받아들일 수 없는 이들로 낙인찍혀버렸다. 조사 기간 후반에 발생한 방화사건 이후 그들은 '중국 홍위병'이라는 이름을 하나 더 얻으면서 극도의 혐오가 향하는 타깃이 되었다. 이래저래 연구대상자들은 자신의 신분 노출을 늘 두려워했다.

초반에는 그들 대부분이 내가 하는 일을 이해하기 어려워했다. '도대체 저 여자애는 왜 돈을 벌 수도 없는 이런 일에 긴 시간을 버리고 있을까, 이런 것을 연구해서 뭘 하겠다는 걸까, 홍콩에서 오랫동안 지내는 돈은 어디서 날까, 정부에 가서 우리 이야기를 하는 건 아닐까, 스파이가 아니라면 왜 여러 언어를 배운 걸까' 하는 의심이 초반부터 광범위하게 퍼져 있었고, 많은 이들이 그런 시선으로 나를 1년여 관찰한 후에야 비로소 연락처를 주며 나를 받아들이곤 했다. 그들과 관계를 쌓아가는 데는 긴 시간이 필요했고, 신뢰를 얻기 위해 인터뷰를 서두르지 않고 모든 모임과 집회, 시위, 농성에 동참하고 별 의미 없어 보이는 자리에도 몇 시간씩 함께하는 노력이 필요했다. 인류학자들이 자랑스러워하는 '장기간' 현지조사는 참으로 '비효율적'이어서, 평범한 사람들에게 이해받기 어려웠다.

　그렇게 '장기간 무작정 함께 지내기' 전략이 효과를 발휘한 사건이 있었다. 한 외국인 연구자가 이 사건을 연구하고 싶다며 민간단체로 연락해왔는데, 단체에서 그에게 집회에 오라고 하자 그가 "학자는 중립적이어야 하므로 나는 집회에서 관찰하되 그들과 거리를 두겠다"고 했다. 이 말을 들은 당사자들은 분개하며 "우리가 전염병 환자야? 왜 우리랑 거리를 둬? 장정아처럼 맨날 우리랑 같이 있어야 우리가 얘길 해줄 거 아냐? 내일 만나기만 해봐라. 욕을 해줘야지"라고 했고, 집회에서 그를 만났을 때 모두 노골적으로 반감을 표시했다. 이 사건 덕에 나는 조사대상자들 사이에서 그와 비교되며 장점이 부각되었다. 즉 나는 '거리를 두려 하'거나 '학자인 체하지' 않고 기꺼이 매일 아침부터 밤까지 어떤 거친 자리라도 함께하는 사람이었고, 그런 나의 '비효율적인' 조사방법은 그들에게 헌신성으로 여겨지게 되었다.

　이렇듯 시간을 두고 신뢰를 쌓아가며 한 명 한 명 연락처를 알아내고 조금씩 다가갔지만, 그들의 독특한 신분 탓에 반복적인 심층 인터뷰는 계속 난관에 부딪쳤다. 무엇보다 외출 자체를 꺼리고 두려워하는 이들과 만날 약속을 잡는 것부터가 어려웠다. 몇 번 얼굴을 보았을 뿐인 낯선 나에게 처음부터 자기 집에 오라고 하는 이는 당연히 거의 없었다. 그들은 집회나 모임에 나와서도 얼굴을 잘 노출하지 않고 최대한 빨리 귀가하려 했고, 자기들의 얼굴을 채증하는 홍콩 경찰을 두려워했다. 간신히 약속을 잡아도 약속을 펑크내고 연락이 끊기는 경우가 다반사였다.

사진 4 거주권 소송에 대한 법정심리 기간에
매일 법원 앞에 길게 늘어서 있던 줄,
이 기간 동안엔 매일 이 줄을 함께 서서 법정에 들어가
방청하는 것이 필자의 주요 일과였다(2000년)

사진 5 집회에서 연구대상자들과 함께
(가운데 긴 머리가 필자, 2001년)

조사보조원을 쓰라고 조언하는 사람들도 있었지만, 내가 하는 현지조사의 주제와 성격상 보조가 필요하지도 가능하지도 않았다. 이야기를 듣기 위해선 신뢰가 필요했고, 신뢰를 위해서는 내가 직접 그들과 최대한 많은 시간을 보내고 함께 활동하는 수밖에 없었다. 그런 과정에 내가 누군가를 데리고 다니며 기록과 통역을 하면 인터뷰와 조사에 부정적 영향을 미칠 거라고 판단했다.

　관찰을 통해 나는 기자나 인권활동가가 아닌 외국 연구자로서 조사할 때의 장단점을 발견했다. 기자나 활동가를 대할 때 그들은 혹시라도 자기들을 도와줄 수 있을지 모른다는 생각으로 많은 이야기를 앞다투어 했고, 기자나 활동가들 역시 곤란한 질문도 거침없이 할 수 있었다. 반면 나는 장기간 의심받지 않고 신뢰를 쌓으며 반복적으로 인터뷰하는 것이 중요했기 때문에, 초반에는 민감한 질문을 하기가 조심스러웠다. 이것이 내가 가진 어려움이었지만, 장점도 있었다. 그들은 기자나 활동가에겐 자신의 절박함을 최대한 보여주면 혹시 특별한 케이스로 구제받을지도 모른다는 기대로 과장과 거짓말을 섞어 이야기하는 경우가 많았던 반면, 나에게는 과장이나 거짓말을 할 필요가 없었다. 그들 중 한 명이 이런 이야기를 했다. "우리에게 너는 아마 그런 존재일 거야. 낯선 사람, 그래서 이야기하기 편한 사람, 무엇이든 이야기할 수 있는 사람, 그래도 나를 해치지 않을 사람……" 그들은 나와는 아무 이해관계가 없기 때문에 속 이야기를 하는 경우가 많았다. 물론 그 '속 이야기'가 어디까지 진실인지는 아무도, 어쩌면 본인도 알 수 없을 것이다.

'진심'을 듣기를 포기하고 질문을 바꾸다

사실 처음에는 그들이 왜 그토록 홍콩에 오고 싶어하는지, 왜 '홍콩인'이 되지 못하고 '중국인'으로 살 바에야 죽는 것이 낫다고 절규하는지 진짜 동기를 알고 싶었다. 그것은 내가 관심을 갖는 민족주의와 연결되는 문제였다. 그들에게 국가에 대한 소속감이 어떻게 작동하는지, 홍콩인이 되고 싶다는 것은 중국이라는 국가에 대한 거부를 의미하는지 알고 싶었던 것이다. 그런데 인터뷰에서 이런 질문을 하면 대부분은 "홍콩의 가족과 함께 있고 싶으니까 오려고 하지. 당연한 거 아냐?"라거나 "홍콩 법에 규정된 우리의 권리니까"라는 도식적인 답변만 했다. 나는 점점 초조해졌고, 당시 현지조사 노트에 이렇게 적었다. '사람들이 인권단체의 논리를 내재화해서 그 논리만 되풀이함. 그들의 진짜 동기를 듣기 어려움.'

답답한 마음으로 한국의 지도교수인 김광억 선생님과 남자친구(지금의 남편) 그리고 홍콩에서 만난 교수들과 활동가 등 여러 사람에게 조언을 구했고, 이주移住에 대한 책들을 읽고 또 읽었다. 그렇게 고민하면서 점점 나는 사람의 '진심'은 아무도 알 수 없는 것이고, '진짜 동기'를 알아내려 하는 것 자체가 '합리적 동기'에 의해서만 움직이는 개인을 상정한다는 것을 깨닫게 되었다. 그리하여 나는 진짜 동기를 알아내야만 논문을 쓸 수 있다는 생각은 틀렸다고 결론 내렸다.

나는 질문을 바꾸었다. 다시 말해 훨씬 구체적인 질문, 그들의 감정적 애착과 슬픔을 최대한 포착할 수 있는 질문들을 던지기 시작했다. 왜 홍콩인이 되고 싶은지뿐만 아니라, 중국 본토에 있을 땐 뭐가 즐겁고 뭐가 슬펐는지, 어떤 친구들이 있었는지, 부모와 동생들이 모두 홍콩으로 이주하고 혼자 본토에 남았을 땐 하루 종일 뭘 하며 지냈는

나의 현장, 바뀌어간 질문들

지, 홍콩의 가족에 대한 느낌은 어땠는지, 중국에 대해 어떻게 생각하는지, 그것이 어릴 때부터 가진 생각인지 아니면 홍콩에 와서 지내고 소송을 하면서 중국에 대한 생각이 바뀌었는지, 지금은 고향이 그리운지, 가장 그리운 건 무엇인지, 홍콩인이 되지 못하고 평생 '중국인'으로 살면 삶이 어떨 거라고 생각했는지, 홍콩에 와서 소송하면서 스스로 달라진 점은 무엇인지, 홍콩에 대해 가지는 느낌과 기대는 무엇인지, 홍콩에서 지내면서 가장 즐거운 일은 무엇이고 가장 힘든 일은 무엇인지, 힘들 땐 누구와 이야기하는지, 고향에 얼마나 애착을 느끼는지, 본토와 홍콩 중 어디에 속한다고 느끼는지, '중국인'이라는 신분은 당신에게 어떤 의미인지, '홍콩인'이라는 신분이 이렇게 차별받으며 고통스러운 시간을 보낼 만큼 정말 가치 있다고 생각하는지, 만일 소송에 져서 신분증을 얻지 못하고 돌아가게 되면 홍콩에 오기 전의 삶과 무엇이 달라질 거라 생각하는지, 그리고 홍콩에서 보낸 시간에 대해 어떻게 느낄 것 같은지, 시간낭비였는지 아니면 그래도 얻은 것이 있는지, 얻은 것이 있다면 무엇인지……

그러자 점점 구체적이고 풍부한 답을 들을 수 있었다. 물론 그동안 그들과 쌓아온 시간의 힘이 있기에 가능한 일이었겠지만, '진심'과 '진짜 동기'를 듣겠다는 강박을 포기하고 구체적 상황과 감정에 대한 질문으로 바꾸었기에 가능했을 것이다. 그리고 나는 그 풍부한 답들을 단일하고 깔끔한 하나의 틀로 설명하는 건 거짓이라고 판단했다. 결국 최종 논문에서 나는 홍콩을 향한 그들의 열망은 결코 '기회와 자유의 땅을 향한 맹목적 홍콩 드림'이 아니라는 점과, 각자 다른 삶의 경험과 나름의 이유가 있다는 점을 최대한 복합적으로 드러내면서, 그런 복합적 경험과 이유가 어떤 의미를 갖는지를 분석하는 방향으로 나아갔다.

도시라는 현장

나는 전통적인 인류학 현지조사가 일정한 물리적 경계를 지닌 마을 등의 지역 공간에서 행해지는 것, 또는 그렇게 가정되는 것의 문제점에 대해 고민해왔고,[5] 그래서 하나의 물리적 지역에 국한되지 않는 주제와 대상을 연구하고 싶었다. 내가 택한 연구대상은 홍콩인 신분증을 요구하며 홍콩에 임시 체류하는 이들로, 그들의 삶은 임시체류자, 불법체류자, 난민, 이주민 등 여러 범주에 걸쳐 있었고 신분도 정체성도 모호했다. 그들의 분쟁사건을 통해 중국 본토와 홍콩 사이의 경계가 어떤 방식으로 만들어지거나 흔들리는지를 보는 것이 내가 원하던 연구였다.

그러나 언제 갑자기 떠날지 모르는 이들을 대상으로 한 도시에서의 조사는 어려움이 많았다. 조사 과정에도 난관이 많았지만, 이후의 추적조사도 어려웠다. 내가 귀국해서 논문을 쓰고 있을 때 그들의 소송은 패배했고, 그들 대부분이 본토 여기저기로 뿔뿔이 흩어져 돌아가야 했다. 오래 끌고 온 소송에서 졌다는 좌절감이 컸지만, 본토에 돌아가 불리한 일을 당할 수 있다는 두려움도 컸다. 내가 조사하는 동안에도 본토에 가서 실종된 이들에 대한 소문이 끊이지 않았고, 어떤 사람의 본토 친구가 홍콩으로 전화를 걸어와 "네가 여기 공안의

---

5 이는 촌락을 대상으로 하는 연구에 문제에 있다는 뜻이 아니라, 촌락 연구가 가장 정통적인 연구라는 가정이 지나치게 단순화할 때 생겨나는 문제를 고민했다는 뜻이다. 마을을 연구할 때도 "단순히 중국의 한 촌락에 대한 연구가 아니라 촌락을 통한 중국 연구"(김광억, 2000, p. 72)라는 문제의식, 그리고 "지역의 요소들이 만들어내는 효과는 하나의 지역 내에 복수의 공간을 창출해낸다"(이경묵, 2010, p. 11)는 관점이 필요할 것이다.

블랙리스트에 올라 있대. 절대 돌아오지 마. 죽더라도 홍콩에서 죽어"
라고 했다는 소문이 돌면서 삽시간에 불안과 공포가 퍼지기도 했다.
따라서 그들 대부분이 본토에 돌아간 뒤 홍콩 생활을 숨기려 했기에
자기들끼리도 연락이 끊겼고, 고향으로 돌아가지 않은 이도 많았다.
도시는 작은 마을에 비해 추적조사가 어렵고, 그들처럼 민감한 상황
에 처한 사람들의 경우엔 더욱 그러하다.

　이런 어려움에도 불구하고 도시라는 현장은 나에게 장점과 매력이
컸다. 화려하고 번화한 국제도시 홍콩에서 연일 시위 농성을 하는 이
들과 함께 생활하며 조사한다는 것은 복합적 감정을 수반했다. 가장
번화한 지역인 센트럴 거리에서 연구대상자들과 함께 자며 농성한 적
이 있는데, 하얀 조명으로 아름답게 빛나는 건물 아래 차디찬 바닥에
얇은 요를 깔고 누워 하늘을 바라보던 순간, 나에게 홍콩은 더 이상
낯선 '타국'이 아니라 '나의 도시'였다.

　도시에서의 조사는 조사활동에 제약이 별로 없다는 장점이 있다.
특히 홍콩은 중국 본토에 비해 훨씬 익명성이 보장되고 자유롭게 다
닐 수 있다는 것이 압도적 장점이었다. 앞에서 지적했듯이 불심검문
과 강제송환의 압력은 본토보다 홍콩에 더 일상화되어 있다고 느꼈
지만, 적어도 홍콩에서는 나 같은 연구자가 어디서 무엇을 조사하고
다니는지 정부 측에 알려질 가능성은 적었다. 조사 후반부에는 내가
사람들에게 꽤나 알려져 집회 때 나를 앞으로 나오게 해 발언을 시키
는 경우도 종종 있었지만, 다행히 크게 주목받거나 언론에 나오지는
않았다.

　물론 도시에서의 조사가 항상 자유로운 건 아니어서, 같은 도시라
하더라도 중국 본토에서는 상황이 다르다. 본토 도시들에서 현지조사

사진 6 우산혁명 때 시위대가 점령한
도심 고가도로 위에서(2014년)

사진 7 중국 반환 기념일(7월 1일)에 열린 민간단체 행진에서
재야단체 연합 '민간인권전선'의 부탁으로
모금함을 들고 다니던 필자(2010년)

를 오래 한 인류학자 조문영은 사회주의 중국에서는 외국 연구자에 대한 경계가 '예우'와 '감시'를 결합하는 방식으로 이루어져 별도의 '장소/기회'를 제공하기 때문에, 나의 홍콩 경험처럼 파란만장한 이동과 자유로운 조사를 경험하기 어렵다고 했다. 20여 년간 중국 산둥성 농촌에서 현지조사를 수행한 인류학자 김광억도 외국인에게 제공되는 그런 예우와 감시의 난점을 토로한 바 있다. "조사는 횟수를 거듭할수록 그 이전의 관찰이 잘못이었음을 발견하게 만든다. (……) 나는 그들이 예의와 친절로 쌓은 투명한 유리벽을 통해서 그들을 구경하고 있었다. 그 벽은 결코 얇은 것이 아니며 두께가 고른 평면유리도 아니었다."(2000, p. 46~47)

또 도시의 익명성이 모든 연구주제에 도움이 되는 것은 아니어서, 중국 옌벤조선족자치주에서 2년간 현지조사를 했던 인류학자 노고운은 바로 그 익명성으로 인해 사람들에게 다가가기 힘들고 자신이 투명인간으로 느껴져 조사 초기에 어려움을 겪었다고 했다. 내 경우에는 정치적으로 민감한 주제를 다루었기 때문에 노출되지 않고 자유로이 돌아다니며 조사할 수 있다는 점에서 도시의 익명성이 큰 도움이 되었다.

홍콩이라는 도시의 또 다른 장점은 집회나 시위 장소가 지하철을 타고 갈 수 있는 교통이 편리한 곳에 주로 위치해 있다는 점이다. 집회나 시위가 아무리 늦게 끝나도 자정 이후까지 다니는 지하철이나 버스, 택시를 타고 빠르게 귀가할 수 있다는 점이 조사활동에 편리했다. 이것은 홍콩의 집회 및 시위를 비롯한 각종 활동 참가자들이 누구나 느끼는 편리성이기도 했다. 이 점은 2014년 지도자 직선을 요구하며 79일간 길거리를 점령했던 우산혁명 때도 참가자들의 참여행태와 심리상태를 결정하는 중요한 물리적 조건이었다. 시내 주요 지역 길거리 세 곳이 '점령구'가 되어 그곳을 밤새워 지키는 이들도 많았지만, 그 점령구들은 폐쇄되어 있지 않았다. 지하철역에서 걸어나오면 누구나 접근할 수 있는 열린 공간이었고, 시민과 학생들이 쉽게 '참가'하고 밤에 자유로이 귀가할 수 있었다. 이런 조건은 전례 없이 많고 스펙트럼이 다양한 참가자들을 끌어들였다. 영국 식민통치 시대에 홍콩의 도시성이 중국의 낙후성과 비교되며 홍콩의 자부심을 만들어내고 식민통치를 정당화하는 중요한 물질적 기반이었다면, 이제 그 도시성은 홍콩이 중국이라는 국가 안에서 다른 상상을 만들어내는 기반이 되고 있다.

5. 중국과 홍콩: 현장이란 무엇인가

중국 본토로 확장된 현지조사

박사논문 이후에도 현지조사는 계속되고 있다. 홍콩 조사도 매년 한두 차례씩 꾸준히 가고, 중국 여러 지역(안후이성, 저장성, 허베이성, 윈난성 등)의 농촌에서 국경지대의 관행, 문화유산과 민족주의 등 여러 주제로 현지조사를 하고 있다. 두 아이를 떼어놓고 현지조사를 가는 것은 나와 가족 모두에게 분명 고통스럽다. 이제 아이들이 많이 컸고 '조사'라는 이름 아래 종종 겪는 엄마의 부재에 좀 익숙해졌지만, 고통이 별로 줄어들진 않았다. 열 살이 넘었어도 조사를 나갈 때면 아이도 울고 나도 운다. 엄마가 되어 현지조사를 계속 떠나는 고통에 대해 신파조로 이야기하고 싶진 않지만, 신파적 현실이 없는 것은 아니라는 것을 말하고 싶다.

중국 본토와 홍콩에서 오랜 기간 조사하면서 두 곳의 차이를 느낄 때가 많은데, 무엇보다 가장 큰 차이는 민족주의에 대한 관점과 태도의 차이이다. 홍콩인들은 대부분 본토인들의 중국 민족주의를 도저히 이해할 수 없어한다. 한 번도 그런 종류의 국가주의적 민족주의를 가져본 적 없는 홍콩인들에게 중국의 민족주의는 낯설고 불쾌한 것일 뿐 아니라, 점점 홍콩인들에게도 그것이 강요되고 있으니만큼 직접적 위협으로 느껴진다.

흥미로운 점은 홍콩인들이 중국의 민족주의에 대해서는 반감이 강하지만 한국인의 국가주의적 민족주의에 대해서는 호감과 부러움을 표시하는 경우가 많다는 점이었다. 이는 한국처럼 강한 국가 및 민족 정체성을 갖지 않은 이들의 삶이 자유로운지 알고 싶어 홍콩을 연구하기 시작한 나에게 조사 과정 내내 가장 당혹스럽고 놀라운 점 중 하나였다. 그들은 '자유로움'을 별로 즐기지 않았고, 오히려 자신의 부유浮游하는 정체성에 대한 씁쓸한 자조를 많이 토로했다. "너희 한국인은 민족의식이 강하잖아. 우리 홍콩인은 뿌리가 없어. 너희 같으면 영국의 식민지배를 받다가 중국이 자기 맘대로 가져가겠다는데 가만히 있었겠어? 들고 일어나서 뒤집었겠지. 그런데 우리 홍콩인들은 가만히 있었잖아. 그러니까 지금 이꼴이지." "너희 한국인들은 굉장히 애국적이지? 우린 틈만 나면 이민 갈 생각만 하는데." "우린 소속감이 별로 없으니 피를 흘려서 뭔가를 지켜본 적이 없어. 너희랑 달라." 그들이 보기에 한국인의 국가주의적 민족주의는 자발적이고 긍정적인 것으로 여겨지는 반면, 중국인의 민족주의는 강제적 교육에 의해 세뇌된 것으로 어떠한 긍정성도 없다고 여겨지는 듯했다.

이처럼 그들이 부러워하는 '민족주의와 애국심'을 가진, 그러나 스스로는 바로 그 민족주의를 비판하고자 홍콩 연구를 하게 된 나는 홍콩인들에 비해 중국 본토인의 민족주의 정서를 훨씬 이해하기 쉬웠다. 그것은 예전의 나의 모습과 크게 다르지 않았다. 꽤나 '충성스러운 국민'으로 자란 나는 교육을 통해 갖게 된 민족주의를 상대화하려는 의식적 노력이 없을 때 그것을 얼마나 쉽게 받아들이게 되는지 잘 알고 있었다. 그래서 나는 홍콩인들에게 본토인의 민족주의 정서를 이해시키려 하기도 했고, 한국과 중국의 민족주의가 어떤 점에서 다른 것 같냐고, 당신들은 왜 그렇게 다르게 보냐고 되묻기도 했다.

이처럼 본토인에게 공감이 갈 때도 많지만, 본토에서의 조사도 힘든 점이 있다. 농촌, 특히 중국 북부의 농촌에서는 술을 많이 마셔야 관계가 부드러워지고 현지조사가 가능할 때가 많다. 빈속에 50도 이상의 술을 원샷해야만 하는 자리는 지금도 버겁다. 본토에서는 '환대'라는 이름으로 많은 음식을 먹고 술을 마실 것을 끊임없이 요구하곤 해서, 두 번의 출산 모두 출산휴가를 못 쓰고 일하느라 체력이 약해진 나로서는 힘들 때가 있다. 아이들이 어릴 땐 중국 농촌조사 때 강요되다시피 하는 술을 연거푸 마시고 몇 번이나 토하며 아이들 사진을 붙잡고 밤새 울기도 했다.

본토든 홍콩이든 조사의 어려운 점 중 하나는 언어 문제이다. 표준어 하나만 가지고는 폭넓은 지역에서 조사를 하기가 어렵다. 2010년에 장기 거주하며 토지 소유권 문제에 대해 현지조사할 마을을 물색하기 위해 버스를 몇 번 갈아타고 안후이성에 가서 세 개 마을을 방문해 거주하며 마을 사람들과 이야기를 나눈 적이 있다. 그중 한 마을에서 1년째 조사 중인 중국인 박사과정 남학생이 있었는데, 함께 돌아다니다가 식사 시간이 되어 밥을 먹으며 이야기할 때 그가 나를 말리며 이렇게 말했다.

"나도 중국인이지만 1년 내내 조사하며 너무 힘들었어. 할아버지들의 말은 정말 못 알아듣겠더라. 네가 보고 싶어하는 분쟁 같은 것도 찾기 힘들어. 마을을 조사하면서 너무 외로웠어. 아니, 말을 하나도 못 알아듣겠는데 조사를 해야 하니 어떻게 안 미치겠어? 중국은 조사하기가 너무 어려워. 곳곳마다 말이 다 다르잖아. 중국인인 나도 이런데 외국인인 네가 아무리 표준어를 한들 어떻게 인터뷰를 하고 다 이해하겠어? 사실 나는 거의 포기한 심정으로 조사를 마치고 돌아가는 거야. 논문을 쓰긴 하겠지만 솔직히 내가 뭘 이해했는지 모르겠어. 논문을 마치고 나서 인류학을 계속할 수 있을지 자신도 없고."

초면의 외국인인 나에게 눈물까지 글썽이며 말하는 그를 보며 나는 결국 그 지역에서의 현지조사를 포기했다.

또 본토는 중요한 자료에 대한 접근에 어려움이 많다. 이제는 중국 자료들을 데이터베이스에서 예전보다 훨씬 쉽게 접할 수 있지만, 구하기 어려운 자료들이 여전히 많다. 기본적으로 중국을 연구하거나 중국 영향하의 홍콩을 연구할 때는 다방면의 통제와 비공개에 익숙해지면서 그 속에서 가능한 공간과 채널을 끊임없이 조금씩 찾아나가야 한다. 주제와 분야에 따라 다르지만, 예전에는 중국 본토에서도 사람들과의 개인적 접촉이 지금보다 훨씬 자유로웠고, 처음 만나는 사람들도 인터뷰를 요청해서 만나면 4~5시간씩 신나게 이야기하곤 했다. 그런데 지금은 외국 연구자의 중국 내 조사에 대한 통제가 심해

사진 8 중국 농촌조사 때 현지 촌민들과 토론하며(2015년)

사진 9 중국 국경지대 농촌에서 조사할 때 아침 일찍 가구마다
자기 밭의 풍작을 기원하며 지내는 헌전獻田 의례를 관찰하며(2017년)

사진 10 중국 본토 국경지대의 농촌은 다른 지역 농촌에 비해 국기國族와
공산당 기를 많이 걸어놓는데, 최근 이런 요구가 더 강화되고 있다(2017년).

지고 있으며, 외국 학자는 중국에서 무형 문화유산을 절대 독자적으로 조사할 수 없고 중국 학자와 공동조사만 가능하다는 등 구체적인 제한규정까지 만들어졌다. 이렇게 변화하는 상황 속에서 현지조사 방법의 변화에 대한 고민은 계속 필요할 것이다.

중국 연구자? 홍콩 연구자?: 지역을 어떻게 볼 것인가

홍콩과 중국 본토의 여러 지역에서 계속 현지조사를 하고 있는 나는 중국 연구자인가, 홍콩 연구자인가?[6] 내가 조사하고 연구하는 대상이자 현장으로서 중국과 홍콩이라는 지역은 어떤 관계에 있나? 홍콩은 중국에 속하는 지역일 뿐인가? 홍콩 연구는 중국 연구의 일부인가? 만일 그렇지 않다면 홍콩은 어떤 점에서 연구대상으로서 의미를 갖는가? 중국 연구가 대상으로 하는 중국은 어떤 중국인가? 어떤 인식과정과 현실적 과정을 통해 만들어진 중국인지를 탐구하고자 한다면, 그리하여 중국을 복수화複數化하고자 한다면, 중국 연구의 대상인 중국은 과연 하나의 현장인가?

처음에 나는 중국이라는 국가에 대한 관심에서 출발했고, 홍콩을 통해 중국을 어떻게 다르게 사고할 수 있을지 고민해왔다. 그리고 홍콩에서 2년 남짓 살면서 현지조사를 하고 이후 꾸준히 매년 현지조사를 하면서 홍콩이 중국이라는 국가에 어떻게 균열을 가하는지 보아왔다. 박사과정에서 첫 현지조사를 시작할 때는 중국과 홍콩의 갈

---

6   '중국 연구자'와 같은 용어는 특정 국가/지역으로 연구자를 구분하는 것인데, 조문영이 지적하듯 이런 관행 자체가 사실 문제시되어야 하며 한국과 중국을 각각 자문화와 타문화로 쉽게 구분해버리는 것 또한 문제이다. 그럼에도 불구하고 실제로는 연구수행과 현지조사를 위한 소속, 연구자들의 지식생산 과정과 각종 매체 및 제도, 일상의 발화에서도 단위로서의 국민국가가 여전히 강력한 힘을 행사하고 있다(조문영, 2019, p. 102~109 참고).

등 관계를 볼 수 있는 주제를 찾고 싶었고 다행히도 그런 주제를 찾았다. 그런데 어쩌면 처음에 나는 중국과 홍콩이라는 두 지역을 각각의 고정된 실재로 보면서 그 양자 간 갈등을 보겠다는 생각으로 현지조사를 시작했는지도 모르겠다.

조사 과정에서 나는 많은 질문을 던졌다. 본토인들은 왜 20~30년 동안 살아온 땅을 떠나 홍콩의 비좁은 낡은 집에서 '홍콩인'으로 살려고 발버둥치는지, 홍콩인들은 왜 그토록 그들을 거부하는지, 홍콩인이 될 자격은 누구에게나 있는 건지, 홍콩인은 자신의 자녀를 어떻게 '타자'로 낙인찍으며 '홍콩인'의 경계를 만들어내는지…… 나는 본토와 홍콩 사이를 이동하려다 가로막힌 이들을 연구함으로써, 그들이 그렇게도 넘으려 하는 본토와 홍콩 간 경계는 어떤 의미를 지니는지, 그 경계는 국경도 아니면서 왜 그리도 강력하게 통제되는지를 보려 했다. 특히 국경을 자유롭게 넘나드는 것을 마치 국가와 민족주의의 대안인 양 제시하는 논의들에 대해 반박하고 싶었고, 여전히 누군가에겐—국경도 아닌 국가 내의—경계를 넘는 것이 고통스럽고 목숨을 걸어야 하는 일임을 이야기하고 싶었다. 국가를 다르게 상상할 가능성을 찾는 것은 나에게 중요한 과제였지만, 그 상상은 머릿속 유희의 한없는 가벼움이 아니라 현실의 무거움에서 출발해야 한다고 여겼다.

조사하고 논문을 쓰는 과정에서 나의 틀은 확장되어갔다. 본토와 홍콩 사이의 경계는 강력한 통제가 작동하는 곳이며 그 경계를 넘으려는 이들에게 고통을 가한다는 사실을 보는 것이 끝이 아니었다. 현지조사를 통해 그 경계를 온몸으로 넘는 이들이 단지 홍콩에서 차별받는 약자가 아니라 그 경계의 의미를 다시 묻게 만들고 경계를 뒤흔

나의 현장, 바뀌어간 질문들

들며 홍콩에 충격을 가하는 존재라는 점을 새롭게 생각하게 되었다. 이 경계의 의미는 결국 홍콩이란 무엇이고 중국이란 무엇인가, 당연한 듯 여겨지는 그 지역들을 어떻게 다르게 볼 것인가 하는 질문과 이어져 있었다.

홍콩인들이 '중국과 홍콩은 다르다'고 절박하게 외치면 외칠수록, 그 절규는 중국과 홍콩이 도저히 끊어낼 수 없을 만큼 단단히 얽혀 있다는 고통스러운 곤혹을 담게 된다. 이 얽혀 있음에도 불구하고 스스로를 명확한 실체로 상상하며 지키려 하는 홍콩인들의 몸부림을 어떻게 해석하고 이론화할 것인지가 앞으로의 내 과제이다. 그 속에서 중국과 홍콩을 재배열하고, 중국과 홍콩을 바라보는 새로운 위상학과 지형학을 만들어내려 한다. 자명한 듯 가정되는 중국과 홍콩이라는 '지역'은 자명하지 않다. 그 지역이 어떻게 그런 지역으로 불리고 상상되는지 그 기준을 물어야 한다.[7]

남은 질문: 현장성을 새로이 문제삼기

지역이 자명하지 않다면, 현지와 현장은 자명한가? 마지막으로 현지조사 및 현장연구의 당연한 대상으로 간주되어온 현지·현장에 대한 질문을 던지며 이 글을 마무리하려 한다. 인류학자를 비롯해 현지조사를 다니는 연구자들은 다른 분야의 연구자들로부터 "생생한 현장을 다닌다", "현장 이야기가 살아 있어서 역시 다르다"는 찬사를 듣곤

---

7   이경묵(2010, p. 2~3)에 따르면, 자명한 듯 보이는 경기, 영남, 호남 등의 지역은 위상학을 전제로 한다. 위상학이 특정한 공간을 상상하고 생산하는 기준을 설정하는 방법이라고 할 때, 하나의 지역을 다른 지역과 구별되는 것으로 범주화하고 기술하는 모든 작업은 위상학을 전제로 한다. 지역연구의 규준은 지역에 대한 위상학을 구축한다.

한다. 인류학자들이 서로에 대해 하는 비판 중 '공부를 안 한다'나 '글을 제대로 안 쓴다'보다 훨씬 자주 하고 훨씬 더 쩔리는 비판은 '요즘 현지조사 열심히 안 다니는 것 같네'일 것이다.

현장이란 무엇인가. 그곳에는 언제나 살아 숨 쉬는 날것의 재료들(인간과 사건, 물질과 자연)이 펄떡거리며 연구자의 발이 닿기를 기다리고 있는가? 그 날것의 재료들은 연구자가 그곳에 직접 가서, 그것도 '장시간' 체류해야만 그 성실성과 막막한 시간에 대한 대가로 자신을 조금씩 드러내는 신비로운 보석 같은 것인가? 그렇다면 그 보석을 얼마나 많이 만났을 때 현장성이 살아 있는 것인가? 나이가 들어서, 몸이 아파서, 또는 현지 상황의 변화로 현장에 갈 수 없게 된, 또는 현장에서 '충분히 장기간' 체류조사를 할 수 없는 인류학자의 연구는 부정적으로 평가받을 수밖에 없는가? 이경묵(2019)이 지적하듯 '직접적 현지조사' 없는 인류학적 연구도 오랫동안 있어왔고, 시공간에 따라 다르게 부각되는 타자에 대한 앎의 의지는 오히려 대상에 대한 실증주의적이고 직접적인 관찰과 자료수집이 불가능할 때, 타자를 설명하는 논리가 한계에 봉착했을 때 두드러진다는 점에 주목한다면, 현장성은 새로이 문제시될 필요가 있다.

나에게 있어 현장은 계속 질문이 바뀌고 가정假定이 깨져나가는 곳이었다. 일반적으로 중국인은 다른 사회로 이주할 때나 정착할 때 자기들끼리의 네트워크를 중요하게 활용한다고 널리 알려져 있다. 홍콩에서 만난 활동가나 교수들도 초기에는 그런 이주민 네트워크를 알아보라는 조언을 많이 해주었다. 그러나 조사를 하면서, 홍콩에 이주해오는 중국 본토인들의 경우 동향 사람들끼리 가까운 지역에 살면서 좀 더 편하게 일자리나 생활정보를 공유하긴 하지만 서로에 대해

나의 현장, 바뀌어간 질문들

사진 11 연구대상자 남편의
중국 본토 고향에서 열린 마을 축제에 참가한 필자(2001년)

부정적 인식을 강하게 갖고 있는 경우가 많다는 점을 알게 되었다. 본토나 홍콩에 있는 친척과 연결되어 지내긴 하지만 "중국인들은 친척끼리도 돈이 없으면 무시한다, 다 소용없다"는 이야기를 자주 들었다.

홍콩에 이주한 지 20여 년 된 아주머니가 나를 데리고 광둥성의 시댁 마을에서 열리는 축제에 같이 간 적이 있다. 버스를 몇 번이나 갈아타고 도착한 첫날 아주머니는 나와 함께 다니며 만나는 사람마다 반갑게 인사하고 축제에 필요한 돈을 주었고, 그들 앞에서 나를 향해 환히 웃으며 "중국 사람들은 이렇게 정이 많고 잘해줘. 이 축제는 진짜 흥겨워"라고 했다. 그러나 그날 밤 둘이 함께 자면서, 그리고 며칠 동안 함께 머무르면서 나에게 다른 이야기를 들려주었다.

"아까 본 시댁 친척이랑 마을 사람들이 옛날에 나를 얼마나 무시하고 괴롭혔는지 알아? 난 절대 용서 안 해. 난 어릴 때 지주의 딸이라고 하도 괴롭힘을 당해서, 어부漁夫인 지금의 남편과 결혼했어. 공산주의에선 가난하면 출신성분이 좋으니까, 괴롭힘을 안 당할 것 같아 일부러 무능한 남자랑 결혼한 거지. 그런데 중국인들이 얼마나 웃긴지 알아? 이젠 가난하고 바보 같은 남편을 뒀다고 나를 무시하더라. 난 정말 본토가 싫어. 여기 마을 축제에 오는 것도 너무 싫어. 이 사람들이 나에게 어떻게 했는지 나는 절대 잊지 않아. 하루라도 빨리 홍콩에 돌아가고 싶어. 아무도 나에게 간섭 안 하는 홍콩이 자유롭고 좋아. 홍콩에선 돈이 있건 없건 내 맘대로 자유롭게 살 수 있으니까, 청소 일 하고 살아도 마음이 편하고 좋아."

또 다른 이주민 아주머니도 자기 큰딸은 반드시 홍콩에 와서 살아야

나의 현장, 바뀌어간 질문들

한다며 본토인에 대한 반감을 강하게 드러냈다.

"예전에 남편이 갑자기 죽어서 본토에 혼자 사는 큰딸을 장례식에 오게 하려고 사망 증명서를 보내야 했어. 그때 본토에 있는 내 여동생 집의 팩스기를 통해 공안국에 증명서를 보냈거든. 그런데 내 여동생이 사망 증명서 같은 불길한 것을 자기 집을 통해서 보내고 싶으면 500위안을 달라고 그러더라. 기가 막혀서. 본토인들은 얼마나 욕심이 많은지. 난 그런 사람들이 사는 곳에 절대 내 딸을 계속 살게 할 수 없어."

모두가 그런 건 아니지만 많은 이들이 서로에게 불신과 반감을 깊이 갖고 있었고, 친척들의 도움을 꼭 받는 것도 아니었으며, 내 연구대상자들도 커뮤니티 같은 것을 이루고 있다고 보기 어려웠다. 또 출신지나 고향에 대한 애착도 별로 없는 경우가 많았다.

동시에 흥미롭게도, 이렇게 구체적 현실의 중국 사회와 중국인에 대해서는 반감이 큰 사람들도 중국이라는 국가와 중국인이라는 신분을 자랑스러워하는 경우가 많았다. 이것은 그들에 대한 홍콩인들의 인식을 완전히 뒤집는 것이었다. 홍콩인들은 그들이 중국인이라는 신분을 버리고 홍콩인이 되고 싶어 안달하는 이들이라 여겼고, 그래서 더 그들을 무시했다. 그러나 이 본토인들 중 상당수에겐 홍콩인 신분증을 얻으려는 싸움이 중국인 신분을 버리기 위함이 아니었다. 푸젠성 출신의 한 남성은 내가 제대로 인터뷰하기까지 1년쯤 걸린 사람이다. 그는 소송과 집회 자리에서 나를 지켜보며 내가 믿을 만한 사람인지 계속 관찰했고, 1년쯤 지나서야 내 인터뷰 요청을 받아주고는 이후 수차례 심층 인터뷰를 해주었다.

"내가 홍콩 신분증을 얻으려고 이렇게 싸우고 있긴 하지만, 사실 난 다른 사람들과 생각이 달라. 네가 외국인이니까 너에게 편하고 솔직하게 애기할 수 있는 거야. 우리가 맨날 중국 나쁘고 중국 정부 나쁘다고 욕하지만, 사실 난 그런 말을 하고 싶지 않아. 우리처럼 미미한 사람들의 신분증 문제는 국가가 관여할 일이 아니야. 중국이라는 국가가 강해야 해. 그게 제일 중요해. 나도 중국이라는 거대한 산이 버텨주니까 이렇게 밖에 나와서 싸울 수 있는 거야. 너도 한국에 남자친구만 없으면 중국인 남자친구 사귀면 좋을 텐데. 우리는 대국大國이잖아. 중국 남자는 절대 마누라 등쳐먹고 살지 않아."

중국 본토를 떠나 홍콩에 오고 싶다고 밤새워 농성하고 무릎 꿇고 사정하고 자살하는 이들 중 한 명에게서 '중국에 대한 자부심'을 듣는 것은 혼란스러웠다. 자신에게 고통을 주는 국가여도 그 국가가 강하길 바란다는 그의 말은 애잔했다. 그와 마찬가지로 상당한 시간이 지나서야 친해져 몇 차례 인터뷰에 응해준 광저우 출신의 젊은 여성도 비슷한 말을 했다.

"난 홍콩이 자유로워서 좋아. 아빠의 밥 먹는 습관도 이제야 처음 알게 됐어. 맨날 떨어져 사니까 몰랐지. 난 아빠의 그런 습관을 알면서 홍콩에서 살고 싶어. 그치만 중국인인 게 좋아. 만일 나에게 자유로운 다른 나라랑 중국 중에서 국적을 택하라고 한다면, 그런데 내가 그 나라를 택하면 다시는 중국인이 될 수 없다면, 난 무조건 중국을 택할 거야. 난 왕단(王丹, 1989년 천안문 시위의 주역)을 좋아하면서도 싫어해. 좋은 점은 중국을 조금이나마 민주화한 거지만, 싫은 점은 중국을 욕한다는 거

나의 현장, 바뀌어간 질문들

사진 12 홍콩 신문 「명보」에 실린
필자의 인터뷰 기사(2017년)

사진 13 필자가 현지조사했던
홍콩 커뮤니티 운동 단체 SNS 페이지에 게시된
필자와의 간담회 동영상(2018년)

야. 정부가 아무리 나빠도 중국은 우리나라야. 다만 그 중국에 너무 자유가 없고 정부랑 공산당이 무서우니까 홍콩에 와서 가족과 함께 살고 싶을 뿐이야."

그들은 이렇게 이야기하고 있었다. '중국인이라는 신분은 버리지 않을 것이다, 홍콩인이 되려는 열망은 중국인 신분의 포기를 의미하지 않으며 중국이라는 국가에 대한 거부를 의미하지도 않는다, 그저 조금 더 자유로운 공간으로서 홍콩을 택할 뿐이다, 홍콩인들이 나를 어떻게 규정하든 비웃든 상관없이 나는 중국인인 것이 자랑스럽다.' 이런 내러티브 속 중국과 홍콩의 지형은 홍콩인들의 관념 속 지형과 달랐다. 현장에서 듣는 이런 수많은 이야기들은 나로 하여금 중국과 홍콩의 지형을 새롭게 바라보게 만들었다.

현장을 통해 나의 지식이 구성될 뿐 아니라, 나의 지식을 통해 현장이 구성되기도 한다. "현장은 연구의 서두에 덩그러니 놓여 연구를 정당화하는, 자명한 것으로서 이미 주어진 단위일 수 없으며 그 구성 자체가 문제의 본줄기가 되어야 한다"라는 '현장과 지식 연구회'의 선언문[8]처럼, 현장은 우리에게 실재로서 주어진 그 무엇으로 사고되기보다는 우리와의 조우를 통해 재구성되는 것으로 인식되어야 한다. 그렇다고 해서 흔히들 생각하는 현장성 자체를 부정하려는 것은 아니다. 현장성은 중요하고 현지조사도 중요하다. 단 그 현장이 어떤 현장인지에 대한 질문은 계속되어야 한다. 현지조사가 문헌이나 이론에

---

8 '현장과 지식 연구회' 홈페이지—http://fieldology.kr. 이 글 중 현장성에 대한 내용은 '현장과 지식 연구회'의 창립 멤버 중 하나인 이경묵 동학과 오래전부터 해온 토론 그리고 이 연구회의 문제의식에 크게 빚지고 있다.

나의 현장, 바뀌어간 질문들

없는 '생생한 현장성'을 찾아 멀리 떠나는 것이라는 단순한 낭만화는 문제시되어야 한다. "현장에 대한 천착은 문제틀과 그에 상응하는 질문과 자료에 포섭되지 않음, 즉 예외의 발견이다."('현장과 지식 연구회' 소개문) 이 예외가 기존의 지식과 이론틀에 어떻게 저항하는지, 그리고 연구자와의 조우를 통해 어떻게 새로운 지식과 이론틀이 만들어지는지를 물어야 하는 것이다.

또 현장과 연구자는 서로 분리되어 있는 두 실재로서 마주치는 것이 아니라, 상호작용 속에서 양자 모두 계속 변화한다. 2017년 내가 홍콩 행정수반 선거 과정 참여관찰을 위해 한 달간 현지조사하며 체류할 때, 홍콩의 주요 일간지 중 하나인 「명보明報」 주말판에 나의 인터뷰 기사가 실렸다(사진 12). 그들은 원래 홍콩 행정수반 선거에 대한 내 생각을 알고 싶어서 인터뷰를 요청했지만, 3시간 넘게 계속된 인터뷰에서 기자와 더 많이 하게 된 이야기는 한국 촛불집회와 홍콩 우산혁명의 유사점과 차이점이었다.

기자는 직접선거가 불가능한 홍콩의 상황에 대해 본인과 주위 사람들이 갖고 있는 패배감을 털어놓으며 한국 상황을 부러워했고 많은 질문을 했다. 나는 한국이 소위 '민주화'를 이룬 후 여전히 남은 문제들을 이야기하고, 지금 홍콩에선 직선이 곧 민주화와 동일시되고 있지만 민주화는 결코 선거에 국한되는 것이 아니며 '민주화 이후'에 건립할 가치를 고민해야 한다고 이야기했다. 인터뷰 기사에는 이 이야기가 핵심 내용으로 나왔다. 기자는 또 홍콩인들이 보기에 홍콩은 희망도 출구도 없는데 한국인인 내가 홍콩에서 무슨 희망을 찾고 있는지, 내가 홍콩의 사회운동에 관심을 갖는 이유가 무엇인지, 내가 관찰한 것은 무엇인지 듣고 싶어했다. 나는 홍콩이 안고 있는 복잡한 곤경이 오히려 홍콩을 새로운 상상의 공간으로 만들어낼 수 있다는 내 생각을 이야기했다.

2018년에는 내가 몇 차례 현지조사한 홍콩의 커뮤티니 운동 단체에 가서 한국에서 나온 책 『도시로 읽는 현대 중국』(공저)에 내가 그 단체의 활동에 대해 쓴 부분을 보여주자, 그들이 SNS를 통해 알리고 싶다며 영상을 찍어 올렸다(사진 13). 그들은 자기들 단체의 활동에 내가 부여하는 의미 그리고 한국에서 그것이 소개되는 맥락을 듣고 싶어했다. 나는 그들이 하는 커뮤니티 운동이 홍콩의 정체성을 주로 중국과의 차별화 속에서 찾던 홍콩인들의 기존 대립구도를 넘어서는 중요한 의미를 가진다는 내 생각을 이야기했고, 우리는 밤늦게까지 다함께 토론했다.

그들은 공통적으로 홍콩의 상황과 자신들의 활동이 지닌 의미를 나에게 묻고 싶어했다. 힘 빠지는 상황 속에서 스스로는 찾기 힘든 의미를 나의 해석 속에서 찾고 싶어하기도 했고, 한국의 상황이 홍콩에 줄 수 있는 시사점이 무엇인지, 한국과 홍콩이 어떤 지점에서 만나는지 알고 싶어했다. 이런 과정을 통해 한국인이자 연구자인 나는 현장과 상호작용하고 있다. 홍콩과 중국은 나에게 그저 멀리 떨어져 있는 대상이 아니다.

2019년 6월 9일, 홍콩에서는 범죄인 인도 법안에 반대하는 시위에 103만 명이 참여했다. 인구의 7분의 1이 길거리에 나왔고, 이후 며칠 동안 분위기가 점점 고조되며 전 세계가 홍콩을 주목하기 시작했다. '갑자기' 벌어진 듯 보이는 홍콩인들의 대규모 정치행동을 한국에선 이해하기 어려워했고 관심도 높아졌다. 14일 밤 집회에서 〈임을 위한 행진곡〉이, 그것도 한국어로 불린 사실이 알려지며 관심은 절정에 달

나의 현장, 바뀌어간 질문들

사진 14 범죄인 인도 법안에 반대하며
200만 명이 시위에 나온 날 자정 무렵 의회 앞에서(2019년)

했다. 언론보도마다 또 개인마다 차이는 있었지만, 대중가요뿐 아니라 운동가요마저 홍콩에 수출한 한국의 '한류'가 자랑스럽다는 이야기가 많이 나왔다.

홍콩에서 벌어지는 일에 대해 한국 사람들이 이토록 큰 관심을 보인 적은 드물었는데, 궁금해하는 맥락은 극히 제한되어 있었다. 홍콩인들의 시위는 중국에 반대하는 것인가 아닌가, 한국의 운동가요를 그들이 어떻게 따라부르게 되었는가. 중국이나 홍콩·대만 관련 언론보도가 대체로 그러하듯 이번에도 상당수의 보도는 '반중反中'에 초점이 맞춰졌고, 홍콩과 한국의 사회운동이 언제부터 어떻게 만나왔는지보다는 〈임을 위한 행진곡〉이 한국어로 불렸다는 사실이 더 대대적으로 보도되었다.

한국인들이 홍콩에서 일어나는 일에 관심을 갖고 찾아보게 된 것만으로도 중요한 시작이었지만, 여전히 우리가 보고 싶은 것 위주로 보려는 경향이 강했다. 나는 조금이라도 다른 시각을 이야기하려고 언론 인터뷰에 열심히 응하고 글을 썼다. 홍콩인들의 정치행동을 '반중'으로만 이해한다면 10년 전이나 지금이나 10년 후나 시위의 이유는 똑같아져버린다. 그 차이를 전혀 보지 못하고, 무엇을 새로 이야기하기 시작했는지, 추구하는 가치와 행동방식이 어떻게 달라졌으며 그 의미는 무엇인지 보지 못하게 된다. 노래 역시 마찬가지다. 한국어 노래가 불렸다는 사실에 감동받고 뭉클할 수는 있지만, 그 사실에만 주목하면 홍콩의 사회운동에 우리가 영향을 미쳤다고만 보게 된다. 그들이 무엇을 만들어내고 있는지, 그들의 행동이 우리에게 미치는 영향은 무엇인지도 함께 보아야 한다. 홍콩 시위에 대해 인터뷰하고 글을 쓰는 과정에서, 나는 홍콩과 중국에 대한 이야기를 한국에서 어떻게 해야 하는가, '분명하고 시원해' 보이는 이야기를 넘어서 좀 더 복잡한 이야기를, 때로는 사람들이 별로 듣고 싶어하지 않는 이야기를 어떻게 할 것인가에 대해 여러 동료와 고민을 나누며 토론했다.[9]

첫 시위 후 일주일이 지나는 동안 분위기는 점점 격해졌고, 플라스틱 총알을 쏘고 구타하는 경찰의 과잉 진압으로 상황은 위험해지고 있었다. 문화인류학자로서 마땅히 가야겠다는 생각에 일요일 시위에 참석하려고 비행기 표를 샀다. 현지 활동가들은 너무 위험하다며 오지 말라고 만류했지만 난 당연히 예정대로 갔다. 경찰의 과잉 진압으로 다친 젊은이들에 대한 안타까움, 전날 행정수반이 한 애매한 기자회견과 법안 철회 거부, 전날 밤 항의시위를 하다 추락사한 첫 희생자로 인해 그날은 모두의 예상을 뛰어넘어 많은 사람이 시위에 나왔다. 골목마다 끝도 없이 이어진 시위대의 검은 물결에 다들 이런 광경은 처음이라며 놀랐고, 늦은 저녁 주최 측이 발표한 200만 명은 홍콩 시위 역사상 최고 기록이었다.

그날 나는 밤새도록 이어지는 집회를 보며 끝없이 눈물을 흘렸다. 20여 년 전 홍콩에서 장기 현지조사를 할 때, 현지인들과 함께 계속 이어지는 집회와 시위에 참여하며 막막하고 괴로웠던 기억이 생생히 떠올랐다. 내가 과연 학문적으로 얼마나 의미 있는 이야기를 할 수 있을까, 나의 연구대상자들에게 내 연구는 무슨 의미가 있을까, 홍콩은 앞으로 어떻게 변해갈까 하는 고민을 하며 바라봤던 홍콩의 하늘과 화려한 빌딩들, 그때는 20여 년이 흐른 후 자정에 의회 앞에서 200만 명의 시위를 지켜보게 될 거라고는 상상하지 못했다. 그후 홍

9 고민을 함께 나누며 토론해준 중국 연구자 하남석과 안치영, 박민희 기자, 일본 연구자 남상욱, 문화인류학자 박경섭, 조문영, 정문영, 심주형 그리고 조장훈께 감사드린다.

콩 시위는 점점 격렬해지고 있다. 한국인과 달리 소속감이 별로 없어서 피를 흘려 뭔가를 지켜본 적이 없다며 씁쓸히 웃던 그들은 이제 매일 길거리에서 피를 흘리고 있다.

한국엔 여전히 홍콩인들이 우리 민주화운동에서 배웠다는 자부심을 강조하고 싶어하는 사람들도 많지만, 홍콩의 시위에서 우리가 새로이 배우고 생각해볼 점에 대한 이야기도 시작되었다. 홍콩인들이 〈임을 위한 행진곡〉을 부른 장면에 계속 뿌듯해하는 이들도 있지만, 그 장면을 보며 홍콩의 시위가 더 이상 홍콩만의 일이 아니라고 느꼈다는 이들도 생겨났다. 현장은 연결되며 상호작용한다. 단순히 홍콩에 대한 '객관적 사실'이 한국에 전달되는 문제를 넘어서, 우리가 어떻게 이야기하고 어떤 현장을 보느냐에 따라 한국이 보는 홍콩은 달라진다.

내가 중국·홍콩을 연구하고 현지인들과 상호작용함으로써 한국과 중국과 홍콩은 어떻게 서로 만나는가. 물리적 중국·홍콩과 현지인들이 상상하는 중국·홍콩 그리고 나와의 조우를 통해 만들어지는 중국·홍콩은 어떻게 같고 어떻게 다른가. 이러한 여러 개의 현장성은 어떤 지식을 만들어내며 기존의 지식을 뒤흔드는가. '국민국가 체제를 넘어 정치적 상상의 지평을 확장하거나 새로운 마찰점을 드러내는 작업'(조문영, 2019, p. 107)이 되고 있는가. 어렵지만 이 질문들은 앞으로도 계속되어야 할 것이다.

참고문헌

김광억, 『혁명과 개혁 속의 중국 농민』, 서울: 집문당, 2000.

윤택림, 『문화와 역사 연구를 위한 질적연구 방법론』, 서울: 아르케, 2004.

이경묵, "지역연구의 대상과 이론적 도구: 지역체계 그리고 역사문화지형", 『지역문화연구소 개소 10주년 심포지움 '지역문화연구의 방법과 과제' 자료집』, 2010.

이경묵, "현지조사 없는 지역연구: 북한 연구를 위한 인류학적 상상력", 『서울대학교 인류학과 BK21플러스 전문가 초청강연 자료집』, 2019.

이용숙 · 이수정 · 정진웅 · 한경구 · 황익주, 『인류학 민족지 연구 어떻게 할 것인가』, 서울: 일조각, 2012.

임대근, "희미한 흔적과 대체된 상상: 한국의 대중과 함께 홍콩을 문제화하기", 『중국현대문학』 71: 143-171, 2014.

장정아, 『'홍콩인' 정체성의 정치: 반환 후 본토 자녀의 거류권 분쟁을 중심으로』, 서울대학교 인류학 박사학위 논문, 2003.

조문영, "'보편' 중국의 부상과 인류학의 국가중심성 비판", 『중국사회과학논총』 1(1): 93-128, 2019.

인터넷사이트

현장과 지식 연구회, http://fieldology.kr (2020.01.13. 접속)

'진심'은 알 수 없는 것

II

낯선 사람들 사이에서

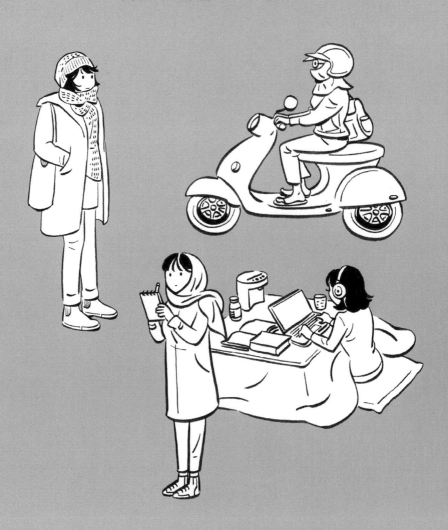

1

가면을 쓴 인류학자:

이란 사회의 정동 읽기

구기연

1. 들어가며

"왜 이란을 연구하게 되었나요?" 이 질문은 연구자가 이란에서, 한국에서, 또한 제3국에서도 무수히 받아온 질문이다. 그럴 때마다 농담 반, 진담 반으로 "제 인생 최대의 실수입니다"라고 멋쩍게 답하곤 한다. 나는 어떻게 이란에서 현지조사를 시작하게 되었나? 그리고 '여성'으로서 중동, 무슬림에 관해 지역연구를 한다는 것은 어떤 의미인가? 나는 거대한 공적 영역과 사적 영역이 엄격하게 구분된 이란 사회에서 자신을 잘 드러내지 않고 때로는 두려움을 느끼는 이란 사람들, 특히 이란 청년 세대의 자아와 감정에 대해 연구를 진행해왔다. 이 글에서 나는 2002년 6개월 동안의 석사학위를 위한 현지조사, 2009년 1년 동안의 박사논문을 위한 현지조사, 2009년 녹색운동이라는 거대한 반정부 시위 현장의 소용돌이 속에서 느낀 두려움과 어려움에 대해 서술할 것이다. 신뢰와 라포가 무엇보다도 중요했던 이란 인포먼트들과의 만남과 인터뷰 과정도 기술할 것이다.

또한 여성 학자로서 겪은 이란 현지조사의 어려움들도 담아낼 것이다. 현지에서 당한 성추행의 경험, 남성 인포먼트들과의 관계, 그리고 납치당할 뻔했던 아찔한 경험들도 나누고자 한다. 하지만 여성 인류학자여서 어려운 점만 있었던 것은 아니다. 중동, 이슬람권 사회에서 여성이었기에 가능했던 연구영역과 연구자로서의 강점도 존재한다. 미혼 여성에서 기혼 여성로의 개인적 변화는 이란 현지조사에도 영향을 끼쳤다. 기혼 여성로의 변화는 예상하지 못했던, 이란 여성들의 보다 진솔하고 은밀한 이야기를 들을 수 있는 자격을 부여받았음을 의미했다. 당시 기저귀도 떼지 못한 생후 19개월의 아이를 한국에 두고 떠나 1년의 현지조사 동안 한 번나지 못했던 경험을 통해, 인류학자이자 엄마, 아내라는 역할 사이의 어려움에 대해서도 나누고자 한다. 이 문제는 여전히 진행 중이다.

이란에서의 현지조사가 괴롭기만 한 것은 아니었다. 인포먼트이자 친구였던 현지 지인들은 외롭고 불안 가득한 현지조사 내내 가장 큰 힘이 되어주었고, 내가 그들의 이야기를 들은 만큼 그들 또한 나의 수다와 인생 고민들을 들어주었다. 인포먼트들과의 긴밀한 유대 역시 이란 여성과 젊은이들이라는 연구대상을 선정했기에 가능했다. 현지조사를 통한 질적 조사가 수행되지 않았다면 과연 이란 사회와 문화에 대한 충분한 이해가 가능했을까 하는 의문이 들 정도로 이란을 비롯한 중동 사회는 그 어떤 지역보다도 현지에 대한 감각이 중요하다. 이 글에서는 이란이라는 현지에서 현지인들과 소통하면서 인류학자로서 겪은 감정적 갈등 및 통제된 사회에서 현지조사가 지니는 의미 또한 추적할 것이다.

2. '히잡'에서 '젊은 세대'를 연구하기까지

나는 어떻게 이란을 연구하게 되었나? 대학 학부 과정에서 '이란어'를 전공했고 전공 공부에 대한 흥미도 있었지만, 부전공으로 신문방송학을 공부하면서 막연히 언론정보학 관련 대학원 진학을 생각하고 있었다. 하지만 1997년 학부 2학년을 마치고 떠난 미국 켄터키주립대학University of Kenturkey 어학연수 시절 현지 친구의 추천으로 우연히 듣게 된 문화인류학 개론 수업이 인류학에 대한 눈을 뜨게 해주었다. 미국 어학연수 직전 떠났던 이란 여행과 1년 동안의 미국 생활은 타문화에 대한 관심을 증폭시킨 계기가 되었다. 특히 샐러드볼과 멜팅팟 melting pot 현상 등으로 불리는 다양한 인종·민족·종족이 어우러진 미국 사회의 모습은 강력한 민족주의 교육을 받고 자란 나에게는 신선한 충격이었다. 미국에서 경험한 이란인 디아스포라와의 만남과 세대에 따른 재미교포들의 종족성도 민족주의와 종족 정체성이 무엇인가에 대한 나의 호기심을 자극했다. 이후 한국으로 돌아와 한국외국어대학교 박상미 교수님의 문화인류학 개론 강의를 들으면서 인류학 전공으로 대학원에 진학할 결심을 굳히게 되었다.

2000년 초반이었던 당시, 인류학과 대학원 과정에서 석사논문은 주로 국내에서 조사 가능한 연구주제로 작성하고, 박사과정에서 국외 연구지역과 주제를 정해 논문을 쓰는 것이 일반적이었다. 1년의 미국 생활 이후 민족주의, 종족 정체성 문제에 관심이 있던 나는 한국국제교류재단에서 시행하는 재외 한국인 민족교육을 통해 '재현되고 구성되는 한국인 민족 정체성'에 대한 논문을 쓸 계획이었다. 지도교수 선정을 위해 당시 종족성 연구를 하고 계셨던 서울대학교 인류학과의 오명석 교수님을 찾아갔다. 한 시간 넘게 한국의 민족교육에 대한 연구주제로 상담한 뒤, 오명석 교수님께서 "석사학위 논문부터 이란 연구를 하는 건 어떤가?"라고 물으셨다. 때마침 서울대학교 인류학과 대학원 석사과정생을 위한 해외 현지조사 장학금도 생긴 참이었다. 지도교수 선정을 위한 두 시간의 첫 면담 후, 나의 석사논문 주제는 전혀 다른 방향을 향해 있었다. 나 역시도 이란 사회에 대한 인류학적 조사에 갈망이 있었기에 갑작스러운 연구주제 변경이 가능했을 것이다. 결과적으로 볼 때, 석사 때부터 연속성 있게 이란에서 현

사진 1 테헤란국립대학교 부설 데흐코더연구소에서 필자

지조사를 하게 된 것은 큰 행운이자 자산이었다. 개인적 연망과 관계망이 그 어느 곳보다 중요한 이란 사회에서 사람들과 장시간 맺은 관계는 이후 박사논문을 위한 현지조사 때 큰 힘으로 작용했다.

2002년 2월, 6개월 예정으로 석사논문을 위한 첫 이란 현지조사가 시작되었다. 테헤란국립대학교 부설 페르시아어 어학연수 기관인 데흐코더연구소Dehkhoda Lexicon Institute and International Center for Persian Studies에서 학생비자를 받아 이란에 입국하게 되었다.

나는 테헤란 시내 중심가의 다른 숙소에 비해 비용이 많이 드는 '펀시오네 머다르pänsione mädar(어머니 펜션)'라는 사설 기숙사에 머물게 되었다. 그곳은 여성 전용 기숙사로, 주로 테헤란에 있는 대학에 진학한 지방 여학생이나 직장인 그리고 대학원 진학을 준비하는 여학생들이 거주했다. 다른 사설 기숙사보다 비용이 비싼 곳이라, 지방 중상류층 출신들이 많았다. 또한 그곳은 건디gändi라고 불리는 중상류층 이상이 사는 지역으로, 안전하고 시내로부터 접근성이 좋았으며 무엇보다 기숙사에 머물면서 인적 네트워크를 확장해주는 좋은 인포먼트들을 자연스럽게 만날 수 있다는 점에서 초기 연구대상자들을 구하는 데 큰 역할을 했다.

나는 2002년과 2009년, 7년 간격으로 펀시오네 머다르에 각각 6개월 이상 머물렀다. 2002년에 처음 갔을 때는 1인실에 머물렀는데, 당시 방세가 한 달에 250US달러 정도였다. 이란의 물가를 고려할 때 상당히 비싼 방이었다. 내가 1인실을 선택했던 이유는 이란 사회에서 한 번씩 긴장을 풀고 쉴 수 있는 혼자만의 공간이 필요했고, 가끔 방에서 한국 음식도 먹고 싶어서였다. 2002년에는 같은 기숙사에 사는, 특별히 즐길 여가거리가 없는 여대생과 여성 직장인들이 낯선 이방인인 나의 방을 수시로 노크해주었고, 자연스럽게 그들과 친구가 될 수 있었다. 석사논문을 위한 6개월의 현지조사 기간 동안 내가 기숙사 친구들의 고향을 여섯 군데나 방문했을 정도로, 그들과의 만남은 이란 현지조사에서 든든한 버팀목이 되어주었다. 하지만 7년 뒤 다시 거주했을 때는 세대와 미디어 환경이 바뀌면서 그곳 사람들과의 '관계 맺음'에도 변화가 있었다. 2002년에는 1인실에 있어도 다인실에 사는 느낌이었다면, 2009년에는 4인실에 살아도 과거 1인실에 살 때보다 현지 사람들과의 관계 맺음이 녹록지 않았다. 7년 사이에 퍼스널 노트북과 핸드폰이 이란의 젊은 세대에 많이 보급되어 저마다 개인적으로 즐기는 분위기가 조성된 것이다. 2002년 주말마다 벌어졌던 기숙사 내의 과자파티와 댄스파티는 2009년에는 찾아볼 수 없었고, 삼십대 초반인 필자가 이십 대 초반의 이란 친구들과 깊은 유대관계를 맺기에는 간극이 있을 수밖에 없었다.

나는 석사논문 주제로 히잡을 쓰는 여성들의 목소리를 직접 듣고 싶었다. 지금도 별반 다르지 않지만, '히잡'은 무슬림 여성들에 대한 억압과 통제의 상징으로 여겨져온 반면 히잡을 쓰는 여성들의 직접적인 목소리는 잘 알려지지 않은 터였다. 나는 기숙사에 함께 사는 여학생들과 먼저 친구가 되었다. 이란에 외국인들이 거의 없던 당시에는 외국인이라는 이유만으로 이란 사람들의 관심을 끌 수 있었고, 손님 접대 문화가 발달한 이란 사회에서 쉽게 각 가정에 초대받을 수 있었다. 서러sāra, 사하르sahar, 겔러레gelārch는 나의 가장 친한 친구이자 주요 정보제공자가 되어주었고, 7년 뒤 박사논문을 위한 연구에도 큰 도움이 된 인간관계의 출발점이 되었다. 현지조사 기간 동안 나는 이란 여성들이 히잡에 대해 어떻게 생각하고, 히잡의 각 종류에 따라

문화적·사회적 의미가 어떻게 다르게 부여되는지를 살펴보았다. 또한 히잡이 어떻게 강제되고, 히잡 의무 착용 규범을 통해 '개인'이 어떻게 통제받는지를 여성으로서 직접 경험하게 되었다. 이란은 내국인, 외국인 관계없이 만 아홉 살 이상의 여성이라면 모두 히잡을 써야한다. 나 역시도 이란에 입국하는 순간부터 이란발 비행기가 영공으로 날아오를 때까지, 집 밖에서는 무조건 히잡을 써야 했다. 40도가 훌쩍 넘는 여름 날씨에 검은색 긴 소매 상의와 바지를 입고 히잡을 쓰고 외출했다가 녹초가 되기도 했고, 히잡이 나도 모르게 흘러내릴 때마다 30초도 되지 않아 히잡을 똑바로 쓰라는 사람들의 경고를 어김없이 들었다. 이란에서의 현지조사는 히잡에 대한 규정과 이란 여성들의 목소리를 들을 수 있는 경험이었을 뿐 아니라, 나의 몸에 체화되고 기억되는, 살아 있는 경험이었다.

이런 체화된 경험은 박사논문을 쓰던 2009년 한 해 동안 더욱 절실하게 온몸에 다가왔다. 원래 나는 박사논문 주제로 이란의 국영방송과 위성 미디어를 살펴보고자 했다. 석사논문을 위한 현지조사에서 나에게 가장 흥미롭게 다가온 이란 사회의 특징은 거대한 공적 영역과 사적 영역 사이의 큰 괴리였다. 시아 이슬람의 성지이자 반미反美의 중심인 이란 사회의 문 안에 새로운 세상이 펼쳐져 있는 것이다. 공적 영역에서 무채색이던 이란 사람들이 사적인 파티와 결혼식장에서는 반짝이는 조명 볼 아래 무지개색으로 변했다. 코란 해석과 좌담 프로그램만 가득한 국영방송 대신, 사람들은 정부에서 악마의 접시라고 비판하는 위성방송을 통해 또 다른 세계와 만났다. 단속을 피해 차도르를 덮어둔 위성 채널 수신기를 통해, 미국과 유럽에서 데뷔한 이란 교포 2세 또는 1979년 이슬람 혁명 후 무대를 잃고 북미

　　　　　　　　　　　　　　　　　낯선 사람들 사이에서

나 유럽으로 망명한 왕년의 가수들을 만났다. 이란에는 마치 두 가지 세상이 존재하는 듯했다. 안과 밖이 다른 세상, 이란 사람들의 표현으로는 두 얼굴을 가진 사회. 어지러웠다. 이 사회를 어떻게 해석할 것인가?

그렇다면 이란 국영방송국에 들어가 현지조사를 하면 어떨까 하는 생각이 들었다. 2005년 여름 2개월 동안 이란의 외교원이라 할 수 있는 국제관계대학교School of International Relations에서 어학연수를 하며 예비조사를 진행했다. 하지만 이란 국영방송국이라는 국영기관에서 민족지적 현지조사와 참여관찰을 진행하는 것은 불가능해 보였다. 다른 어떤 회사나 기관보다 엄격한 규제가 따르는 국영방송국에서 인류학적 현지조사를 진행한다는 것은 위험한 행위로 판단되었고, 파고들어갈 틈이 도저히 보이지 않았다. 그러던 중 이란 관련 외국 신문기사나 방송, 국제기구의 국가 개황 보고서에서 눈에 띄는 주제가 바로 이란의 젊은 세대였다. 미디어라는 주제에 천착했던 나는 발상의 전환을 하기에 이르렀다. 연구대상이라 생각했던 이란 젊은 세대를 연구주제로 잡으니 다양한 파생 연구가 가능했다. 이란 젊은이들의 대중문화를 통해 미디어에 대해 다룰 수 있었고, 국영방송에서 젊은이들에게 강조하는 국가/민족 이데올로기 또한 연구할 수 있었다. 이란에서 제2사회를 이끌어가는, 한편으로는 이란 사람들의 숨구멍을 틔워주는 위성 미디어는 이란 젊은이들의 대중문화 형성을 이끌어내는 중요한 매체였다. '신실한 무슬림 시민'을 무엇보다도 강조하는 이란 이슬람 공화국의 국가 이데올로기는 1979년 이후 태어난 소위 '제3세대'라 불리는 젊은 세대에 대한 공교육을 통해 더욱 뚜렷이 드러났다.

한편, 박사과정 중 들은 심리인류학 수업은 새로운 주제로의 확장을 의미했다. 심리인류학 수업에서 같이 읽은 릴라 아부-루고드^{Lila} Abu-Lughod의 『베일 속의 감정*Veiled Sentiments*』(2000)은 이란 사회에서 가장 흥미롭게 여겨진 공적 영역과 사적 영역 사이의 크나큰 괴리에 대한 실마리를 제공해주었다. 심리인류학적 방법으로 이란의 '진짜 모습'을 살펴보고 싶은 욕심이 생겼다. 석사논문을 위한 현지조사와 박사논문을 위한 예비조사를 통해 만난 이란의 젊은 세대들은 자신들의 상황을 설명할 때 끊임없이 "나는 이 사회에서 두 얼굴을 가지고 있다", "나는 누굴 믿어야 할지 몰라 거짓말을 한다"고 말했다. 이런 진술은 나에게 강한 인상으로 다가왔다. 거짓말, 통제 그리고 두 얼굴이라는 키워드는 이후 박사논문을 쓸 때도 계속 중요한 화두로 작용했다.

심리인류학적 주제로 이란 사회의 정동을 탐구해보자는 방향이 정해지자, 이란 젊은이들의 자아 정체성과 함께 거짓말을 해야 하는 이란인들의 통제받는 감정구조가 문화구조의 영향을 받아 어떻게 형성되는지에 관심이 생겼다. 이와 같은 민족 정서와 자아 정체성 문제는 이란을 다루기 전부터 관심 있었던 국가와 종족성 형성 과정에 연결되기도 했다. 특히 이란의 정동 구조 중 이란의 민족성과 민족 정서를 다룬 굿(Good et al, 1988)의 글에 나타난 '슬픔의 정서'의 실체를 살펴보고 싶었다. 살펴볼수록 이란 사회가 낯설게 느껴지기보다는 한국 사회의 '한의 정서'와 유사한 모습들을 발견할 수 있었다. 또한 이란의 정치적·사회적 사건들 속에 녹아들어간 슬픔과 저항의 레토릭의 발견은 한 사회의 정동 구조가 그 사회의 구조적 실체를 그대로 드러내고 있음을 확인해주었다.

나의 심리인류학적 현지조사의 가장 중요한 동력은 주요 정보제공

낯선 사람들 사이에서

자들과 맺은 7년간의 끈끈한 관계였다. 2002년 기숙사에서 처음 만난 서러, 사하르 그리고 겔러레는 2009년 연구의 기반을 제공해주었다. 그녀들의 가족과 친척, 친구, 직장동료들도 나의 수많은 질문에 답해준 소중한 정보제공자들이었다. 또한 그녀들은 척박한 이란 사회에서 사랑과 미래에 대한 고민을 함께 나눌 수 있는 해방구였다. 그들의 부모님들도 나에게 '머머mā̄mā(엄마)', '버버bābā(아빠)'가 되어주었다. 서로 미혼일 때 만나 연애 고민도 나누고, 7년 사이에 각자 결혼하면서 공감의 폭을 넓히고, 때로 내가 그들의 인생 언니로 오지랖 넓은 조언을 해주기도 했다. 나는 그들의 결혼식, 시댁과의 만남에도 함께하며 긴밀한 관계를 유지했다. 특히 서러와 사하르는 현재 각각 미국과 영국으로 이주했지만, 나는 이란을 방문할 때마다 이란에 남은 그들의 가족과 교류를 지속하고 소셜 네트워크를 통해 서로의 소식을 전하고 있다. 2009년 이란 현지조사를 떠나기 전, 그들이 아닌 다른 인포먼트들을 만나 면담하고자 했던 나의 계획은 틀린 것이었다. 7년간의 긴밀한 인간관계가 바탕이 되지 않았다면 면담자들이 쉽게 마음을 열지 않았을 것이고, 민감한 내적 갈등에 대한 참여관찰은 불가능했을 것이다. 지난 17년의 시간 동안 그들은 단순한 정보제공자가 아닌 함께 인생을 살아가는 오랜 친구로 남아 있다.

3. 그들을 위험에 빠뜨리는 것은 아닐까?: 면담자와의 아슬아슬한 줄다리기

"우리는 어떻게 거짓말을 해야 하는지 배워왔다. 이 사회에 맞게 살기 위해 어렸을 때부터 어떤 때 아닌 척, 어떤 때 그런 척해야 하는지를 자연스럽게 익혔다. 부모님은 밖에서 어떤 말을 하지 말아야 하고 조심해야 하는지 늘 주지시켰다. 밖에서, 모르는 사람들 앞에서 우리는 우리의 참모습을 보여줄 수 없다. 우리가 기도하지 않는 것도, 다른 이성 앞에서 히잡을 쓰지 않는 것도, 파티를 열고 술을 마시는 것도, 라마단 기간에 단식을 하지 않는 것도 어디에서도 말할 수 없다. 거짓말을 할 수밖에 없다."

'거짓말'은 이란 사회를 관통하는 키워드 중 하나이다. 타인에 대한 불신이 강하고 진실을 이야기했다가 해를 입을까봐 늘 경계하는 이란 사회에서 현지조사는 어떻게 이루어져야 하는가? 이란 현지조사는 녹록지 않았고, 특히 사회적으로 민감한 주제에 대해 인터뷰를 하는 것은 쉽지 않았다. 나 역시 이란 현지조사를 하면서 카멜레온처럼 보호색을 가지고 점점 거짓말쟁이가 되어갔다. 이 연구주제로 인해 위험에 빠질까봐 나 역시 모두에게 진솔할 수는 없었다. 전적으로 신뢰할 수 없는 사람들로 인해 앞으로의 현지조사가 불가능해질 수도 있다는 불안감에, 누가 연구주제를 물어오면 이슬람학 혹은 이란학을 전공한다고 두루뭉술하게 대답했다. '도 루이do rui(두 얼굴의)'라는 페르시아어 표현은 겉과 속이 다른 사람을 의미한다. 국민에 대한 국가의 통제 수위가 높고, 히잡으로 대표되는, 개인의 사적 영역에 대한 간섭과 제약이 심한 이란 사회에서 인류학적 현지조사를 진행한다는 것은 다양한 장애물을 만날 수 있음을 의미했다.

　시아 이슬람 종주국이자 반미, 반이스라엘의 성지로 알려진 이란 사회의 한 꺼풀을 열자 다양한 층위의 모습들이 드러났다. 겉으로는 견고하게 짜인 시아 이슬람 국가이지만, 속을 들여다보니 다양한 정동과 자아의 층위가 있는, 공적 영역과는 너무나 다른 내면의 자아가 튀어나왔다. 때로는 사적 공간이 또 다른 공적 공간으로 전유되기도 했다. 모순적인 정동 사이의 간극에 대한 연구는 흥미로웠지만, 한편으로는 '보이는 것'과 '실제로 행해지는 것' 사이의 관계와 차이를 끊임없이 의심하고 분석하는 작업은 감정적으로 실로 버거운 일이었다. 특히 종교적, 정치적으로 보수적인 성향을 지닌 사람일수록 다중적인 자아의 모습이 많이 발견되어서, 그 간극을 의심하고 메꾸어가는 것 역시 필자의 몫이었다.

이란에서 심층 인터뷰는 다양한 장소에서 이루어졌다. 인류학 현지조사에서 가장 일반적인 심층면접 기록 방법은 녹음이다. 하지만 한두 번 시도한 후 그 방법은 더 이상 사용할 수 없었다. 녹음기나 녹음 기능이 있는 핸드폰을 바라보는 인터뷰 대상자들의 불안감을 간과할 수 없었다. 이란 사회에서 통제, 불신, 스파이 등의 단어는 이란 사람들의 일상적 불안감을 둘러싼 여러 가지 원인을 가리키고 있었다. 그렇기 때문에 녹음을 포기할 수밖에 없었고, 대신 핵심적인 단어들을 노트에 열심히 적을 수밖에 없었다. 하지만 연구대상자들 앞에서 필기하는 것도 쉽지는 않았다. 연구참여자 앞에서 필기하는 것조차 조심하게 된 결정적 계기가 있었다.

박사논문을 위한 현지조사 초기의 일이었다. 테헤란국립대학교 앞 한 카페에서 모 대학원에 다니는 남자 대학원생 세 명과 한 인터뷰 때였다. 여러 주제로 얘기를 나누던 중, 이란의 대표적인 개혁파 사상가 압둘카림 소루쉬Abdulkarim Soroush에 대한 이야기가 나왔다. 압둘카림 소루쉬는 종교의 이데올로기화를 반대하고 코란의 탈신성화를 주

장하며 종교적 믿음과 종교적 신앙 사이의 차이점을 강조하는 등 과
감하고 개혁적인 주장으로 이란 이슬람 공화국의 보수파로부터 강도
높은 비판을 받아온 이슬람 철학가이다. 소루쉬에 대한 설명을 듣던
중 나는 그에 대해 좀 더 연구해보아야겠다는 생각이 들어, 그의 사
상에 대해 설명해준 대학원생에게 내 수첩에 페르시아어로 소루쉬가
한 유명한 말을 써달라고 했다. 순간 그는 매우 당황하며 펜을 손에
쥐고만 있었다. 그러자 당시 같은 대학원에 다니고 있던 한국인 후배
가 "제가 써드릴게요" 하면서 대신 써주었다. 자신의 필체조차 남기기
를 주저하는 그 대학원생을 보며 앞으로 어떻게 그들 앞에서 보다 자
연스럽게 또한 그들이 불안해하지 않도록 현지조사를 무사히 진행할
수 있을까 하는 고민에 한숨이 절로 나왔다. 또한 인터뷰 내용을 기
록하지 못하는 상황에서 어떤 방법으로 인터뷰 자료를 남겨야 할지
걱정이 되었다. 대상자의 말을 모두 전사해야 하는 것이 아닐까? 모두
전사하지 않으면 나의 생각이 개입되어 '오염'된 혹은 '거짓'된 자료
가 되는 것이 아닐까 하는 고민이 이어졌다. 당시 그런 고민들을 적어
보낸 이메일에 지도교수님인 오명석 선생님이 답장을 보내주셨는데,
그 내용이 이후 심층 면담을 진행하는 데 큰 도움이 되었다.

"조사에 대한 감시와 예민한 반응이 있는 상황에서 인터뷰 시 메모를
하거나 녹음기를 사용하는 것은 피하는 것이 좋을 것 같다. 논문을 작
성할 때 대화의 내용을 '그대로verbatim' 기술하기 위해 신경을 쓰는 것
같은데, 꼭 그런 부분이 들어가야 한다고는 생각하지 않는다. 대화 중
에서 기억나는 특정한 단어나 고유한 표현 정도만 살려도 된다. 그 정
도라면 대화가 끝난 뒤에도 기억을 살려 기록해둘 수 있다. 나 역시

낯선 사람들 사이에서

도 현지조사를 할 때 현지인들이 예민한 반응을 보이는 것 같아 대화가 끝난 뒤 가능한 한 빠른 시간 내에 기억을 살펴 메모를 하곤 했다."

심리인류학적 연구방법에 대한 가르침을 제시해주시고, 현지조사를 떠나기 전부터 많은 조언을 해주셨던 서울대학교 인류학과의 정향진 선생님도 예민한 주제를 다루는 데 있어서의 어려움을 공감하시면서 인터뷰 도중 화장실에라도 들러 중요한 단어를 메모하는 방법을 알려주셨다. 이러한 조언을 받은 이후 나는 현지의 상황을 좀 더 긍정적으로 받아들였고, 특히 내가 전적으로 신뢰할 수 없는 상대와 인터뷰하거나 민감한 주제를 질문할 때는 노트나 수첩 없이 자연스럽게 대화하는 방식을 택했다. 이와 같은 방식은 지금도 이란 사람들을 면담할 때 계속 사용하고 있는데, 첫 만남에서는 상대방이 신경 쓸 녹음기는 꺼내지 않고, 인터뷰 대상자가 수락할 경우에만 수첩에 필기하는 방법을 쓴다. 물론 인터뷰 대상자들에게 이란의 제3세대에 대한 연구를 하고 있다고 밝혔고, 그에 대한 질문을 한다는 사실을 공지했다. 그리고 인터뷰가 끝나자마자 자리에 남아 키워드들을 중심으로 정리했다. 면담 이후 흔들리는 버스 안에서도 떠오르는 문장과 상황들을 최대한 정리했다. 그런 메모들을 중심으로 일지 형식의 조사 노트를 매일 작성했다. 하지만 이란 현지조사 기간, 특히 2009년 외사과에서 취조를 받은 경험은 연구자로서 나를 위축되게 했다. 나는 혹시나 현지조사 노트 내용 때문에 어디론가 끌려가지는 않을까 하는 공포에 사로잡혔다. 실제로 내가 외사과에서 조사받은 경험을 말한 이후 일방적으로 연락을 끊어버린 연구대상자들이 있었기 때문에, 내가 위험해지는 것뿐 아니라 나로 인해 인포먼트들까지 위험에 처할 수 있는 상황에 대한 고민이 깊어질 수밖에 없었다.

통제와 제한이 심한 사회일수록 각종 소문과 루머들이 사회 곳곳에서 스며나온다. 이란에서는 다양한 종류의 소문들이 끊임없이 도시 괴담처럼 사람들 사이에 휘몰아쳤다. 정치적 소요사태가 심할수록 더욱 그랬다. 소문은 개인의 불안감과 이를 해결하려는 개인의 노력으로는 설명할 수 없으며, 사회적 구성물로서의 성격을 지닌다(이문희, 1999). 폭력적인 정권이 30년 이상 지배하는 아이티^Haiti에서 유통되는 소문이 사람들을 공포와 혼란에 빠지게 만들지만 동시에 사회적 지식을 완전히 통제하려는 정부의 시도에 한계가 있음을 반증하는 것처럼(Perice, 1997. 이문희, 1999에서 재인용), 이란에서 사적 관계를 통해 유통되는 소문은 사람들의 자유가 제한되어 있지만 동시에 사적 영역이 대안적인 공적 영역으로 전유될 수 있음을 보여주는 예라 할 수 있다.

갖가지 소문들은 이란 사람들 사이에도 유통되지만, 이란에 거주하는 한국 교민들 사이에서도 마찬가지였다. "누가 이메일로 시위 사진을 보내 입국이 금지되었다더라, 누가 이상한 사진을 찍다가 잡혀가 정신이 이상해졌다더라" 하는 흉흉한 소문들이 끊이지 않았다. 당시 정부에 위협적인 젊은 세대를 연구한다는 이유만으로 지레 겁을 먹은 나는 한글로 쓴 현지조사 일지마저도 암호화했다. 특히 인포먼트들에게 회자되거나 신랄한 비판을 받는 정치인들의 이름은 나만 알 수 있게 한글로 암호화할 정도였다. 한국으로 돌아갈 시기가 되자, 현지에서 모은 자료들 그리고 특히 현지조사 노트 파일을 어떻게 무사히 한국으로 가져갈 것인가 하는 문제에 직면했다. 이메일이나 웹하드는 해킹당할 수 있기 때문에 오히려 위험하다고 판단했다.

낯선 사람들 사이에서

현지조사 노트 파일이 담긴 웹하드는 출국하기 한 달 전 이란에서 주재원으로 일하고 계셨던 한 지인의 한국 출장 가방에 부탁드렸고, 혹시나 있을 수 있는 출국 때의 조사에 대비해 노트북에 있던 현지조사 노트 파일은 아예 지웠다. 현지조사 노트는 미리 출력해 국제우편으로 보냈다. 현지에서 1년여의 시간이 지나자, 나도 여느 이란 사람들처럼 주위를 의심하고 소문에 두려워하며 자기 검열을 하기 시작했다.

4. 이란 녹색운동의 소용돌이 속으로

2009년 5월부터 테헤란 전역의 분위기가 심상치 않았다. 2009년 6월 12일 제10대 대통령 선거를 앞두고 이란 전역이 술렁거리기 시작했다. 5월부터 개혁파 후보의 지지자들이 눈에 띄기 시작했다. 개혁파 후보 미르 후세인 무사비Mir Hussein Musavi를 지지하는 젊은이들이 전단지와 무사비를 상징하는 초록색 리본을 나누어주었다. 나는 그 초록색 리본을 받아 가방에 달고 중립적인 관찰자의 입장보다는 이란의 건설적 변화와 개혁을 원하는 참여자가 되어 개혁파 친구들이 지지하는 후보들에 관심을 가지기 시작했다.

선거가 다가올수록 열기는 더해갔다. 거리에서 상대편 후보 지지자들 사이의 충돌도 심심치 않게 일어났다. 지금까지 볼 수 없었던 사람들의 활기차고 적극적인 모습에 당황스럽기도 했다. 공적 영역에서 두꺼운 가면을 쓰는 이란 사람들이 가면을 벗어던지고 자신을 드러냈다. 녹색운동은 그야말로 사회가 전복되는 카니발 그 자체였다. 선거 한 달 전부터 거리 행진과 인간 띠 만들기가 계속되었다. 2009년 6월에 들어서자 선거 열기는 더욱 뜨거워져, 주말 새벽까지 차를 동원한 선거운동의 열기가 계속되었다. 차 안에서 구호를 외치고, 경적 소리를 내고, 자신이 지지하는 후보의 이름과 선거구호를 목청껏 외쳤다. 나는 선거 이틀 전 이란의 대도시 중 하나인 쉬러즈Shirāz로 내려가 대선 과정을 지켜보았다. 대망의 대통령 선거 날. 나 역시 개혁파 이란 국민처럼 긴장되고 흥분되었다. 친구 가족들과 함께 투표장에 가서 투표가 어떻게 이루어지는지 관찰했다. 하지만 선거 날 늦은 오후부터 휴대전화 문자 기능과 시내 전화가 먹통이 되었다. 친구 집에서 자고 일어나보니 분위기가 냉랭했다. 나는 당연히 개혁파 무사비 후보에게 좋은 결과가 나왔을 거라 생각하고 "어떻게 되었어요?"라고 물었는데, 친구의 얼굴은 눈물로 범벅이 되어 있었다.

  대선이 있었던 2009년 6월 12일 이후 이란 사회는 그야말로 뒤숭숭해졌다. 늘 구호와 정치 벽화가 가득했던 테헤란이 연일 쏟아지는 무수한 루머로 더욱 회색 도시로 변모했다. 사람들의 얼굴에는 긴장감이 가득했다. 2009년 8월 3일에 참여관찰한 경험을 통해 이란이 역사적으로 겪어온 정치적 불안, 그에 따라 이란 국민들이 '단체 우울증'을 앓는 분위기를 직접적으로 느낄 수 있었다. 2009년 8월 3일은 두 달 가까이 계속된 혼란 속에서 최고 종교 지도자가 신임 대통령을 정식으로 임명하는 날이었다. 그 전후로 이란 국내에서는 「뉴욕 타임스」, CNN 등의 외부 언론 및 페이스북에 아예 접근할 수 없었다. 어학원 오전 수업을 마치고 기숙사로 돌아가는 길에 갑자기 연극 같은 장면들이 펼쳐지기 시작했다. 골목길에 서 있던 젊은이들 한 무리가 큰 목소리로 "알라 아크바르Allah Akbar(신은 위대하다)"를 산발적

낯선 사람들 사이에서

으로 외치기 시작했다. 순간 나는 카메라는 위험하다는 생각에 떨리는 손으로 녹음기를 켜서 그들의 함성을 녹음하기 시작했다. 골목 여기저기서 사람들이 빠르고 산발적으로 "마르그 바르 디텍토르Marg Bar Ditektor(독재자에게 죽음을)"를 외치기 시작했다. 모른 척 입을 다물고 지나가던 사람들도 갑자기 '독재자 타도'를 외쳤다. 거리의 사람들은 계속 길을 걷다 구호를 외치고, 승리의 표시인 V자를 서로에게 보여주며 연대를 확인했다.

테헤란 남북을 가로지르는 발리아스르 대로의 차 속에서 운전하던 시민들이 동시에 경적을 울리기 시작했고, "나타르시드, 나타르시드, 머버함 하스팀!Natarsid, natarsid, mābāham hastim(두려워하지 마, 두려워하지 마, 우리가 함께 있잖아!)"이라고 외쳤고, 이 구호들이 도시 전역에서 산발적으로 들려왔다. 시민들은 마치 약속이라도 한 것처럼 즉흥적으로 저항의 목소리를 내었다. 그 와중에 경찰이 우리 앞에서 한 남자를 끌고 가자, 그 광경을 보는 사람들의 안타까운 탄식 소리가 들려왔다. 어떤 여성이 초록색 끈을 맨 손목을 차 밖으로 보이며 손가락으로 V 표시를 하자, 구호를 외치던 다른 여성이 얼른 차로 뛰어가 초록색 끈을 보여주지 말라고, 위험에 처할 수 있다고 말했다. 나도 지나가는 차에 대고 작은 'V'를 보여주었다. 8월 테헤란의 뜨거운 여름 날씨에도 불구하고, 온몸이 덜덜 떨려왔다. 나 역시 손가락으로 V 표시를 한 채 거리를 걸으며 강한 전율을 느꼈고, 동시에 공포스러운 감정에 휩싸였다. 뜨거운 테헤란의 거리에서 나는 '관찰자'를 넘어 '참여자'로서 가슴 깊은 울림을 느꼈다.

사람들의 산발적인 구호가 갑자기 골목에서 나는 오토바이 굉음에 묻혀버렸다. 한순간 도로는 긴 곤봉을 든 경찰들에 점령되었고, 몇

사진 2 2009년 6월 선거 열기가 뜨거운 테헤란 거리

사진 3 녹색운동의 물결

몇 사람들이 내 눈앞에서 연행되어 끌려갔다. 나는 그 자리에 얼어붙었다. 더 이상 거리를 걷지 못하고, 가까운 버스 정류장에서 버스를 기다리는 인파 속으로 들어갔다. 그중 이십 대로 보이는 한 젊은 여성은 놀라서 숨도 제대로 못 쉬면서 버스 정류장 벤치에 앉아 있었다. 손이 벌벌 떨려서 전화도 걸지 못했다. 옆에 있던 여성들이 그녀를 도와 통화하게 해주었다. 그녀를 바라보는 이란 사람들의 얼굴에는 연민과 수심이 가득했다. 한 중년 여성이 나를 가리키며 "이것 봐요, 외국인에게 이런 꼴을 보이면 어떡해요! 기자예요? 관광객이에요?"라고 말했다. 내가 공부하는 학생이라고 대답하니, "빨리 저들의 사진을 찍어서 밖으로 좀 보내주세요"라고 외쳤다. 무서워서 사진을 찍을 수 없다고 말하니, "괜찮아요, 외국인은 괜찮아요. 집이 위험하면 코피넷(PC방)에 가서 사진을 좀 보내줘요. 저것 봐요. 이건 이란의 모습이 아니에요. 저들이 어떻게 사람들을 죽이고 괴롭히는지 세상에 좀 알려줘요." 옆에서 다른 여성이 거들었다. "이러니 어떻게 관광객들이 오겠어요. 외국 관광객들이 전부 여행을 취소했대요. 어느 나라 사람이에요? 한국인이라고요? 저들을 봐요! (곤봉과 총을 어깨에 메고 오토바이를 타고 다니는 사람들을 가리키며) 얼마나 많은 사람이 죽었는지 몰라요. 그냥 가지 말고 저들을 봐요. 어떻게 하는지 보라고요!" 전투경찰과 사복경찰들이 골목에 있다가 집회 소리가 나면 출동해서 사람들을 체포해갔다. 그날 테헤란의 거리는 곤봉을 든 경찰, 전투경찰, 사복경찰들로 꽉 차 있었다. 나는 고개를 푹 숙이고 그 옆을 지나갔다. 그날 저녁 테헤란의 골목마다 "알라 아크바르"라는 절규는 그 어느 때보다 컸고 오랫동안 계속되었다. 그리고 어느 때보다 처절했다.

5. "당신 뭐 하는 사람이야?": 스파이로 몰린 인류학자

나는 이란 이슬람 공화국에서 젊은 세대를 포함해 국민 전체에 대한 정동 규제에 관심을 두었으므로, 이란 내에서 민감한 질문들을 많이 할 수밖에 없었다. 그때마다 이미 친밀한 관계이던 인포먼트들은 "너 이러다 에빈EVIN 감옥에 갈 수도 있어!"라고 말했다. 그들은 웃으며 던진 농담이었지만, 나는 어색한 웃음을 지을 수밖에 없었다. 나 역시 속으로는 굉장히 불안한 터였다. 에빈 감옥은 테헤란에 있는 유명한 정치수용소로, 이란 이슬람 혁명 직후 수많은 사람들이 죽어나간 곳이다. 특히 2009년 당시 이란계 미국인 기자 록사나 사베리Roxanna Saberi가 그곳에 수감되어 미국과의 외교문제로 비화되기도 했으므로, 조사자로서 나는 불안을 느낄 수밖에 없었다. 예민한 정치사회적 이슈를 건드릴 수밖에 없는 인류학자지만, 이란이라는 다소 민감한 사회에서 질문을 개진하는 것은 쉽지 않았다.

특히 내가 현지조사를 했던 2009년은 보수적인 아흐마디네자드 Ahmadinejad 대통령 시절이었다. 또한 2009년 6월 제10대 대선을 전후로 녹색운동이라는 대규모 반정부 시위가 연말까지 계속되었기 때문에, 굉장히 많은 시민과 학생들이 에빈 감옥에 투옥된 상태였다. 2009년 10월 말, 테헤란국립대학교 부설 어학원인 데흐코더 사무실에서 나에게 외사과로 가서 비자 관련 인터뷰를 하라고 했다. 당시 나는 3개월에 한 번씩 어학원 내에서 비자 인터뷰를 해왔었다. 비자 연장 인터뷰 내용은 보통 "왜 이란에 왔는가? 대학원생이라면 어떤 주제를 연구하는가?" 등이었다. 그때마다 나는 "이란학을 전공한다, 시아 이슬람에 대해 알고 싶어 왔다" 등으로 에둘러 대답했다. 하지만 2009년

6월 이후 대규모 민주화 시위의 여파로 많은 사람들, 특히 이란에 거주하는 외국인들이 석연치 않은 이유로 구속되기 시작했다. 예민한 주제로 인류학적 연구를 하는 나로서는 더욱 위축될 수밖에 없었다.

2009년 10월 27일. 테헤란 남부에 위치한 외사과에 도착했다. 수사관 두 명이 있는 방으로 들어가자 질문이 시작되었다. 그즈음 어학원에 다니는 몇몇 한국 사람들이 외사과 조사를 받았다는 소식을 들었다. 그들은 어학원에서 페르시아어 초급반에 다녔고, 조사 과정에서 영어도 잘 못하자 별문제 없이 조사에서 벗어났다는 이야기를 들은 터였다. 하지만 당시 나는 어학원 최고 과정을 넘어 문학반에 있었기 때문에 영어가 아닌 빠른 페르시아어로 조사가 진행될 수밖에 없었다. "언제 이란에 왔는가?" "왜 왔는가?" "(이란의 주말인) 목요일, 금요일에는 무엇을 하는지?" "이란어를 배우는 사람들이 많은가?"와 같은 질문들이 이어졌다. 혹시나 하는 마음에 키 인포먼트였던 이란인 친구들에 대해서는 말하지 않았다. 주말에는 이란에 거주하는 한국인 후배들과 학교 선후배들을 만난다고 하니, 그때부터 "오모씨 아는가, 그의 부인 김씨를 아는가?"라고 묻기 시작했다. 나는 정말 몰랐기 때문에 모른다고 답했다. 그랬더니 "한국인 이모씨가 누구인지 아는가?"라고 물었다. 그들 입에서 나온 이모씨는 이란에 장기 거주하다 얼마 전 추방당한 한국인 선교사였다. 직접 만난 적은 없지만 이름을 들은 적이 있기 때문에, 흠칫 놀랄 수밖에 없었다. 내가 모른다고 했더니, 한국 사람들이 다 그 사람을 아는데 어떻게 모를 수가 있냐며 나를 협박하기 시작했다. "당신 여기가 어딘지 아는가? 경찰서다. 똑바로 말해라. 당신의 여권은 지금 우리 손에 있다. 아는 대로, 사실대로

만 말한다면 큰 어려움은 겪지 않을 것이다." 순간 나는 공포에 짓눌렸고, 한국의 가족들이 떠올랐다. 머릿속은 새하얘졌다. 그 선교사의 이름이 나온 순간, 그를 만나본 적은 없지만 어떤 사람인지 들었기에 나의 눈동자가 흔들렸으리라. 그들은 조사관답게 그런 나를 치열하게 밀어붙였다.

"이름은 들어본 적이 있어요. 몇 달 전 이란에서 쫓겨났다고 들었어요"라고 했더니, 그 사람이 왜 추방당했는지 아느냐고 물었다. 나는 그가 선교사라고 들었다고 말했다. 돌아오는 대답은 나를 더욱 조여왔다. 그 선교사가 여름에 붙잡혔을 때, 동료로 내 이름을 썼다는 것이다. 내가 말도 안 된다고 하면서 한 번도 본 적 없는 사람이 어떻게 내 이름을 쓰냐고 하니까, 그건 자신에게 묻지 말고 한국에 돌아가서 그 사람에게 따지라고 했다. 그때부터 그 한국인 선교사와 나의 관계를 계속 엮으면서 취조하기 시작했다. 그래서 나는 가톨릭 신자이며 개신교 쪽과는 아무 관계가 없고 한인 성당에만 다닌다고 하자, 가톨릭에서는 선교를 하지 않느냐고 물었다. 내가 아무리 관계가 없다고 주장해도, 수사관들은 계속 그 사람이 너의 이름을 썼다고 협박하면서 선교하는 사람들 중 더 아는 사람이 없냐고 물었다. 그러면서 다음 주에 나에게 다시 전화할 테니, 현재 테헤란에서 선교사로 활동하는 한국인들의 이름과 연락처를 알아두라고 했다. 내가 왜 그 일을 해야 하느냐며 황당해하니, "이란을 좋아하고 이란 문화를 좋아한다고 하지 않았느냐, 한국 사람들을 위해서라도 그 일을 하라"고 했다.

외사과에서 나오자마자 다리에 힘이 풀렸고, 황당하고 무서운 마음에 바로 이란 주재 한국 대사관을 찾아갔다. 한국 대사관 영사를

낯선 사람들 사이에서

만나 자초지종을 이야기하니, 나 외에도 몇몇 사람이 외사과 조사를 받았다고 이야기해주었다. 너무 걱정하지 말고, 다음에 또 일이 생기면 대사관 직원들과 같이 가든지, 대사관에 직접 와서 이야기하라고 말하라 했다. 나는 너무나 공포에 질려 힘이 쫙 빠진 나머지 아무것도 할 수 없었다. 기숙사에서 같은 방을 쓰던 당시 20세의 마리얌Mariyam에게 아침에 겪은 일을 말했더니, 지난여름 녹색운동 집회에 갔다가 경찰에 잡혀 며칠간 감옥에 감금당한 이야기를 털어놓았다. 감옥에서 풀려나자마자 찍은, 온몸과 얼굴에 멍이 든 사진들도 보여주었다. 가족 외에 이 사진을 보여준 건 내가 처음이라면서. 그리고 이번에 조사받은 일을 다른 이란 사람들에게는 말하지 말라고 조언해주었다. 잘못한 일이 없어도, 내가 조사받았다는 사실을 알면 보통의 이란 사람들은 분명 나를 의심하고 경계할 거라는 것이었다. 실제로 조사를 받으면서 경찰이 주말에 누구를 만나는지 물었을 때 가장 친한 친구이자 인포먼트인 사람들이 떠올랐지만, "기숙사에서 쉬거나 한국 사람들만 만나요"라고 거짓말을 했다. 나는 연구자로서 딜레마에 빠졌다. 이후 테헤란국립대학교 내에서 학생운동을 하는 한 조직을 만났지만, 내가 경찰 조사를 받은 적이 있다고 말한 이후로 그들은 나의 휴대전화나 이메일 연락을 받지 않았다. 나의 안전도 걱정되었지만, 나로 인해 인포먼트들에게 피해가 가지 않을까 두려울 수밖에 없었다.

이 사건을 통해 공포와 통제, 정보력이 이란 사회의 다양한 목소리들과 정동을 지배하고 억압하는 방식이라는 것을 몸소 체험할 수 있었다. 하지만 그와 같은 경험을 단지 내가 현지인이 되어가는 과정이라고 낭만적으로 이해하기에는 너무나 버거웠다. 동시에 그 사회에서 계속 살아가야 하는 사람들이 경험하는 불안한 사회 분위기에 대한 안타까움이 커질 수밖에 없었다.

일상적인 단속과 취조는 이란 사람들을 방어적으로 만들었다. 이란에 거주하는 젊은이들, 특히 젊은 여성들은 거리와 학교 그리고 공원에서 히잡 문제나 이슬람 규범을 어겼다는 이유로 경찰의 조사를 받거나 경찰에게 부당한 압력을 받은 경험들이 많았다. 사실 처음 이란에서 현지조사를 시작할 때만 하더라도 사회 변화를 절실히 원하면서도 거리로 뛰쳐나가지 못하고 저항하지 못하는 이란의 젊은 세대가 이해되지 않았다. 하지만 1년여의 현지조사를 경험한 이후, 사회적 현실에 불만이 있더라도 쉽게 저항할 수 없는 이란의 사회적 구조를 이해할 수 있게 되었다. 이란인 지인들은 나에게 '좋은 경험'을 했다면서, "우리가 이런 무서운 사회에 살고 있어. 너도 이제 우리의 심정을 이해할 수 있겠지?"라고 위로해주었다.

현지조사 말미, 귀국 준비를 하면서 혹시 공항에서 잡히지 않을까 하는 불안감과 공포심이 최고조에 달했다. 2009년 당시 공항에서 출국하다가 정치범으로 체포된 여러 외국인들의 사례는 나의 불안감을 더욱 증폭시켰다. 거의 3일간 잠을 이루지 못할 정도로 두려움은 극도에 다다랐다. 출국 날 공항 출국 심사대에서 여권을 내밀었더니, 공항 내 경찰서로 가라고 했다. 식은땀이 흐를 정도로 공포스러웠다. 심사대 옆에 있는 공항 경찰서로 가니, 10월 말 외사과 취조에서 받은 질문과 유사한 내용을 물었다. "이란에는 왜 왔어요? 직업이 뭐예요? 이란에서 주말에는 뭘 하며 지냈어요?" 등 몇 가지 질문과 대답이 오간 뒤 확인 도장을 찍어주었다. 3일 동안 잠도 거의 자지 못하고 너무 놀라서 그때의 기억이 잘 나지 않을 정도다. 출국장에 앉아 있는

낯선 사람들 사이에서

데, 불현듯 기내용 가방에 들어 있는, 녹색운동의 직접적 배경이 되었던 무사비 후보의 전단지가 생각났다. 화장실로 가서 전단지를 꺼내 조각조각 찢어 쓰레기통에 버렸다. 그래도 불안한 마음은 지워지지 않았다. 급기야 공항 내 방송에서 내 이름을 부르는 것 같은 환청 비슷한 소리가 들리기도 했다. 한국행 경유지인 아랍에미리트로 떠나는 비행기가 영공을 날고 있음에도 불구하고, 나는 이란 이슬람 공화국의 상징인 히잡을 벗지 못한 채 벌벌 떨고 있었다. 두바이에 도착하고 나서야 겨우 안심할 수 있었다. 귀국 후에도 현지조사의 기록들을 논문으로 옮겨도 될까 하는 불안감이 1년 가까이 지속되었다. 하지만 논문을 쓰는 과정에서 현지조사 당시 내가 체감한 공포심과 우울, 신뢰와 불신의 문제 등은 이란 사회를 관통하는 정동과 사회 심리를 이해하는 데 큰 도움이 되었다.

6. 아가씨에서 아이 엄마로: 여성 인류학자로서 사회적 위치 잡기

2009년 이란 현지조사를 시작할 때, 나는 결혼을 했고 19개월 된 아들이 있었다. 비자 발급과 재입국이 쉽지 않은 현지의 특성 때문에 조사하는 1년 동안 한 번도 한국에 나올 수가 없었다. 비자를 받는 과정에서 일이 꼬여 5, 6개월가량 출국이 늦어지기도 한 터였다. 제때 비자가 나오지 않을까봐 미리 신청한 것이 원인이었다. 비자 발급 번호가 너무 일찍 나와, 다시 한번 비자를 신청해야만 했다. 이번에는 어이없이 다른 사람의 이름으로 비자가 나왔다. 2008년 9월쯤 떠나려고 했던 계획은 무산되었고, 아이를 키우며 비자가 나오기만을

사진 4 이란의 종교도시 '곰 Qom'에서 필자

기다리는 시간이 몇 달간 계속되었다.

2008년 12월에 드디어 비자가 나왔고, 어느새 가족과 떨어질 시간이 되었다. 갓 돌이 지난 아이를 두고 1년 동안 만나지 못할 각오로 현지조사를 한다는 것은 인류학자이기 전에 한 아이의 어머니로서 쉽지 않은 선택이었다. 감사하게도 남편을 비롯한 가족들이 동의해주었지만, 오히려 주변에서 우려의 목소리가 더 많이 들려왔다. 출국 인사를 간 나에게 반 농담으로 "독한 구기연!"이라고 외친 선생님도 계셨다. 아이가 분리불안을 겪을 수도 있다, 정서적으로 힘들 수 있다는 우려들이 쏟아졌다. 또한 여러 부정적인 사례들로 마음이 무거울 수밖에 없었다.

다행히 남편을 포함해 가족들은 모든 상황을 이해해주고 전폭적인 지지를 아끼지 않았다. 이런 가족들의 응원과 지지는 현지조사뿐 아니라 박사논문을 쓸 때도 가장 큰 도움이 되었다. 엄마의 부재 속에서 어린 아들의 환경 변화를 최소화하기 위해, 시부모님이 우리 집으로 이사 와서 아이를 돌봐주셨다. 아이의 입장에서는 엄마만 갑자기 사라지고 집부터 어린이집까지 모든 환경이 그대로라 충격이 어느 정도 최소화되지 않았을까 추측한다. 1년 동안 사진과 스카이프 영상통화로 아쉬움과 그리움을 달래야 했지만, 다행히 아이는 온 가족의 관심과 사랑 속에 잘 커주었다. 아들이 2009년 당시 사망 사례가 보고되기도 했던 수족구병에 걸려 온 가족이 많이 놀란 위기도 있었다. 내가 귀국한 뒤 아이가 엄마를 거부하면 어쩌나 하는 걱정도 있었지만, 다행히 아이는 엄마와의 애착 관계를 금세 형성했다. 그렇지만 당시의 사진을 보고 있노라면 아이가 너무 어려 어떻게 그런 아이를 떼어놓고 현지조사를 갔다 왔는지 상념에 잠기기도 한다. 결혼을 앞두었고 자녀 계획이 있는 여성 후배들에게 언제 자녀를 가질지 조언하기는 쉽지 않다. 적어도 1년이 넘는 장기 해외 조사를 해야 하는 여성 인류학자들에게 임신과 출산은 풀기 힘든 숙제일 수밖에 없다. 나의 경우 박사과정 수업을 듣던 도중 한 번 유산을 경험했고, 힘들게 다시 임신한 후에도 두 달 동안 입원을 하는 등 예상치 못한 난관에 부딪쳤다. '현지'가 늘 예측 불가능하듯 현지조사를 하는 개인의 인생 역시 예측 불가능하다. 결국엔 각자 처한 상황에 맞게 결정하고 감당해야 하는 문제인 것이다.

이란 현지조사 기간 동안 미혼 여성에서 기혼 여성으로, 또 아이 어머니로의 변화는 조사 기간 동안 나로 하여금 연구자로서 전환점을 맞게 했다. 아이가 있는 엄마로서 이란 여성들과 마음속의 내밀한 이야기를 주고받을 수 있었다. 기혼자인 필자 앞에서 이란의 기혼, 미혼 여성들은 성적인 농담을 꺼냈고, 보수적인 사회에서 오히려 내국인에게는 말할 수 없는 자신들의 성생활, 남자친구와의 관계에 대해 보다 솔직한 속내를 털어놓았다. 아이와 떨어져 현지조사를 하고 있는 필자를 가장 이해하지 못하는 사람은 오히려 이란에서 가끔 마주치는 한국 교민들이었다. '아가씨'에서 '기혼녀'로의 전환과 아이의 존재는 이란 사람들과 함께할 때 서먹한 감정을 녹일 수 있는 좋은 대화 주제였고, 서로의 결혼생활에 대한 공감과 이해를 높이는 데 효과적이었다. 젠더에 따른 역할이 뚜렷이 구별되는 이란 사회에서 여성 연구자이기 때문에 오히려 이란 여성들과의 관계형성에서 장점이 많았다. 물론 보수적인 성향의 이란 남성들에 대한 조사에서는 여성 연구자로서 불리한 측면이 있겠지만, 먼저 면접 대상 여성들과 라포를 형성하고, 그들의 남성 가족 구성원과 친척, 친구, 동료들을 소개받으면서 그 불리함을 극복할 수 있었다.

하지만 나 역시 여성이기에 겪어야만 했던 성추행이라는 불쾌한 경험은 피할 수 없었다. 길거리에서 겪는 언어적 희롱과 예기치 못한 성추행은 이란이라는 통제되고 제한된 곳에서 살아가고 조사하는 데 더해지는 고통의 원인이었다. 2009년 조사 기간 동안 나는 크게 두 가지 사건을 경험했다. 한번은 택시로 착각하고 탄 승용차 운전자에게 목적지까지 가는 내내 언어적 희롱을 당한 일이었다. 도중에 차문을 열고 내릴 생각도 했으나, 시속 80킬로미터가 넘는 속도로 달리는 고가도로에서 뛰어내릴 수는 없었다. 그만하라고 있는 힘껏 소리를 지르는게 다였다. 지금 생각해보면 정말 실소가 나오는 사건이다. 그 성희롱범은 친절하게도(?) 나를 목적지까지 데려다주었고, 나 역시 너무 당황한 나머지 차비까지 주고 내렸다. 그때 일을 돌이켜보면 아찔하기도 하고 어이없기도 하다.

두번째 사건은 이란의 한 지방 대학 약학과 교수에게 당한 경험이다. 서울대에서 박사학위를 받았다며 한국에서의 경험을 나누고 싶다던 그가 학회 참석차 테헤란에 왔다며 호텔 로비에서 만나자고 했다. 로비에서 기다리는데, 문자로 자신의 방 호수를 알려주며 잠깐 올라오라는 것이었다. 나는 아무런 의심 없이 방으로 올라갔다. 들어가자마자 그는 내 볼에 입맞춤을 하고 한쪽 손으로 나의 둔부를 살짝 만졌다. 이란의 사적인 자리에서는 매우 친숙한 사이라면 살짝 포옹하고 볼을 맞대며 입으로 소리만 내는 볼 인사를 하기도 한다. 주로 동성 간의 인사지만, 격의 없고 친밀한 사이라면 이성과도 가능하다. 그럴 때도 일반적으로 직접 입맞춤을 하지는 않고 소리만 내는 것이 보통이다. 하지만 그의 입술은 가볍지만 분명히 내 뺨에 닿았고,

그렇게 인사를 하더니 나에게 먼저 로비로 내려가 있으라고 했다. 로비에 내려가 그를 기다리자니, 방금 내가 당한 일이 우연인지 고의성 짙은 성추행인지 무척 혼란스러웠다. 곧이어 그 교수가 내려왔고, 나는 그에게 아이와 함께 찍은 가족사진을 보여주었다. 한국에서 생활했다면 잘 알지 않느냐며 이성끼리는 악수도 잘 하지 않는데, 앞으로는 그렇게 인사하지 말았으면 한다고 이야기했다. 그러자 내가 기혼녀인지 몰랐다며 당황해하더니, 30분도 되지 않아 서둘러 핑계를 대며 자리를 떴다.

　성추행의 경험을 피할 수 없는 숙명으로 받아들일 수는 없을 것이다. 나의 경우 두번째 경우처럼 당사자에게 불쾌감을 직접 표현했고, 그런 경험들이 있을 때마다 주위의 이란 사람들에게 적극적으로 알리고 항의했다. 이란처럼 '성추행'에 대한 문제의식이 예민하지 않은 사회일수록, 남성들은 여성의 강력한 항의에 더욱 주춤한다. 그들의 성 의식까지 바꾸기는 쉽지 않겠지만, 피하지 않고 대차게 불쾌함을 표현하고 직접적으로 항의하면 오히려 남성들이 움찔하는 경우가 많았다. 여성으로서 겪은 예상치 못한 경험들에서 불쾌함만 얻은 것은 아니었다. 그 일을 통해 아직까지도 '성추행'이라는 사회적·문화적 개념이 성립되지 않은 이란의 현실을 볼 수 있었다. 또한 나의 경험을 나눌 때마다 "그러니 여성들이 더 조심해야 한다"는 사회적 반응을 통해, 이란 사회의 가부장적 체제를 간접 경험할 수 있었다. 그럼에도 불구하고, 특히 여성 현지조사자들이 성범죄에 언제든 노출될 수 있다는 위험성을 민감하게 인식하는 것은 그 무엇보다 중요하다.

사진 5 페르세폴리스에서 필자

7. 나가며: 이란, "그리고 삶은 계속된다."[1]

세속적인 성향의 이란 도시 젊은이들은 '랑게 모히트^{Range Mohit}', 즉 보호색이 필요하다고 말한다. 이란 지역을 현지조사하는 나에게도 보호색은 없어서는 안 될 중요한 도구였다. 통제되고 제한된 사회에서 현지조사를 하는 과정은 때로는 거짓말을 하고 연기도 해야 할 정도로 조사자 역시 '두 얼굴'이 되는 과정이기도 하다. 아이러니하게도 내가 두 얼굴의 거짓말쟁이가 되어가는 과정은 이란 사람들의 닫혀 있는 마음을 읽고 심리상태를 직접 체험하는 체화의 길이기도 했다. 특히 2009년 이란의 그 뜨거운 현장에서 이란 젊은이들의 울분과 함성을 들을 수 있었던 현지조사 경험은 앞으로의 연구 경로가 정해질 만큼 강렬한 기억이었다. 이후 2015년, 2017년, 두 차례의 단기 현지조사를 통해 이란의 격동기를 살펴보았고, 한류를 즐기는 이란의 젊은 세대들을 만나보았다. 나의 연구 관심 대상은 여전히 이란 사회에서 일상적인 저항을 보여주는 개혁주의 세력과 여성들이며, 온라인을 통해 이란 사회의 역동적인 정동의 움직임에 대해 지속적으로 관심을 이어가고 있다.

2009년 6월, 녹색운동으로 뜨거웠던 테헤란의 친구 자취집에서 우리의 마음을 흔든 사건은 마이클 잭슨의 갑작스러운 죽음이었다. 시대를 풍미했던 팝스타의 죽음 앞에서 나와 그들은 각기 다른 추억을 지니고 있었지만, 한 세기의 아이콘이었던 마이클 잭슨에 대한 서로

---

1   이 장의 제목은 이란 출신의 세계적인 거장 압바스 키아로스타미 감독의 1991년작 영화 제목 〈그리고 삶은 계속된다And Life goes on〉에서 따왔다. 1990년 이란 대지진 속에서의 희망적 메시지를 사실적으로 담아낸 영화이다.

의 기억들을 함께 나누었다. 불법 비디오와 카세트테이프로 접한 그의 퍼포먼스와 음악에 매료되어, 이슬람 최대 성지인 사우디아라비아 메카에 가서 마이클 잭슨과 만나게 해달라고 기도했다는 한 이란 젊은이의 고백을 들으며 우리의 지난 시절을 함께 회상했다. 테헤란, 그 회색빛 도시에서 집 밖의 유혈 사태를 잠시 잊고 미국 팝스타에 대한 추억을 나누었던 친구들은 지금은 미국과 영국 그리고 이란에서 그들의 삶을 계속 살고 있다.

2019년은 이란 이슬람 혁명이 일어난 지 40주년이 되는 해이자 2009년 이란 녹색운동이 발발한 지 10주년이 되는 해이다. 그동안 이란은 핵 협상이 극적으로 타결되어 국제적 관심을 받다가 트럼프 미국 대통령의 취임 이후 포괄적 공동행동계획(JCPOA, 2015년 7월 14일 오스트리아 빈에서 체결된 이란 핵 문제에 관한 합의문서)의 일방적 파기로 또다시 고립 상태에 놓여 있다. 2009년에는 주로 젊은 개혁파 세력이 "독재자에게 죽음을!"을 외쳤다면, 2019년 이란의 거리에서는 트럭 운전사, 교사, 여성 인권 향상을 외치는 여성들이 저마다 목소리를 높이고 있다. 이란은 무한한 가능성을 가진 사람들의 힘이 느껴지는 단단한 사회이다.

이란은 역사의 격랑 속에서도 다시 일어서는 저력이 있다. 그 저력의 뿌리는 자신들의 문화에 자부심을 가지고 때로는 사회와 정권에 용감하게 맞설 줄 아는 '사람들'이었다. 현지조사는 바로 이런 사람들을 만날 수 있는 소중한 삶의 경험이며, 그들을 통해 나를 성찰적으로 바라보게 되는 과정이었다. 이란은 밖에서 상상하는 모습과 다른 결들을 갖고 있기에, 현지에서 '나의 눈'으로 이란 사회를 즉시하는 것은 중요한 의미가 있었다. 이란인들의 삶이 계속되고 다양한 층위의 정동들이 충돌하는 현지에서, 나는 늘 배우고 관찰하고 참여하는 역할을 계속하고자 한다. 늘 그랬듯이, 혼란 속에서도 "그들의 삶은 계속된다."

참고문헌

이문희, "소문의 구성과 상상의 유통: 화성군 연쇄 살인사건을 중심으로", 서울대학교 인류학과 석사학위 논문, 1999.

Abu-Lughod, Lila, *Veiled Sentiments: Honor and Poetry in a Bedouin Society*, Univ. of California Press, 2000.

Good, Mary-Jo DelVecchio, and Byron J. Good, "Ritual, the state, and the transformation of emotional discourse in Iranian society", *Culture, Medicine and Psychiatry* 12(1): 43-63, 1988.

낯선 사람들 사이에서

2

얼음을 깨뜨리며:

일본 현장연구 과정에서의 해석과 갈등

김희경

1. 들어가며[1]

박사논문 현장연구를 위해 일본 나가노현長野県의 다세대 주택에 산지 1년이 지난 어느 날이었다. 집에 들어가려고 차를 대고 있는데, 1층에 사는 남자의 뒷모습이 보였다. 건물로 들어가는 입구를 가로막듯서 있는 그에게 "안녕하세요"라고 인사를 건넸다. 그런데 그가 혼잣말인지, 짐짓 자신을 보아달라는 것인지 "아, 이 얼음이 도통 깨지질 않네"라고 말했다. 주차장은 건물 바로 앞에 있었다. 나가노현은 겨울이 길어 4월 초순까지 눈이 내렸다. 빙판이 되어버린 주차장을 오가며 나 역시 눈과 얼음을 치우고 싶다는 생각을 했다. 그러나 공연히 유난을 떠는 것 같기도 하고, 여자 혼자 살고 있다는 사실을 사방에 알리는 것 같아 마뜩지 않았다. 그러던 차에 혼자 얼음을 깨고 있는 그를 마주친 것이다.

나는 1층 비품 창고에서 쓰레받기를 들고 와 모서리로 얼음의 가장자리를 깨기 시작했다. 쉽게 으스러지는 얼음도 있었지만, 좀처럼 부서지지 않는 얼음도 있었다. 1층 남자 역시 창고에서 긴 빗자루를 들고 와 내가 깬 얼음을 쓸어 볕이 드는 곳으로 옮기기 시작했다. 우리는 그렇게 한참 동안 단단하게 붙어 있는 얼음을 깨고 나르는 작업을 말없이 반복했다.

이곳에 이사 온 지 1년이 다 되어갔지만, 그와 이렇게 오랜 시간 마주한 것은 처음이었다. 비록 서로를 익히 관찰해왔고, 그 관찰을 통

---

1 이 글은 서울대학교 인류학과 웹저널 앤스로피아(http://anthropia.kr/) 1호 '필드에서' 섹션에 게재했던 글을 본서의 취지에 맞게 수정, 보완한 것이다. 초고를 읽고 의견을 주신 이경묵, 이도정, 이수유, 이예성 선생님께 감사드린다.

낯선 사람들 사이에서

해 안다면 알고 모른다면 모를 관계를 유지해왔지만 말이다. 이 건물에 먼저 이사 온 사람은 나였다. 사전조사를 하기 위해 머물렀던 칠순 할머니 댁에 1년 이상 신세를 지기는 어려워 본조사 기간에는 읍내에 있는 3층짜리 다세대 주택에 머물기로 했다. 부동산 직원과 빈방들을 둘러보며 2층으로 할지 3층으로 할지를 망설이는 나에게 남편은 꼭대기 층이 가장 안전할 것 같다고 말해주었다. 복도 안쪽 방을 구할지 계단 쪽 방을 구할지도 고민했는데, 부동산 사무소 여직원이 당연하다는 듯 한마디 툭 내던졌다.

"당연히 계단 쪽 방이 좋지요."

"왜요?"

"생각해봐요, 복도 안쪽 방을 택하면 다른 방 사람들이 당신을 볼수도 있고 마주치기도 쉽잖아요."

그 여직원의 심드렁한 한마디가 그 건물에서의 내 생활을 좌우하는 중요한 지침이 되었다. 그녀의 말 뒤에는 같은 건물에 사는 사람들과 마주치는 것은 결코 유쾌한 일이 아닐뿐더러, 다른 사람에게 가급적 나를 노출시키지 않는 것이 좋다는 지침이 숨어 있었고, 나는 철저히 그 지침을 따르게 되었다. 실제로 내가 이사를 온 지 얼마안 되어, 일본에서는 영국에서 온 여자 대학생이 같은 아파트에 사는 젊은 남자에게 칼부림을 당하는 사건이 발생하기도 했다. 일본인 지인인 고치 씨는 그 사건을 나에게 이야기해주며 "희경 씨, 절대 이 아파트에 사는 다른 사람, 특히 남자하고는 웬만하면 친하게 지내지 마요. 위험하니까"라고 말하기도 했다. 나는 그러겠노라고 크게 고개를 끄덕였다. 이후 현관문에 달린 외시경에 의지한 생활이 시작되었다.

사진 1 1층 남자의 집

사진 2 필자의 숙소 주변

2. 한밤중의 위협

그런데 그 다세대 주택에 입주한 첫날부터 나는 통로 쪽 방을 추천해준 여직원의 속내를 의심하게 되었다. 3층 계단 쪽 방은 같은 층 사람들이 오가며 내는 모든 소리를 적나라하게 들을 수 있는 곳이었기 때문이다. 이삿짐을 나르느라 땀으로 찐득찐득해진 몸을 마룻바닥에 누인 뒤 잠시 눈을 감고 선잠을 청하던 첫날, '뚜벅뚜벅' 하며 누군가 걸어오는 소리가 너무나 선명하게 귀 안쪽에 꽂히는 게 아닌가. 시계를 보니 밤 12시 반이었다. 나는 긴장감에 벌떡 일어나 소리가 나는 방향으로 귀를 기울였다. 묵직하고 다소 위협적인 발소리는 점점 내 쪽으로 다가오더니, 갑자기 방향을 틀어 반대편을 향하기 시작했다. 나는 철커덕하고 문이 닫히는 소리가 날 때까지 긴장한 얼굴로 소리의 방향을 좇았다. 다음 날 아침, 나는 전날 밤보다는 다소 날렵하고 조급한 발소리에 잠이 깼다. 새벽 6시. 마치 내 집 현관문이 열리듯 문 열리는 소리가 너무나 선명하게 들렸다. 전날의 피곤함 때문에 간밤처럼 기민하게 반응하지는 못했지만, 만약의 사태에 대비해 귀만은 쫑긋 세운 채 소리의 방향을 좇았다. 그 소리 역시 나를 지나쳐 급하게 아래로 달려내려갔다. 그렇게 며칠 동안 나는 방 밖에서 나는 소리들과 현관 외시경을 통해 파악한 정보들을 부지런히 모으며 사람들을 열심히 관찰했다.

부동산 여직원이 이 다세대 주택을 나에게 추천해준 저의를 의심하게 만드는 사건들은 연달아 발생했다. 한번은 친구를 마중하러 나가는데 1층 맨 오른편 방에 경찰들이 와서 그 집에 사는 사람의 짐을 나르고 있었다. 친구와 나는 경찰에게 혹시 도둑이 들었는지 물었다.

경찰은 고개를 저었다.

"프라이버시 때문에 말씀드릴 수는 없습니다. 다만 말씀드릴 수 있는 것은 이 집에 사는 사람은 피해자가 아니라 범인이라는 사실입니다."

나는 이사오던 날, 1층 문 앞에 앉아 담배를 피우며 나를 쳐다보던 긴 노랑 머리 여자를 떠올렸다. 그리고 얼마 후, 그녀의 남자친구로 보이는 웬 사내가 그 집을 쓰기 시작했다. 며칠 뒤, 2층 난간에는 다음과 같은 안내문이 커다랗게 붙어 있었다. "특가 할인! 지금 들어오시면 보증금과 첫달 월세를 면제해드립니다!"라는 내용이었다. '한 달만 늦게 들어왔어도 더 싸게 들어올 수 있는 건데'라는 생각은 잠시, 그 안내문이 붙은 이유는 그만큼 이 건물에 빈방이 많다는 것을 의미한다는 사실을 깨닫게 되었다. 지역 주민이라면 쉽게 선택하지 않을 뭔가 암울하거나 위험한 사연이 있는 건물을 사정을 모르는, 좀 만만해 보이는 외국인 나에게 소개해준 것은 아닌가? 나는 불안과 분노를 동시에 느꼈다. 무엇보다 매일 밤 새벽 3시 반경에 누군가가 내 집 현관문을 거칠게 잡아당기는 소리를 들으며 더욱 큰 불안을 느끼게 되었다.

'헉! 무슨 소리지?'

나는 겁에 질린 채 이불 안에서 최대한 몸을 움츠리고는, 베란다에서 뛰어내려야 할지 말지를 고민했다. 그러나 그 이상 아무 일도 일어나지 않았다. 어쩌면 꿈일지도 모른다고 생각하며 다시 잠을 청했다. 그런데 그 이후에도 몇 번이고 그 소리를 들었다. 나중에는 내가 신경이 지나치게 예민해져 헛소리를 듣는 게 아닌가 의심될 정도로 새벽 3시 반마다 그 둔탁한 소리에 잠을 깰 수밖에 없었다. 외시경으로 밖

낯선 사람들 사이에서

을 확인하기에는 너무 어두운 시각이었고, 문을 열어 밖을 내다볼 용기는 더더욱 없었다. 어쩌면 그는 지능적으로 나의 호기심을 자극하고 있는지도 모를 일이었다. 내가 호기심에 못 이겨 문을 여는 순간, 그가 칼을 들이대며 위협할 수도 있지 않을까.

3. 인류학자의 방

새벽의 위협이 계속 이어지자, 나는 그간 모아온 소리의 정보들을 펼쳐놓고 위협을 가하는 주인공을 찾기 시작했다. 분명 한 달 전 처음 이사를 왔을 때만 해도 듣지 못했던 소리였다. 그러면 한 달 전과 지금 무엇이 달라졌나. 1층에 남자 두 명이 들어왔다. 한 남자는 노랑 머리 여자가 살던 집에 들어왔고, 또 다른 남자는 1층 통로 쪽 방에 들어온 칠십 대 백발 노인이었다.

나는 특히 그 백발 노인이 신경에 거슬렸다. 그는 이 다세대 주택에서 지켜야 할 암묵적인 규범을 보란 듯이 위반하고 있었다. 그중 하나가 자신을 노출하면 안 된다는 규범이었다. 그는 종종 자기 집 현관과 베란다 문을 열어놓았다. 또 하나, 자기 집 앞이자 공동 주차장 공간을 마치 자신의 앞뜰처럼 사용했다(사진 1). 거기에 앉아 햇볕을 쬐기도 하고, 먹다 남은 페트병을 놓아두거나 자전거를 주차하기도 했다. 특히 그의 집 앞이 바로 내가 차를 주차하는 자리였다. 내 차가 주차되어 있었다. 나는 차를 주차하면서 그가 현관문에 달라붙어 은밀하게 나를 관찰하고 있을 거라고 생각했다. 내가 그랬던 것처럼, 그도 외시경을 통해 보이는 세상에 빠져 이 건물에 사는 사람들을 관찰하

사진 3 현지조사 당시 필자의 방

는 일에 사로잡혀 있을지도 모를 일이다. 아니, 아마도 그럴 것이다. 그는 달리 하는 일도 없었고, 건물에서 빠져나가는 사람들을 관찰하기에 가장 좋은 자리를 차지하고 있었기 때문이다. 나는 그를 의심하고 경계하기 시작했다.

흥미로운 사실은, 그가 언제나 나를 지켜보고 있다는 사실이 나에게 묘한 흥분을 일으켰다는 점이다. 처음 얼마간은 그의 시선이 불쾌하고 불편했지만, 다른 한편으로 그의 눈에 나라는 존재가 어떻게 비치고 있을지 자못 궁금해졌다. 그리고 그의 입장에서 나를 생각해 보게 되었다. 사실 그의 입장에서 보면 나야말로 수상하기 짝이 없는 존재일 것이다. 3층에 사는 저 여자 역시 직장을 다니는 것처럼 보이지는 않는다. 몸은 비교적 마른 편이다. 자동차를 타고 나갈 때도 있고, 자전거를 타고 나갈 때도 있다. 하지만 전혀 나가지 않는 날도 많다. 어떤 날은 새벽같이 나가고, 어떤 날은 다 늦은 밤에 집을 나서기도 한다. 때로는 알아들을 수 없는 외국 말로 누군가와 통화를 하기도 한다. 신문은 두 개나 구독하고 있다. 한번은 어떤 사내와 함께 다정하게 집에 들어간 적도 있다. 그때도 알아들을 수 없는 요상한 말을 떠들며 지나갔다. 가끔은 일본인들이 찾아오기도 한다. 나이 든 여자도 찾아오고, 젊은 여자도 찾아온다. 일을 하는 것도 아니고, 학생이라고 보기에는 다소 나이가 있어 보인다. 안경을 쓰고 다니는 모양새를 봐서는 술집 여자는 아닌 것 같다. 왜 여기서 살까? 왜 혼자 여기서 살까? 뭐 하는 사람일까? 아마 그도 나처럼 끝도 없이 이어지는 질문을 되새기며 나를 관찰하고 있을 터이다.

실제로 나의 상상은 한발 더 나아가 있었다. 결국에는 내가 피해자가 되거나 그와 격투를 벌인 끝에 그를 찔러 죽이는 사건이 벌어질지도 모른다. 언론에 보도될 내 방의 모습은 어떨까. 한쪽 벽면에는 지도가 잔뜩 붙어 있고, 신문 더미가 잔뜩 쌓여 있다. 다른 한쪽에 최신식 프린터 겸용 스캐너가 놓여 있고 오른쪽 벽면에는 각종 서류들이 무질서하게 쌓여 있는 내 방을 나는 새삼 유심히 바라보았다. 경찰들은 조사를 빌미로 내 노트북까지 뒤질지 모른다. 그리하여 지역 주민들과 인터뷰한 내용이 적나라하게 정리되어 있고 시의 중요한 정보 및 통계들을 잔뜩 모으고 있다는 사실이 알려질지 모른다. 그냥 지나가는 말로 한마디 던진 것까지 세세하게 다 적어놓은 조사 일기를 보며 사람들은 경악할지도 모른다. 새삼 외국의 인류학자들이 일본에서 현지조사를 할 때 IRB와 같은 연구윤리 심사장치가 필수적으로 마련되어야 한다는 목소리가 본격적으로 대두될지도 모른다. 일본 정부의 장학금을 받는 도쿄대 객원연구원 신분의 외국인 여성 연구자를 처리하는 문제는 꽤 신중을 기해야 할 외교적 사안이 될지도 모른다.[2] 어쩌면 한국 내에서도 꽤 큰 이슈가 될지 모른다. 새삼 인류학이란 무엇인가, 인류학적 조사는 어떻게 이루어지는가, 그 조사가 행해지는 동안 연구자를 보호할 법적 장치를 마련해야 한다는 목소리가 높아질지도 모른다.

---

2 필자는 일본에서 현지연구를 하는 데 드는 비용을 감당하기 위해 인문사회과학을 전공하며 일본에 관한 연구를 하는 대학원생을 매년 선발하는 일본국제교류기금Japan Foundation의 일본연구펠로십에 지원하여 1년간 장학금을 받았다. 자세한 사항은 아래의 홈페이지에서 확인할 수 있다. http://www.jpf.or.kr/index/s4/s4_5_3_3.php?wr_id=12#jp_study1.

4. 동양계 여성 인류학자로서의 위치

이러한 나의 상상은 여성 인류학자로서 그동안 겪어온 유쾌하지 못했던 경험들에서 비롯되었다. 석사논문 작성 당시 나의 연구주제는 폭발적으로 증가하는 지식, 담론, 정책이 노년의 의미를 어떻게 변화시키는지, 노인들은 자신들을 '문제적 존재'로 바라보는 시선에 반하여 어떤 일상적 저항을 행하고 있는지였다. 학부에서 사회복지와 보건교육을 공부한 탓에 노인들은 모두 '착하고 친절하며 다정할 것'이라는 온정적 시각을 나도 모르게 가지고 있었던 것 것 같다. 실제로 현장에서 만난 대부분의 노인들은 다른 연령대의 사람들보다 훨씬 관대하게 필자의 말에 귀를 기울여줬고, 자신의 이야기를 기꺼이 몇 번이고 반복해서 털어놓았다. 하지만 일부 노인들은 젊은 여자로 대하며 희롱하기도 했다. 낮시간에 지하철을 타고 다니며 시간을 보내는 남자 노인들을 연구할 때였다. 내가 말을 건 다음 이것저것 물어보면, "그런 복잡한 거 묻지 말고 나랑 꽃구경이나 가자"며 농지거리로 받아치기도 했고, 성난 얼굴로 위협을 가하는 노인들도 있었다.

노년의 문제를 다루다보니, 인구 고령화라는 주제로 관심이 더욱 확장되었다. 자연히 세계에서 인구 고령화가 가장 많이 진행됐으며 한국의 모델이기도 한 일본을 박사논문의 현장연구 지역으로 고려하게 되었다. 그래서 일본어 학원에 등록해 틈틈이 일본어 공부를 하면서 일본에 갈 준비를 하던 중에, 풀브라이트 장학금을 받아 미국 텍사스 주 오스틴대학University of Texas at Austin에 1년간 방문연구자로 머물게 되었다.[3] 당시 미국의 지도교수 역시 풀브라이트 장학금을 받아 일본 농촌 지역에서 노년 문화를 주제로 현장연구를 수행한 인류학자였다.

　오스틴에서 지내던 어느 날, 집 근처를 산책하다가 정원을 가꾸는 백인 남자 노인을 마주쳤다. 그의 손자가 앞뜰에서 천진하게 놀고 있었다. 가벼운 인사를 건네는 나에게 그는 느닷없이 부인이 죽은 지 수년이 지났고, 그래서 여자를 사는 일이 많다는 말을 했다. 그는 부지런히 정원 나무들을 손질하고 손자에게 인자한 웃음을 보내면서, "그런 여자들과 성관계를 할 때는 반드시 성병이 있는지 먼저 검사를 해야 한다"는 말을 덧붙였다. 오후 해 질 무렵, 평화로워 보이기만 하는 정경과 도무지 어울리지 않는 이야기를 꽤 진지하게 늘어놓는 그에게, 나는 몇 번 말대꾸를 하고는 얼른 자리를 떠야 했다. 며칠 뒤 미국의 지도교수에게 그 경험을 털어놨더니, 그는 "미친놈"이라고 욕하며 다시는 그런 사람과 이야기를 나누지 말라고 했다. 일본인을 부인으로 뒀던 지도교수는 동양계 여성들에게 그런 일이 특히 많이 일어난다며 조심하라고 몇 번이고 당부했다. 이런 중첩된 경험들로 인해, 1층 남자에 대한 나의 의심은 더욱 깊어질 수밖에 없었다.

5. 한복과 기모노

처음 사전조사를 할 때는 남편과 사별 후 혼자 살고 있는 칠순 할머

3　대학원생에게 제공되는 풀브라이트 장학금은 크게 학위과정과 비학위과정으로 구분된다. 학위과정은 미국 대학에서 학위과정을 이수하는 학생들의 학비를 지원하는 프로그램이다. 필자는 국내 박사과정 후보자 가운데 연구와 관련된 자료수집 및 연구를 목적으로 미국에 방문하는 대학원생에게 10개월간 연구비를 지원하는 비학위과정non-degree 장학금을 받아 1년간 미국에 체재했다. 자세한 사항은 아래 홈페이지에서 확인할 수 있다. http://www.fulbright.or.kr/grant/graduate.

　　　　　　　　　　　　　　　　　　　　　낯선 사람들 사이에서

사진 4 **지역 노인회에서 한복을 입고 한국의 새해 문화를 설명하는 필자**

사진 5 **지역 노인회의 초청으로 기모노를 입고 다도를 배우는 필자**

니 집에서 지냈다. 애니메이션 〈이웃집 토토로〉에 나올 법한 전형적인 일본 농촌 가옥이었다. 그곳에서의 생활도 그리 나쁘지는 않았지만, 인터넷 연결이 불가능했고 매번 할머니의 차를 얻어타고 시청에 출퇴근하는 일도 여의치 않아, 본조사 기간에는 시청 근처에 있는 숙소를 얻었다.

나는 시청에서 고령자지원과의 '연수생'이라는 이름표를 목에 걸고 시청에서 진행하는 다양한 고령자 지원사업에 참여했다. 공적인 자리에서 소개가 필요할 때는 '김상'이라고 부르기도 했지만, 평상시에 시청 직원들은 나를 마치 어린아이 부르듯 '김짱'이라고 불렀다. 그리고 실제로 내가 어린아이가 된 것 같은 기분도 들었다. 시청에서 하는 다양한 사업들을 참관하기 위해 매일같이 고령자지원과 계장에게 나의 일정을 보고하고 직원들의 일정을 물어, 흥미가 가는 사업을 둘러볼 수 있게 부탁을 해야 했다. 지역 지리에 어두웠기 때문에, 사업 현장에 갈 때는 늘 직원들이 모는 차를 얻어타고 가야 했다. 사업현장에서는 "일본의 선진적 복지 시스템을 배워 고국의 문제를 해결하기 위해 저 멀리 한국에서 날아온 김짱이 오늘 이 자리에 왔다"며 불려 나가는 경우가 많았다.

일본말을 하는 외국인을 볼 기회가 없던 이곳 주민들은 일본인과 별로 다를 바 없이 생긴 나의 외모에 감탄했고, 내가 그들의 말을 알아듣고 내가 하는 말을 그들이 알아들을 수 있다는 사실에 매우 감격스러워했다. 그러면서 "일본어를 읽을 줄도 아세요?"라고 물었다. 그들이 말하는 일본어란 한자를 뜻하는 경우가 많았다. 처음에는 "일본에 한자를 전해준 게 한국이에요"라고 말하며 사실을 바로잡으려 애쓰기도 했지만, 나중에는 그런 그들을 그저 관찰했다. 그들의 한국

낯선 사람들 사이에서

에 대한 무지가 나에게는 관찰의 대상이었다. "한국 사람들은 머리가 나빠 한자를 못 배워서 한글을 만들었다는데 그게 맞지요? 내가 예전에 경주에 관광을 갔는데, 그때 한국 관광 가이드가 그렇게 말했어요." 이런 이야기를 들으면 나도 모르게 한국인으로서의 자의식을 강렬하게 느끼기도 했다. 그들은 나에게 한복을 입고 한국 문화에 대해 설명해줄 것을 청하면서도(사진 4), 한사코 사양하는 필자에게 기모노를 입히고 다도에 대해 가르쳐주고자 했다(사진 5).

동네 지리에 어느 정도 익숙해지고 시청에서 하는 사업들의 전반적인 그림이 어느 정도 머릿 속에 들어온 뒤에는 슬슬 시청 직원들의 도움에서 벗어날 수 있었다. 비가 심하게 내리면 천장에서 빗물이 줄줄 새기는 했지만, 그래도 없는 것보다는 나은 중고 자동차를 구해 이곳저곳을 다니기 시작했다. 그리고 지역 내 종합병원 및 중소 병원, 노인복지시설(노인보건시설, 특별노인요양홈, 데이케어센터, 치매노인 소규모 그룹홈, 거택보호센터, 소규모 다기능 시설 등)에서 실시하는 사업들 가운데 몇 개를 골라 자원봉사자 신분으로 참여관찰을 실시했다. 또한 사업 및 현장에서 만난 노인들 가운데 인터뷰를 수락한 노인들의 집에 정기적으로 방문해 심층 인터뷰를 진행했다. 초반처럼 매일은 아니지만, 일정을 보고하러 한 번씩 시청에 들르면, 직원들이 나에게 와서 각지에서 들어온 "김짱을 보았다"는 목격담과 제보들을 전해주며 스스로 지역 여기저기를 누비고 다니는 나의 성장을 대견해했다.

지역 주민들 가운데는 앞뒤 없이 배타적인 사람들도 많았다. 말이라도 붙여볼 양으로 "한국 음식 좋아하세요?"라고 물으면 "나는 한국 음식 같은 것은 한 번도 먹어본 적 없어요"라고 매몰차게 쏘아붙이는 사람이 있는가 하면, 한국 음식에는 무조건 고추가 들어간다고

사진 6 **지역 노인과 심층 인터뷰 중인 필자**

생각하는 사람도 있었다. 한국 식당에 가서 김치를 밥도 없이 샐러드처럼 씹으며 한국 음식은 참 맵다고 말하는 그들의 모습을 보며 쓴웃음을 지은 적도 있다. 가끔씩은 사실 그렇지 않다는 것을 말하기 위해 열변을 토하기도 했지만, 점차 내가 펜을 쥐고 있다는 사실을 위안으로 삼기 시작했다. 결국 기록을 남기는 사람은 학자인 나라는 오만으로 지탱했던 것이다.

6. 위안부의 나라에서 온 여성 연구자

조사가 본격적으로 진행되면서, 인터뷰를 수락한 노인들의 집에 한 달에 한 번씩 정기적으로 방문해 심층 인터뷰를 진행했다. 대부분의 노인들이 "차나 마시게 들르라"고 말했지만, 막상 집에 가보면 한 끼 식사를 방불케 하는 음식을 정성스럽게 차려놓고 기다리는 경우가 많았다(사진 6 참고).

조사를 한창 진행하던 어느 날, 나는 한 오십 대 여성의 집에 방문해 그녀와 차를 마시며 이야기를 나눴다. 그녀는 나의 주된 정보제공자인 팔십 대 노부부의 딸이었다. 그녀는 내가 노부부를 만날 때마다 함께했다. 그렇게 그녀를 알고 지낸 지 6개월이 지났다. 그러고 나서 처음으로 단둘이 차를 마실 기회가 생긴 것이다. 어느 날 그녀가 갑자기 자기 집에 잠시 들르지 않겠느냐고 청했다. 나는 그러겠다고 했다. 그녀는 아이가 없었다. 그녀 부부에게 무슨 문제라도 있는 것인지는 묻지 않았다. 이런 시골에서 아이가 없다는 것은 그녀를 꽤 고통스럽게 만들 것이 분명했다. 그런데 자식이 없어서 적적해서인지, 아니면 그냥 나라는 존재가 신기해서인지 하루에도 여러 번 문자 메시지를 보내는 그녀가 내심 불편하기도 했다. 그렇지만 그녀의 부모님이 중요한 정보제공자들이었기 때문에 그녀를 막 대할 수도, 청을 거절할 수도 없었다.

"아, 맞다. 희경 씨, 강아지 좋아해요?"

"아, 저는 개를 좀 무서워하는데요."

"그래요? 우리 집 강아지는 작으니까 괜찮아요."

나는 개를 무서워한다. 그래서 개 주인들이 "이 개는 물지 않아요"라고 말하는 것을 믿을 수가 없었다. 심지어 손의 절반이 개의 입속에 들어 있는 상태에서 그렇게 말하는 사람도 보았다. 내가 지금 그 광경은 대체 뭐냐고 항변하면, 대부분 "아, 이건 무는 게 아니에요. 그냥 애정 표현이죠"라고 말한다. 하지만 그런 그의 몸에서 개에게 물린 상처는 반드시 발견됐다. 무는 것으로 애정을 표현한다니. 나는 그 표현방식도 마음에 들지 않았다. 게다가 녀석들은 낯선 사람이 오면 짖는다. 자신을 위협하지 않아도 일단 짖고 본다. 내 소리와 냄새만 맡고 행여나 자신에게 위해를 가할까 두려워하며 먼저 나를 위협하지 않는가?

새삼 그녀의 집에 들어가기가 겁이 났다. 나는 끌려가듯 그녀의 집에 들어섰다. 그런데 그녀는 차를 내올 생각이 없는 듯, 자리에 앉자마자 나에게 질문을 쏟아냈다. 바로 옆방에서는 개가 컹컹 짖고 있었다. 그 녀석은 집이라고 불리는 아주 좁은 창살 안에 갇혀 있었다. 바깥에서 뛰놀지 못하고 갇혀 사는 녀석의 정신 상태는 썩 좋아 보이지 않았다.

저 녀석도 결국은 나를 증오하게 될 거라는 생각을 하며 차를 마시

낯선 사람들 사이에서

고 있는 나와 달리, 그녀는 그동안 나에게 묻고 싶었던 각종 질문들을 토해냈다. 혈액형이 뭐냐? 성격은 어떤 편이냐? 생각이 많은 편이냐? 남편은 어떻게 만났느냐? 등등. 심지어 그녀는 내 손금까지 봐주었다. 그녀가 왜 미팅 자리에서나 들음직한 그런 질문들을 나에게 하고 있는가 하는 의구심을 지울 수 없었다. 그러면서도 꽤 길고 상세한 답변을 토해내고 있는 나 자신을 보니, 그간 상당히 말에 굶주려 있었던 모양이다.

나는 일본으로 조사를 하러 오기 전 미국에서 1년을 지내며 준비했던 일, 귀국해서 대학원 박사과정 마지막 수업을 들으며 이듬해 4월에 있을 결혼을 준비했던 일, 상견례와 웨딩사진 촬영 등의 일정을 소화하면서도 논문제출 자격시험용 연구계획서를 작성하기 위해 무작정 짐을 싸서 일본으로 날아갔던 일 등을 풀어놓았다.

당시에는 후쿠오카에 가 있는 동료 인류학자의 집에 여장을 풀고 매일 밤 내 연구에 조금이라도 관심을 가질 만한 대학 교수들에게 이메일을 보냈다. 답신을 보내주는 교수가 있으면 만날 약속을 잡아 나를 소개하고 필드를 추천받았다. 추천받은 필드 주변의 대학이나 시청, 기관에 이메일을 보내고, 답신이 오면 만날 약속을 잡아 고속철을 타고 이동하는 식으로 한 달간 규슈九州에서 도쿄東京, 나가노長野 등을 오가며 무수한 사람들에게 하릴없이 내 명함을 뿌려댔다. 그러다가 반나절 정도 머물렀던 나가노현을 조사지역으로 선정하고 한국에 돌아와 보통 신부들처럼 결혼식 준비를 했다. 4월에 결혼식을 올리고 6월부터 9월까지 다시금 사전조사를 하러 나가노현으로 날아가 혼자 사는 칠십 대 할머니 집에 들어가 살았던 이야기까지 풀어놓았다. 호기심 어린 눈빛으로 내 이야기를 듣던 그녀가 사실 나에게 가장 묻고 싶었던 것이 아니었을까 싶은 회심의 질문을 날렸다.

"저기, 부모님이랑 남편이 허락해주던가요? 이렇게 혼자서 일본에 오는 걸?"

"네. 남편은 대학교 때 저랑 같은 전공을 공부했어요. 그래서 제가 가야 한다는 걸 이해해줬지요. 부모님도 걱정은 하셨지만, 그래도 제가 여기 오기 전에 미국에서도 1년간 지냈거든요. 미국보다는 일본이 아무래도 가까우니까 더 안심이 되셨겠지요. 그래봐야 늘 저를 걱정하시겠지만요."

그녀가 나의 눈을 바라보며 회심의 질문을 또 날렸다.

"아, 그렇군요. 그런데 일본과 한국 사이에는 괴로운 역사가 있잖아요, 테이신타이라는. 그런데도 부모님하고 남편이 보내주던가요?"

처음에 나는 그녀의 질문을 알아듣지 못했다. 테이신타이라는 말을 못 알아들었기 때문이다. 그런데 조금 시간이 흐른 뒤 그게 정신대挺身隊라는 말임을 깨달았다. 정신대. 그 단어를 참 무심할 정도로 잊고 살았다는 사실에, 그 단어를 일본인 여성의 입을 통해 들었다는 사실에, 그리고 그녀가 그 단어를 나와 연결시키고 있다는 사실에 너무 충격을 받아 나는 한동안 멍한 표정을 짓고 있어야 했다.

"글쎄요. 그게, 그런 역사가 있긴 하지만, 부모님하고 남편이 그런 것까지 생각을 하지는 않았을 것 같고. 보세요, 저는 학생이라는 신분도 있고. 여기는 치안도 잘 유지되고."

더듬거리며 말을 이으려고 애썼지만 생각처럼 잘되지는 않았다.

"아, 그렇군요."

대화는 다시 이런저런 화제로 휩쓸려 돌아다녔다. 건넌방에 갇힌 개의 목소리가 애원에서 분노로 변하는 것이 느껴졌지만, 그녀는 아

낯선 사람들 사이에서

랑곳하지 않고 나와 대화를 이어나갔다. 그후에 그녀와 무슨 대화를
나누었는지는 잘 기억이 나지 않는다. '정신대'라는 단어가 뇌리에 너
무 선명하게 꽂혔기 때문이다. 나는 6개월 동안 매달 그녀를 만났다.
그리고 그녀는 내 핸드폰 번호를 안 다음 매일같이 나에게 문자 메시
지를 보냈다. 그런데 이제야 나에게, 어떻게 내 가족들은 자기 나라
여성들의 몸을 겁탈했던 나라에 자신의 소중한 딸을 그리고 부인을
보낼 수 있느냐는, 사실은 가장 궁금했던 질문을 하고 있었던 것이다.
그제서야 나는 지난 1년간 나의 신분을 소개하면 으레 따라붙던 질
문들을 되돌아보게 되었다. "결혼한 지 1년밖에 안 됐는데 용케 남편
이 보내줬네요. 용케 시부모님이 이해해주셨네요." 놀라움에 가득 찬
그런 목소리의 이면에는 어쩌면 그녀가 나에게 던진 이 질문이 생략
되어 있었을지도 모르는 일이다. 나야말로 창살에 갇힌 채 분노에 사
로잡혀 있는 저 녀석처럼 대화를 거부한 채 일방적인 의사소통을 해
온 것임을 그제야 깨달았다.

7. 3·11 동일본 대지진, 그들과 나의 재해

조사가 후반부로 접어들어가던 어느 날 밤이었다. 나는 어둠 속에서
바닥이 흔들리는 것을 느끼며 눈을 떴다. 책이 떨어지는 소리를 어렴
풋이 들은 것 같기도 했다. 시계를 확인하니 새벽 4시였다. 몸을 움직
여보았다. 이불 속의 몸은 크게 다친 것 같진 않았다. 3·11 동일본 대
지진이 일어난 다음 날 밤이었다.
　3·11 대지진이 발생한 날 오후, 나는 수십 년간 료칸旅館을 지켜온

안주인을 만나 긴 인터뷰를 마치고, 서점 옆에 붙어 있는 작은 커피숍에 들러 인터뷰 내용을 정리하고 있었다. 그때 전에 경험하지 못한 멀미를 느꼈다. 이상한 기운에 주변을 둘러보니, 천장에 달린 전등이 심하게 흔들리고 사람들이 건물 밖으로 뛰어나가고 있었다. 나도 재빨리 짐을 챙겨 건물 밖으로 나섰다. 우리들은 서점 건물이 기묘한 모양으로 춤추는 것을, 그리고 책장들이 넘어지는 모습을 잠시 지켜보았다. 그 진동이 저 멀리 동북부 해안으로부터 몰려왔다는 사실을 서점 건너편에 위치한 체육관에서 들을 수 있었다. "여기도 진도가 6.8이었대요", "저는 여기 오는 차 안에서 느꼈잖아요. 차가 막 흔들렸는데, 지진이라고는 생각하지 못했어요." 그렇게 몇 마디가 오간 후, 그들은 평소와 다름없이 운동복으로 갈아입고 운동을 시작했다.

집으로 돌아오니 책장이 넘어져 있고 책들이 부산하게 흩어져 있었다. 나는 책들을 적당히 밀어넣고 3·11 대지진에 대한 뉴스를 보며 도시락을 까먹었다. 그러고는 위험 지역이라고 표시된 곳에 있는 지인들에게 안부 전화를 걸었다. 요코하마横浜와 치바현千葉県 쪽 지인들의 전화는 먹통이었다. 오키나와에 있는 지인은 가장 높은 곳으로 온 가족이 대피하고 있다는 소식을 전해왔고, 오사카에 있는 지인은 그것 때문에 나에게까지 전화를 했느냐며 웃음을 지었다. 이것이 내가 쓰나미津波를 맞이한 첫날의 풍경이었다. 내가 위험 지역에 있는 지인들에게 전화를 걸어 안부를 물은 당시만 하더라도, 이 재해는 나의 것이 아니라 그들의 것이었다. 그렇게 나는 '그들의 재해'를 관찰하다가 잠이 들었다.

하지만 다음 날 새벽 4시, 나는 강진과 함께 '그들의 재해'가 '나의 재해'로 번질 수 있다는 사실을 감지했다. 텔레비전을 틀어보니 나가노현 지역에 빨간 불이 들어와 있었고, 나가노현 지역 주민들은 얼른 유리창에서 멀리 떨어져 안전한 책상 밑으로 피신하라는 아나운서의 멘트가 이어졌다. 여진의 영향으로 나가노현에도 진도 6.8의 지진이 연달아 발생했다. 그런 규모의 지진이 좀처럼 발생하지 않았던 지역이라, 주민들 역시 엄청난 불안감에 시달리고 있었다. 대놓고 드러내지는 않았지만, 식료품 코너에 라면이나 물 등이 숨 가쁘게 없어지는 광경을 목격할 수 있었다. 주유소에도 많은 운전자들이 긴 줄을 감내하며 자신의 순서를 기다리고 있었다. 와병 상태에 놓인 아버지와 어머니를 돌보며 간호사 일을 하고 있는 유미 씨가 나에게 불안감을 솔직하게 드러낸 유일한 일본인이었다. 새벽에도 계속되는 여진에 그녀는 "무서워 죽겠다"는 문자 메시지를 나에게 보내왔다. 하지만 다음 날 시청에 가보니, 모두 어두운 낯빛을 지키되 불안감을 직접적으로 드러내지는 않았다.

혹자는 그것을 일본인들의 질서의식 때문이라고 해석하기도 했다. 지진이 일상화되어 있기 때문에, 그러한 재난이 발생했을 때 어떻게 대처해야 하는지 익숙하기 때문이라는 것이다. 실제로 사람들은 침착하게 모든 사태에 대응하고 있었다. 시청에서는 자매결연을 맺은 이와테현岩手県에 구호물품을 보내는 작업을 시행했다. 연일 고통에 시달리는 피해 주민들의 이야기가 보도되었고, 냉정히 이 사태에 대응해야 한다는 다짐이 마을 방송에서 흘러나왔다. 겉으로 보기에 일본인들은 그야말로 의연하게 사태를 수습하고 있었다.

3·11 대지진이 발생하고 얼마 지나지 않아 도쿄대의 현지 지도교수에게서 이메일이 왔다. 그의 이메일에는 "일본 전체가 미묘한 애국주의적 감정에 사로잡혀 있으니 사람들에게 이야기할 때 조심해서

말하는 것이 좋고, 혹시 현지를 떠나게 되더라도 자세한 이유에 대해서는 이야기하지 않는 편이 나을 것"이라는 진심 어린 충고가 담겨 있었다. 실제로 대지진이 발생하고 얼마 지나지 않아, 필자는 구독하던 여러 신문사 가운데 한 곳에 전화를 해서 더 이상 신문을 보지 않겠다는 뜻을 밝혔다. 필자의 이름을 확인한 직원은 필자가 '외국인'임을 알아채고는 뜻밖의 질문을 던졌다. "왜요? 겐바츠原発, 원자력 발전소 때문입니까?" 항상 예의 바르고 예상 밖의 이야기를 꺼내면 크게 당황하는 보통의 일본인에게, 게다가 일면식도 없는 일본인에게 좀처럼 듣기 힘든 말을 들은 나는 당황해서 정말 '외국인처럼' 더듬거리며 그렇지 않다고 중얼거렸다. 그러니까 그 신문사 직원은 나에게 "원자력 발전소가 폭발한다니까, 여기가 위험해졌다니까 너희 나라로 도망치겠다는 거 아니냐?"고 묻고 있었던 것이다.

8. 나와 타자를 가르는 경계선

그제야 지금까지 살아온 건물의 외벽에 이제껏 크고 작은 지진들이 만들어낸 빗금들이 내 눈에 들어오기 시작했다. 크든 작든 지진은 항상 있어왔다. 지역 주민들은 지진으로 인해 발생할 다양한 위험들과 함께 살아왔다. 그리고 앞으로도 살아가야 한다. 위기가 발생해서 잠시 대피하더라도, 종국에 돌아와야 할 곳은 정해져 있다. 위기가 발생했다고 도망을 치면, 그걸 목격한 사람들이 그가 다시 돌아오는 것을 용납하지 않을 것이기 때문이다. 재해가 발생한 현장에서조차 일본인들이 그렇게 질서를 잘 유지하는 이유는 일본인들에

낯선 사람들 사이에서

게서 유난히 잘 발견된다는 질서의식 때문만은 아니다. 거기에는 어떻게 해서든 이 땅에서 살아가야 하는 사람들의 절박함이 담겨 있었다.

동북 지방 쓰나미의 영향으로 나가노현에도 여진이 계속 발생하고 있다는 뉴스가 한국에까지 전해지면서, 한국에 있는 가족들은 "여기는 안전하다"는 나의 말을 더 이상 믿지 않았다. 여진은 계속됐다. 그때마다 번번이 신칸센新幹線도 멈췄고, 한국행 비행기를 타러 가는 길도 막혀버렸다. 요코하마와 치바현 쪽에 있던 지인들은 간신히 신칸센을 잡아타고 규슈까지 가서 비행기를 타고 한국으로 떠날 계획이라고 나에게 알려왔다. 2호 발전기가 터진 다음 날이었다. 떠날 수 없는 나는 한국에 있는 가족들에게 "여기는 안전하다"고 말하면서도 불안에 떨고 있었다. 2호 발전기와 4호 발전기가 터진 2011년 3월 15일 밤, 불안은 극에 달했다. 도쿄에서 비행기를 타지 못한 사람들은 신칸센을 타고 나고야나 오사카 등지로 가서 남아 있는 비행기를 타고 떠나기 시작했다. 신문 1면에는 '대규모의 탈출exodus'이 시작되었다는 문구와 함께 공항에 길게 줄서 있는 사람들의 모습이 찍힌 사진이 게재되었다. 잠시지만 어떻게든 남아 있어야 했던 나는 한국에서 연일 쏟아져나오는 일본에 대한 자극적인 기사들도, 한국에서 나의 안위를 걱정하는 가족들의 말도 믿을 수 없었다. 그저 당신들이 생각하는 것처럼 여기가 그렇게 위험하지는 않다는 말만 반복해서 들려줄 뿐이었다.

신기한 것은, 떠날 수 없는 나의 처지를 인식하자 같은 건물에 사는 다른 사람들의 소리가 다르게 들리기 시작했다는 사실이다. 그즈음 매일 새벽 3시마다 내 집 현관문을 세게 걷어차고 가는 무례한 방문자의 정체도 알게 되었다. 그는 신문 배달원이었다. 매일 새벽마다 들려온 그 소리는 정확히 말하면 빨리 신문을 배달하고 다음 장소로 이동하기 위해 작업을 최소화하려는 배달원의 숙련된 움직임이 만들어낸 짧고 굵은 소리였다. 또한 나의 안위를 위협한다고 생각해 경계하게 만들던 다른 사람들이 내는 소리는 떠나지 못한 사람이 나만은 아니라는 사실을, 이 공간에 나 말고도 다른 사람들이 여전히 살아가고 있다는 사실을 상기시킴으로써 나를 안심시켜주고 있었다. 이처럼 타자라고 생각했던 사람들이 나와 같은 처지에 놓인 사람들이 되고 나의 사람들이 타자가 되는 경험을 하면서, 비로소 나의 연구 질문을 수정할 필요를 느끼게 되었다. 애당초 나는 '타자'를 연구한다고 생각하며 이곳에 왔지만, 나와 타자를 나누는 구분선은 상황에 따라 얼마든지 변할 수 있는 것이었다. 따라서 나의 질문은 그들이 나와 얼마나 다른가가 아니라, '왜 나는 그들을 다르다고 느낀 것인가', '왜 나는 그들이 나와 같지 않다고, 심지어 위험하다고 오해했던 것일까?'로 변화하게 되었다. 이처럼 '그들'을 향해 던졌던 물음표는 긴 시간을 돌아 다시 나를 향해 날아오고 있었다.

9. 나가며

시간이 지날수록 악화되어가는 원자력 발전소 사태를 지켜보는 와중에 조사가 어느덧 마무리되었다. 한국으로 돌아가기 위해 짐을 싸면서도, 여전히 불안한 현실 속에서 살아가야 하는 일본의 지인들에 대한 걱정 때문에 우울한 날들이 이어졌다. 그런 무력한 내 앞에서 한

낯선 사람들 사이에서

때 내가 지독하게 의심을 품었던 남자가 열심히 얼음을 깨뜨리고 있었다.

인류학 방법론 교과서에 전설처럼 구현되는 라포가 현장연구의 정점에 가까운 단계라면, 오해와 갈등은 현장연구의 포문을 열어주는 시작이자 일상이었다. 인류학이라는 단어조차 생경한 현지인들에게 내가 누구인가를 설명하기란 쉬운 일이 아니었다. 그래서 필자는 '한국에서 온 연수생', '자원봉사자' 등 다양한 존재로 오해를 샀고, 그런 오해들 덕분에 그들의 삶에 초대받을 수 있었다. 그들이 인류학자로서의 내 정체성을 십분 이해했다면, 어쩌면 나는 그들의 삶을 관찰하도록 허락받지 못했을 것이다.

현장연구를 진행하는 시간들은 한국인으로서, 연구자로서, 기혼여성으로서 나의 정체성과 편견이 빚어낸 보호막과 현지인들과의 마주침에서 빚어진 마찰을 통해 나에 대한 그들의 오해, 그들에 대한 나의 오해, 그리고 나에 대한 나의 오해를 탐색하는 시간들로 점철되었다. 필자가 현장연구 기간 중에 경험한 여러 오해와 갈등은 단순히 연구를 진행하는 과정에서 직면하는 걸림돌이 아니라, 인류학자가 구축해온 세계와 현지인들의 세계가 맞부딪히며 발생한 파열음이기도 했다. 더 나은 해석과 깨달음으로 나아가기 위해 인류학자들은 서로 다른 해석들이 갈등을 빚어내고 경쟁하는 순간들을 외면하거나 피하지 않고 그 한복판으로 뛰어들 수밖에 없다.[4]

나는 가방을 바닥에 내려놓고 삽을 들었다. 얼음깨기 전용 삽은 아

---

4 기어츠(1999)는 "문화 분석의 과정은 의미의 대륙을 발견하여 거기에 형상도 없는 풍경화를 그려나가는 작업이 아니라, 의미를 추측하고 그 추측이 어느 정도 정확한가를 따져보고 보다 나은 추측으로부터 설명을 위한 결론을 끌어내는 것(또는 그래야만 하는 것)"이라고 말하고 있다.

니었지만, 없는 것보다는 나았다. 나는 그를 도와 묵묵히 우리 앞에 놓인 얼음을 깨뜨렸다. 시간이 지나면 얼음은 저절로 녹을 것이고, 그때 우리는 거기에 얼음이 있었다는 사실조차 잊은 채 다시 봄을 맞이할 것이다. 그리고 여름과 가을을 살아갈 것이다. 겨울이 오면 새로운 얼음이 그 자리를 채울 것이고, 그 얼음 역시 시간이 지나면 사라질 것이다. 하지만 그와 나는 얼음을 깨뜨리는 두 손을 멈추지 않았다. 적어도 그해 겨울 우리가 잠시 어색함을 내려놓고 얼음을 깨뜨리려 노력했던 순간만은, 그리하여 주차장이 우리의 앞뜰이 된 것 같다는 찰나의 연대의식을 느낀 그 순간만은 사라지지 않고 남아 있을 것이기 때문이다.

참고문헌

클리포드 기어츠(문옥표 역), 『문화의 해석』, 서울: 까치, 1999.

3

두렵거나 비판하거나 납득하거나:

내겐 늘 낯선 베트남

육수현

1. 들어가며: 현지조사에 입문하다

문화인류학을 공부하면서 현지조사를 하는 사람치고 폴란드 출신의 문화인류학자 말리노프스키Bronislaw Kasper Malinowski를 모르는 사람은 없을 것이다. 그는 1915~1918년에 트로브리안드 제도에서 행한 선구적 조사활동을 통해, 다른 문화의 생활방식 기술을 중심으로 한 민족지가 인류학자들의 전문 분야로 확립되는 계기를 만들었다. 이후 현지조사 작업은 문화인류학이라는 전문 분야로 들어가는 통과의례로 받아들여지게 되었다. 참여관찰적인 현지조사는 다른 문화를 이해하는 데 중요하고 필수적인 작업으로, 인류학뿐만 아니라 현대 문화를 연구하는 다양한 학문 분야에서 광범위하게 활용되고 있다.

현지에 직접 참여해 문화를 관찰하면서 맥락을 따라 질문과 답변을 주고받는 조화로운 행위의 반복—예상했겠지만 '인터뷰'에 대해 설명하는 중이다—은 날것을 피부로 경험할 수 있는 가장 좋은 방법이다. 행위자의 역동성을 눈앞에서 관찰하는 작업은 현지조사에 빠져 헤어나지 못하게 만들 만큼 매력적이다. 그렇게 가공하지 않은 원자료를 습득하는 과정에 빠져들고 소위 현지조사의 묘미를 경험했기 때문에 나 역시 이 글을 쓰고 있다.

위대한 의지나 목표가 있었던 것은 아니다. 학사, 석사, 박사를 거치면서 과제 또는 연구용역을 수행하거나 학위를 위한 논문연구를 진행할 때마다 항상 중요한 방법으로 활용되어온 현지조사 이야기를 글로 보여줄 수 있다는 점에 마음이 끌렸던 것 같다.

처음 현지조사를 경험한 것은 학부 3학년 여름, 석사과정 선배의 학위논문 현지조사에 일부 관여하면서였다. 문화인류학의 'ㅁ'도 모

낯선 사람들 사이에서

르던 시절이었지만, 장님이 구슬을 꿰듯 줄리아 크레인Julia G. Crane의
『문화인류학 현지조사방법』(1997)을 읽으면서 진행했다.

첫 질문을 어디서부터 어떻게 시작해야 하는지, 정보제공자의 기분을 상하지 않게 하면서 내가 원하는 이야기를 들으려면 어떤 방법을 써야 하는지 제대로 알지 못했다. 하지만 직접 부딪치는 것이 방법이라 생각하며 무작정 시도했다.

처음 현지조사를 진행한 곳은 한 대학병원의 치과 병동이었다. 치과 병동에서 대기하고 있는 환자들에게 내가 누구이고 연구의 목적과 질문이 무엇인지 설명하면서 인터뷰를 진행했다. 긴 대기시간을 죽이려는 목적이든, 어린 학생이 열심히 사는 것이 기특해서든, 두서없는 질문이지만 친절히 응해주었던 것 같다. 물론 거절도 많이 받았다. 하루 종일 거절의 말만 들어서 몸과 마음이 만신창이가 된 상태로 귀가한 적도 있다.

두번째로 상주한 곳은 같은 병원 본관 1층에 있는 대합실이었다. 정형외과, 신경외과, 심혈관질환, 폐질환, 정신과, 내과 등 다양한 분야의 진료를 받기 위해 방방곡곡에서 온 사람들이 한자리에 앉아 있는 장소이다.

원인을 알 수 없는 병과 몇 년째 싸우는 사람, 차도가 없어서 불만이 한가득인 사람, 스스로 판단하고 결정을 내려 이 병원에서 저 병원으로, 이 의사에서 저 의사로 옮겨다니기를 계속하는 사람 등 만나고 이야기한 사람마다 각자의 히스토리가 있었다. 그들이 질병을 대하고 해석한 과정을 직접 듣는 일을 통해, 아픈 사람을 단순히 감정적인 시선으로 바라보는 것 외에도 질병과 질병을 앓는 주체가 질병을 해석하는 방식 또는 사회가 바라보는 방식도 읽어낼 수 있다는 점

을 알게 되었다. 더 이상 물러날 곳이 없는 환자가 최종적으로 선택한 3차 병원에서 진행된 현지조사였기에 가능했다.

여기서 내가 체득한 것이 한 가지 더 있다. 바로 라포다. 병원에서 가장 자주 그리고 많이 만날 수 있었던 사람은 여호와의 증인 할머니들이었다. 길에서 만났다면 그냥 지나쳤겠지만, 자주 만나면서 자연스럽게 라포가 형성되었다. 처음 대합실에 앉아 있을 때 나에게 먼저 말을 걸어준 존재이자 어렵기만 한 병원과 사람들을 연결해준 주요 매개체이기도 했다.

연구자들은 현지조사에서 라포 형성만큼 중요한 것은 없다고 말한다. 일단 라포가 형성되면 연구의 다양한 분야에서 도움을 받을 수 있다. 라포는 의도하지 않은 만남에서 우연적으로 형성되기도 한다. 현지에서는 이런 우연성이 가져오는 놀라운 결과를 쉽게 경험하기 때문에, '우연'이 찾아오면 즐겁게 받아들이면 된다.

어떻게 접근해야 할지, 질문을 어떻게 꺼내야 할지 난해하긴 했지만, 결과적으로 이야기하자면, 나의 첫 현지조사는 즐거운 경험이었다. 물론 현지조사에서 가장 중요하면서도 힘겨운 일이 나에게는 난관이 아니었기 때문에 가능했던 일이라고 생각한다. 현지조사의 가장 큰 난관은 낯선 곳에서 타인에게 말을 거는 행위 자체다. 하지만 낯선 곳에서 낯선 사람에게 말을 붙이는 행위는 나에게 즐거운 도전이었기 때문에 2005년 여름의 그 경험은 나의 앞날에 아주 중요한 영향을 미쳤고, 그 결과 대학원이라는 생각지도 않은 길로 들어서게 되었다. 그때부터였다. 내가 현지조사에 빠지게 된 것이.

본격적으로 나 스스로 현지조사를 기획하고 경험한 시기는 2008년 봄이다. 조기 졸업을 목표로 3학기 2월부터 현지조사에 들어갔다. 천연염색 장인을 통해 재구성되는 전통색이 주제였다. 천연염색 장인의 작업장이자 매장으로 일주일에 평균 3일 출근했다. 늦은 여름까지 오간 그곳을 간략히 설명하자면, 뒷산에는 매화꽃이 흐드러지고, 길목엔 벚꽃이 흩날리고, 앞마당에 산같이 쌓인 황토의 대각선 방향으로 연분홍빛 살구꽃이 떨어지면서 주황빛 살구를 만들고 있었고, 애기똥풀과 모싯잎, 메리골드(서광)가 지천에 깔려 있는 곳이었다. 주변에는 감나무와 호두나무가 담장처럼 둘러싸여 있었고, 쪽도 드문드문 자랐다.

장인의 작업장은 자연 그 자체였다. 따스한 봄날에 현지로 떠나는 행위는 학교라는 감옥에서 벗어나 자유를 찾아 떠나는 여정이었다. 자연에서 얻은 오방색을 중심으로 천염염색 천과 전통 공예품을 만드는 일은 연구를 떠나 힐링의 시간이었다.

현지조사에서는 질문도 만남도 사전 준비도 기록도 모두 중요하지만, 무엇보다 현지를 즐길 줄 알아야 한다. 낯선 장소와 낯선 사람에게서 느낄 수 있는 다양한 고통(?)을 견딜 있는 유일한 길은 현지를 좋아하는 것이다.

현지를 너무 좋아한 나머지 현지인과 지나치게 동화되면 객관적인 조사와 연구가 불가능해질 수 있으므로 조심해야 한다. 그렇다고 지나치게 거리를 두는 것도 문제다. 현장에서 들려오는 목소리를 듣고 그것을 분석하는 것이 현지조사의 주요 목적이기 때문에, 애정 어린 마음으로 현지에 귀 기울이는 자세가 중요하다. 나 역시 천연염색이 주는 매력에 빠져 학교를 졸업한 후 천연염색 관련 직종을 직업으로 선택할까 고민하기도 하고, 주요 정보제공자의 생각에 동화되어 분석이 어려웠던 적도 있다.

그렇지만 현지조사에서 꼭 필요한 라포를 형성하는 지름길은 현지에 동화되는 것이다. 현지를 즐기지 않으면 정신적·체력적 한계가 일찍 찾아올 수 있다. 현지를 즐기고 좋아하되, 객관적이고 중립적인 시선을 유지하기 위한 경계가 필요하다. 말은 쉽다.

2008년 뜨거운 여름이 기승을 부릴 때 꿈같던 현지연구를 정리하고 학위논문을 준비했다. 정리는 현지조사만큼 재미있지 않았지만, 무엇인가 한 가지 주제를 위해 현지연구를 수행하고 정리·분석하는 일은 낯선 문화와 사람을 이해하는 역량을 성장시켰다.

2. 베트남에 첫발을 디디다

2011년 해외 지역연구라는 목표를 안고 베트남에 첫발을 내디뎠다. 당시 지도교수의 연구지역이기도 했고, 해외라는 것 자체의 매력과 그것이 가져올 이점들이 기대되었다. 한국과 베트남의 관계가 점점 밀접해질 거라는 전망은 학위과정을 마친 후 취업까지 담보해줄 것 같았다.

그러나 부푼 기대와는 달리, 2011년 겨울 최초의 동남아 방문은 처음부터 삐걱거렸다. 비행기 연착, 불량택시 탑승, 택시 기사의 협박이 나를 진절머리 나게 만들었다. 그렇지만 하루, 이틀, 사흘 사람들을 만나 '해외 봉사활동'에 대한 이야기를 듣고 낯선 베트남의 모습들이 하나씩 눈에 들어오면서, 점차 회복되었다. 곳곳에 세워지는 고층 빌딩, 대형 마트, 편의시설이 완비된 아파트를 통해 한창 진행 중인 베트남의 경제성장을 알 수 있었고, 그로 인해 어떤 사회문화적 변화가 발생할지 궁금증이 일었다.

그래서 기회만 생기면 베트남에 갔다. 목적도 다양했다. 한번은 베트남 전쟁 중 일어난 한국군의 민간인 학살을 세상에 알리고 학살 지역에서 20년 이상 의료봉사를 해온 단체의 활동에 참여하기도 했다.

베트남의 사회적 기업과 공정무역을 주제로 조사를 한 적도 있다. 퀼트 공예품 공정무역 활성화가 생산활동을 남성 중심에서 여성 중심으로 변하게 하면서 가부장적 특징을 가진 지역이 여성 중심적 사회가 되는 과정을 연구하기도 했다. 베트남과 관련된 지식이라면 무조건 닥치는 대로 습득하고 싶었고, 항상 몸이 먼저 반응했다.

하지만 정작 박사학위를 위한 주제는 눈에 띄지 않았다. 베트남에 발을 들인지 만 1년 만에 길을 잃은 것이다. 고민은 봄을 지나 여름까지 계속되었다. 그런데 답은 가까이에 있었다. 베트남을 오가면서 교류하고 친구가 된 베트남의 청년 세대야말로 현재의 베트남과 미래의 베트남을 이해하기 위한 안성맞춤의 대상이었다.

한류와 한국어를 받아들이고 변화하는 베트남 청년 세대는 한국과 베트남의 관련성이라는 틀에서도 연구해볼 가치가 있었다. 특히 '한국어 학습'은 외교적 문화교류와 ODA^{Official Development Assistance}(공적개발원조) 지원 분야에서 독보적인 콘텐츠로 활용되고 있었다. 더욱 흥미로운 것은 한국 기업들의 폭발적 진출로 베트남에서 한국어 학습이 단순히 취미가 아니라 삶의 방식과 가치를 바꿀 수 있는 콘텐츠로 인식되어가는 상황이었다.

2012년 가을의 사전조사에서 실제로 다양한 계층의 사람들이 한국어를 학습하고 있으며, 저마다의 목적과 기대하는 점이 있다는 것을 알게 되었다. 누군가는 친척 형처럼 한국에서 돈을 많이 벌어 가족을 호강시켜주기 위해, 또 다른 누군가는 가족, 남편, 아이를 잘 보필하기 위해 한국어 학습을 원했다. 그들에게 한국어는 단순히 경제가 발전한 나라의 언어에 그치지 않았다. 가족을 위한 선택, 또 다른 삶을 위해 필수적으로 노력해야 하는 것, 남들보다 더 많은 급여를 받기 위한 방편, 나 자신의 뿌리를 찾는 길, 좋아하는 가수의 노래를 완벽하게 이해하고 싶은 마음이 투영되어 있었다.

그때부터 '한국어 학습'은 나에게 '새로운 주제'로 다가왔고, 외국 자본에 의해 경제발전이 이루어지고 있는 베트남 사회에서 언어 학습과 활용은 매우 중요한 행위라는 점을 알게 되었다. 또한 베트남은 언어를 학습하고 활용하면서 변화하는 주체들의 모습을 관찰하기에 최적의 장소였다.

3. 생활 궤도에 오르다

2013년 1월, 드디어 박사학위를 위한 베트남 현지조사가 시작되었다. 아니, 베트남에서의 만만치 않은 삶이 열렸다. 동남아시아에 위치한 여느 도시들처럼 호치민 시의 뜨거운 열기는 한국의 차가운 날씨가 식혀놓은 나의 불안감에 다시 불을 지폈다.

낯선 곳에 살면서 현지연구를 진행하는 인류학적 현지조사는 많은 정보와 경험을 집중적으로 얻어낼 수 있는 방법이다. 국내 현지조사와는 다르게, 영어가 아닌 또 다른 외국어를 습득해야 한다는 부담감도 컸다. 1~2년 공부해서 베트남어에 능통해지기를 기대할 수는

사진 1, 2 첫번째 거주 지역

사진 3 거주증

없다고들 했지만, 포기할 순 없었다. 낯선 현지어를 배우고 문화를 체득하는 과정, 즉 삶을 살아가는 것 자체가 현지연구이기 때문이다.

일반적으로 우리는 베트남이 사시사철 더운 나라라고 생각하지만, 약 1,600킬로미터의 나라 길이 때문에 북부와 남부의 기후에 차이가 있다. 북부의 경우 겨울에는 한국의 늦가을 날씨처럼 느껴질 정도로 춥다. 하지만 내가 현지연구를 하기 위해 살았던 호치민은 1년 내내 더운 곳이었다. 다만 같은 38도라도 계절에 따라 여름엔 습하게, 겨울엔 건조하게 느껴졌다. 살 집을 얻기 위해 외국인 거주 지역(사실상 외국인과 내국인이 함께 살 수 있는 지역) 골목을 이리저리 누비고 다녔던 시기는 다행히도 날씨가 건조해서 함께 집을 구하러 돌아다녀준 지인에게 덜 미안했다. 지인의 소개로 낯선 한국 여성을 눈여겨보지 않을 정도로 외국인에 익숙한 곳에 위치한 전면 4미터, 폭 16미터, 5층 규모의 로컬하우스 4층에 방 하나를 계약했다. 화장실이 딸린 그 방의 월세는 모든 비용을 포함해 한 달에 240달러였다. 베트남 남부 지역 최초의 한국학과(2015년 이후 한국학부로 확대되어 자타 공인 최대의 한국어·한국학 교육기관으로 성장했다)가 있고 베트남어를 가르치는 어학원이 있는 대학교가 근처에 있으며 호치민 시의 중심인 1군에 위치한 지역치고 나쁘지 않은 금액이었다. 게다가 1년 내내 에어컨을 틀어야 하는 호치민 시에서 전기 요금과 수도 요금이 포함된 그 월세는 합리적으로 보이기까지 했다. 1층에 있는 주방을 2층에 사는 주인 세대 및 다른 층에 거주하는 사람들과 함께 사용해야 하고 오토바이를 주차할 수 없다는 단점만 빼면 말이다.

그 집에서 11개월을 살았다. 그러다가 좀 더 다양한 주거양식과 문화를 경험하고 싶은 마음 반, 베트남 친구와 함께 살면서 문화적 차

　　　　　　　　　　　　　　　　　　낯선 사람들 사이에서

사진 4 **두번째 거주지인 베트남식 아파트**

이를 좀 더 알고 싶은 마음 반으로 좀 더 큰 집을 구해 1군을 떠났다.

베트남은 해외 이민을 받지 않으며, 외국인이 장기간 거주하기 위해서는 비자가 꼭 필요하다. 나의 경우 한국어 학원의 강사 신분이어서 노동비자를 받았다. 그렇게 본격적으로 베트남에서 살아가기 위한 모든 준비가 끝이 났다.

아침 8시부터 12시까지 하루 네 시간씩 어학원에서 공부를 했다. 보이지도 들리지도 않는 눈과 귀를 어떻게든 틔워야 했다. 모르기 때문에 생겨나는 두려움을 해소하는 방법은 알기 위해 노력하는 것이다. 닥치는 대로 사람을 만나고, 언어를 배우고, 돌아다녔다. 한국으로 일하러 간 베트남 친구가 넘겨준 수동 기어의 낡은 야마하 오토바이는 모든 것을 빠르게 습득하게 해준 촉진제였다.

오전에는 1군에서 수업을 받고, 오후에는 5군에 있는 어학원에서 한국어를 가르쳤다. 수업이 없는 날엔 무조건 사람을 만났다. 물론 쉽지는 않았다. 이유 없는 거절, 잦은 약속 취소가 마음의 상처가 되기도 했다. 익숙하지 않은 언어도 언제든 나에게 해가 될 수 있었다. 그래서 베트남 친구에게 부탁해 금지어와 부정적인 단어들을 서둘러 습득했다.

사회문화적 차이 때문에 자주 접하게 되는 이질적인 환경, 예를 들어 화장실에서 한줄서기가 되지 않아 눈앞에서 새치기를 당하는 일, 인도가 오토바이 주차장으로 둔갑해 안전하게 걸을 수 없는 일, 오토바이 운전자들이 교통신호를 지키지 않거나 길이 막히는 시간에 인도로 올라와 보행자를 위협하는 등 보행자를 배려하지 않는 교통 무법 상황, 길을 가다 남의 발을 밟아도 사과하지 않는 모습을 일상적으로 경험하면서 (당연하게?) 원하지 않던 편견의 길로 들어서기도

낯선 사람들 사이에서

했다.

　그때마다 베트남 사람의 민족성으로 여기거나 저개발국가라 근대성이 부족해 그런 거라고 치부하며 상처를 치유해보고도 싶었다. 그러나 학습된 문화상대주의는 그마저도 허락해주지 않았다. 그리고 부지불식간에 튀어나오려는, 연구자가 아닌 개인으로서의 한국인 마인드를 억누르는 것도 힘들었다. 이런 것이 외국 생활이고 해외 현지조사라는 당위적인 답변으로 스스로를 다독이는 생활이 계속되었다. 그런데 어디까지 참아야 하고 어디서부터 참지 말아야 하는지 알게 된 계기가 갑자기 찾아왔다.

4. 베트남을 이해하는 코드 야마하: 두렵거나 비판하거나 납득하거나

현지연구 과정에서 발생하는 다양한 감정들을 이해하고 받아들이게 된 것은 오토바이(야마하)를 타면서부터였다. 오토바이가 일상에서 느끼는 답답함에 더해 점점 심해지는 무더위를 날려버리도록 도와주었다. 베트남에서는 외국인이 오토바이를 타고 다니는 경우가 드물다. 게다가 당시에는 한국 여성이 오토바이를 타는 경우는 거의 없었다. 위험천만해 보이는 베트남 도로의 무질서한 환경과 거친 운전 방식도 문제이고, 익숙하지 않은 도로 표지판 때문에 영문도 모르고 경찰에게 딱지를 떼이거나 단속을 받는 상황이 비일비재하다는 점 역시 운전자를 불안하게 한다. 면허가 있건 없건, 오토바이를 타다가 경찰에게 걸려 뒷돈을 주었다는 일화는 한인 사회뿐 아니라 베트남 사람들에게서도 쉽게 들을 수 있다. 그러니 말도 잘 통하지 않는 타국에서 오토바이

문화에 익숙하지 않은 사람이 오토바이를 타는 것 자체가 모험인 것이다.

안전의식에도 문제가 있다. 우선 헬멧이 안전하지 않아 사고가 나면 사상의 위험이 있다. 사고가 발생했을 때 대처가 빠르지 않고 완벽한 의료 서비스가 준비되어 있지 못한 것도 사실이다. 오래된 오토바이도 많고, 오토바이로 온갖 짐들을 과하게 옮기기 때문에 제동이 잘되지 않아 사고가 나기 쉽다. 가벼운 접촉사고 정도는 일상적으로 일어나는 만큼, 사고에 무감각하기도 하다.

실제로 오토바이를 타는 일이 위험하다는 것을 인지한 사건이 있었다. 내가 접촉사고를 낸 것이다. 뒤에 사람을 태우고 내리막길을 내려오다 신호에 걸려 브레이크를 잡았지만 무게를 이기지 못해 밀렸고, 앞에 있는 오토바이를 들이받았다. 하지만 충돌을 일으킨 나도 충돌을 당한 상대방도 오토바이에서 내리지 않은 상태로 서로의 얼굴과 오토바이를 몇 초 동안 바라본 후 각자 갈 길을 갔다. 물론 내가 마스크를 쓴 채 미안하다는 말을 연거푸 하긴 했지만, 상대방이 별일 아니라는 듯 자리를 뜨자, 나와 동승자는 약간의 뻘쭘함마저 느꼈다. 교통질서를 잘 지키지 않는 것도 문제다. 나 혼자만 신호를 지키는 것은 무의미하다. 오토바이를 타는 순간, 도처에 산재한 위험이 나에게 다가올 수 있다.

또한 뜨거운 햇볕 아래 얼굴, 손, 팔, 다리 등을 내놓고 몇 분만 오토바이를 타도 순식간에 피부가 그을리고 심하면 피부질환을 얻을 수 있기 때문에 많이들 꺼렸다. 베트남뿐만 아니라, 동남아 전역에서 한국 화장품이 선풍적인 인기를 끌고 있다. 스킨케어 제품이 많이 소비되는데, 특히 미백 기능성 화장품이 인기가 많다. 베트남의 젊은 여

사진 5 **타이어 수리 중인 야마하 오토바이**

사진 6 **오토바이 웨어(필자가 직접 촬영)**

베트남을 지배하는 오토바이

오토바이는 처음 베트남에 보급된 이래 베트남의 주요 교통수단으로 70% 이상의 점유율을 차지하고 있다. 일반 자동차에 비해 간단하고 저렴하게 살 수 있으며, 자동차에 높은 세금이 부과되는 반면(예를 들어 2만 달러짜리 자동차를 한 대 사려면 60%의 수입세와 45%의 특별소비세, 10%의 부가세를 내야 하기 때문에 모두 합쳐 약 4만 달러 이상을 지출해야 한다), 오토바이는 베트남 서민들의 주머니 사정에 걸맞은 차선책이다. 도로개발이 아직도 진행 중인 베트남에서 유일한 대중교통 수단인 버스도 노선이 다양하지 않거나 오후 5시도 되기 전에 끊기는 등 환경이 열악하다. 게다가 2020년 완공을 목표로 한 하노이와 호치민의 지하철 공사도 진척이 지지부진한 상황이라, 베트남 서민 대다수가 오토바이와 오토바이 택시를 이용해 이동한다. 베트남 정부는 2020년까지 오토바이 수가 3,600만 대가량으로 유지될 거라 전망했지만, 현재 오토바이 수는 이미 4,300만 대를 넘어선 것으로 보인다. 물론 베트남의 경제가 발전하면서 자동차에 대한 소비욕구도 증가해 2019년 상반기엔 최초로 오토바이 판매 성장률이 마이너스를 기록하기도 했다.

성들은 더 이상 검어지는 것을 원치 않아서, 그리고 더위를 피하기 위해서 오토바이를 탈 때 온몸을 천으로 감싼다. 베트남 친구들은 비교적 하얀 피부를 지닌 나에게 그렇게 오토바이를 타고 다니면 곧 베트남 사람이 될 거라고 자주 이야기했다. 실제로 현지조사 중반부터는 신호대기 시간에 베트남 사람들이 나에게 길을 묻는 빈도가 높아졌다.

오토바이는 위험하지만 여러모로 이득이 많다. 물가에 비해 택시비가 비싸고 대중교통 시설이 편리하지 않은 베트남에서(지금은 많이 좋아졌고, 특정 지역과 지역을 오가는 노선의 경우 버스의 청결도나 편의시설이 많이 개선되었다), 문 앞에서 문 앞으로 이동할 수 있고 다양한 사람과 물건을 나를 수 있는 오토바이는 필수다. 여느 저개발국가처럼 베트남도 교통 인프라가 부족하다. 몰려드는 FDI(외국인 직접투자)로 인해 운송을 위한 새로운 도로가 건설되고 있지만, 베트남 사람들의 실생활에 도움이 되는 대중교통의 보급은 더디다. 내가 살았던 호치민 시내에는 천연가스 버스, 에어컨이 나오는 버스, 깨끗한 버스 등이 많이 있었지만, 도심에서 조금만 벗어나도 매연을 뿜어대는 버스가 도로를 질주한다. 그렇기 때문에 과거나 지금이나 쎄옴Xe Om이라는 오토바이 택시는 베트남 사람들의 주요 교통수단이다.

경제적 여건에 의해 현지체류 기간이 달라지는 현지조사 상황에서, 오토바이는 돈을 벌고 면담자를 만날 때 이동을 원활하게 만들어주었다. 2,500원 정도의 기름을 야마하에 주유하면 열흘 동안 타고 다닐 수 있었기 때문에, 넉넉지 않은 현지조사 비용을 보충해줄 한국어 학원 강의, 대학 강의와 같은 일을 하기 위해 학교에서 학원으로 이동하는 비용과 시간을 아낄 수 있었다. 거기에 베트남의 실제 문화와 현지 모습을 경험할 수 있다는 점까지 더하면 오토바이의 매력은 배가된다. 오토바이 위에 오르면 새로운 베트남이 보인다.

흔히들 베트남에 도착해서 가장 놀라워하는 광경이 수많은 오토바이들이 신호 대기하고 있는 모습이다. 그 광경은 경이롭기도 하고, 무질서해 보이기도 하며, 위협적이기도 하다. 특히 베트남에서 길을 건널 때 뒤죽박죽으로 질주하는 오토바이들을 보면 두려움이 엄습한다. 하지만 무질서한 오토바이 무리의 일부가 되는 순간, 오토바이 무리 속의 질서와 양보의 법칙이 보인다.

그 법칙 중 하나를 소개하자면 오토바이를 피해서 길을 건너는 방법이다. 베트남에서 길을 건널 때는 무조건 오토바이 운전자와 시선

사진 7 **오토바이 무리**　　　　　　사진 8 **오토바이와 자동차가 뒤섞인 모습**

사진 9, 10 **오토바이로 사람을 옮기는 모습**

사진 11 **오토바이로 물건을 옮기는 모습**

을 마주쳐야 한다. 그리고 그 오토바이가 나를 피해갈 것이라는 믿음을 가지고 길을 건너는 것이 법칙이다. 오토바이를 탔을 때도 항상 주변을 살피며 운전해야 한다. 단순히 신호가 바뀌었다고 주행하는 것이 아니라, 주변 오토바이들이 어떻게 움직이는지를 보고 함께 움직여야 한다. 오토바이 주행 생태계의 법칙을 깨닫는 순간, 오토바이가 주는 두려움은 감소한다.

또한 오토바이는 베트남 사람들의 문화를 엿볼 수 있는 좋은 통로다. 오토바이는 얼음·숯·철·이삿짐, 각종 채소와 과일·손님·친구·애인·가족 등 집을 제외한 모든 것을 옮기는 데 쓰일 뿐 아니라, 베트남의 다양한 문화를 담고 있다.

오토바이를 나란히 몰고 가면서 담소를 나누는 친구들의 모습은 태양의 서커스 곡예를 방불케 하며, 오토바이 뒤에 여자친구를 태운 채 한 손으로는 핸들을, 다른 한 손으로는 여자친구의 다리를 만지며 운전하는 모습은 베트남을 사랑이 넘치는 나라로 보이게 한다. 아빠와 엄마가 사이에 아이 둘을 태우고 오토바이를 달리는 모습에선 베트남의 인구정책[1]이 보이고, 오토바이에 달린 큰 바구니에 한국인이 좋아하는 과일(복숭아, 망고, 망고스틴, 참외 등)을 실어와 한국인 거주 지역에서 한국어로 호객 행위를 하는 사람을 보면 철저한 사전조사와 준비를 통한 베트남 상인의 마케팅이 보인다. 오토바이 택시가 서류를 든 회사원을 옮겨주는 모습, 오토바이 택시 기사 두 명이 이삿짐

---

1   베트남은 1960년대부터 현재까지 부부 1쌍의 아이 수를 1~2명으로 규정했던 인구 억제 정책을 완화하기로 했다. 베트남의 합계 출산율은 1970년대에 6명에 달했지만, 인구 억제 정책에 따라 해마다 떨어졌고, 최근에는 2명 미만이 되었다. 특히 공산당원의 경우 3명 이상의 자녀를 둘 경우 승진에 문제가 생기는 등 제재가 있었지만, 현재는 완화되고 있다.

을 실은 큰 수레를 발로 밀고 가는 모습은 오토바이로 무엇이든 할 수 있다는 베트남 사람들의 말을 전적으로 믿게 만든다. 이처럼 오토바이를 타고 관찰하면, 베트남에 왜 오토바이가 그렇게 많은지 문화적으로 이해할 수 있는 순간이 자주 찾아온다.

내가 베트남의 오토바이 문화[2]를 체득한 몇 가지 사건이 있다. 호치민의 거리는 깨끗해 보이지만 사실 도처에 위험이 도사리고 있다. 못과 나사로 인한 타이어 펑크는 하루가 멀다 하고 나를 괴롭혔다. 한번은 3군에 있는 커피숍에서 인터뷰를 하고 밤 9시가 넘어 집으로 돌아가는데, 잘 가던 오토바이가 갑자기 흔들리더니 멈췄다. 뒷바퀴에 커다란 못이 박혀 펑크가 난 것이다. 낮에는 한 블록 건너에 타이어 수리공이 있었지만, 늦은 저녁이라 아무도 없었다. 그렇다고 길에 오토바이를 버리고 갈 수도 없었기에, 오토바이를 끌고 움직이면서 수리공을 찾았다. 땀을 비 오듯 흘리며 몇 블록을 가자, 천사 같은 수리공 아주머니를 만날 수 있었다. 수리 시간은 30분이 채 걸리지 않았고, 내가 지불한 금액은 한국 돈으로 약 5,000원 정도였다.

처음엔 한 블록 건너씩 있는 타이어 수리공과 마주치면서 과밀이라고 생각했다. 하지만 늦은 저녁 인적이 드문 거리에서 타이어 펑크를 경험하고 무거운 오토바이의 균형을 유지하며 몇 십 미터를 끌고 가는 경험을 하니, 그 많은 타이어 수리공이 사람들의 편의를 위해 꼭 필요한 존재이며 더 늦게까지 일해줘야 한다는 생각이 들었다. 한국에서의 편의와는 조금 다른 편의를 이해하는 계기가 된 것이다.

---

2 오토바이로 인해 생겨나는 문화는 소소한 편의품에서도 확인할 수 있다. 예를 들어 베트남에서는 식음료를 테이크아웃할 때 종이 캐리어를 사용하지 않는다. 오토바이 앞쪽에 언제든 걸 수 있도록 유연한 비닐 캐리어를 사용한다.

낯선 사람들 사이에서

사진 12 수리공 아주머니의 오토바이 수리 모습   사진 13 우비를 입고 달리는
                                                        오토바이 운전자들

사진 14 스콜로 인한 범람으로 물에 잠긴 도로

사건이 하나 더 있다. 내 야마하 오토바이는 무척 낡았다. 그래서 버튼식 시동장치가 평소에도 말썽을 부렸지만 우기가 되면 더했다. 18세기 프랑스 식민지 시대에 건설된 좁은 하수구는 동남아의 우기를 견디지 못했고, 도심 한복판이 매번 잠겼다. 우기가 시작되자 폭우가 쏟아지면서 길거리에 물이 넘쳤고, 내 낡은 야마하의 시동은 수도 없이 꺼졌다. 그날도 여지없이 시동이 꺼졌고, 비는 계속 내렸다. 애당초 오토바이를 타고 나오지 말아야 했다고 후회했지만 때는 늦었다. 우비를 입고 100미터 이상 오토바이를 끌고 갔을 때가 고비였다. 한참 동안 주변을 둘러보다가 또다시 천사 같은 쎄옴 아저씨를 찾아 도움을 청했다. 쎄옴 아저씨가 오토바이 주인이 탄 오토바이를 발로 밀면서 운전하는 것을 직접 경험했다.

한국이라면 이상해 보일 다양한 서비스들이 저마다 이유를 가지고 제 역할을 하고 있었다. 필요 없는 과잉공급으로만 보아온 현상을 실제로 경험하면서 외국인이 아닌 현지인의 관점을 알게 된 것이다.

그 늙은 파트너 때문에 우기에는 좋은 기억이 없다. 하지만 베트남의 그런 우기가 베트남 사람들을 이해할 수밖에 없게 만들기도 했다. 한번은 한국 남성과 결혼해 슬하에 이중 국적 아이를 두고 한국어로 사업을 하는 베트남 여성을 만나기 위해 1군의 사무실을 찾아갔다. 우기라 오전 날씨가 심상치 않았지만 약속을 잡았고, 사무실이 내가 사는 집에서 멀지 않았기 때문에 강행을 했다. 오토바이를 타고 거리로 나오자마자 장대비가 쏟아졌고, 우비로 갈아입는 사이 이미 신발 속까지 젖어버렸다. 더 이상 움직일 수 없는 상황에 처한 것이다. 이대로 가다간 오토바이의 시동마저 곧 꺼질 것이기에 불안감이 커졌고,

낯선 사람들 사이에서

결국 집으로 돌아왔다. 의도하지 않았던 재해(?)로 인해 만나기로 약속한 그 여성에게 전화해 약속을 다음으로 미루자고 말하면서, 베트남 사람들이 갑자기 약속을 취소하는 이유를 몸소 깨달았다.

끊임없이 나를 시험하는 날씨, 사람, 오토바이, 그리고 그로 인해 드러나는 나 자신의 민낯을 이겨내는 방법은 더 많이 부딪치고 경험을 쌓는 것 외에는 없었다. 현지조사에서는 그 어떤 전문가도 상처를 받고 자신의 민낯을 경험하게 된다. 그렇지만 그것을 극복하려면 포기하지 않고 계속 나아가는 수밖에 없다. 흘러가는 시간을 따라 그대로 지내는 것이 아니라, 치열하게 하루하루를 살아내고 경험해야 (상대적으로) 단시간에 현지를 이해하고 읽어내는 눈과 귀가 생기는 것이다.

5. 매력, 연구자본이 되다

혼자 이해하고 납득한다고 모든 것이 해결되는 것은 아니다. 현지연구에서 관건은 맥락을 읽는 것이다. 그리고 그 맥락을 쥐고 있는 주체에 접근하지 못하면 시작조차 할 수 없다. 그러므로 그 주체에 다가가기 위해서는 나를 버리고 그들이 원하는 모습으로 변해야 한다.

현지로 가는 이유는 현지 사람을 쉽게 많이 만나기 위해서다. 현지인을 통해 현지 문화를 알아내는 현지조사 과정에서 연구자는 현지인과 친해지고 현지인에게 호감을 얻을 수 있는 다양한 방법을 시도한다. 다들 비슷하겠지만, 나는 현지인과의 관계 형성을 위해 영혼 한 톨까지 끌어모아 진심으로 상대를 대하고, 동원할 수 있는 모든 방법을 썼다. 진심을 표현하는 방식은 다양했는데, 남들이 하기 싫어하는 일을 자처하는 것 역시 하나의 방법이었다.

사설 어학원과 학교 어학원에서 한국어를 가르칠 때, 금요일이나 월요일 수업은 항상 내 차지였다. 젊은 선생님들에게 금요일 수업은 제일 인기가 없다. 다른 선생님들이 원하지 않는 시간대의 수업이 나의 수업 시간이었다. 자칫 호구(?)로 보일 수 있지만, 잠재적 정보제공자인 강사들을 위해 그 정도 배려는 얼마든지 할 수 있었다.

외모 역시 자본이 된다. 비교적 하얀 피부와 큰 눈 그리고 동그란 안경은 나의 트레이드 마크였다. 주특기는 베트남어와 한국어를 섞어 하는 농담이고, 특장점은 한국의 새로운 소식(연예인의 사생활, 최근의 핫한 소식)을 발 빠르게 소개하는 것이었다. 외형적인 특징은 한국어 강의를 할 때 호감을 얻을 수 있는 좋은 요소가 되었고, 학생들의 관심을 얻고 친해지는 데 도움이 되었다. 너무 부끄러워 여기에 적을 순 없지만 다양한 연예인들의 이름이 나와 닮은꼴로 언급되었다. 10년 전 지상파 드라마의 주인공 이름뿐 아니라, 종합편성 채널, 케이블 채널에 등장한 연예인의 이름까지 다채롭게 등장했다. 이런 지점에서 한류의 힘을 느낄 줄은 몰랐다.

점차 관계가 쌓이면서 나의 현지조사는 수월하게 흘러갔다. 학교와 학원에서 강사로 활동하면서 선생님들과도 인맥을 다졌다. 현지연구를 도와주었던 베트남인 선생님도 한국어·한국학 교육 1세대여서 경력이 많거나 이미 대학 교수로 재직 중인 교원들과 남다른 친분이 있었고, 그 선생님의 소개로 당시 베트남에서 한국어·한국학과가 있던 대학교의 선생님들을 많이 만날 수 있었다. 선생님들로 시작된 관계는 졸업 후 취업한 제자, 유학 간 제자, 재학 중인 제자로 자연스럽

낯선 사람들 사이에서

게 이어졌다.

어디를 가나 학교에서 선생님의 권위는 무시할 수 없고, 나는 그들의 선생님이 소개해준 또 다른 선생님이었다. 그래서인지 베트남 남부에 있는 한국어·한국학과에 종사하는 교원에서부터 졸업생, 유학생, 재학 중인 학생, 어학원 수강생까지 한국과 관련된 다양한 대상자들을 만날 수 있었다. 그렇게 모두 만나고 나니 베트남 사람만 70명이 넘었다.

인터뷰를 진행한 모든 사람에게서 의미 있는 연구결과를 도출했다고 자신할 수는 없고, 그들이 모두 진심을 이야기했다고 단언할 수도 없다. 그 당시에는 진심이었을 또는 진짜였을 상황을 최대한 다양한 층위에서 듣고 기록해 설득력 있는 상황을 묘사하기 위해 노력했을 뿐이다.

선생님이자 인생 선배로서 만나게 되는 자리인 만큼, 정보제공자에게서 정보만을 빼내는 결과가 되지 않도록 정보제공자가 원하는 언어 수업, 취업 및 아르바이트 정보, 한국 유학 정보 등을 제공하기도 했다. 내가 필요해서 정보제공자를 찾는 것이 아니라, 그들이 먼저 나를 찾을 수 있도록 노력했다.

한국 사람이라는 것 자체가 매력이 되기도 했다. 베트남에 나와 있는 한국 사람들은 인사권을 쥔 직위 높은 사람 또는 통역을 고용했거나 고용할 계획을 가지고 있는 법인장 및 사장이 대부분이다. 그래서 한국인들 간의 네트워크를 통해 취업이 이루어지는 경우가 종종 발생한다.

베트남 내 한국 기업은 항상 사람이 부족하다. 실력이 검증된 인력일 경우 어떤 방법으로든 스카우트하려고 하기 때문에, 그런 기회를 원하는 기업과 인력을 쉽게 만날 수 있었다. 나는 일일 통역 프리랜서를 소개해주거나 법인이 없는 은행에서 법인이 있는 은행으로 옮기기를 원하는 정보제공자에게 본의 아니게 헤드헌터 역할을 하기도 했다.

베트남 사회에서 이직은 한국보다 쉬운 경향을 보인다. 베트남 내 한국 기업들의 가장 큰 불만 중 하나가 직원들의 이직일 정도로 이직이 잦다. 이직이 빈번한 데는 다양한 이유가 있겠지만, 한국 기업에 한해 설명하자면, 한국어를 활용하면서 일할 수 있는 곳인 베트남 진출 한국 기업의 규모와 구조의 한계와 관련이 있다. 회사마다 다르긴 하겠지만, 대부분 본사가 이동하기보다는 지사支社로 진출하고 사업체가 한국·중국·베트남 등 몇 개 국가에서 운영되어 현지 기업의 규모가 작거나 베트남 내에 자체적으로 설립된 소규모 회사라는 한계 때문에 보직 이동이 쉽지 않고, 승진이 어려우며, 급여 상승도 더디다. 이와 같은 상황에서 조금 더 근무여건이 좋고 급여가 높은 회사를 찾아 이직하는 것이다. 그리고 베트남은 개혁개방 이후 몇 년째 경제성장을 계속하고 있기 때문에, 많은 인력이 꾸준히 필요하다. 지금 이 회사를 그만두더라도 언제든지 다른 공장, 기업, 학교, 학원 등으로 이동할 수 있다.

문화인류학자로서 낯선 곳에서 연구를 진행한다는 것은 인터뷰를 통해 상대 문화의 특징과 의미를 알아보는 행위를 바탕으로 한다. 정해진 시간 안에 낯선 이에게 말을 걸고 교류하는 과정은 필연적으로 더 많이 주고 더 많이 포용해야 하는 시간일 것이다. 낯선 문화와 사람에게 다가가는 시간은 나의 매력을 얼마나 어필하고 활용하는지에 따라 달라질 수 있다. 그리고 그들에게 얼마나 필요한 사람이 되는지가 영향을 미친다.

낯선 사람들 사이에서

물론 그 과정에서 자존심이 상하고 손해를 보는 일이 잦으며, 사회적 자본에 문제가 생기거나 정보제공자를 영영 잃는 일이 생기기도 한다. 피하고 싶지만 피할 수 없는 결과다. 그리하여 자신이 가진 이해 능력의 한계 또는 감춰두었던 성격의 밑바닥을 볼 수 있는 경험이자 과정이기도 하다. 도를 닦으라는 것은 아니다. 되는 것도 안 되는 것도 없는 낯선 곳에서 호구(?)가 되는 경험은 더욱 서럽고 울화가 치밀어오르며 답이 없는 것이 현실이지만, 그 안에서 진정한 나를 발견하기도 한다는 점을 말하고 싶은 것이다. 물론 낯선 이에게 자발적으로 쉬운 사람이 되는 상황은 아무리 오랫동안 엄청나게 많은 현지인과 가까워져도 계속해서 찾아온다. 그렇기 때문에, 단순히 쉬운 사람이 되기보다 필요한 사람이 되기 위해 노력해야 한다.

진정한 현지를 경험하는 행위는 이런 것들을 모두 포함하기 때문에, (원하지 않더라도) 현지인의 문화를 몸소 체득하는 통로가 된다. 그것은 쉽게 지워지지 않는 자국으로서 마음과 생각을 흐르는 길이 되고, 현지를 이해하는 능력을 풍부하게 할 것이다.

6. 문화적 해결법: 감정이입이 아니라 공감이다

나는 2013년 1월부터 한국어 학습 유행이라는 사회적 현상을 중심으로 반주변국가의 언어인 한국어가 경계를 넘어 새로운 나라에 자리 잡고 정착하게 되는 과정을 관찰했다. 동시에 그런 현상이 현지 로컬 사회에 어떤 영향을 미치고 있는지 살펴보는 작업이 내 현지연구의 시작이었다.

베트남 사람들은 나의 연구대상일 뿐만 아니라, 내가 베트남에 안정적으로 거주할 수 있도록 비자부터 부족한 현지연구 비용을 충당해주는 파트타임 직업까지 제공해준, 즉 나의 베트남 생활을 가능하게 해준 강력한 지원군이었다. 나로서는 심정적으로 그들에게 고마움을 느끼는 것이 너무나도 자연스러운 상황이었다는 이야기를 하고 싶은 것이다.

사람을 만나다 보면 친해질 수 있다. 현지인들과 가까이에서 이야기를 나누고 생활을 공유하면서 문화를 읽어내는 작업인 현지조사 과정에서는 그런 기회가 더 많다. 그것을 잘할수록 현지에 더 쉽게 적응하고, 맥락을 읽어내는 능력도 빨리 기를 수 있다.

현지연구를 진행하는 사람들이라면 모두 경험하겠지만, 나 역시 쉽게 현지에 천착되는 경향이 있는 지역연구자이다. 항상 경계해야 하는 지점이지만 말만 쉽다. 모두 나와 같진 않겠지만, 나의 경우엔 객관화가 가장 어렵고 감정이입이 가장 쉬웠다. 처음부터 끝까지 현지인과의 네트워크와 현지인에 대한 심정적 의존이 지속되는 상황에서라면 두말하면 입 아플 것이다.

감정이입은 눈치 없이 발동되기도 했고 과잉 감정이입은 현지 사람들이 원하는 결론과는 동떨어진 '나만의 결론'으로 나를 이끌었다. 몇 가지 사례를 통해 감정이입의 결과를 설명하겠다.

한국어에 관심이 있고 한국어를 전공하는 베트남 여성들에게서 자주 들은 분통 터지는 이야기 중 하나는 '성희롱'이었다. 내가 여성 연구자여서인지 아니면 피해자가 이십 대 초반의 동남아시아 여성이어서인지, '미투'가 활활 타오를 때도 아니었지만 그냥 내버려둘 수가 없었다.

주요 정보제공자이자 깊은 인간관계를 맺고 있던 한 베트남 친구에게서 직장 내 성희롱 이야기를 들었을 때 가장 처음 느낀 감정은 분노였다. 메콩델타 지역 출신이었던 그녀는 대학에서 한국어를 전공하고 한국어를 활용한 아르바이트를 하면서 남들보다 많은 돈을 벌었다. 그래서 비슷한 또래 대학생들보다 윤택한 대학 생활을 했고, 대학을 졸업하고 취직할 때도 남들보다 높은 급여로 시작했다. 그녀는 한국어 덕분에 고향에 부모님을 위한 집을 사거나 동생의 학비를 보조하는 등 든든한 딸로서 역할을 할 수 있었다고 이야기하곤 했다. 그런데 그녀와 가족에게 새로운 미래를 만들 수 있도록 경제적으로 도움을 준 '한국어'가 나이 많은 직장 상사의 성희롱 도구로 전락하는 상황을 맞닥뜨렸을 때 기분이 어땠을지 상상이 되지 않았다.

나는 마음을 가라앉히고, 주변 직원에게 도움을 청하거나 본사로 직장 내 성희롱 문제를 고발하라고 절차를 제시했다. 주변 직원들도 그 문제에 대해 공감하지만, 어차피 오래 있을 사람이 아니고 길어야 2년이라며 자중하기를 권유한다고 했다. 당사자 역시 그 점에 동의했지만, 나는 울분을 감출 수 없었다. 동료가 도울 수 없다면 나라도 뭔가 하고 싶었다. 하지만 오히려 피해자인 당사자가 나를 말렸다.

그녀는 "외국에 나와 있는 한국인의 성정은 불같으며nóng tính, 한국 회사는 어느 나라에 있어도 한국적인 성향을 버리기 어렵다. 지금은 이렇지만 곧 바뀔 것이니 조금만 기다리면 될 것이다"라고 말했다. 그 조금이 얼마가 될지 모르겠다.

인터뷰를 하다 보면 현지에서 발생할 수 있는 문제를 본의 아니게 쉽게 알게 된다. 말을 하는 사람이 뭔가 해결을 바라고 이야기하는 경우도 있지만, 그렇지 않은 경우도 있다. 현지의 정보제공자에게 애정을 갖게 되면서, 때로는 현지 사람들이 원하지 않는 개입을 하게 될 수도 있다. 내가 생각하는 기준과 규범에 맞지 않는다는 판단하에 현지 사정은 고려하지 않은 채 '감정적'일 수 있는 '옳은' 결정을 내리고 행동하게 된다.

그런데 중요한 것은 옳은 행위가 누구에게 옳은지 판단하는 것이 아니다. 처음부터 (내가 믿는) 가치판단이 포함되지 않은 결정을 하도록 노력해야 한다. 섣부른 가치판단과 감정이입을 멀리해야 한다. 매너 있게 상대가 원하지 않는 것은 하지 않도록 배려해야 할 뿐만 아니라, 그것을 알아채는 능력이 중요하다.

객관화를 위해 알면서 모르는 척하라는 이야기도, 감정을 배제하라는 이야기도 아니다. 공감을 바탕으로 현지인의 자리에서 대처 방법을 함께 고민하는 것이 중요하다고 말하는 것이다. 위의 상황에서도 내가 원하는 방식으로 문제를 해결했다면 정보제공자에게 어떤 결과가 돌아왔을지, 그 결과가 과연 긍정적이었을지 확신할 수 없다.

문화상대주의적 관점이 절대적 가치에 위배되는 경우가 여전히 발생하며, 많은 학자들이 여전히 갑론을박 중이다. 연구자의 윤리가 더더욱 중요해지는 이유도 같은 맥락에서 해석할 수 있다. 뿌리 뽑아야 할 관습적 행위로 보일 수 있지만, 그것을 나의 의지로만 해석하고 행위하기에 앞서 신중하게 생각해야 한다. 정도正道를 지키는 것은 현지 조사 과정 내내 중요하지만 가장 어려운 일이다. 즉 나 스스로가 인정하는 행동이기보다 현지의 문화와 환경을 공감함으로서 나타나는 행동이어야 한다. 이러한 일련의 과정은 현지를 연구하고 이해하는 문화적 해결법이 된다.

책에서 보고 선생님이 가르쳐주는 공감이 아닌 현지적 차원에서

낯선 사람들 사이에서

의 공감은 현지연구에 윤활제 역할을 하기도 한다. 인류학적 연구조사는 '부탁'과 함께 시작하는 경우가 많다. 누구의 소개를 부탁하고 그 누구누구를 소개받는 과정을 반복하다 보면 한 집단이 보이고, 더 나아가서는 그 사회와 문화를 알게 된다. 그래서 네트워크가 중요하다. 핵심 정보제공자를 만나는 순간, 연구는 일사천리로 진행된다.

핵심을 만나기 위해 여기저기, 이곳저곳에 부탁하는 절차는 필수적이다. 현지에서 연구를 진행하면 항상 낯선 누군가에게 아쉬운 소리를 해야 하고 기다려야 한다. 이 점 때문에 현지연구가 어렵고 지치는 것 같다. 적정 기간의 현지연구를 진행한 뒤 약간의 휴식이 필요한 이유가 여기에 있다. 낯선 사람을 만나는 일, 거기에 덧붙여 누군가를 만나게 해달라고 때 아닌 때를 쓰는 일은 연구자 자신을 힘들게 한다. 그리고 항상 고민한다. 어디까지 부탁을 하고 어디서 멈춰야 하는지. 앞서 말한 '현지적 차원의 공감'은 이런 상황에서 도움이 된다. '적정 수준'에서 멈추는 방법을 깨닫고 적용해야 연구가 매끄럽게 진행되는 것이다.

적정 수준을 지키지 못했을 때 오히려 관계가 망가지는 경우도 더러 발생한다. 한 연구대상자를 친한 지인으로부터 소개받았는데, 첫 만남이었지만 인터뷰 내내 좋은 분위기였다. 농업을 주업으로 하는 여러 형제자매와 달리 고등교육을 받고 어학연수에 이어 대학교에서 강사로 일하면서 부모님께 경제적 지원까지 하게 된 그녀의 인생 성공 스토리는 감동적이기까지 했다. 한국어를 통해 사회이동을 극명하게 보여준 사례라고 생각했고, 마음도 통했으며, 그녀가 장차 생각하고 있는 한국 유학에 내가 도움도 줄 수 있을 것 같았다. 앞으로 더 달라질 그녀의 인생을 함께 지켜보고 싶은 마음도 컸다. 하지만 우리에게 다음 만남은 없었다. 몇 번의 문자와 전화를 시도했고 주변 사람들에게 그녀의 행방을 묻는 등 백방으로 노력했지만 그녀와 연락이 닿지 않았다. 며칠이 지나자, 그녀가 내 연락을 의도적으로 피한다는 생각이 들기 시작했다. 그녀의 신변에는 아무 문제가 없으며 학교에서 일도 잘하고 친구들과의 모임에도 참석한다는 이야기를 들었기 때문이다.

그녀가 나를 피한 이유의 힌트는 결국 그녀와의 인터뷰 자료 안에 모두 있었다. 그녀는 다른 형제들에 비해 자존심이 강했고, 소수종족[3]임에도 불구하고 장학금을 받고 어학연수를 다녀올 정도로 노력파였다. 그녀가 나에게 꺼내놓은 이야기들은 어쩌면 그 누구에게도 하고 싶지 않았던 삶의 단면이었을지 모른다는 생각이 들기까지, 나는 꽤 오랜 시간을 고민했다.

연구자가 인터뷰 도중 정보제공자의 상처를 건드리거나, 원하든 원하지 않든 본인도 인식하지 못했던 깊은 이야기를 하게 하는 상황이 발생하기도 한다. 실제로 인터뷰 당시에는 더할 나위 없이 좋은 관계였다가 다시 연락하면 연락이 닿지 않거나 의도적으로 피하는 일이 생긴다. 인터뷰는 놀라운 행위다. 처음 보는 누군가의 즐거운 이야기, 상처, 꿈, 깊은 내면을 알게 되기 때문이다. 그런 과정에서 누군가는 속이 시원해지기도 하고 상처를 입기도 한다. 매너 있게 멈추지 못한 추진력이 때로 그런 결과를 가져온다. 그래서 그녀를 탓할 수는 없

---

3 베트남은 54개 종족으로 구성된 다종족 국가이다. 약 80퍼센트가 비엣족이고, 나머지 20퍼센트는 53개 종족이 차지하고 있다. 소수종족은 대부분 산간 지역과 베트남 남부의 비옥한 메콩델타 지역에 모여살고 있으며, 주된 산업은 농업이다. 소수종족의 경우, 1975년 베트남 통일 이후 국가적 차원에서 통합의 일환으로 그들의 다양성을 인정하고 장려하는 정책보다는 베트남 국민으로서의 통일성을 강조하는 분위기에 노출되었다. 그 과정에서 여러 가지 차별이 있었고, 생활 지역이 오지에 있어서 상대적으로 경제적·문화적 취약계층에 속한 경우가 많았다.

었다.

그런 상황이 벌어지지 않게 방지하는 것이 가장 중요한 일일 것이다. 그러나 자연스러운 결과이고, 앞으로 계속 사람들을 만나기 위해서는 인터뷰를 진행한 사람도 인터뷰에 응한 사람도 당황할 필요는 없다고 생각한다. 이미 그런 일이 벌어졌다면 어떻게 수습할지를 생각해보아야 한다. 나와 상대 모두를 위한 문화적 해결법을 통해 상처가 되거나 나쁜 기억으로 남지 않게 노력해야 한다.

7. 나가며: 한 달만 지나면 또 가고 싶은 현지, 늘 어렵고 새롭다

나는 2011년에 처음 베트남에 갔고, 2019년 현재까지 수차례 방문했다. 여행으로 갔을 때 베트남은 제2의 고향처럼 편안함을 주었다. 연구를 위해 방문해도 한 달만 지나면 다시 가고 싶은 마음이 들었다.

백문이 불여일행이라는 마음이었는지도 모른다. 오래 보고 많이 경험하면 통찰력이 생길 거라 생각했고, 베트남 사회와 문화 그리고 베트남 사람을 더 깊이 이해할 수 있을 거라 기대했다. 그러나 매번 베트남의 새로운 모습을 발견하게 된다. 한국어를 전공한 베트남 청년 세대를 연구할 때와 해외 진출 기업을 연구할 때 만나게 되는 현지와 사람은 다르다. 물론 연구주제가 바뀌어도 현지는 베트남 사회이고, 만나는 사람도 베트남 사람이다. 그렇지만 알면 알수록 더욱더 다채로운 베트남이 나를 기다리고 있었다. 현지조사는 한 연구자가 한 사회에 있는 다양한 층위의 사람들을 만나면서 장님이 코끼리를 만지듯 점차

사진 15, 16 베트남 현지조사 사진

사진 17, 18 새로운 현지

커다란 그림을 완성해가는 것임을 잊어서는 안 된다.

아직은 베트남 연구자 또는 동남아시아 지역연구자라는 표현이 버겁다는 것이 필자의 솔직한 심정이다. 여전히 배울 것이 많고 모르는 것이 더 많다. 베트남을 연구해 박사라는 타이틀을 얻었다 해도 자신 있게 이야기가 나오지 않는다. 많이 알수록 더 신중해야 한다는 믿음 때문인지도 모르겠다.

새로운 현지에서도 지금까지 해온 방식을 유지하면서 새로운 배경과 주제에 맞는 현지조사 방식을 끊임없이 탐구해야 할 것이다. 추진력 있게 밀고 나갈 필요도 있지만 과해서는 안 되며, 처음부터 끝까지 현지를 위한 이해와 배려를 바탕에 두어야 한다.

스스로의 동력을 잃지 않기 위한 자기보호 및 배려도 빼놓을 수 없다. 낯선 현지는 언제든 나 자신을 지치게 만든다. 누군가의 얄궂은 계략이 있는 것처럼 끝없는 절망의 구렁텅이로 나가떨어지는 기분을 수도 없이 느끼게 되는 것이 현지이다. 그러니 도처에 도사리고 있는 위험요소로부터 상처받고 쓰러지는 것을 방지하기 위한 대비와 다독임도 중요한 것이다.

현지조사는 현장에서 연구자와 정보제공자가 함께 하는 것이다. 어느 편으로든 치우치는 조사과정은 왜곡된 연구결과를 낳을 수 있다. 편견과 선입견에서 벗어난, 그러면서도 현지를 누구보다 이해하고 공감할 수 있는 연구를 위해서는, 상대만큼이나 나 자신을 들여다볼 줄 알아야 한다. 정답은 없다. 그렇기 때문에 늘 어렵다. 새로운 현지에 맞는 적정한 자세, 마음가짐, 기술, 그리고 사람을 찾기 위한 노력을 계속해야 한다.

4

하지 않은 현지조사는 있어도
실패한 현지조사는 없다:

중국 옌볜에서의 2년과 그 이후

노고운

1. 들어가며[1]

낯선 연구지에 장기체류하면서 현지조사를 하는 많은 문화인류학자들이 간절히 바라는 소망 중 하나는 미국 인류학자 클리포드 기어츠 Clifford James Geertz가 발리에서 연구할 때 일어난 것과 같은 일이 자신에게도 일어나는 것일지 모른다. 적어도 나는 그랬다. 인류학적 현지조사에 관한 유명한 에피소드로 문화인류학자들 사이에 회자되는 기어츠의 이야기는 이렇다. 기어츠는 아내와 함께 발리 섬에서 현지조사를 시작했지만, 몇 달이 지나도록 현지민들에게서 투명인간 취급을 받았다. 어느 날 기어츠 부부는 식민정부가 법으로 금하고 있는 닭싸움을 참여관찰하고 있었고, 경찰이 그 닭싸움장에 기습 출동했다. 기어츠 부부는 현지민들이 하는 대로 경찰을 피해 달아나다가 앞서 뛰던 주민의 집에 함께 들어가 위기를 모면했다. 그 사건을 계기로 기어츠는 놀라운 사실을 알게 되었다. 기어츠를 투명인간 취급하던 주민을 포함해 마을의 모든 주민들이 기어츠 부부가 누구이고 어떤 일을 하려고 그 마을에 와서 살고 있는지 정확하게 알고 있었다는 사실이다. 더 중요한 일은 경찰을 피해 함께 달아났다는 소문이 퍼진 후 현지민들이 기어츠를 공동체의 일원으로 받아들이게 된 것이다. 물론 이 에피소드의 결말은 해피엔딩이다. 기어츠는 발리에서의 연구를 바탕으로 '두꺼운 서술thick description'이라는 이론적 논의를 이끌어내 미국 문화인류학의 거장으로 자리 잡았다(기어츠, 2009).

미국 캘리포니아대학(데이비스) 박사과정 중 현지조사를 시작하기 전

---

1   초고를 읽고 귀중한 코멘트를 해주신 이 책의 공저자 선생님들과 최민진, 정다연에게 감사드린다.

인 코스워크 기간에 나와 내 동기들은 우리에게도 과연 기어츠와 같은 일이 일어날지 궁금해했다. 우리들은 모두 석사학위 논문을 위한 짧은 현지조사를 수행한 경험이 있었지만, 박사학위 논문을 위한 현지조사는 훨씬 긴 시간 동안 현지에 깊숙이 파고들어 이루어지는 것이므로 이전의 연구와는 다른 차원의 경험을 하게 될 것으로 기대했다. 아마도 나는 로맨틱 코미디의 문화인류학적 버전 같은 현지조사를 상상했던 것 같다. 평범하지만 매력 넘치는(?) 연구자인 내가 현지에 들어가 처음에는 티격태격하면서 문화충격도 받고 현지민들에게 받아들여지지 않는 어려움도 경험하지만, 결국에는 그들에게 인정받고 사랑받는 연구자로 거듭나면서 끝나는 해피엔딩의 로맨틱 코미디 말이다.

결론부터 이야기하자면, 나에게 그런 꿈같은 일은 일어나지 않았다. 아니, 나뿐만 아니라 대부분의 문화인류학자들은 기어츠처럼 운이 좋지 않다(기어츠가 운이 좋아서 대단한 학자가 되었다고 말하는 것은 결코 아니다!!). 인생은 로맨틱 코미디가 아니다. 그럼 어떻게 해야 성공적인 현지조사를 할 수 있느냐고 물을 수 있겠다. 솔직히 말하면, 나는 성공적인 현지조사를 위한 레시피, 따라 하면 어려움 없이 현지조사를 해서 많은 양의 좋은 자료를 얻을 수 있는 레시피를 가지고 있지 않을 뿐 아니라, 그런 레시피가 존재한다고 믿지도 않는다.

내가 믿는 것은 현지조사는 성공과 실패로 나눌 수 있는 성질의 작업이 아니라는 것이다. 이 글의 제목처럼 나는 하지 않은 현지조사는 있어도 실패한 현지조사는 없다고 생각한다. 즉 어떤 방식으로든 시간과 노력과 열정을 들여 현지에서 생활하면서 연구한다면 현지조사는 백 퍼센트 성공한다. 현지에서의 연구과정이 아무리 구름 속을 헤매는 것 같고, 기어츠와 같은 행운은커녕 불운만 따라다니는 것 같고, 모이는 자료의 내용이 연구계획과 맞지 않는 것 같아도, 시쳇말로 연구지에 '비비고' 있으면 현지조사는 성공한 것이라고 믿는다. 그 이유는 그렇게 모은 자료가 그 자체로 충분히 가치가 있는 진짜 자료이기 때문이다. 따라서 이 글은 내가 '맨땅에 헤딩'하듯 현지조사를 하면서 경험한 온갖 종류의 어려움과 불운이 포함된 이야기이다. 그리고 그럼에도 불구하고 연구지에서 2년 넘게 버티면서 모은 산발적인 자료가 어떻게 박사논문으로 변모했는지도 말해보겠다.

2. 조선족(재중한인)과의 인연

나는 2005년 3월부터 2007년 3월까지 2년 동안 주로 중국 옌볜조선족자치주에 거주하면서 박사학위 논문을 위한 현지조사를 수행했다. '조선족'이라는 호칭이 한국에서 부정적인 이미지를 가진다는 지적과 함께, 중국에 거주하는 한인을 통일해서 '조선족'보다는 '재중한인'으로 칭해야 한다는 논의가 있다. 그러나 그들 자신이 '조선족'이라는 호칭에 자부심을 가지고 있는 만큼, 중국에서 사용하는 대로 '조선족'이라는 호칭을 사용하겠다.

조선족과의 인연은 1998년 서울대학교 인류학과 석사과정 1학기부터 시작되었다. 석사과정에 입학하자마자 오명석 교수의 종족성 ethnicity 및 민족주의 이론에 관한 수업을 들으며 심취했다. 그 수업을 계기로, 한국에서 단일민족론이 이데올로기로 작동하면서 복합적인 종족적 현실(혹은 요새 말로 다문화)을 왜곡하고 있다는 점과 한국 사회의 종족적 배경에 따른 불평등과 차별을 깨닫게 되었다. 석사학위 논문의 주제는 한국 내 조선족 노동자의 삶을 기술하면서 한국의 단일민족주의를 비판하는 것으로 결정했다. 석사학위 논문을 위한 현지조사는 1999년 9월 재외동포법 개정에서 제외된 한국 내 조선족 이주민 노동자들의 단식투쟁을 참여관찰하면서 시작되었다. 그리고 다양한 단체와 사람들을 통해서 알게 된 미등록 조선족 노동자들과의 인터뷰 및 참여관찰을 중심으로 쓴 논문으로 석사학위를 받았다.

석사학위 논문을 쓰고 미국 유학을 준비하는 동안, 조선족에 관한 연구를 중국에서 더 진행하고 싶어졌다. 한국에서 만난 대부분의 조선족은 중국에서 태어나서 자라고 교육받았고 사회생활을 했으며, 가족·친척·지인들이 있는 중국과의 연결을 유지하는 데 많은 돈과 시간 그리고 상당한 노력을 기울이고 있었다. 무엇보다도 그들은 중국 국적을 가진 중국인이라는 사실을 자랑스럽게 생각했으며, 다민족국가인 중국에 속한 하나의 민족인 조선족이라는 것이 그들의 정체성의 뿌리를 이루고 있었다.

따라서 조선족의 사회적·문화적·정치적·경제적 영역 및 그들의 초국적 이동 및 연결을 이해하려면 그들의 한국에서의 삶만이 아니라 중국에서의 생활도 연구해야 하고, 이를 위해 중국에서 현지조사를 수행해야만 한다고 결론 내렸다. 캘리포니아대학 인류학과 박사과정에 입학한 후에도 대학원 세미나를 수강하고 논문자격시험을 준비해 합격하기까지 중국 내 조선족 거주지에서 박사논문 연구를 수행할 계획을 발전시켜나갔다.

3. 중국어도 잘 못하면서 중국 연구를 한다고?

박사과정 2년 차 봄 학기에 필수과목 중 하나인 '연구지원비 계획서 research grant proposal 쓰기' 세미나를 수강했다. 이 세미나를 통해 나는 연구비를 지원받을 수 있을 만큼 수준 높고 구체적이고 실행 가능하며 학술적으로 의미 있는 박사논문 연구계획서를 쓰는 방법을 배울 수 있었다. 장기간 해외에 거주하면서 연구를 수행하는 대부분의 문화인류학자들은 연구비를 지원받지 못하면 현지조사 자체를 수행할 수 없기 때문에, 연구비 지원기관이 원하는 형식의 연구계획서를 쓰는 것이 매우 중요하다. 따라서 그 세미나를 수강한 주 목적은 그 노하우를 배우는 것이었지만, 연구문제 제기 및 가설, 목적, 방법, 이론적 배경, 실행가능성, 필요성 및 학술발전 기여도 등을 기술해보고 연구를 구체화하는 연습을 하는 기회이기도 했다. 나는 이때 작성한 연구계획서를 발전시켜 캘리포니아대학 산하 아시아 및 태평양 연안 지역 연구기관인 퍼시픽림 리서치 프로그램Pacific Rim Research Program에서 박사논문 연구비를 지원받았다.

박사논문 연구를 구상하고 계획서를 쓰면서, 예상은 했지만 해결되지 않은 난관에 부딪쳤다. 나는 중국에 가본 적이 한 번도 없었던 것이다! 또한 현지조사를 수행할 만큼 중국어에 능숙하지 않았다. 학부생 과정의 중국어 수업을 들으며 중국어를 배우고, 대학원생 과정의 중국 관련 세미나 및 교수와의 일대일 수업individual studies을 통해 중국을 연구지역으로 하는 사회과학 및 인문과학 서적을 읽고 토론하며 이론적 지식을 쌓기는 했으나, 실제로 중국이라는 나라에 발을 디뎌본 적이 없고, 그곳에서 중국인과 이야기하며 연구해본 적도 없었다.

중국 국적의 내 지도교수는 "외국인이 현지조사를 할 정도로 중국어를 잘하는 것은 거의 불가능할 만큼 어려운 데다, 넌 중국어를 너무 늦게 배우기 시작했고 외국인으로서 꽌시 없이는 현지조사는 물론이고 사는 것도 힘드니, 연구지역을 중국으로 하는 것에 대해 다시 한번 생각해보라"고 압박했다. '꽌시'는 중국 사회에서 선물을 주고받으며 돈독히 하는 사람들 간의 연망 및 유대관계이다. 한국에서는 중국 비즈니스 세계에서 통용되는 문화적 관례 정도로 이해하는 것 같은데, 꽌시는 일반 중국인들도 일상적으로 실천하는 중국 문화의 일부분이다. 일반적으로 중국인들은 꽌시를 이해하고 실행하지 않고는 중국에서 아무것도 제대로 할 수 없다고 믿는다. 그러나 꽌시를 얻고 싶다고 해서 일방적으로 선물을 안길 수는 없고, 중국 내에서도 특정한 시대와 지역에 따라 특정 대상에게 알맞은 선물을 적절한 시기에 적절한 방식으로 증정하고 교환해야 한다. 따라서 외국인이 꽌시를 얻는다는 것은 어려운 일이다.

지도교수뿐만 아니라 다른 논문 심사위원 교수들도 "한국인으로서 왜 중국을 연구하려고 하느냐, 한국을 연구하는 것이 좋다"면서 "아직도 늦지 않았으니 한국으로 지역을 바꾸라"고 반복해서 조언했다. 미국에서 지역연구는 백인이 아니라면 해당 지역/국가 출신 외국인이나 이민자가 전담한다고 해도 과언이 아니다. 예를 들어 중국을 연구하는 학자는 대부분 백인 미국인과 중국계 미국인 및 중국인이다. 그래서 내 지도교수들이 한국인인 나에게 한국을 연구하는 것이 당연하다고 조언한 것이다. 내가 스스로를 돌아보아도 '중국에 한번도 가본 적이 없고 중국어도 미국 대학의 외국인을 위한 중국어 과정 중급 수준인 내가 1년 반 후부터 시작해야 하는 현지조사를 잘할 수 있을까?' '언어적·문화적·정치적 조건을 모두 갖춘 다른 연구자들과 비교해도 뒤지지 않는 중국 지역 전문가가 될 수 있을까?' 하는 생각이 들면서 부끄러워졌다.

그러나 지난 몇 년 동안 중국 지역연구를 하려고 결심하고 준비해왔기에 그냥 포기할 수는 없었다. 2003년 여름 중증급성호흡기증후군SARS(사스)이 중국에 급속히 확산하면서 많은 환자 및 사망자가 발생했을 때 나는 처음으로 중국에 가서 박사학위 논문 예비조사를 수행했다. 다행히 옌벤자치주는 여름에도 크게 덥지 않은 중국 동북 지방에 위치해 있어서 사스의 피해를 덜 받았다. 옌벤자치주를 예비조사 지역으로 선정한 이유는 중국 조선족 인구가 다수 거주하고 20세기 초부터 조선족 사회의 정치·경제·문화적 중심지였으며 조선족의 중국-한국 간 초국적 활동을 집중적으로 관찰할 수 있는 최적의 지역 공동체였기 때문이다.

두 달간의 예비조사 기간 동안 옌지시에서 지내면서 옌벤자치주 내 조선족이 많이 사는 지역을 둘러보았다. 옌벤대학의 ㄱ연구소와 연락하여 중국 조선족에 대해 연구하는 교수님들 및 대학원생들과 만나서 이야기했다. 그리고 옌벤에서 장기간 현지조사를 수행한다면 어떤 장소 및 단체를 중점적으로 연구할 것인지 고민했다. 좀 더 구체적인 연구주제 및 장소를 정하기 위해 옌지시 및 주변 지역을 돌아다니면서 지역 사람들과 짧게 인터뷰도 했다.

예비조사를 수행한 다음, 걱정했던 바와 달리 옌벤 지역에서 조선족에 관한 연구를 수행하여 중국 지역연구자가 되는 것이 가능하겠다는 결론을 내렸다. 먼저 옌벤의 조선족은 대부분 이중언어 사용

낯선 사람들 사이에서

사진 1 2003년 예비조사 당시 옌지시의 도심 풍경

자이기 때문에 중국어에 100퍼센트 의존하지 않고 한국어(조선어)도 사용할 수 있으므로 언어 장벽은 걱정하지 않아도 될 것 같았다. 중국에 관한 이론서, 민족지, 나의 석사학위 논문을 위한 연구 중 인터뷰 및 문헌 자료 등을 통해 얻은 정보 및 지식이 예비조사 중 중국의 후기사회주의 전환 현실 및 그로 인해 야기된 조선족 사회의 변화를 이해하는 데 도움이 되었다. 옌지시의 도시 환경, 기후, 음식도 잘 맞았고, 사람들도 친절해서 나와의 만남과 인터뷰에 쉽게 동의하고 이야기해주는 것 같았다.

물론 모든 것이 쉽지는 않았다. 문화충격을 받기도 했다. 한 예로 샹차이香菜(한국어로 고수라고 불리는 향이 진한 채소) 냄새에 질겁했는데, 많은 음식에 샹차이가 들어가서 힘들었다. 한번은 중국어로 된 메뉴를 보고 대강 골라서 주문했더니 샹차이가 음식 양의 3분의 1을 차지해서 결국 못 먹은 적이 있다. 이후 옌볜에 살면서 나는 샹차이 마니아가 되었고, 특히 훠궈火鍋를 먹을 때는 샹차이만 골라 먹게 되었다. 처음 혼자 시외버스를 타고 옌지시를 벗어났을 때는 매표소에서 표를 끊지 않고 버스 안에서 안내원에게 현금을 지불하고 거스름돈을 받는 것이 어색했고, 안내원이 나에게서 돈을 받고는 거스름돈을 주지 않고 버스에서 내려버려서 크게 당황한 적도 있다. 나보다 더 큰 지폐를 낸 옆 사람이 침착하게 있는 것을 보고 나도 불안감을 누르며 기다렸고, 15분 후 다시 버스에 오른 안내원에게서 거스름돈을 받고 안심했다.

예비조사를 통해 자신감을 얻은 나는 미국 대학으로 돌아가 지도교수들을 적극적으로 설득했고, 연구비를 따내고 기관윤리위원회 심사에 통과하고 논문자격시험에 합격하면서 중국 옌볜에서 장기간 현

낯선 사람들 사이에서

지조사를 수행할 모든 준비를 마쳤다.

4. 첫 3개월이 첫번째 고비다

2005년 3월 7일 중국 길림성 옌볜조선족자치주의 주도^{州都}인 옌지시에서 박사학위 논문을 위한 현지조사를 시작했다. 서울에서 직항 비행기로 한 시간 남짓 가니 바로 옌지 공항이었다. 이민가방을 끌고 아직 겨울바람이 부는 옌지 공항 주차장을 가로질러 공항 밖으로 나가 택시를 잡았다. 그렇게 10분만 걸어나가면 택시비가 훨씬 쌌다. 예비조사 때처럼 옌볜대학교 외국인 학생 기숙사를 찾아가 일단 일주일만 머무르기로 등록을 했다.

첫 주는 바쁘게 지나갔다. 기숙사에 머무르면서 좀 더 싸고 부엌도 있는 숙소를 알아보았고, 숙소가 결정된 후에는 필요한 생필품을 구입하면서 지냈다. 마침 내가 옌지에 도착한 날 만나게 된 한족 대학원생 옌후아에게서 엄청난 도움을 받았다. 또 다른 한족 대학원생 춘아이까지 포함하여 이 두 명의 학생들과 자주 만나면서 현지조사 기간 동안 한국어와 중국어를 서로 가르쳐주며 친하게 지냈다. 이들 그리고 이후에 만난 한족 및 조선족 대학원생 친구들이 없었다면 나의 옌볜 생활은 정말 삭막했을 것이다. 이들은 나의 박사학위 연구와 아무런 상관이 없는 제삼자였고, 이들과 함께 있을 때는 연구에 미칠 영향을 걱정하지 않고 나 자신의 모습 그대로 있을 수 있었다. 그래서 나는 연구지에 이런 숨구멍 한두 개쯤은 만들어두는 것이 좋다고 생각한다.

내가 구한 숙소는 옌볜대학교 정문 앞에 위치한 주상복합 건물의 원룸 아파트였다. 옌볜대학교 주변에서 살아야겠다고 생각한 이유는 여러 가지이다. 먼저 대학에 있는 연구소들과 도서관에 가기 쉽고 언어 교환하는 학생들과 교류하기 편했다. 그뿐만 아니라 대학 근처인지라 물가가 쌌고 항상 학생들로 북적거려서 왠지 안심이 되었다. 대학을 떠나서 생활해본 적이 없기 때문인지 낯선 도시에서 가장 마음이 놓이는 곳이 대학가였다. 마지막으로 연구가 집중적으로 이루어질 것으로 예상된 옌지시 중심가에서 버스로 10분, 걸어서 25분 정도로 비교적 가까웠다.

　원룸 아파트에 기본으로 제공된 가재도구 중 나의 시선을 사로잡은 것이 있었다. 집주인은 성격 좋은 중년의 한족 부부였는데, 한국 텔레비전을 볼 수 있는 위성TV 수신기를 달아준 것이다. 중국에서 그렇게 위성TV 수신기를 설치해 외국 텔레비전 프로그램을 시청하는 것은 불법이었다. 외국인들만 정부에 신고하고 수신료를 낸 후 볼 수 있었다. 하지만 옌볜에서는 대부분의 가정(특히 조선족)이 신고하지 않고 위성 TV로 한국 텔레비전을 시청하고 있어서, 아파트 건물이 늘어선 길을 걷다 보면 수많은 위성 TV 수신기들이 건물에 다닥다닥 붙어 있는 모습을 볼 수 있었다.

　그때 나는 한국 위성 TV가 앞으로 3개월, 아니, 2년의 현지조사 기간 동안 옌볜 생활에 어떤 영향을 미칠지 전혀 알지 못했다. 3년 반의 미국 유학 생활로 미국 텔레비전만 보고 한국 텔레비전 결핍 상태였던 나는 그날부터 한국 텔레비전에 빠져들었다. 중국어를 공부하려면 중국 텔레비전을 봐야겠지만, 왠지 재미있는 프로그램이 없었다(이것은 한족과 조선족을 막론하고 당시 내가 아는 모든 중국 사람들이 동의

한 의견이었다). 다행히 케이블 TV가 아니었기에 시청 가능 시간이 저녁부터 자정까지로 제한되어서 완전히 폐인이 되는 것은 피할 수 있었다. 하지만 한번 한국 텔레비전에 맛을 들이자 적어도 한두 블록에 한 곳씩 있는 한국 텔레비전 프로그램을 녹화해서 빌려주는 VCD 대여점이 눈에 들어오기 시작했다. 그 당시 방영되던 모든 프로그램을 빌릴 수 있었고, 첫 회부터 마지막 회까지 한꺼번에 빌려서 하루 이틀 안에 밤을 새우면서 볼 수도 있었다. 물론 2년간의 현지조사 기간 동안 그런 폐인 생활은 자주 하지 않으려고 노력했다.

엔벤 생활을 막 시작했을 당시, 나의 일상은 구름 속을 헤매는 것 같았다. 현지조사는 경험이 없는 대학원생에게 매우 혼란스러운 작업일 수 있다. 현지조사 이전 나는 미리 짜인 수업 시간표와 과제 제출 및 시험, 그리고 그에 따른 학점이라는 보상/성취감에 길들어 있었다. 연구지원비 신청과 논문자격시험 등 장기간에 걸쳐 스스로 준비해야 하는 일도 지도교수님들과 일대일 수업 형식으로 정기적으로 상담하고 동기생들과 서로 도우며 진행했다. 그런데 현지조사는 완전히 달랐다. 모든 것을 나 혼자 해야 했다. 짜여진 시간표도, 단기간에 끝낼 수 있게 고안되어 주어진 과제도, 과제를 제출한 후 받는 학점도 없었다. 일의 시작과 끝이 뭔가 두루뭉술해서, 하면서도 하고 있는지 끝내고도 끝난 것인지 알 수 없었다. 과제나 시험지를 제출한 후 맛보았던, 결과는 어떻든 뭔가를 끝냈다는 후련함과 성취감을 현지조사에서는 맛볼 수 없었다. 특히 필드에 자리 잡기 시작한 첫 몇 개월 동안 이러한 일상에 무력감을 느꼈다.

숙소와 언어교환을 제외하고 박사논문 연구에 있어서 정해진 것이 아무것도 없는 것 같았다. 논문의 큰 틀은 있었지만 구체적으로 어디서 어떻게 해야 그런 주제에 관한 자료를 얻을 수 있을지 막막했다. 나는 옌지시를 돌아다니면서 어떤 장소들이 형성되어 있는지 배우고, 무조건 사람들을 많이 만나려고 노력하고, 이곳에서 어떤 일들이 벌어지고 있고 사람들은 어떤 생각을 하면서 살아가는지 배우는, 거북이처럼 느릿느릿 전진하는 방법을 시도했다. 그러나 그렇게 정해진 장소 없이 무작정 돌아다니면서 사람들과 이야기하려고 노력하고 참여관찰하는 방법에는 한계가 있었다.

이상한 점은 예비조사 때는 친절하게 잘 응해주던 옌볜 사람들이 정작 본조사에 들어가니 나와 인터뷰하기를 거부하는 것이었다. 그들이 왜 변했는지 의아했다. 처음 만나는 사람들은 물론이고, 예비조사 때 알게 된 몇 안 되는 사람들과의 대화도 크게 다르지 않았다. 그런데 사실은 옌볜 사람들이 아니라 내가 변한 것이었다. 나중에 깨달았지만 예비조사 때는 모든 것이 새로웠기 때문에 조금만 이야기해도 큰 자료를 얻은 것처럼 느껴졌다. 그런데 본조사의 첫 3개월 동안 나는 좀 더 많은 것을 원했다. 이미 알고 있는 이야기 말고 더 깊은 이야기를 듣고 싶었다. 그리고 더 긴 시간 동안 더 자주 교류하길 원했다. 현지민들은 이러한 나의 태도 변화가 부담스러웠던 것이다. 이것을 깨닫지 못한 나는 사람들이 바빠서 이야기 못 한다고 말하는 것이 당황스럽기만 했다.

암울한 일상에 더하여 엎친 데 덮친 격으로 연구비자를 받는 데도 문제가 생겼다. 미국에서 현지조사를 준비할 때, 나에게 박사논문 연구비를 지원하기로 한 퍼시픽림 리서치 프로그램으로부터 중국 연구비자 문제를 확실하게 알려달라는 연락을 받았다. 예비조사 때 찾아갔던 옌볜대학교 ㄱ연구소에 연락하여 문의했고, ㄱ연구소에 적을 두

낯선 사람들 사이에서

고 연구비자를 신청할 수 있도록 지원하겠다는 약속을 받았다. 현지조사를 시작할 때는 일단 관광비자로 중국에 입국한 후 연구소에 연락해 연구비자로 바꾸는 수순을 밟기로 했다. 관광비자는 한 달 기한에 두 번까지 연장할 수 있어서 총 3개월을 중국에 머물 수 있었다.

이렇게 관광비자로 입국한 후 ㄱ연구소를 다시 찾았다. 연구소장과 소속 교수를 찾아뵙고 반년 전에 의논했듯이 연구비자를 지원해달라고 부탁했다. 첫번째 만남에서 교수진은 문제없다고 흔쾌히 승낙하셨고, 이미 한국에서 많은 교수들이 와서 연구비자를 받아 연구한다는 말도 덧붙이셨다. 연구소장은 "우리는 마음이 뜨거운 사람들이니" 열정적으로 도울 거라고 하셨다. 마음 한구석의 걱정이 사라지는 기분이었다. 연구비자를 받지 못하면 관광비자로 3개월마다 중국을 떠났다가 다시 들어와야 하고, 연구하는 것도 불법이 되어버리기 때문이다.

그런데 며칠 뒤 좀 더 구체적인 사항을 상의하는 자리에서 연구비자를 지원받으려면 옌볜대학에 1년에 미화 2,500달러를 지불해야 한다는 말을 듣게 되었다. 나중에 안 사실이지만 중국의 대학은 그런 방식으로 외국인 학자들로부터 외화를 벌고 있었다. 즉 옌볜대학교만 예외적으로 실행하는 정책이 아니다. 그렇게 받은 2,500달러는 대학과 연구소에 나뉘어 배정된다. 대학의 시설과 도서관 자료에 의존해 연구해야 하는 학자들에게는 당연한 지출일 수 있지만, 대학에 적만 두고 주로 대학 밖에서 참여관찰 및 인터뷰를 할 계획인 나에게는 아까운 돈이었다. 또한 미국에서 연락했을 때는 그런 이야기가 전혀 없었기 때문에, 연구비 지원서류 중 연구비 지출 계획서에 비자 관련 비용을 그렇게 많이 책정하지 않았다.

이런 사정을 설명한 후 돈을 지불하지 않고 연구비자를 받을 수는 없는지 문의했다. 그러자 ㄱ연구소에서 회계를 보는 행정 직원이 나를 불러서 야단을 쳤다. "옌볜에 연구하러 오시는 다른 한국 교수님들은 처음부터 연구비 전액을 연구소에 맡기시고, 그러면 연구소에서 다 알아서 집도 마련해드리고 연구도 잘하시도록 봐드리는데, 교수도 아닌 대학원생이 옌지에 도착하자마자 바로 인사도 오지 않고 연구비도 맡기지 않고 본인이 알아서 할 것 다 한 후 염치없이 비자만 해달라니 어처구니없다"는 것이었다. 내 입장에서는 연구비 전액을 ㄱ연구소에 맡긴다는 것은 있을 수 없는 일이었다. 일 년에 1,500달러 정도로 등록비를 낮춰주실 수 없는지 문의했다. ㄱ연구소 소속 A교수가 내 상황과 심정을 이해하고 좀 더 도와주려고 하면서 가능한지 알아보겠다고 하셨고, 나는 옌볜대학교와 ㄱ연구소의 결정을 기다리기로 했다.

결국 나는 옌볜대학을 통해 연구비자를 받지 못했다. 한 달의 관광비자 체류 기간이 끝나갈 때마다 ㄱ연구소는 아직 결정이 안 났으니 관광비자를 연장하고 기다리라고 했다. 그렇게 두 번의 연장을 모두 마치고 3개월의 관광비자 체류 기간이 거의 끝나가는 상황이 되자 너무 조바심이 났다. 더 이상 기다릴 수 없어서, 한국 가족과 지인들에게 혹시 옌볜대학교 혹은 옌볜과학기술대학교에 아는 교수가 있는지 수소문했다.

그렇게 하여 소개받은 옌볜과학기술대학교 교수에게서 동 대학 원무과 과장을 소개받았고, ㄴ학과 P교수의 연구조교로서 정기적으로 옌볜과학기술대학교에 출근해 P교수의 연구를 돕는 조건으로 연구비자를 지원받았다. 옌볜과기대에는 한국과 미국에서 재능 기부를 하러 오는 학자들이 꽤 있었고, 따라서 나도 비슷한 경우로 등록이 될 수 있었던 것 같다. 물론 내 가족과 친분이 있는 교수의 소개가 없었다면, 즉 꽌시를 활용하지 않았다면, 이 방법도 불가능했을지 모른다. 역으로 옌볜대학에 나와 꽌시로 연결된 내부자가 있었다면 그곳에서도 역시 돈을 요구하지 않고 연구비자를 허용했을지 모르겠다. 결국 3개월간의 마음 졸임이 끝났고, 박사논문 연구를 위해 옌볜에 체류하는 두 해 동안 옌볜과기대를 통해 받은 연구비자로 현지조사를 수행할 수 있었다.

이 경험은 꽌시가 중요하다는 지도교수의 조언을 적당히 무시하고 그래도 내가 원하는 지역에서 연구하겠다고 고집을 부린 일이 야기한 예정된 어려움이었는지도 모른다. 그리고 다른 많은 외국인 연구자들이 하듯 옌볜대학에서 요구하는 금액을 지불했다면 간단하게 끝날 일이었다. 융통성 없는 성격 때문에 3개월 동안 스트레스를 받은 것이다.

그런데 이 경험을 통해 배운 것도 많았다. 중국의 문서화되어 있지 않은 다양한 규칙들, 그에 따른 예측불가능성, 나에게는 낯선 의사소통 방식, 그리고 꽌시의 중요성이다. 중국을 조금 더 잘 알게 된 기분이었다. 이에 더하여 현지조사를 수행할 때 항상 맞닥뜨리는 예상하지 못한 현실에 조금 유연하게 대처하는 것이 현명하다는 생각을 하게 되었다. 마지막으로 이 사건 이후에는 내 능력을 벗어난 듯한 문제가 생기면 고집부리지 않고 현지의 관행에 따라 해결하고, 필요하다면 현지민들이 하듯 꽌시를 동원하려고 노력했다.

첫 3개월간 나는 참여관찰을 하거나 인터뷰할 대상을 구하지 못하고 불안한 마음으로 지냈지만 나름대로 뭔가 하려고 노력했다. 첫 달은 아파트를 구해 정착하고, 언어 교환을 시작하고, 옌지시 이곳저곳을 다니면서 배우는 기간으로 삼았다. 둘째 달은 언어 교환을 하고 무작정 상점에 들어가 사람들과 이야기하려고 시도하면서 옌지시 곳곳의 사진을 찍고, 내가 보는 시각에서 옌지시의 지도를 그려보았다. 옌볜에 오기 전 읽고 쓴 것들을 정리하면서 연구계획을 생각해보는 시간도 가졌다.

그러나 여전히 나와 이야기하겠다는 사람은 없었고, 점점 거절당하는 것이 힘들어졌다. 이렇게 해서는 논문에 필요한 자료를 구하지 못할 것 같다는 생각에 암울해졌다. 그 당시 나의 일상은 이러했다. 아침에 집을 나서서 나와 이야기해줄 사람들을 찾아다니다가 대부분의 경우 그런 사람들을 만나지 못하고 실망하며 집에 돌아온 후, 늦은 오후에 옌볜대 대학원생들과 언어 교환을 했다. 공부가 끝나면 함께 저녁을 먹고 헤어질 때가 많았다. 저녁 식사 후에는 혼자 집에서 한국 텔레비전을 봤다. 잠자기 전이면 그다음 날 또다시 기약 없이 집을 나설 생각에 한숨을 쉬었다. 그렇게 뒤척이다 잠이 들었다.

그러던 어느 날 선물용으로 사온 플라스틱 병에 담긴 소주가 부엌 찬장에 쌓여 있는 것이 생각났다. '옌지시에 널린 게 소주인데, 그리고 여기서도 소주가 별로 비싸지 않은데, 선물로 준다 해도 중국술 백주를 주로 마시는 옌볜 사람들이 좋아할 것 같지 않아. 게다가 선물이라도 줄 옌볜 사람을 만나기는 할까?' 하는 자포자기하는 마음이 들었다. 이런 생각이 꼬리에 꼬리를 물다가 결국에는 내가 마셔도 된다는 결론에 이르렀다. 지금 생각해보면 현지조사가 자리를 잡지 못하고 있는 상황에서 그로 인한 우울함을 혼자 마시는 술로 털어버리려 했던 것 같다. 현지조사를 잘하기 위한 준비물이었던 술을 내가 마신 걸 보면 상당히 상심했던 것 같다.

저녁에 텔레비전을 보면서 한두 잔 마시기 시작했다. 한국 드라마와 예능에 빠져들수록 텔레비전 앞 작은 탁자에는 소주가 있었다. 나는 술이 센 편도 약한 편도 아니지만, 그전에는 그렇게 혼자 마신 적이 없었다. 2~3일에 한두 잔 마시던 것이 횟수도 늘고 양도 늘어서 하룻밤에 한 병을 다 비우는 날도 생겼다. 옌지시에 도착한 지 두 달 반이 될 즈음 까치발을 들고 소주를 쌓아두었던, 내 키를 넘는 부엌 찬장 맨 위 선반에 손을 넣어 더듬는데, 엄청 많다고 생각했던 소주병이 다 사라지고 마지막 한 병이 내 손에 잡혔다. '아차! 언제 이렇게 많이 마셨지? 현지조사하러 중국에 왔다가 알코올 중독자가 되는 거 아닌가?' 니콜라스 케이지가 알코올 중독자로 열연한 영화 〈라스베가스를 떠나며〉가 생각났다. 그는 다크 서클이 진한 피폐한 얼굴로 독한 위스키를 병째 들고 벌컥벌컥 마셔대다가 죽었다. 옌볜까지 와서 그렇게 죽고 싶지는 않았다. 나는 마지막 소주 한 병을 남겨두기로 결정했고, 그날부터는 혼자 술을 마시지 않았다.

5. 도시 안에서 연구 필드를 물색하다

옌지시에 도착해 살 곳을 구한 후부터 나는 아침마다 숨어 있는 용기를 끌어내 도시 이곳저곳을 다니기 시작했다. 박사학위 연구를 집중적으로 행할 연구 필드를 정하기 위해서였다. '날 오라는 곳은 없어도 내가 갈 곳은 많다네'라고 중얼거리며 일단 집을 나섰다. 예상치 못했지만 이루어질지 모르는 인터뷰 등에 대비해 항상 가방에 노트, 설문

사진 2 옌벤박물관 앞에 선 필자

지 문항, 인터뷰 및 연구참여 동의서, 펜, 명함, 녹음기, 카메라, 녹음기와 카메라를 위한 여분의 건전지 및 배터리를 가지고 다녔다.

먼저 사회주의 시대부터 존재한 옌지시에서 가장 큰 도매 및 소매 전통시장으로 개혁개방 이후에는 한국 물건도 많이 취급하는 서시장에 가보았다. 옌지의 서시장은 서울의 동대문시장처럼 없는 물건이 없고 구조가 매우 복잡한 여러 개의 건물들로 이루어진 대규모의 지역 상권이었다. 상인들과 이야기해보려고 했지만 각 점포가 너무 좁아서 상인 한 명이 들어가면 더 이상 자리가 없는 데다, 생전 처음 보는 사람이, 그것도 한국 사람이 논문을 쓴다면서 이야기하자고 하니 (한국 사람들에 대한 부정적인 시각에 대해서는 이후 다시 설명하겠다) 모두들 바쁘다면서 거절했다.

또한 서시장을 돌아다니면서 얻은 결론은 서시장이 연구지로서 적합하지 않다는 것이었다. 사회주의에서 후기사회주의로 변화하면서 서시장 상인들이 자본주의 구조에 적응해가는 과정은 주제에 맞을 수 있지만, 한국과의 교류로 인한 영향은 눈에 잘 띄지 않았다. 후기 사회주의 사회의 초국적 경험과 행위를 보려면 한국에 관한 이야기가 많이 돌고 한국과 중국 사이를 자주 이동하는 사람들이 숨어 있지 않고 눈에 띄는 곳이어야 한다는 결론을 내렸다. 하지만 그런 곳이 어떤 곳인지 생각해내기 힘들었다.

그동안 읽었던 인류학적 민족지 및 방법론 교과서들은 주로 소규모의 촌락 및 부족 연구를 기준으로 했기에 연구지역에 체류하면 자동적으로 현지민들의 삶을 참여관찰할 수 있는 기회가 주어지고, 그런 기회를 잘 활용하여 그들의 신뢰를 얻으면서 친밀한 관계를 형성하면 순탄하게 주요 정보제공자key interlocuter를 구해 질적 연구를 수행할 수 있는 것처럼 기술하고 있었다. 도시를 연구한 민족지들도 대부분 저자가 이미 친밀한 관계 맺기에 성공해 이를 통해 수집한 자료를 바탕으로 이론적 논의를 전개해나갔다.

인구가 50만 명이 넘고 시골집과 달리 현관문을 닫으면 집 안이 들여다보이지 않으며 자신의 삶과 직접적인 관련이 없는 이방인을 포용할 이유와 의도가 전혀 없는 도시 주민들을 대상으로 한 현지조사에서 연구자가 어떻게 현지민들과 친밀한 관계를 형성하는지(아니, 친밀한 관계는 고사하고, 현지민들에게 연구자의 존재를 알리는 방법에는 어떤 것들이 있는지)에 대한 설명은 찾기 힘들었다. '도시인류학'이라고 불리는 문화인류학 내 하위 분야가 존재함에도 불구하고, 마을 주민들과의 일차적 면대면 관계로 이루어진 소규모 촌락 공동체 연구에서 제시하는 것과 다른 방식으로 현지민과 관계를 형성하는 방법에 대한 논의는 부족한 것이 현실이다. 방법론에 있어서는 이론적으로 여전히 연구자와 현지민의 관계를 식민주의적 관계와 유사하게 상상하는 데 머물러 있는 것 같다.

1970년대까지도 문화인류학 연구에서는 서구가 비서구를, 식민제국 혹은 식민제국이었던 국가의 시민이 식민지 혹은 식민지였던 곳의 시민을, 도시에서 정규 교육을 받은 학자가 촌락의 정규 교육을 받지 못한 사람들을 연구했다. 연구대상은 서구 유럽의 백인이 아닌 비서구의 '토착민indigenous people'으로서 외부 세계와 단절된 전근대적 생활양식이 통하는 소규모 사회의 구성원으로 그려졌다. 자연스럽게 연구자와 연구대상 간의 관계도 식민제국과 식민지의 불평등 구조가 반영된 위계 구조(대부분의 식민지가 해방을 이룬 1950~1960년대 이후에도 이러한 불평등 구조는 후기식민주의 형식으로 실재해왔다)에 기반했다. 그리고 이러한 식민주의적 관계를 비판 없이 담은 민족지는 연구대상을 근대 시대에 살고 있는 유럽인인 '우리'와 반대되는 '그들,' 역사가 없는 전근대 시대에 살고 있는 '토착민'인 '그들'로 그려냈다(울프, 2015). 방법론 연구에서 연구대상을 여전히 소규모 촌락의 구성원으로 상정하는 것은 이런 식민주의적 관계를 비판 없이 받아들이는 것이다.

그 당시 나는 하루 종일 머물러도 눈치받지 않으면서 사람들과 이야기하고 그들의 생활을 볼 수 있는, 마음 편히 참여관찰할 수 있는 곳이 절실했다. 옌지시를 정처 없이 돌아다니며 사람들에게 인터뷰를 구걸하는 것으로는 제대로 된 연구를 할 수 없었다. '이래서 다들 공장으로, NGO 사무실로, 소규모 마을로, 각종 단체로 찾아가는구나, 난 그래서 시장을 선택한 건데……' 그런데 시장은 너무 개인주의적이었다. 지금은 '시장에도 조합이 있을 테니 조합장을 찾아가 도움을 요청해도 됐을 텐데'라고 생각하지만 그 당시 나는 정말 요령이 너무 없었고, 조금이라도 높은 자리에 있는 사람이 내 연구를 도와주려고 한다면 뭔가 다른 의도가 있는 것이 아닐까 하는 의심을 품었다. 또한 꽌시가 없으면 그런 사람들과 연결되기 어려웠다.

그러나 다행히 나에게는 착하고 똑똑한 친구와 지인이 많았다. 옌볜에 와서 두 달이 지나고부터 인류학적 현지조사를 한 경험이 있는 한국과 미국의 선배들에게 어려움을 토로하며 조언을 구했다. 이 방법은 비단 현지조사만이 아니라 인생의 다른 어려움에 처해서도 적용할 수 있는 최고의 방법이라고 생각한다. 어려운 일이 있을 때 혼자서만 끙끙 앓으면 해결하기 힘들다. "병은 자랑하고 다니라"는 말이 있듯이, 인생의 어려움도 주위 사람들에게 알리면 알릴수록 도움 되는 조언을 들을 확률이 높아진다. 나는 그렇게 내 어려움을 '자랑'하

사진 3 **필자가 취직한 백화점의 1층 내부(필자가 일한 상점은 아니다)**

고 다녔기에 선배들에게서 보석 같은 조언과 격려의 말을 듣고 힘을 얻을 수 있었다.

그중 가장 즉각적으로 도움이 된 조언은 상점의 점원을 해보라는 것이었다. 점원이 되면 매일 출근해 그 상점에서 일어나는 일을 지켜볼 수 있고 사람들도 만날 수 있을 터였다. 당장 그다음 날부터 옌지시 시내의 주로 한국 물품을 취급하는 상점과 백화점을 돌아다니면서 점원을 구하는 곳에 들어가 지원하기 시작했다. 4, 5일 정도 됐을 때, (이후 내 박사학위 논문에서 다룬 이야기들의 많은 부분을 수집하게 된) 한 백화점의 J상점에 점원으로 취직할 수 있었다.

나를 점원으로 받아준 J상점 부사장 희정은 나와 동갑내기였다. 희정은 첫 출근부터 나를 친구로 대하며 챙겨주었다. 아는 사람 없이 홀로 현지조사를 시작한 나는 그를 통해 사람들을 알아갈 수 있었다. 희정은 먼저 나를 J상점의 다른 점원들은 물론이고 자신의 친정 및 시댁 식구들과 학교 친구들에게 소개했다. 날마다 J상점에서 일하면서 백화점 내 다른 상점 사람들도 사귀게 되었는데, 희정과 친구 사이이고 J상점에서 일한다는 점이 다른 상점 사람들의 경계심을 허물어뜨리는 중요한 요인이 되었다고 생각한다.

이렇게 시작된 상점 점원 생활로 연구 필드가 생겼고, 내 연구는 어느 정도 민족지적 연구의 모양새를 갖추게 되었다. 점원 생활을 시작하면서 나는 자영업에 종사하는 옌볜 조선족 경영인 및 서비스직 노동자들과 자연스럽고 친밀한 관계를 맺게 되었다. 날마다 그들을 만나고 그들의 일상을 관찰할 수 있었기 때문이다.

백화점 점원이 됨으로써 이렇게 최상의 조건을 갖춘 연구필드에 접근할 수 있다는 장점을 얻었지만, 그에 상응하는 단점도 있었다. 그

것은 나의 개인적 성격과 취향의 문제였다. 나는 백화점이나 쇼핑과 관련된 장소를 매우 싫어한다. 물건이 많은 곳에 가면 두통, 어지러움, 울렁증이 생기고 정신이 산만해지기 때문이다. 그런 증상이 생기는 의학적 원인은 알 수 없다. 그러나 어렸을 때부터 물건이 많이 쌓여 있는 곳에 가면 육체적, 심리적 피곤함을 경험했다. 특히 비슷하게 생긴 물건들이 많은 곳에서 특정한 것을 선택하는 일을 힘들어했는데, 쇼핑도 그중 하나였다. 따라서 그런 내가 백화점에서 점원으로 일하며 현지조사를 수행한다는 것은 이중으로 힘든 일이었다. 현지조사를 준비하는 후배들이 조언을 구할 때 내가 가장 먼저 말해주는 것은 자신의 성격과 취향을 고려해 좋아하는 장소를 연구 필드로 선택하라는 것이다. 상품 판매가 주 업무인 백화점은 물건을 사고 파는 일과 그런 일이 일어나는 장소를 좋아하는 사람에게 적합하다.

백화점 울렁증에 더하여 나는 기본적으로 점원으로서 젬병이었다. 내가 취직한 J상점은 3,000가지(같은 상품 라인의 서로 다른 색깔, 디자인까지 모두 감안할 때) 상품을 취급했다. 점원은 기본적으로 그런 3,000가지 상품의 브랜드, 명칭, 용도, 특징, 장점, 다른 상품과의 차이점, 원산지, 손님과 흥정할 때 맨 처음 부르는 가격과 더 이상 내려갈 수 없는 최저 가격(정가제가 아니었고 가격표를 붙이지 않았다), 그 외 다양한 상황의 가격(낱개로 팔 때, 여러 개를 묶어서 팔 때, 몇 개의 상품을 세트로 함께 팔거나 세트인 상품을 나눠서 팔 때의 가격 등), 2006년 이후부터는 한국에서 수입한 상품의 경우 환율 변동에 따른 가격 변화, 각 상품들의 매장 내 진열 장소(손님의 요구에 따라 바로 찾아줘야 하기 때문에), 매장 내 재고 보관 장소, 창고 내 재고 보관 장소, 재고 수량 등을 모두 파악하고 있어야 한다. 이에 더하여 훌륭한 점원은 고객의 개인적 특성과 취

낯선 사람들 사이에서

향을 바로 파악해 적절한 상품을 권유하고 상점의 이익을 극대화하는 방향으로 가격을 흥정해, 상품을 판매하면서도 그 고객이 만족해 다음에도 상점을 찾도록 하는 능력을 갖춰야 한다.

나와 같은 시기에 취직한 진 지에(옌볜 관습대로 나보다 나이가 많은 동료 점원들을 언니라는 뜻인 '지에'라고 불렀다)는 삼십 대 후반의 여성으로 1990년대 중반부터 10년 정도 상점 점원으로 일했고, 본인이 자랑스러워하듯 기억력이 아주 좋았다. 일을 시작하고 한 달이 지나자 진 지에는 J상점에서 취급하는 3,000가지 이상의 상품에 관한 모든 정보를 숙지했다. 나도 진 지에와 함께 상품 관련 정보를 공부했지만 한 달이 지난 후 포기했다. 점원으로 일해본 경험이 전무했고 위에서 언급했듯이 상품 구별에 워낙 재능이 없었으며(비슷한 꽃문양의 접시들을 일일이 구별하는 것은 나에게 거의 불가능에 가까운 일이었다), 상품이 많이 진열되어 있는 것을 보는 것만으로도 두통이 생겼다. 무엇보다도 상품 판매에 전혀 관심이 없고 주변에서 일어나는 일과 이야기에 신경 쓰느라 바로 내 옆에 있는 상품도 어떤 것인지 알지 못했다. 점원으로서의 정체성보다 연구자로서의 정체성이 우선이었기에 상품과 친해지지 못한 것 같다.

상품을 잘 알지 못하니 잘 판매할 수도 없었다. 나를 고용한 희정과 다른 점원 언니들도 사실 처음부터 내가 쓸모 있는 점원으로서 제 역할을 할 수 있을 거라고 기대한 것 같지는 않다. 나를 고용한 후에도(물론 급료는 받지 않았다) 점원 고용 팻말을 내리지 않고 며칠 후 바로 진 지에를 고용한 것을 보아도 내가 빈자리를 채워줄 거라고 예상하지 않은 것을 알 수 있었다. 한국인 고객을 상대할 경우 나에게 맡기기도 했지만, 결국 상품을 파는 데 성공하는 사람은 희정이나 다른 점원 언니들이었다.

　그들은 내가 상품 정보를 잘 외우지 못하고 물건을 잘 팔지 못해도 눈치를 주지 않았고, 상점 및 백화점과 관련된 모든 활동에 참여할 수 있도록 배려해주었다. 그러나 내 입장에서는 날마다 점원으로서 출근할 수 있는 자격이 생긴 것이었으므로, 어찌 되었든 상점에 도움이 되는 일손이 되고 싶었다. 그래서 판매 대신 기타 잡무라도 열심히 했다. 청소, 배달, 포장, 물건 옮기기, 끓인 식수 가져오기, 전화 받고 메시지 전달하기, 기타 심부름 및 잡일을 열심히 했다.

　옌볜에서 박사학위 논문연구를 시작한 지 6개월 정도 되었을 때 나의 하루 일과는 다음과 같았다. 아침에 일어나서 씻고 간단히 아침을 먹은 후 30분 정도 걸어서 백화점에 출근한다. 백화점 오픈 전에 매장에 도착해 다른 점원 언니들과 인사를 나누고 청소를 한다. 청소 후 점원 언니들과 커피를 마시면서 이야기를 나눈다. 대부분 전날 저녁 시청한 한국 및 옌볜 텔레비전 드라마, 예능, 뉴스에 관한 이야기였다. 주위 사람들의 근황 및 소문을 이야기하기도 했다. 한두 명이던 손님이 점점 늘어난다. 상품 판매를 돕거나 지켜본다. 같은 층의 다른 상점으로 가서 인사하며 이야기를 나누거나 상품 판매를 관찰한다. 그렇게 돌아다니면서 인터뷰를 부탁하고 시간 약속을 잡는다. 다시 상점으로 돌아와 일을 도운 후 (다른 점심 약속이 없으면) 함께 점심을 먹는다. 처음 몇 개월 동안은 도시락을 싸와서 먹다가, 근처의 저렴한 식당에 둘씩 셋씩 짝을 지어 가서 먹고 오기도 하고, 한동안은 포장해와서 먹기도 했다.

　점심 식사 후에는 상점 일을 돕기도 하고, 근처의 카페·연구소·사무소·상점 등에서 다양한 사람들과 인터뷰를 하거나 담소를 나누기도 하고, 서점이나 도서관에 가서 자료를 모으기도 했다. 백화점은 겨울에는 4시 45분에, 여름에는 5시 30분경에 문을 닫았고 그 시간에 모두 퇴근했다. 퇴근 후에는 백화점에서 알게 된 분들 중 한 분의 집에 가서 저녁을 먹고 함께 시간을 보내면서 이야기하거나 백화점, 옌지시 혹은 옌볜자치주의 다양한 단체들에서 개최하는 연회, 활동, 모임 등에 참여하거나 개인적으로 약속한 인터뷰를 했다. 일주일에 두세 번은 저녁 시간에 언어 교환을 했고, 하루는 옌볜과기대에 출근해하루 종일 연구조교로 일했다. 그리고 밤마다, 또 하루 중 짬이 날 때마다 현지 노트에 그동안 있었던 일들을 모두 적으려고 노력했다.

이렇게 쓰고 나니 항상 바쁘고 활기차고 정신없게 하루를 보낸 것 같은데, 사실은 많은 일이 일어나고 많은 사람을 만나고 흥미로운 이야기를 많이 들어서 신이 나는 날도 있었지만, 매우 지루하고 아무 일도 일어나지 않고 항상 듣는 이야기만 되풀이해서 듣는 날도 많았다. 후자와 같은 날에는 도대체 내가 왜 이곳에서 이런 시간을 보내고 있는지, 그냥 생활하는 것과 현지조사하는 것의 차이는 무엇인지, 이런 식으로 연구답지도 않은 연구를 해서 과연 박사학위 논문을 쓸수 있을 것인지 하는 의문이 들었다. 그리고 그런 의문을 가지는 사람은 나뿐이 아니었을 것이다. 나의 '자유방임형' 비구조화된 인터뷰 unstructured interview와 어슬렁거리면서 지켜보는 '소극적' 참여관찰은 현지민들의 눈에도 매우 답답한 정체불명의 행동이었을 것이다.

문화인류학이 추구하는 연구는 '예', '아니요', 혹은 간단한 대답이 나올 만한 질문을 던져서 답을 얻는 것이 아니다. 양적 연구에서 선호하는 것처럼 답이 숫자로 환산되는 명료한 방식의 물음이 아니다. 따라서 인터뷰 중 던지는 질문은 대부분 '왜,' '무엇'을 묻기보다는 '어떻게'를 묻게 된다. 또한 인터뷰가 '질문-답-질문-답'으로 이루어지기보다는 '넓은 질문이나 코멘트-그에 관한 코멘트 식의 답, 경험담, 생각-그에 대한 공감, 코멘트, 이어지는 질문, 생각' 같은 대화식으로 진행된다. 따라서 인터뷰라고 칭하지만 대부분의 경우 질문이 대화 안에 녹아 있다. 인터뷰를 제안한 연구자와 인터뷰 대상자 모두 질문과 그에 대한 대답/코멘트를 할 수 있다. 특히 나는 이렇게 열려 있는 인터뷰를 선호했고, 나의 질문에 특정한 답을 유도할지도 모르는 의도가 포함되지 않게 하려고 노력했다. 그렇게 인터뷰하는 과정에서 내가 생각하거나 예상하지 못한 이야기가 나오는 경우가 많았고, 결국 그런 이야기들이 다른 인터뷰 대상자에게도 비슷하거나 다른 방식으로 되풀이되어 나타나면서 그들이 중요하게 여기는 이야기를 더 깊이 있게 이해하도록 해주었기 때문이다.

그런데 이런 비구조화된 연구방식은 연구자와 현지민을 모두 혼란스럽게 할 수 있다. 다시 말해 인터뷰에 응하는 현지민에게서 "도대체 알고 싶은 것이 정확히 무엇이냐"는 질문을 받은 적이 가끔 있는데, 그 말은 내가 하는 질문의 의미 혹은 의도뿐만 아니라 '너의 연구 주제가 명확하게 무엇인지' 이해되지 않는다는 뜻이었다고 생각한다. 또한 '이렇게 별로 특별한 것 같지 않은 이야기도 논문에 들어갈 필요가 있느냐', '연구를 한다고 하는데 정말 제대로 하고 있는 게 맞느냐', '네 연구가 할 만한 가치가 있는 연구냐' 등의 뜻이었다고 생각한다.

이렇게 연구자뿐만 아니라 연구대상자도 연구 기간 동안 연구의 본질 및 가치에 대한 근원적인 질문을 던진다. 그리고 함께 고민한다. 그냥 사는 것과 현지조사를 하면서 사는 것의 차이에 대해. 그냥 대화하는 것과 연구로서 인터뷰하는 것의 차이에 대해. 공기처럼 익숙한,

낯선 사람들 사이에서

그래서 인식하지 못하는 자신의 삶이 담긴 문화와 그것이 연구틀 및 이론과 연결되어 해석되면서 드러나는 형상의 차이에 대해.

6. 여성 인류학자에게 라포란 무엇인가?

민족지적 연구방법론에 관한 글에는 '라포'라는 용어가 항상 등장한다. 프랑스어인 '라포'는 질적 연구방법에서 "연구자가 현장(즉 연구를 행하는 장소)에서 시간을 보내며 현장 사람들과의 친밀함과 신뢰에 기초해 형성한 관계"(이용숙, 2012)를 뜻한다. 장기간 현지민들의 삶이 이루어지는 공간에서 함께 생활하면서 관찰하고 참여하여 이루어지는 연구인 만큼, 현지민들과 서로 믿고 속마음을 이야기하는 관계를 형성할 수 있느냐, 즉 라포를 형성할 수 있느냐는 연구를 성공적으로 수행하기 위한 하나의 요건이다.

그런데 이 라포라는 것이 참 애매하고 어렵다. 연구자와 현지민의 관계는 벌거벗은 개인 대 개인이 맺는 인간관계가 아니라, 각자가 입고 있는 다양한 정체성과 서로의 사회가 맺어온 지정학적·경제적·역사적 관계, 그리고 그에 따른 서로에 대한 깊고 얕은 지식 및 선입견이 작용하는 관계이기 때문이다. 따라서 연구자와 현지민이 '친밀하고 신뢰할 만한' 관계를 맺는 것은 학교에 갓 입학한 아이들이 친구 사귀듯이 단순하게 이루어질 수 없다(아, 물론 이것 또한 매우 정치적이다).

포스트모더니즘이 유행한 1980년대를 기점으로, 많은 문화인류학자들이 현지조사와 민족지 쓰기에서 연구자와 현지민의 상호작용이

동등한 위치에서 이루어지지 않는다는 점을 비판적으로 다루기 시작했다(클리포드 & 마커스, 2000). 특히 후기식민주의 시대에 과거의 식민지를 연구지역으로 삼은 많은 서구 학자들에게 이러한 성찰적 방법론과 글쓰기는 필수적으로 고려해야 하는 이론적 틀이 되었다. 나에게도 역시 옌볜에서 현지민들과 라포를 형성하고 상호작용하는 데 있어서 앞에서 언급한 여러 가지 사항이 영향을 미쳤다.

일단 나는 현지민들이 신뢰하기 힘든 특징을 가지고 있었다. 나는 한국인이었다. 나의 한국 국적과 신뢰성 사이에 무슨 관련이 있는지 의아할 수도 있겠다. 그러나 조선족 사회에서 익숙하게 들을 수 있는 한국인의 특성은 신뢰할 수 없고, 도덕성이 문란하고, 조선족을 차별하고 이용하려고만 한다는 것이다. 이러한 정형화는 1992년 한중수교를 전후로 맺어진 한국과 중국 조선족 사회의 복합적인 관계 및 그에 따른 일차적, 이차적 경험과 담론에 의해 형성되어왔다.

조선족은 1940년대 말부터 40여 년 동안 한국과 단절되었다가, 처음에는 친척 방문으로, 이후에는 국제결혼 및 노동이주로 한국에 들어왔다. 이와 동시에 한국인 또한 포화 상태인 한국 시장을 떠나 새로운 경제적 기회를 얻기 위해 중국에 갔다. 특히 1990년대에는 중국 시장에 본격적으로 진출하기 전에 말이 통하고 문화가 유사하다고 생각되는 조선족 거주지에서 먼저 중국 경제에 대한 경험을 쌓을 생각으로 많은 한국인들이 옌볜으로 이주했다. 그중에는 열심히 일하는 사람들도 있었지만, 옌볜 조선족 중 자본주의에 익숙하지 않은 사람들에게 사기를 치거나 우월감에 휩싸여 조선족 고용인을 차별적이고 비인간적으로 대우하거나 사업이 기반을 잡기도 전에 현지처를 들이고 유흥을 즐기는 사람들도 있었다. 이러한 일부 한국인들의 옌

낯선 사람들 사이에서

옌벤에서의 행태는 한국을 직간접적으로 경험한 옌벤 조선족들이 알고 있는 한국에 거주하는 한국인들의 그것과 유사했다.

많은 옌벤 조선족은 한국에서 노동자로 일하면서 한국인 및 한국 사회를 처음으로 경험한다. 한국에서 일하는 많은 조선족 노동자들은 중국에서의 교육 및 직업, 계층적 배경이 무엇이었든 간에 저임금 노동자가 되어 육체 노동을 요구하는 공장 및 공사 현장 또는 서비스 업종(식당, 숙박업소, 오락업소 등에서 하는 청소, 주방, 서빙 등의 일)에서 일한다. 그들은 모든 저임금 외국인 노동자가 한국에서 당하는 차별, 무시, 언어 및 육체적·성적 폭력에 항상 노출되어 있다(김현미, 2014). 따라서 옌벤 조선족이 일차적으로 경험하는 한국인은 자신들에게 폭력적이고 무례한 사람들이다.

한국인과 중국 조선족의 이런 불평등한 정치경제적 관계는 나와 현지민 사이의 라포 형성에 많은 영향을 미쳤다. 나의 한국어 억양과 옷차림, 일하지 않고도 옌지시 가정의 평균수입이 넘는 돈을 쓸 수 있는 경제력(퍼시픽림 리서치 프로그램에서 받은 박사학위 연구비가 있었기 때문이지만 현지민들의 눈에는 일은 별로 안 하면서 돈은 많이 쓰는 한국인으로 보일 수 있었다), 미국 대학 유학생이며 영어를 잘하는 것, 이십 대 후반의 비혼 여성이면서(그 당시 옌벤 여성의 결혼 적령기는 이십 대 초중반이었다) 가족 부양이 아닌 자기 발전·교육을 목적으로 외국에 자유롭게 드나드는 점 등은 나를 그들과 너무 다른 삶을 사는 신뢰하기 힘든 한국인으로 비치게 했다.

나도 유학 및 해외여행에서 큰 제약이나 어려움을 경험하지 않은 한국인으로서 중국 조선족이라는 신분만으로 한국 입국 및 생활에서 차별을 경험하는 그들을 제대로 이해하고 있는 것일까에 대해 고민이 많았다. 게다가 학술적 활동을 하지 않고 상업 활동에 관심과 경험이 많으며 자녀가 있는 중년 기혼 여성들의 삶은 학계에서만 활동해왔고 경제적 수입원이 주로 대학 및 연구기관에서 받는 장학금이고 자녀가 없는 비혼의 이십 대 후반 여성인 나의 삶과 교차점이 별로 없는 것 같았다.

자신들에게 특별한 이익이 없음에도 내 연구에 귀중한 자료를 제공하고 나를 자신들의 삶에 포함시켜주는 현지민들에 대해 잘못 묘사하고 있지는 않은지, 나의 연구 및 존재 자체가 그들에게 부정적 영향을 미치지는 않을지 항상 고민했다. 이렇게 나와 교차점이 별로 없고 내 연구가 그들에게 직접적인 혜택을 주지 못함에도 불구하고 라포 형성을 위해 친밀한 관계가 되려고 노력하는 나의 행동이 위선적으로 느껴지기도 했다.

나의 이런 심적 갈등을 알았던 걸까? 현지조사 도중 가끔 그들이 나의 옌볜 및 조선족, 그리고 한국에 대한 충성심을 시험한다는 느낌을 받을 때가 있었다. 예를 들어 내가 점원으로 일하던 J상점에 국제결혼을 주선하는 회사를 경영하는 희정의 친구 미선이 놀러왔다. 미선은 당시 이십 대 초중반의 조선족 여성으로 이루어진 결혼 상대자를 선보러 온 일련의 한국인 사십 대 남성들이 낮에 선을 보고 밤에는 섹스 관광을 하겠으니 미선의 회사에서 주선하라고 부탁하는 것을 자신이 엄청 야단쳐서 못하게 했다고 흥분해서 이야기했다. 다른 상점의 점원들까지 마실 와서 10여 명의 조선족 여성들과 함께 그 이야기를 듣고 있는데, 이야기를 마친 미선이 나에게 이렇게 묻는 것이었다. "한국 남자는 백 퍼센트 바람둥이 아니야?" 나는 머뭇거리며 "백 퍼센트까지야 될까?"라고 대답했고, 이내 여러 사람이 앞다투어

낯선 사람들 사이에서

본인이 혹은 본인의 가족이나 친구가 한국 모텔, 노래방, 식당, 술집 등에서 보았다는 불륜 및 성매매에 대해 이야기하면서 한국 남자에 대한 내 생각을 물었다. 내가 대답을 망설이는 사이 점원 중 한 사람이 "백 퍼센트가 아니고 이백 퍼센트가 바람둥이야"라고 하자, 모두들 한바탕 웃으며 이야기가 마무리되었다.

그들이 나에게서 정말 듣고 싶었던 말은 한국이 성적으로 부도덕한 문화를 가졌다는 고백이 아니라, 오히려 옌볜 조선족에 대한 나의 생각과 평가였다고 여겨진다. 즉 옌볜 사람들은 한국 텔레비전에서 포장해서 보여주는 한국 사람들처럼 세련되고 부드럽고 부유하진 않지만, 일부 한국 남성들과는 달리 섹스관광을 하지 않는 의리있고 도덕적이고 진중한 사람들이라는 말을 내게서 듣고 싶었던 것이 아닐까? 한국에 만연한 조선족에 대한 저평가와 부정적 정형화를 내가 깨주기를 기대한 것은 아니었을까? 그리고 덤으로 내가 조선족 사회를 공정하게 연구할 만큼 애착이 있는지 확인하고 싶었던 것이 아닐까?

이러한 충성심 테스트는 동북공정처럼 중국과 한국 사이에 정치적 불협화음이 있을 때 중간에 낀 조선족의 난처한 입장에 대해 공감하는지, 한국 미디어에 등장하는 촌스럽거나 폭력적인 조선족의 이미지에 분개하는지, 한국의 그것과 다른 조선족의 역사와 문화를 이해하고 진심으로 좋아하는지 등을 묻는 방식으로 되풀이되었다. 이러한 질문들은 연구자가 얼마나 자문화에서 벗어나 편견과 선입견 없이 중립적인 입장에서 현지민과 현지 사회를 연구할 것인가를 알아보는 문화상대주의적 척도로서 사용될 수 있다. 그리고 현지민들에게는 이것이 타지역(특히 한국처럼 경제적·지정학적으로 그들보다 우월한 위치에 있는 국가)에서 온 연구자가 가져야 할 가장 중요한 자질인데, 그 이유는 학자로서 연구자는 그들에 대한 글을 쓰는 '펜의 힘'을 가진 권력자이기 때문이다.

이 '펜의 힘'은 옌볜에서 매우 중요하다. 옌볜은 여섯 국가(한국, 북한, 중국, 일본, 미국, 러시아)의 정보국 요원들이 위장근무를 수행하고 있다는 소문이 돌 정도로 지정학적으로 민감한 지역이다. 특히 옌볜 조선족은 중국 정부가 옌볜을 주시하고 있다고 믿는다. 조선족이 한족漢族이 아닌 한민족韓民族이므로 중국을 배신하고 남북한의 편에 설 수 있다는 의심을 받는다는 것이다. 옌볜은 지리적으로 북한과 맞닿아 있는 데다, 남북한에 친인척이 있는 조선족 다수가 살고 있고, 행정적으로 주정부가 존재하는 조선족자치주 지역이다. 또한 20세기 중반까지 만주라 불리던 지역을 포함하는, 중국과 남북한 사이의 영토 분쟁이 완결되지 않은 곳이다. 2000년대부터는 중국 정부가 대중화민족주의大中華民族主義를 강조하며 동북공정으로 알려진 동북변강역사여현상계열연구공정東北邊疆歷史與現狀系列研究工程을 추진했는데, 여기서 동북 지역은 옌볜을 포함하며 조선족이 특히 많이 사는 지역이다. 따라서 중국 정부는 중국 국경의 다른 소수민족 자치구역처럼 조선족자치주가 중국으로부터 독립하여 북한이나 한국으로 편입되기를 희망할 수도 있다는 의심의 끈을 놓지 않는다는 것이다.

실제로 문화대혁명 기간(1966~1976)에 많은 조선족이 남북한 스파이라는 누명을 쓰고 숙청되었다. 내가 현지조사를 수행하던 당시는 중국의 개혁개방으로 남북한과의 교류가 매우 활발했던 때이다. 그러나 외국인에게 중국에 관한 정보를 전달하는 것은 반역적인 불법행위이고 최근 북한 사람에게 중국에 대한 사소한 이야기를 했다가 반역죄로 10년 징역살이를 하게 된 지인이 있다며 인터뷰를 거절하는 조선족도 있었다. 그만큼 조선족은 소수민족으로서 국가의 보안 체계에 더 촘촘하게 걸려 있고, 그것을 충분히 느끼고 있었다. 그들은 중국 쪽 장백산(백두산)에 올라 중국 영토인 천지에 태극기를 꽂는 한국인들과 조선족의 한민족 정체성을 강조하는 한국 언론 및 학술 연구 때문에 중국 정부가 조선족의 배신을 염려해 옌볜조선족자치주를 없애버리면 어쩌나 걱정했다. 따라서 내가 조선족에 대해 박사논문을 쓰는 '펜의 힘'을 가진 사람이기 때문에 그들에게 있어 조선족에 대한 나의 충성도는 매우 중요한 사안이었다.

나는 그들이 경계할 충분한 역사적·문화적·정치경제학적 이유를 가진 한국인 학자로서 그들과의 권력관계에서 강자의 위치에 있었지만, 또한 그들보다 나이가 어린 비혼 여성으로서 혈연·지연·학연이 없는 타지에서 홀로 살면서 전적으로 그들의 도움에 의존해 연구를 수행하고 있다는 점에서 약자이기도 했다.

현지민 중 특히 오륙십 대의 조선족 여성들은 나를 '시집보내'고 싶어했다. 그러나 "중매를 서고 싶어도 좋은 조선족 신랑감은 옌볜에 없고 다 대도시나 외국으로 떠났다"면서 "옌볜에는 좋은 남자가 없다"고 한탄했다. 나의 과거 연애사 및 현재 한국·중국·미국에 살고 있는 나와 친분이 있는 남자들과의 연애/결혼 가능성도 적극적으로 알고자 했다. 여성 현지민들과 이런 이야기를 나누는 것은 한편으로는 민망했지만 다른 한편으로는 재미있기도 했다. 나는 아직 결혼할 생각이 없었지만, 연애 이야기는 내 것이건 남의 것이건 흥미진진하긴 하다. 그리고 나의 연애 경험을 이야기하면서 그들의 연애관, 결혼관, 가족관 및 그들의 경험과 생애사를 자연스럽게 들을 수 있었다. 여성들과의 인터뷰는 연애 이야기를 포함하여 대체로 편하게 진행되었지만, 남성들을 인터뷰하게 될 때는 상황이 달라졌다. 경우에 따라 인터뷰가 성추행이 되었다.

내가 옌볜에서 경험한 성추행에는 두 종류가 있는데, 하나는 남성 인터뷰 대상자가 나를 자신의 연애 대상으로 생각하고 인터뷰를 데이트로 착각해서 생기는 경우이고, 다른 하나는 남성 인터뷰 대상자가 인터뷰에서 다짜고짜 자신과 다른 여성들 간의 성생활에 대해서 노골적이고 적나라하게 이야기하는 경우다. 내 성추행 경험의 가해자는 대개 한국인 남성이었다. 연구 초기에 옌볜에 진출해 있는 한국인 자영업자들에 관한 연구도 박사학위 논문에 포함시킬 생각으로 그들과 교류했다가 그런 경험을 몇 번 한 후로 한국인 자영업자에 대한 연구 및 자료는 삭제했다.

물론 내가 라포를 형성한 옌볜의 모든 한국인 남성이 나를 성적 대상으로 본 것은 아니다. 그런 남성은 소수였다. 여러 면에서 도움을 준 한국인 남성들도 많았다. 운이 좋았는지 더 중요하고 중심적인 연구대상인 조선족 중년 남성들(학자, 기자, 자영업자, 기업인, 정치인 등)과의 교류나 인터뷰에서는 부적절한 대우를 받지 않았다. 성추행의 경험을 통해 나는 연구대상을 더욱 조선족으로 그리고 여성으로 제한하게 되었다. 지금도 연구대상이 남성이어야 하는 경우 만나는 시간과 장소와 방법에 대해 고민이 많다. 현지조사를 하던 당시에는 방법론에 관한 책이나 논문에서 여성 연구자가 경험하는 성적 위협에 관한 사례를 보지 못했기에 당황스러웠고, 가능한 한 피해자가 되는 상황을 피하고 싶었고(물론 불가능하다. 피해자가 되는 상황은 가해자가 선택하는 것이기에 '언제나' '어디서나' '어떤 상황에서나' 가능하기 때문이다), 나를 보호할 방패막을 찾으려 노력했다. 그런데 현지조사를 마친 후 여성 지역연구자들과 현지조사에 관한 후일담을 나눠보니 매번 그들이 경험한 성추행 에피소드가 등장하는 것이 아닌가? 연구지역에 상관없이, 한번쯤 성추행을 당하지 않은 여성 지역연구자가 거의 없었다.

기본적으로 가부장적이고 성·젠더·섹슈얼리티에 있어서 사회적·구조적 불평등이 뿌리깊게 존재하고 여성혐오와 남성우위의 문화가 비판없이 인정되는 사회에서, 여성을 대상으로 한 성폭력의 책임을 여성에게 지우고 여성의 몸과 정신이 성적 상품이 되어 있고 여성의 친절과 인류애를 성적 유혹으로 여기는 것이 당연시되는 사회에서(전 세계 대부분의 사회가 이러하다), 장기간 홀로 고립되어 연구하는 여성 연구자가 현지민과 "친밀함과 신뢰에 기초해 형성하는 관계"인 라포를 만들고 유지하는 것은 결코 단순하게 이루어지지 않는다. 연구자의 접근을 신뢰를 형성하려는 시도로 받아들이지 않고 성적 유혹으로 왜곡해서 이해하는 행위는 그 남성 개인의 문제이기도 하지만 사실 성불평등 사회에서 나타나는 구조적 문제다. 그리고 대부분의 여성 지역연구자들이 현지에서 겪게 되는 현실이다.

7. 연구와 건강, 두 마리 토끼 잡기

옌볜에서 연구하면서 힘들었던 또 다른 하나는 건강 문제였다. 첫 1년 동안 거의 한두 달에 한 번은 독감이나 몸살을 앓았는데, 며칠을 끙끙 앓느라 잠도 제대로 못 잘 정도로 심했다. 식중독 및 장염도 가끔 앓았다. 한번은 기절한 적도 있다. 집 근처 길에서 눈앞이 캄캄해지고

사진 4 **옌지시의 겨울, 기온이 낮아서 냉동고 없이 빙수 제품을 팔고 있다**

사진 5 **옌지시의 겨울 거리에 선 필자**

식은땀이 흐르고 구토와 설사가 동시에 나오는 것을 겨우 버텨서 원룸이 있는 건물까지는 도착했는데, 8층인 집으로 올라가는 엘리베이터를 탈 수가 없었다. 바닥에 쓰러져 기다리다가 엘리베이터가 도착해 문이 열렸지만, 일어나서 탑승할 기력이 없어서 엘리베이터가 수차례 도착해 사람들을 쏟아내고 태우는 것을 보고만 있었다. 그 많은 사람들이 내가 쓰러져 있는 것을 구경하며 지나가는데도, 도와달라는 말을 할 수가 없을 정도였다. 겨우 집에 도착하자마자 신발도 벗지 못하고 기절한 후 새벽에 깨어났다.

내가 많이 아팠던 것은 공기와 물을 포함해 옌볜의 환경오염 및 식품 위생 불량 때문이었다고 생각된다. 사실 당시 옌볜의 공기는 중국의 다른 산업지역과 비교하면 상당히 좋은 편에 속했고 지금도 그렇다. 그러나 1년 중 난방을 하는 6개월 동안(10월 15일부터 다음 해 4월 15일까지 시 전체가 일괄적으로 중앙난방을 했다) 연료로 사용하는 석탄이 가공되지 않은 크고 작은 덩어리 형태로 각 아파트 보일러실 옆 공터나 주차장에 산을 이루며 쌓여 있었다. 바람이 불면 이 석탄 더미에서 석탄 가루가 날아다녔고, 외출 후 집에 돌아오면 옷이나 얼굴에 붙은 검은 가루를 떼어내야 했다. 석탄이 연소하면서 발생하는 대기오염은 큰 문제였다. 한겨울에 실내는 반팔 티셔츠를 입을 정도로 따뜻한데(중앙난방이라서 집 안 온도를 내가 조절할 수 없었다) 밖은 영하 25도 정도 되는 날이 많아서 집 안과 밖의 온도 차이가 너무 큰 것도 건강에 좋지 않았다.

물도 사정이 공기와 비슷했다. 다른 산업지역보다는 낫지만 상수도원의 수질오염이 문제가 되고 있었고 현지민들도 생수를 배달시켜 마시는 것이 일상화되어 있었다. 그런데 이 생수라는 것도 믿을 수 없다는 견해가 지배적이었다. 생수에도 가격 차가 커서 저가의 생수를 배달시켜 마시면 오염된 물을 마시는 거나 마찬가지라고 겁주는 현지민도 있었다. 어떤 사람들은 양치하는 물도 생수를 끓여서 사용한다고 했다. 나는 하루 종일 집 밖에서 활동해서 식당과 백화점에서 제공하는 물을 주로 마셨는데, 백화점의 경우 생수가 아니라 수돗물을 끓인 차를 보온병에 넣어 두고 마셨다.

식품 위생 불량도 문제였다. 옌볜은 추운 지방이어서 냉장고 사용률이 낮았고, 가정집뿐만 아니라 많은 식당과 시장에서 고기를 포함한 모든 식재료를 냉장고가 아닌 실온에 보관 또는 전시했다. 작은 식당에서 고기와 야채를 같은 선반에 보관하는 것을 보기도 했다. 옌볜의 여름은 전에는 28도만 되도 폭염이라고 할 정도로 시원했지만 1990년대부터 점점 더워졌고 여름에 시장의 육류 코너에 들어가면 고기 썩은 냄새가 코를 찌를 정도인데도 여전히 고기를 냉장보관하지 않았다. 다양한 배앓이의 원인은 이러한 식품 위생 불량 때문이었다.

그런데 나의 잦았던 병치레의 책임을 공기나 물, 음식에만 물을 수는 없다. 같은 공기를 호흡하고 같은 물을 마시며 같은 공간에서 살았던 현지민들은 물론이고 다른 외국인들도 나처럼 자주 아프지는 않았던 것 같기 때문이다. 예를 들어 식당에서 함께 식사를 해도 다른 사람들은 멀쩡한데 나만 배탈이 났다.

그때의 사진들을 꺼내보면 병원에서 의자에 앉아 정맥주사를 맞고 있는 사진이 몇 장 있다.

처음에는 정맥주사까지 맞을 정도로(당시 옌볜 병원에서는 심한 감기만 걸려도 정맥주사를 3~5일 맞으라고 처방했다. 사실 여부는 확인해보지 않았

낯선 사람들 사이에서

지만 어떤 현지민의 설명으로는 한국과 달리 적은 양으로 효과를 내는 좋은 약이 없어서 그렇게 한다고 했다) 아픈 것이 타지에서 몸을 사리지 않고 연구한다는 증거인 것 같아서 흐뭇하게 생각하고 주사 맞는 사진을 찍어서 당시 유행하던 소셜네트워크에 올리기도 했다. 그러나 그런 일이 두세 번 되풀이되자 슬슬 걱정이 되었고, 일 년 정도 지속되자 짜증과 화가 났다. 일단 한 달에 거의 3, 4일은 아파서 백화점에 출근하지 못해 연구가 지연된다는 점이 걱정되었다. 또한 정맥주사 및 병원비가 비싸서 한 달 생활비의 10분의 1 정도를 차지했다(나에게도 큰돈인데 평균수입 이하를 버는 옌볜 사람들에게는 얼마나 비싸게 느껴질지 상상할 수 없었다). 게다가 정맥주사를 자주 맞으면 혈관이 팽창해서 좋지 않다거나 1990년대 중국에서 에이즈가 급속히 확산한 것이 병원에서 오염된 주삿바늘을 사용했기 때문이라는 얕고 편견 섞인 의학 지식 및 정보를 접하면서 두려운 마음도 들었다.

그러나 나의 마음을 가장 불편하게 한 것은 '내 몸이 연구지역에 적응하기를 거부하는 것인가'라는 어리석은 생각에서 비롯된 불안감과 실망감이었다. 나는 방법론 책에서 쉽게 접할 수 있는 선배 학자들의 경험처럼, 연구 초반에는 그 지역의 생태, 음식, 주거 환경 등에 익숙하지 않아 육체적으로 힘들지만 그럼에도 불구하고 연구가 너무 신나고 재미있어서 그런 차이에 곧 익숙해지고 힘들어하지 않는 상태가 되고 싶었다. 그것이 진정한 현지조사자의 자세이고 자질이라고 생각했다. 그런데 내 몸은 옌볜의 공기·물·식재료·주거환경에 적응하지 못하는 것처럼 보였고, 정신적으로도 현지조사에 대한 열정으로 육체적인 건강 문제를 뛰어넘을 만큼 강인하지는 못한 것 같았다. 결론적으로 나에게는 문화인류학자의 자질 및 자격이 없는 것 같았다.

현지조사를 시작한 지 일 년 정도 되었을 때, 나는 새로운 결심을 했다. 규칙적인 생활과 운동을 연구보다 우선으로 두는 것이었다. 그 당시 나는 심신이 많이 지쳐 있었고, 건강한 몸과 마음 없이는 연구가 불가능하다는 것을 깨달았다. 일단 한 달 동안 현지조사를 쉬고 잘 먹고 잘 쉬고 즐거운 일을 하고 운동을 열심히 하기로 했다. 사람마다 차이가 있겠지만, 나는 슬럼프를 운동으로 극복하는 편이기 때문에 특히 운동에 집중하기로 했다.

우선 예전부터 가끔씩 가던 요가원에 날마다 다니며 요가를 배웠다. 전부터 눈여겨보았지만 시간이 없어서 포기했던 라틴댄스 학원에도 등록하고 다니기 시작했다. 그리고 저녁에는 옌볜대학교 실내 수영장에서 자유 수영을 했다. 그 실내 수영장은 올림픽 경기 규격에 맞춰 새롭게 지어져 막 개장해서 시설이 정말 좋았다. 옌볜대 소속 수영 선수들이 안전요원으로 일하다가 수영 자세를 교정해주기도 했다. 주변 지인들은 운동하러 옌볜에 왔냐며 나를 놀려댔다. 옌볜에 온 주목적인 연구를 하지 않고 있으니 그런 농담을 듣고 겉으로는 웃었지만, 마음이 완전히 편하지는 않았다. 하지만 그 시기에는 그렇게 건강을 챙기는 것이 최선의 선택이었다.

한 달 정도 그렇게 몸과 마음을 재충전하며 돌본 후 다시 현지조사로 돌아갔다. 물론 그 이후에도 심한 감기에 걸린 적도 있고 계단에서 넘어져 다치거나 천천히 후진하는 차에 치이기도 했다. 그러나 첫해보다는 몸이 빨리 회복되었고 마음을 다독이는 과정도 전보다는 조금 수월해졌다. 타지에서 연구할수록 자신만을 위해, 특히 육체적·정신적 건강을 위해 자신에게 잘 맞는 뭔가를 하면서 현지조사 기간 동안 경험하는 스트레스를 해소하려는 노력이 정말 중요하다고 생각

낯선 사람들 사이에서

한다. 나에게는 그것이 운동이었다. 또한 현지조사 중간중간에 필요하다면 연구를 잠시 쉬면서 재충전하는 시간도 필요하다. 다른 지역으로 여행을 가거나 고향에 돌아가서 사랑하는 사람들과 시간을 보내거나 나처럼 현지에 남아 있더라도 연구 필드에 가지 않고 다른 활동을 한다면 장기간의 연구를 통해 피로해진 일상을 정리하고 에너지를 재충전해 연구에 복귀했을 때 다시 빛나는 연구활동을 이어갈 수 있을 것이다.

8. 현지를 떠나 박사논문 쓰기, 그리고 새로운 연구 시작하기

2년이 넘는 현지조사를 마친 후 미국의 모교로 돌아가 박사논문을 쓰자니, 지금까지 서술한 현지조사 중 경험한 어려움들이 다른 각도로 느껴지기 시작했다. 후속 연구를 위해 여름방학 때 다시 옌벤에 가기도 했지만, 장기간 연구를 수행한 옌벤 지역과 공간적으로 분리되면서 그곳에서의 연구생활을 좀 더 객관적으로 돌아볼 수 있게 되었던 것 같다.

현지조사를 수행할 당시에는 내가 옌벤에서 연구를 제대로 하지 않고 그냥 살고 있는 것은 아닌지 초조할 때가 많았다. 현지민들과의 관계가 충분히 친밀한 것인지, 라포라고 할 수 있는 것인지도 불안했다. 어떤 것이 자료이고 어떤 것이 자료가 되지 않는 정보인지 구분이 되지 않았고, 중요한 자료 같은 것들도 내 논문과 어떻게 연결될지 확실하게 알 수 없어서 혼란스럽고 답답했다. 사실 2007년 3월에 현지조사를 마치기로 결정한 이유도 자료가 충분히 모였다는 확신이 들어서가 아니라, 연구비를 다 썼고 지도교수가 빨리 돌아오라고 재촉했기 때문이었다.

모교로 돌아와 현지 노트, 인터뷰, 각종 문헌 자료를 정리하면서 수개월을 보냈다. 그동안 박사학위 논문의 목차와 각 장章의 내용을 몇 가지로 만들면서 또 한 차례 혼란스러운 시간이 지나갔다. 그러나 한 가지 명확해지는 것이 있었다. 자료인지 확실하지 않았던 사소한 이야기나 정보가 새롭게 보이고, 경우에 따라서 훌륭한 자료라는 것을 발견하게 된 것이다. 즉 모든 정보가 좋은 자료가 될 가능성을 가지고 있다는 것이다. '경우에 따라서'의 뜻은 자료를 정리하면서 현지에서 연구할 때는 미처 깨닫지 못했던 다양한 자료 간의 연결고리를 발견하게 되었을 때, 현지 상황에 몰두해 있어서 생각하지 못했던 자료의 이론적 중요성을 알게 되었을 때, 일상적인 행동과 이야기라고 생각했던 자료가 현지 밖에서 분석해보니 그 지역의 특수한 상황을 반영한다는 것에 주목하게 되었을 때 등이다.

예를 들어 현지조사 중 나는 한국 텔레비전을 보면서 시간을 낭비했다고 자책하고 참여관찰 및 인터뷰 때마다 나오는 한국 텔레비전 프로그램 및 연예인 이야기는 자료가 아니라고 생각했지만, 초국적 공동체 형성에 있어서 매스미디어의 영향을 분석한 이론과 접목해 논문의 작은 한 장으로 쓰게 되었다. 다른 예를 들자면, 나에게 결혼하라고 권유하면서 옌볜 조선족 중년 여성들이 자주 언급한 "옌볜에는 좋은 신랑감이 없고 다 대도시나 외국으로 떠났다"는 이야기는 옌볜을 소비, 향락, 저발전의 공간으로 정의하는 다른 이야기들과 연결되어 초국적 이동을 통해 형성되는 발전과 도덕성의 담론을 분석하는 장에서 쓰이게 되었다. 나는 이렇게 2년간 차곡차곡 모은 일상

낯선 사람들 사이에서

적이고 특이할 것 없다고 생각했던 자잘한 이야기들을 실에 구슬 꿰듯 연결해 박사학위 논문으로 완성했다. 미국 모교에서 수업조교 및 시간강사로 일하면서 논문을 썼고, 2011년 초 드디어 박사학위를 받았다.

이렇게 "초국적 이동과 후기사회주의를 경험하는 중국 옌볜의 조선족 연구를 지속하고 있다"라고 나름의 해피엔딩으로 이 글을 끝맺을 수 있다면 좋을 수도 있지만, 현재 나의 상황은 전혀 다르다. 박사학위를 받고 만 4년이 지난 후 나의 연구주제와 연구지역은 완전히 달라졌다. 앞에서 설명했듯이 나는 박사과정에 들어가기 전부터 10년 정도를 중국을 연구지역으로 정해 공부하고 박사학위 연구를 수행하고 논문을 쓰면서 지냈다. 그렇게 공을 들인 연구를 계속 이어가지 않고 전혀 새로운 연구 분야를 선택하여 실행한다는 것은 쉽지 않은 일이다. 그럼에도 불구하고 나는 연구의 주제 및 지역을 바꾸는 결단을 내렸다. 연구 주제와 지역을 바꾼 이유는 박사학위를 받은 직후 건강에 문제가 생겼기 때문이다. 꼭 건강상의 문제가 아니더라도 다양한 이유로 누구라도 연구 지역이나 주제 혹은 둘 다를 바꿔야 하는 현실에 처할 수 있다. 내가 그런 상황에 어떻게 대처했는지 공유함으로써 다른 연구자들과 학생들에게 조금이나마 도움이 되고자 한다.

건강상의 문제로 인해, 박사학위를 받은 직후부터 4년여 동안 현지조사 및 연구와 저술 활동에 공백이 생겼다. 현지조사가 필수인 문화인류학을 포기해야만 하는 것 같아서 좌절감과 상실감이 굉장히 컸던 시기도 있다. 다행히 점점 건강을 되찾았고, 2015년부터 다시 조사 및 연구를 계획할 수 있는 여력이 생겼다. 이때 나는 과감히 중국을 연구지역에서 제외했다. 앞에서 이야기했듯이, 중국에서 현지조사를 하면서 많이 아팠기 때문에 더 이상 건강에 문제가 생기는 것을 원치 않았다. 물론 이것은 나의 개인적 상황과 경험에 의거한 판단과 결정이고, 중국을 연구하면 무조건 건강에 문제가 생긴다는 주장은 절대 아니다.

새로운 연구 주제와 지역을 선택해야 하는 상황은 한편으로는 두렵고 다른 한편으로는 설레었다. 이국적인 장소로 여행을 떠날 때처럼, 신뢰하는 지인이 추천한 소설을 읽기 시작할 때처럼, 잘 모르는 동물과 친해지려고 할 때처럼 떨리고 걱정되면서도 기대감에 흥분되었다. 옌볜에서의 현지조사를 통해 얻은 좋은 경험과 습관은 잘 살리고 같은 실수는 되풀이하지 않으려고 노력한다면 박사학위 논문을 위한 연구보다 더 나은 연구를 할 수 있을 거라고 믿었다.

새로운 연구 주제와 지역을 정하면서 내가 가장 중요하게 생각한 것은 즐기면서 연구하는 것이었다. 나의 성격, 편하게 생각하는 장소, 현실적으로 건강을 유지하면서 장기간의 또는 빈번한 방문을 통해 현지조사를 진행할 수 있는지의 여부를 고려해 연구지역을 선택하고자 했다. 즉 백화점에서의 현지조사는 더 이상 하지 않아야 했다. 그리고 연구주제에 있어서는 조선족 연구처럼 연구대상의 권리 향상을 도모할 수 있는 연구, 그들의 훌륭한 면모를 이론적으로 다루는 것이 우리 사회의 다양한 문제들을 분석하고 해결하는 데 도움이 되는 연구를 하고 싶었다. 그리고 내가 열정적으로 좋아하는 존재에 대한 연구를 하고 싶었다.

연구 및 저술 활동의 공백기 동안 나는 모교 근처의 캘리포니아주립대학(새크라멘토)에서 강의를 하면서 미국의 동물복지단체 두 곳에서 봉사활동을 했다. 그 활동은 기본적으로 동물을 돕는 것이었지

낯선 사람들 사이에서

만, 그 동물들로 인해 내가 더 많은 행복감과 심적 안정 및 삶에 대한 의욕을 얻었다. 그 일을 계기로 동물과 인간의 관계에 대해 생각하게 되었고, 현재 지구상의 동물들의 삶이 식민주의·자본주의·세계화·인종주의·성차별주의 등과 사회구조적으로, 역사적으로, 정치경제적으로 연결되는 지점에 관심을 갖게 되었다. 나의 두번째 연구주제는 동물에 관한 것이어야 한다고 결심했다. 어렸을 때부터 워낙 동물을 좋아했기에 또 다른 운명적 연구주제를 만난 것만 같았다. 동물에 대한 관심은 환경 및 생태에 대한 관심으로 확대되었다. 동식물을 포함한 비인간 생물종, 환경, 생태 등에 대한 사회과학적·인문과학적 선행 연구에 빠져들었고 빠르게 배워나갔다.

동물·환경·생태에 대한 연구는 앞에서 설명한, 나를 위한 새로운 연구주제에 딱 들어맞는 조건을 갖추고 있다. 먼저 내가 열정적으로 좋아하는 대상이다. 조선족 연구처럼 이들의 경이롭고 훌륭한 면모를 보여주고, 인간을 포함한 지구상의 다양한 존재들이 동등하게 가치가 있음을 연구하는 것이다. 우리 사회에 존재하는 혐오, 차별, 생명경시, 환경 문제 등을 해결하는 데 도움이 될 수 있는 주제이다. 현재 나는 한국을 연구지역으로 삼아 다종적 민족지multispecies ethnography, 에코페미니즘, 포스트휴머니즘, 환경 및 생태 윤리철학 등에 이론적 틀을 두는 동물·환경·생태에 관한 민족지적 연구를 수행하고 있다.

한국을 연구지역으로 선택한 이유는 간단하다. 2015년 당시 나는 미국에 살고 있었는데, 한국은 가족과 친구들이 있기에 내가 가장 자주 방문하고 싶은 지역이었다. 또한 언어가 통했다. 내가 태어나고 자란 사회이기에 가장 관심 있고, 연구하고 싶으며, 동물권 및 환경 문제를 해결하는 데 보탬이 되고 싶은 지역이었다. 좀 더 구체적인 연구 필드는 개별적인 연구주제에 따라 달라지는데, 현재는 주로 도시가 아닌 강·습지·산·농촌 등에서 연구를 하고 있다. 다양한 도시 공간, 실험실, 공장식 축산 농가를 필드로 삼아 동물·환경·생태에 관한 연구를 수행하는 학자들도 많지만, 나는 도시를 벗어난 야생지역에서 더 생동감을 느꼈다. 따라서 야생동물이 서식하고 야생동물과 교류하는 인간이 동물과 만나는 지역을 필드로 정하고자 했다.

지금 나는 연구를 향한 에너지와 아이디어가 샘솟아 더할 나위 없이 행복한 상태이다. 물론 박사과정 학생이었을 때처럼 연구에 필요한 이론서 및 민족지를 공부할 절대적인 시간이 주어지지 않기 때문에 새로운 연구주제를 이전 주제와 같은 수준으로 끌어올리기까지 많은 시간이 걸리고 인내심이 필요하다. 대학원생 때부터 동물과 환경을 연구해온 다른 학자들과 비교할 때 공부해야 할 것이 너무 많아서 때로는 그 중압감에 힘들 때도 있다. 그렇지만 내가 마음 깊숙이 애착을 느끼는 주제이므로 그런 어려움을 견뎌낼 용기와 힘이 생기는 것 같다. 새로운 주제와 지역으로의 전환은 자신이 열정적으로 좋아하고 즐기면서 연구할 수 있는 주제와 지역을 선택했을 때 좀 더 수월하게 이루어질 수 있다는 것이 나의 생각이다.

9. 나가며

결론은 이 글의 제목처럼 의심, 불안감, 어려움이 있어도 현지조사를 포기하지 않고 계속하면 논문을 쓸 수 있는 자료를 얻는다는 것이다. 현지조사를 수행하는 동안 이 사실을 항상 인식하기란 쉽지 않다. 내 경우 현지를 떠나 자료를 정리하면서 비로소 알게 되었다.

또한 내가 현지에서 연구하면서 느꼈던 어려움은 연구자 개인의 자질과 능력의 문제라고 여겨 좌절하기 쉬운 것들이지만 사실은 그렇지 않다. 그런 어려움 중 대부분은 타문화에서 장기간 단독으로 현지조사를 하는 연구자라면 당연히 느끼게 되는 타지에서의 고립감, 여성 연구자로서의 취약한 지위, 연구자료의 양과 질 및 연구방향에 대한 스트레스, 연구대상과의 관계에 대한 윤리적 책임감에 의한 것이었다. 그리고 그런 어려움과 그에 대한 끊임없는 고민이 있었기에 더 깊이 있는 연구를 할 수 있었다고 생각한다.

바꿔 말하면, 모르는 사람들의 삶 속에 들어가서 그들에 관해 배우는 과정이 좋기만 하다면, 쉽기만 하다면, 그것이 오히려 좀 이상한 것 아닐까? 어려움 없이 신나는 현지조사는 제대로 된 현지조사가 아닐지도 모른다. 현지조사가 힘들고 눈물 나고 외롭고 아프고 답답하고 괴롭고 어렵다면, 아마도 현지조사를 치열하게 잘하고 있기 때문일 것이다.

참고문헌

김현미, 『우리는 모두 집을 떠난다: 한국에서 이주자로 살아가기』, 파주: 돌베개, 2014.
에릭 울프(박광식 역), 『유럽과 역사 없는 사람들*Europe and the People Without History*』, 서울: 뿌리와이파리, 2015(1982).
이용숙 외, 『인류학 민족지 연구 어떻게 할 것인가?』, 서울: 일조각, 2012, p. 89.
제임스 클리포드, 조지 E. 마커스(이기우 역), 『문화를 쓴다: 민족지의 시학과 정치학*Writing Culture: The Poetics and Politics of Ethnography*』, 서울: 한국문화사, 2000(1986).
클리포드 기어츠(문옥표 역), 『문화의 해석*The Interpretation of Culture*』, 서울: 까치, 2009.

III

관찰과 참여의 경계 위에서

1

"당신들은 왜 저항하지 않나요?":

나의 일본 여성 연구 분투기

지은숙

1. 나는 일본문화연구의 어떤 점에 매료되었나?

나는 2006년 석사과정 2학기 때 일본문화연구 수업을 듣고 일본 연구를 해야겠다고 마음먹었다. 당시 일본문화연구의 어떤 점이 내 마음을 흔들었는지를 이야기하려면, 먼저 일본 연구라는 분야가 어떻게 성립되었는지에 대한 이해가 필요할 것 같다. 관련된 큰 줄기만 간략히 설명해보면 다음과 같다.

통상적으로 일본 연구Japanese Studies란 일본을 필드로 한, 특정 지역에 대한 통일되고 응집된 지식이라는 의미에서 지역연구를 가리킨다. 일본 연구 안에는 일본인과 일본 문화에 대한 것으로 크게 두 종류의 지식이 있는데, 일본인·일본문화론과 일본문화연구가 그것이다. 일본인·일본문화론은 주로 1960년대부터 1970~1980년대까지 일본 안에서 대량 생산된 일본인과 일본문화에 대한 해명을 목적으로 한 담론을 일컫는다. 이 분야는 일본 학계와 저널리즘에서 다양한 저술을 양산하면서 현재까지 수천 종 이상의 출판물이 출간되었다. 그 내용은 주로 일본의 관습, 언어, 전통을 통해 일본의 순수함, 단일함, 독특함을 강조하면서 일본적인 것의 긍정성을 발견해나가는 것이다. 이런 방식의 자국 문화 연구는 비교문화적으로 전례가 없는 문화현상이라서 그 자체로 연구자들의 관심을 끌기도 했다. 하루미 베푸는 이 일본인·일본문화론을 학문이라기보다는 일본의 정치적 상황을 유지하기 위한 '이데올로기'라고 비판하기도 했다.[1] 이와 흐름을 달리하는, 필자

---

1 Harumi Befu, *Nationalism and Nihonjinron. Cultural nationalism in East Asia: representation and identity*, Berkeley, Calif., Institute of East Asian Studies, University of California, 1993.

관찰과 참여의 경계 위에서

가 속한 학문 분야로서 일본문화연구가 있는데, 이것은 주로 인류학이나 사회학 등의 분과 학문 전공자들에 의해 이루어져온 일본의 사회·문화에 대한 연구이다. 특히 인류학에서는 장기간의 현지조사 경험과 지역 언어에 대한 충분한 지식, 일본의 사회·문화에 대한 비판적 안목 등을 일본 전문가가 되기 위한 요건으로 삼는다. 즉 '제대로 된' 일본문화연구자라면 일본인·일본문화론과의 거리두기는 필수적 요건으로 간주된다.

그런데 실제로는 이 일본인·일본문화론과 일본문화연구 간의 거리두기가 쉽지 않다. 애초에 양자 사이에 긴밀한 연관이 존재하기 때문이다. 이는 전후 일본인·일본문화론의 원점으로 평가되는 저작이 일본문화연구의 대표적 고전인 루스 베네딕트^{Ruth Fulton Benedict}의 『국화와 칼』(1946)이라는 점에도 상징적으로 드러난다.

『국화와 칼』은 본래 미국인들에게 일본문화를 설명하고자 쓴 것이지만, 2000년 이후 중국에서 일기 시작한『국화와 칼』의 인기가 보여주듯, 일본인과 일본문화를 이해하려는 세계인의 필독서로 자리 잡았다. 사실 나도 일본인류학 수업을 신청할 때『국화와 칼』깊이 읽기 같은 것을 기대했었다. 그런데 예상과 다르게 일본인류학에서『국화와 칼』은 일본인의 공통된 인성을 주조해내는 틀로서 일본문화를 탐구한 바람직하지 못한 연구의 전례이며, 일본인류학에서 쓰러뜨려야 할 우상이고 넘어서야 할 산으로 파상공격을 당하고 있었다. 원거리 연구에서 오는 자료의 한계, 집단 내부의 차이에 대한 몰이해, 문화 변동을 간과한 점, 정태적 유형화 등등이『국화와 칼』의 주요 죄목이었다.

그동안 내가 일본에 대해 막연하게 알고 있던 것들, 예를 들면 만세

일계萬世一系의 천황제 전통이나 수치의 문화, 집단주의적인 일본인의 자아 등이 수업에서 차례로 비판의 도마에 올랐다. 그것들이 깨져나갈 때마다 세상을 보는 새로운 눈이 열리는 느낌이었다. 즐거웠다. 그런데 수업에서 논의가 일본 여성 쪽으로 가면 유독 진부한 선입견에 부합하는 내용이 반복된다는 인상을 받았다. 예전과는 달라졌다고는 하지만, 일본 여성들은 여전히 '주부'로 대표되고 있었다. 일하는 남편을 깍듯하게 보필하고 자식에게 예술작품에 가까운 도시락을 싸주는 어머니 역할을 하는 것을 생의 보람으로 삼고 살아가는 이들로 그려지고 있었다. 현실에서 일본 여성의 삶은 다양화되고 있을 것 같은데, 이렇게 '주부'라는 틀로 한정 짓는 전형적인 논의밖에 못 하는 것인가? 답답했다. 그래서 내가 한번 다른 방식으로 연구해보자는 야심을 품게 되었다. 일본문화연구의 명예를 위해 첨언하자면, 당시 내가 몰랐을 뿐이지 젠더 관점에서 비판적으로 접근한 일본 여성에 관한 연구도 많이 있었다. 하지만 당시 나는 무식했고, 지금까지 없던 대단한 연구를 할 수 있을 것 같은 예감에 눈이 어두웠다.

2. 일본 한류 팬 연구와 석사논문 쓰기

일단 시작하고 본 일본 여성 연구

나는 전형적이지 않은 일본 여성을 연구하고 싶다고 생각했는데, 2006~2008년경에는 그런 대상을 찾기 위해 특별한 노력을 기울일 필요가 없었다. 일본 여성의 한국 연예인 팬질이 본격화하면서 명동에만 나가도 일본에서 온 한류 팬 여성들로 가득했고, 홍대 부근이나 강남역 주변의 일상적인 소비구역에까지 그들이 침투해오고 있었다. 일본 한류 팬 여성 중에는 한국 연예인의 일본 방문 때 열광적인 마중 행렬로 공항을 마비시키거나 한국에 건너와 공적인 스케줄은 물론 사생활까지 쫓아다니는 이들도 있었다. 예전에도 일본의 젊은 여성들이 해외 스타를 맞이하느라 공항으로 몰려들거나 그들을 쫓아다니는 일이 있었지만, 규모와 조직력에서 한류 팬 여성들과 비교하기는 어려웠다. 더욱이 그들이 삼십 대 이상에서 칠십 대까지의 중년·노년 여성들로 구성되어 있어서 기이한 현상으로 더욱 화제를 모았다. 당시 일본 한류 팬 여성들의 활동은 조용하고 순종적이며 무엇보다 가정을 중시한다고 알려진 전통적인 일본 여성의 이미지와는 확실히 거리가 있었다. 따라서 나는 큰 고민 없이 일본의 한류 팬 여성을 연구대상으로 정했다. 그들의 팬 활동이 지니는 함의를 잘 분석하면 일본 여성의 에이전시agency에 대한 새로운 견해를 제시할 수 있을 것 같았다.

　연구 대상과 주제는 이렇듯 수월하게 정했지만, 연구에 착수하기 위해 해결해야 할 큰 문제가 있었다. 내가 일본어를 전혀 못한다는 것이었다. 학원의 속성 강좌에 등록해 벼락치기로 기본을 배우고 일본어능력시험JLPT 대비반에서 문제풀이로 일본어를 익혔다. 시작한 지 5개월 만에 운 좋게 JLPT 2급을 땄지만, 책이나 겨우 읽을까 일본어로 대화가 가능한 실력이 아니었다. 그래도 어떻게든 되겠지 하는 심정으로 대학에서 제공하는 단기 해외연수 지원금을 받아 2008년 1월 한 달 동안 일본으로 현지조사를 떠났다.

　현지조사의 시작지는 후쿠오카였다. 이곳을 시작점으로 삼은 이유는 인터넷 검색을 통해 한국관광공사에서 설치한 코리아 프라자라는 한국문화 홍보관의 활동이 활발한 곳이라는 인상을 받았기 때문이다. 하지만 막상 방문해보니 한류상품 몇 가지를 전시하고 있긴 했지만 직원들이 바쁘게 일하는 그냥 사무실이었다. 행사나 모임이 있을 때는 회의실이나 로비를 활용한다고 했다. 임대료를 생각하면 당연한 일이었다. 미리 이메일로 약속한 담당자를 만나 코리아 프라자의 활동과 후쿠오카의 한류 붐에 대한 인터뷰를 했다. 한국에서 파견된 담당자는 나 같은 방문자 때문에 자신의 업무가 마비될 지경이라는 노골적인 축객령으로 나를 대했다. 하지만 나는 박대를 당했다고 순순히 물러날 수 있는 입장이 아니었다. 후쿠오카에 달리 아는 사람도 없었고 방문 예정지도 그곳뿐이었으니까. 적어도 약속한 1시간은 충실히 채우겠다는 자세로 준비해간 질문을 꿋꿋하게 했다. 담당자는 현지 사정을 모르는 나의 초보적인 질문을 30분쯤 상대해주더니 갑자기 어딘가로 전화를 걸었다. 그리고 나에게 내일 다시 오면 코리아 프라자에서 열리는 보자기 교실(쪽보를 활용한 한국식 패치워크를 배우고 함께 만드는 모임)을 참관하게 해주겠다고 제안했다. 방금 보자기 교실을 담당하는 일본인 강사에게 전화로 허락을 받았다는 것이다. 궁금한 것은 내일 그녀에게 물어보라고 하며 담당자는 자리를 떠나버렸다.

일본어에 자신이 없어서 한국인 담당자에게 최대한 정보를 얻어보려던 나의 계획은 그렇게 실패로 끝났다. 나는 후쿠오카에 5일이나 숙소를 예약한 것을 후회하며 호텔로 돌아왔다. 그날 밤 지인이 다리를 놓아준 오사카의 한글 교실에 5일 후에 방문하겠다는 이메일을 보냈다. 하지만 내가 실제로 후쿠오카를 떠난 것은 그로부터 20일 후였다. 그다음 날부터 헤어나기 어려운 환대의 소용돌이에 휘말려 쉽게 후쿠오카를 떠날 수 없었기 때문이다.

뜻밖의 만남과 초심자의 행운

"무언가를 찾아나서는 도전은 언제나 초심자의 행운으로 시작한다."[2] 후쿠오카에서 내 경우가 딱 그랬다. 첫번째 인터뷰는 실패로 끝났지만, 다음 날 참여관찰에서 한국에 관심 있는 후쿠오카 여성 네트워크의 중심에 있는 협력자를 만난 것이다. 심지어 상대는 서툴지만 한국어도 할 줄 알았고, 나에게 아낌없이 도움을 줄 의향도 있었다.

전날 참관을 허락받은 보자기 교실에 갔다. 십수 명의 중년 여성들이 한국관광공사 회의실에 모여 소품을 만들고 있었다. 나는 한국에서 온 연구자라고 나를 소개하고 참가자들 틈에 앉아 바느질 작업을 구경했다. 참가자들은 내가 왜 자기들을 구경하는지 흥미로워하면서 '언제 왔느냐', '어디에 머물고 있느냐', '무슨 연구를 하느냐' 등의 질문을 했다. 여러 사람과 동시에 일본어로 대화를 나누는 상황이 처음이라 초긴장했는데, 걱정했던 것보다는 매끄러웠다. '이런 보자기를 만들어본 적이 있느냐'는 질문에 책갈피(시오리)를 만들어봤다고 말한다는 것이 엉덩이(오시리)를 만들었다고 잘못 말해서 웃음거리가 되기도 했지만, 그럭저럭 대화가 이루어졌다.

보자기 교실이 끝나고 보자기 강사와 둘이 남았다. 그녀의 이름은 가나에라고 했다. 도와줄 일이 있으면 연락하라는 의례적인 말을 하다가 그녀가 나에게 책갈피를 어디서 만들어봤느냐고 물었다. 나는 연구실 동료를 따라 한 번 가본 대학로의 공방 이름을 댔다. 그러자 가나에 씨는 자신도 그 공방에서 보자기를 배웠다고 반가워하며 그 자리에서 한국에 있는 공방 주인에게 전화를 걸었다. 다행히 그 공

---

2   파울로 코엘료, 「연금술사」.

방 주인이 나를 기억하고 있어서 그때부터 일은 일사천리로 풀려나 갔다. 가나에 씨의 지인 면접에 합격한 것이다.

가나에 씨는 일본에서 조사를 하려면 명함이 있어야 한다면서 그 길로 자신의 집에 데려가 컬러 프린터로 내 명함을 만들어주었다. 그 때 50장을 만들었는데, 후쿠오카에서 거의 다 쓴 것 같다. 가나에 씨 는 한국관광공사 후쿠오카 지점에서 사원으로 일하면서 코리아 프라 자를 만드는 데 관여한 인물이었다. 퇴직 후에는 보자기 강사로 변신 해 문화센터를 돌면서 보자기 교실을 운영하는 한편, 매해 80명씩 한 국 투어 팀을 꾸려서 그들을 인솔하고 한국에 가서 김장 담그기 체험 을 하거나 드라마 촬영지를 방문하고 있었다. 가나에 씨는 자신이 관 여하는 문화센터나 한국어 교실에 데려가주고 도움이 될 만한 지인 을 소개해주는 한편, 한국 연예인 팬들과의 개인적 만남도 주선해주 었다.

가나에 씨가 중간에서 보증인 역할을 해준 덕분도 있지만, 당시 후 쿠오카는 한류 붐이 절정에 달한 때여서 나를 만나겠다는 연락이 쇄 도했다. 그후의 어떤 현지조사에서도 받아본 적이 없는 환대를 받았 고 평생 경험해보지 못한 '인기'를 누렸다. 누군가의 자동차에 실려 영문도 모르는 채 낯선 사람을 만나고, 느닷없이 남의 집을 방문하게 되거나 얼떨결에 친구나 가족을 소개받는 나날이 이어졌다. 한류 팬 들은 자신이 어쩌다 한류에 빠지게 되었는가를 나에게 이야기하고 싶어했고 자신의 지인을 소개해주고 싶어했다. 만나자는 사람이 줄 을 이어 애초 5일이었던 호텔 숙박을 두 번이나 연장해 20일 동안 후 쿠오카에 머물렀다.

지금 생각해보면, 당시 내가 한류 팬을 연구대상으로 선택한 것은

사진 1 **기모노를 입고 다도를 배우는 필자**

해외연구 초심자로서 절묘한 한 수였다. 통상적인 지역조사라면 제약으로 작용했을 연구자의 약점이 교류의 촉진제로 작용했기 때문이다. 우선 내가 일본어가 서툴러서 의사소통을 위해 서로 노력해야 하는 것이 한류 팬에게는 번거로운 일이 아니라 자신의 한국어 능력을 시험해보고 연습할 수 있는 기회로 인식되기도 했다. 또 내가 한국에 살고 있는 것도 한국에 지인이 있으면 좋겠다고 생각하는 그들에게 매력적인 지점으로 받아들여졌다. 그리고 여성 연구자인 것도 활동에서의 성별 분리가 뚜렷한 일본에서 여성들의 활동을 연구하기에 유리한 조건이었다.

그러나 연구자가 조사를 통제하지 못한다는 것은 치명적인 문제였다. 후쿠오카에서뿐 아니라 한류 팬 조사 전반에서 그랬다. 정신을 차리고 보면 내가 왜 여기서 이런 일을 하고 있는지 알 수 없을 때가 많았다. 기모노를 입고 다도를 배우는 것(사진 1)도 그런 순간 중 하나였다. 후쿠오카 보자기 교실에서 만난 여성의 집에 초대받아 그녀의 한류 팬 이력을 들었다. 거기까지는 예정된 바였다. 그런데 갑자기 그녀가 자신의 수집품인 기모노를 보여주고 싶다고 했다. 일본인 중에는 나와의 만남을 '국제교류'로 생각하고 나에게 일본문화를 알려주고 체험하게 해줘야 한다는 사명감을 느끼는 이들이 종종 있었는데 그녀의 경우도 그랬다. 사진에서는 웃고 있지만 강권에 못 이겨 결국 기모노로 갈아입고 다도 흉내까지 내게 된 상황이 어색하고 곤혹스러웠다.

기모노 체험이 끝난 후 나는 그녀의 지인에게 인계되었다. 70세가 넘었다는 그분은 박용하의 팬이라고 밝히면서 자신의 집을 방문해줄 것을 나에게 간곡히 청했다. 청을 뿌리치지 못하고 그분이 혼자 산다

관찰과 참여의 경계 위에서

는 집에 따라갔다. 그분이 나에게 요청한 활동은 자신이 피아노로 연주하는 〈겨울연가〉의 테마곡을 앉아서 감상해주는 것이었다. 나는 그분의 피아노 연주를 들으면서 이런 경험들을 모아서 과연 일본 여성에 대한 논문을 써낼 수 있을지 앞날을 근심했다.

끝나지 않는 현지조사와 암벽등반 같던 석사논문 쓰기

나는 일본 여성의 초국가적 팬 활동을 통해 가부장적 질서에 순종하지 않는 적극적이고 저항적인 일본 여성을 그려보고 싶어서 한류 팬 여성들에 대한 조사를 시작했다. 그런데 막상 조사를 해보니 한류 팬은 단일한 집단이 아니었다. 한류 팬 여성 중에는 한류 스타나 대중문화의 팬인 사람도 있었고, 대중문화보다는 한국 음식이나 한국어, 한국 여행 등 '한국적인 것'에 더 흥미를 느끼는 부류도 있었다. 전자에 속하는 이들 중에는 "국적은 관계없다, 그냥 이 사람이 좋은 거다, 나는 한류 팬이 아니다"라고 말하는 이도 있었다. 또 그들 중에는 한국에 다섯 번 이상 갔지만 팬 활동과 관련된 곳만 다녀서 경복궁도 안 가봤고 한국어 학습에도 큰 흥미를 보이지 않는 사람도 있었다. 그래서 그들에게는 내가 한국인이라는 것이 특별한 의미를 지니지 않았다. 반면 처음에는 대중문화 팬이었지만 이제는 '한국적인 것'에 더 흥미를 느낀다고 하는 이들도 있었다. 이 집단은 관심사의 범위가 넓은 만큼 나에게 다양한 활동을 함께해줄 것을 요청한 사람들이었다. 이렇듯 일본의 한류는 2004년 4월 〈겨울연가〉의 주연배우인 배용준을 보기 위해 나리타 공항에 운집한 5,000명의 인파를 소개하며 극적으로 가시화되었지만, 서로 다른 시기에 다른 경로로 형성된 다양한 주체들이 상호작용하는 장field이었다. 겉으로 보기보다 복잡한 흐름이었던 것이다. 이것이 한 달 동안 일본 현지조사를 통해 알아낸 사실이었다.

그런데 솔직히 이 정도는 직접 조사를 하지 않아도 추측 가능한 일이었다. 본격적인 연구는 거기서부터였다. 그렇다면 내가 본 현상의 다양한 측면 중 어디에 초점을 맞출 것인가? 애초에 나의 관심사였던 일본 여성 연구와 한류를 이어줄 구체적인 연구질문은 무엇인가? 지도교수와 연구실 선배들로부터 연구대상을 좁히고 연구질문을 정교화하라는 조언을 많이 들었다. 나도 그러고 싶었다. 하지만 어떻게 하면 좋을지 방법을 몰랐다.

논문 쓰기는 암벽등반과 같다. 올라가야 할 벽이 어떻게 생겼는지 전체적인 그림을 머릿속에 넣은 뒤 내 몸을 지탱해줄 줄을 걸고 한발한발 디딤돌을 찾아내어 정상까지 기어올라가는 것이다. 암벽을 오르기 전에 대강의 그림을 그리는 것이 연구 디자인이라면, 몸에 감은 줄은 연구질문, 딛고 올라갈 틈이나 등자는 구체적인 조사자료에 해당할 것이다. 등반가가 하나의 암벽을 올라가기 위해 모든 모서리와 틈들을 다 알고 경험할 필요는 없다. 전체를 파악한 후 가장 효율적이고 안전한 길을 찾아내 단시간에 올라가는 것도 등반가의 능력이다. 안타깝게도 석사논문을 쓸 당시 나에게 현저하게 모자랐던 능력이다. 내가 지금 어디쯤 있는지 파악하는 매핑mapping도 서툴렀고, 무엇보다 나를 지탱해줄 줄을 거는 작업, 즉 연구질문을 만드는 일에서 우왕좌왕을 거듭했다. 어떻게든 해보겠다는 오기와 장시간 매달리는 체력만 갖추고 있었던 것 같다.

그런 상황에서 현지조사를 통해 인연을 맺은 이들의 한국 방문이 계속 이어졌다. 한국에서 열리는 한류 스타들의 생일 파티, 팬 미팅,

각종 콘서트에 참가하려는 이들, 그리고 한국어 연수 혹은 단순한 관광 목적의 방문도 많았다. 2008년에는 거의 매주 일본에서 누가 왔던 것 같다. 나는 일본에서 신세를 졌다는 부담감과 조사자료는 다양하고 많을수록 좋다는 막연한 생각에 그들이 한국에서 하는 거의 모든 활동을 함께했다. 연구대상을 좁히기가 어려워 무모하게도 더 넓히는 길을 선택한 것이다.

현지조사를 마무리할 시점을 정하지 못한 채 계속 연구대상자들을 만나고 다니면서, 한편으로는 논문 쓰기 과정에 돌입했다. 일본의 한류를 일본 여성의 초국가적 팬 활동에 국한되지 않는 초국가적 문화현상으로 규정하고 일본 한류 팬의 형성과 분화 과정 전체를 조망하는 것을 연구목적으로 설정했다. 그리고 각 분야별로 세분화된 연구질문의 긴 목록을 작성하고 더 많은 자료를 끌어모으기 위해 노력했다. 그 과정에서 2008년 여름에는 서울대 일본연구소의 지원을 얻어 3주간 당시 '한류 거리'로 부상하고 있던 도쿄의 신新오쿠보 지역에 대한 보충조사도 다녀왔다. 그렇게 완성한 내 석사논문의 제목은 '한류의 확산과 지속: 일본 한류 팬의 형성과 분화 과정'이었다.

학부에서 인류학을 전공하지 않은 나는 생전 처음 해보는 해외 현지조사를 의욕과 체력만 앞세워 실행했고, 간신히 석사논문을 마무리할 수 있었다. 일본 여성이라는 암벽을 올라가는 새로운 길을 내겠다는 야심은 실현되지 못하고 불발로 끝났다. 논문에서 나는 일본 여성에 관해 무수한 질문과 이슈를 제기했지만 그 어떤 것도 깊이 파고들지 못했다. 예를 들어 일본 여성들이 한국 드라마에 등장하는 어머니 역할의 중요성이나 가족관계의 모母중심성에 특별히 민감하게 반응하고 대리만족을 느낀다는 사실에 주목했지만 그것을 독자적인 연구질문으로 발전시키지는 못했다. 이처럼 중요한 질문들이 파편화된 조각으로 일본 한류라는 경관 속에 밀어넣어졌다. 논문에 대한 객관적 평가를 떠나서, 그런 방식은 애초에 내가 하고자 했던 연구가 아니었다. 개인적으로 그렇게 연구를 하면 안 된다는 교훈을 얻었다. 그 교훈을 살려 어떻게 일본 여성 연구에 재도전했는가에 대해서는 3장에서 풀어보겠다.

한국 사람의 일본 연구와 '자이니치'라는 과제

일본에서 한류 팬에 관해 조사해보니 가는 곳마다 '한국 사람들'이 있었다. 주로 한국어 교실, 한국음식점, 한류 굿즈 상점의 운영자들이었다. 나에게 그들은 일본의 한류 사정에 대한 생생한 정보를 얻을 수 있는 채널이었다. 그런데 그 사람들 말고 한국어 교실이나 보자기 교실의 수강생 혹은 일본의 한류 팬이 자신의 지인이라고 소개해주는 자이니치들이 있었다. '자이니치'는 공문서에 등장하는 정식 명칭은 아니지만 일본에서 생활하다 보면 자주 듣게 되는 재일한인의 호칭 중 하나다. '재일在日'을 일본식으로 읽은 것인데, 일본에서는 흔히 식민지 시대에 일본으로 건너간 한국인과 그 자손들을 뜻하는 말로 통용된다. 이 '자이니치'와 구별해 1964년 한일협정 이후 한국에서 일본으로 건너가 정주定住하는 사람들은 '한국 사람' 혹은 '뉴커머'라고 부른다.

나는 자이니치와 일본 한류에 대한 자료들을 읽었고 기본적인 사항은 알고 있었다. 그래서 그들에 대해 특별히 궁금한 점이 없었다. 그리고 애초에 '일본 여성'에 대한 관심에서 출발한 연구였기 때문에 자이니치 여성을 중요한 변수로 고려하지 않았다. 일본 여성을 생각

관찰과 참여의 경계 위에서

할 때, 자이니치 여성은 자연스럽게 경계 밖에 두었던 것이다. 그래서 한류 팬 여성이 "저는 자이니치예요"라고 밝혀도 별다른 관심을 두지 않았다.

그런데 나의 그런 무관심과 거리두기를 허용하지 않는 자이니치들이 있었다. 후쿠오카에서 한류 상점을 준비 중인 조선학교 교사 출신의 중년 남성을 인터뷰했을 때의 일이다. 그는 나에게 후쿠오카와 부산에서 활동하는 민족주의 단체들이 연대한 활동에 대해 자세히 소개하고 싶어했다. 하지만 나는 그가 생계를 위해 부인과 오픈을 준비하고 있다는 한류 상점에 더 관심이 있었다. 2시간 동안 대화는 간혹 엇갈렸지만 무난하게 진행되었다. 자리를 마무리할 때, 그가 나에게 관심 있어할 곳을 보여주겠다며 1시간 정도 시간을 내라고 했다. 나는 준비 중인 한류 상점을 보여주려나 기대하고 그의 차를 탔다. 그런데 차가 자꾸만 시 외곽의 후미진 산속으로 향하는 것이었다. 내심 불안했다. 그렇게 30분쯤 달리다가 그는 이정표도 없는 산속 도로에 차를 세웠다. 그러고는 하는 말이, 이 근처가 일제강점기에 강제로 연행되어온 한국인들의 유골이 묻힌 장소라는 것이다. 자신이 속한 단체의 회원들이 최근에 발견했다고 자랑스럽게 이야기했다. 나는 그와 함께 산길을 걸어 올라가 강제연행 희생자들을 추모하는 돌무덤 앞에서 묵념을 했다. 그리고 2시간 동안 그가 내 말을 전혀 듣지 않았다는 사실을 새삼 확인했다.

2008년 여름 도쿄의 신오쿠보로 조사를 갔을 때는 이런 일도 있었다. 신오쿠보 부근의 호텔에 묵고 있는데, 초로의 남성이 예고 없이 나를 방문했다. 그는 내가 묵고 있는 방을 청소하는 사람이라고 자신을 소개했다. 뜻밖의 방문에 놀라는 나에게 그는 청소하다가 내 방에서 신오쿠보와 한류에 대한 자료를 많이 봤는데 혹시 이 지역을 조사하고 있느냐고 물었다. 그렇다고 하니까, 그렇다면 자신도 알려주고 싶은 것이 있다고 했다. 그가 나에게 알려준 것은 두 가지였다. 첫째는 신오쿠보에 한일 교류의 역사를 다룬 작은 고려박물관이 있다는 것, 둘째는 올여름부터 신오쿠보에 한국식 팥빙수를 판매하는 상점이 생겼다는 소식이었다. 그는 한국어를 전혀 할 줄 몰랐다. 나는 그가 어떤 사람인지 궁금해졌고 조금 더 이야기를 나누어도 좋겠다고 생각했다. 하지만 그는 이 호텔에서 일이 끝나면 또 다른 곳으로 일을 하러 가야 한다고 하면서 꼭 고려박물관에 가보라고 당부하고 사라졌다.

신오쿠보에 머무는 동안 그의 권유대로 고려박물관을 찾아갔다. 박물관이라고는 하지만 건물의 한 층을 빌려서 전시공간으로 사용하고 있었고, 전시품도 100점이 채 안 되었다. 한구석에 한국식 자개 장롱이나 한복 같은 일상용품을 늘어놓았고, 전시장의 대부분은 일한 교류 2,000년의 역사를 고대부터 지금까지 설명하는 패널들이 차지하고 있었다. 주요 내용은 지금의 일본 천황에게도 백제인의 피가 흐르고 있다는 것, 에도 시대에도 한일 간에 무역 등의 교류가 활발했다는 것 등이었다. 내가 방문했을 때는 간토 대지진과 조선인 학살에 대한 패널 특별전을 열고 있었다. 입장료로 400엔을 냈다.

전시장 안은 한가했고, 자신을 자이니치라고 소개한 해설사 두 명과 인터뷰를 할 수 있었다. 나는 내가 하는 연구에 대해 설명하고 고려박물관과 한류의 접점이 궁금하다고 운을 뗐다. 그런데 단호하고 냉랭한 답변이 돌아왔다. 고려박물관은 장소를 찾다 보니까 우연히 신오쿠보에 있는 것이고 한류와는 전혀 무관한 공간이라는 것이다.

관찰과 참여의 경계 위에서

그리고 한류에 관한 자신들의 생각도 밝혔다. "한류는 그냥 장사다. 식문화나 연예인 때문에 한국에 친근감을 느끼게 된 것은 사실이지만, 그것은 일본에서 오래 살고 있는 조선인에 대한 인식이 여전히 낮은 것하고는 무관하다. 기본적으로 역사인식이 부족한데, 한류가 역사인식 문제에는 실질적으로 영향을 끼치지 못한다. 연구자들이 우리처럼 역사를 알리는 활동에 힘을 실어야 한다"는 것이 요지였다. 당시 죽을힘을 다해 매달리고 있던 연구를 면전에서 부정당한 셈이었다. 게다가 나는 아까운 시간을 쪼개서 방문했고 400엔의 입장료도 냈다. 그래서 나는 그들이 싫어하는 줄 알면서도 집요하게 신오쿠보와 한류에 대한 질문을 했다. 모든 대화를 일본어로 했기 때문일까. 무례하게 굴었다는 자각은 했지만 뉘우치는 마음은 없었다.

　이런 일을 겪으면서 나는 자이니치가 내 연구와 한류에 관해 무슨 말을 해도 적당히 흘려듣는 태도를 갖게 되었다. "일본 사람들 마늘 냄새 난다, 김치 냄새 난다, 하면서 우리는 그렇게 멸시하더니, 한국에서 건너온 너 같은 연구자는 떠받드는 꼴을 눈꼴시어 못 보겠다. 나는 어려서부터 마늘, 김치는 입에도 안 대서 지금도 잘 못 먹는데, 이제 와서 일본 사람들이 김치가 맛있네, 본고장의 한국 요리가 어쩌네, 하는 걸 보면 정말 어이가 없다" 같은 폭언도 웃으면서 받아 적었고, 표현을 순화해 논문에 반영했다.

　그러다 우연한 계기로 나의 그런 태도가 잘못되었음을 통감했다. 석사논문을 마치고 한 학기 쉬는 동안이었다. 지인의 부탁을 받아 한 달 동안 서울대에 와서 지내게 된 싱가포르 출신의 미국 대학원생을 몇 차례 만나게 되었다. 나의 짧은 영어와 상대의 더 짧은 한국어로 나누는 대화였지만, 그 대학원생의 이야기 솜씨가 좋아서 화제가 풍부했다. 특히 그녀의 부모가 맞벌이를 해서 어렸을 때 싱가포르와 말레이시아 접경에 사는 소수민족 할머니 집에서 자랐다는 대목이 재미있었다. 큰 쥐를 애완동물 삼아 놀았다고 이야기하는 대목에서는 기겁하기도 했고, 자신의 할머니가 쓰던 소수 언어를 2003년 사스가 유행했을 때 "손 씻어라", "마스크 써라" 같은 말로 난생처음 싱가포르 공중파 방송에서 들은 순간을 이야기할 때는 함께 찡하게 공감하기도 했다.

그런데 그녀와 헤어지고 며칠이 지나도 소수민족 할머니와 사스 이야기가 계속 머릿속을 맴돌며 떠나지 않았다. 그 묵직한 느낌의 정체가 무엇일까 곰곰 더듬어보다가 문득 깨달았다. 나는 자이니치들이 일본의 공영방송인 NHK에서 처음으로 한국어 강좌가 방송되었을 때의 감격이나 공중파 방송에서 처음으로 한류 드라마를 방영해주었을 때의 기분에 대해 쓴 글을 읽었고 직접 이야기를 듣기도 했다. 하지만 그런 식으로 찡하게 공감해본 적이 한 번도 없었다. 생각해보면 싱가포르 대학원생의 일화와 매우 유사한 상황인데도 말이다. '뭐지?' 하는 생각이 절로 들었다. 나는 왜 먼 동네의 마이너리티에게는 그렇게 잘 공감하면서, 눈앞에 있는 자이니치에 대해서는 처음부터 마음을 닫고 화석화된 역사로만 여기려고 했을까? 내가 성가시다고 여긴 자이니치들도 사실은 자신들의 이야기에 관심을 갖고 그런 식으로 공감해달라고 한 것인데, 왜 나는 처음부터 들을 귀가 없었을까? 생각할수록 나의 얄팍한 정치적 올바름이 낯뜨겁고 부끄러웠다. 특히 "나는 자이니치예요"라고 자신을 소개하던 한류 팬 여성들에게 더 큰 관심을 기울이지 않았던 것이 못내 미안하고 후회되었다.

나는 석사논문에서 일본 한류 팬이 단일한 집단이 아님을 강조하면서 그들을 탈영토화된 초국가적 팬덤과 한국적인 것에 관심을 갖는 이들로 나누어 양쪽 모두 다루었다. 그들은 한국에서 온 연구자인 나를 대하는 방식에서도 무반응과 환대로 확연히 나뉘었다. 그런데 그런 식의 분류로 본다면, 자이니치 한류도 분명히 그 안에 한 갈래로 포섭되어 있어야 했다. 이렇듯 연구대상을 한껏 넓히면서도 나는 자이니치 여성 팬들을 일본 한류 팬의 경계안으로 포섭할 생각을 한 번도 해보지 않았다. 지금이라면 그 지점에 착목해 '한류와 일본 여성의 경계'를 주제로 논문을 썼을 텐데 말이다.

3. 일본 비혼자 연구와 박사논문 쓰기

'비혼'이라는 주제와 두 가지 연구질문

나는 비혼이라는 주제를 연구하려고 박사과정에 진학했다. 하필 왜 이 주제를 선택했느냐는 질문을 받을 때마다, 나는 상대를 간단하게 납득시키는 동기의 언어를 제시해왔다. 그것은 '내가 비혼이라서'였다. 그런데 이렇게 연구동기에서 당사자성을 강조하는 것은 타자에게 나의 연구를 어필할 때는 효과적이지만 스스로 생각하는 진짜 이유로는 부족하다는 것을 잘 알고 있다. 나는 많은 문제의 당사자이지만 그것들을 다 연구하지는 않기 때문이다. 비혼이라는 주제에는 나를 지적으로 자극해서 계속 질문을 던지게 만들고 연구를 위해 움직이게 만드는 힘이 있었다. 모처럼 지면을 얻었으니 여기서는 나를 움직여온 그 질문들을 소개하고 싶다.

첫째 질문은 비혼의 에이전시^{agency}에 관한 것이다. 에이전시는 한 국어로 '행위'나 '행위성'으로 번역되며, 구조^{structure}와 짝을 이루어 사용되는 사회과학적 개념이다. 그럼 애초부터 행위라고 하지 왜 '에 이전시'라는 낯선 용어를 꺼내들었는가? 모든 '행위^{action}'가 다 '행위 ^{agency}'는 아니기 때문이다. '에이전시'는 구조에 능동적으로 관여하는 행위를 의미한다. 마르크스는 역사를 만드는 것은 인간이지만 인간 자신이 자유롭게 선택한 상황에서 그렇게 하는 것은 아니라고 말했다. 인간은 사회구조에 제약을 받으며 행위하는 존재지만 사회구조의 재생산은 바로 인간들의 실천을 통해 이루어진다. 그렇기 때문에 견고하게 보이던 사회구조와 제도들도 개인 및 집합적 행위자들의 실천에 의해 무너질 수 있다는 것이다.

1990년대 이후 한국뿐 아니라 일본을 비롯해 동아시아의 산업화된 국가들에서 결혼을 늦추거나 평생 결혼하지 않는 사람들의 증가가 뚜렷한 사회현상으로 자리 잡았다. 나는 이것이 각 사회의 결혼제도나 가족관계, 나아가 젠더질서에 영향을 미칠 수 있을까? 하는 의문을 품었다. 그리고 이 궁금증을 행위자에 초점을 맞춰 구조에 대한 저항이라는 측면에서 풀어보고 싶었다. 특히 남성중심 사회에서 비혼으로 살기를 선택하는 여성들이 증가하는 것이 집단적 저항이라는 관점에서 사회운동으로 발전하고 가부장제 사회에 타격을 줄 수 있는지 궁금했다.

그런데 나는 행위자들의 일상에 주목하여 연구를 진행하는 인류학자다. 인간의 일상적 실천은 구조를 재생산하면서 동시에 변화시키는 이중성을 지닌다. 따라서 '행위 중 구조에 제약을 받는 행위와 구조에 영향을 미치는 행위를 구분할 수 있는가?'라는 문제가 제기

관찰과 참여의 경계 위에서

된다. 사실 구분을 위한 매뉴얼 같은 것은 없다. 그것은 맥락과 해석의 문제다. 그러므로 현장연구에서 에이전시를 둘러싼 과도한 해석의 위험은 항상 존재한다. 에이전시의 문화적 구성을 탐구하는 인류학자에게는 더욱 그렇다. 이 문제에 대한 처방은 자신의 연구목적에 맞춰 행위자의 의도를 추출하고 강조하는 것이 아니라, 행위자의 관점에서 행위자가 이 세계에 작용하는 힘과 질서에 개입하고 그것들을 조정하려고 하는 측면을 입체적으로 포착하려고 노력하는 것뿐이다. 에이전시는 결국 발견과 해석의 문제다.

이렇게 말하면 인류학적 현장연구에서 해석과 연구결과의 자의성을 우려할지도 모르겠다. 하지만 현장연구를 해서 학위를 받아본 사람은 안다. 심사위원이라는 학문공동체가 존재한다. 그들을 설득하지 못하면 논문 쓰기라는 노역에서 영원히 빠져나올 수 없다. 내 경험에 따르면, 심사위원들이 가장 엄격하게 따지고 드는 것 중 하나가 에이전시를 둘러싼 연구자의 해석이었다. 뒤에서 소개하겠지만, 나도 이 벽에 부딪쳐 박사논문의 방향을 수정해야 했다.

둘째 질문은 비혼의 삶의 방식과 관련된 문제였다. 서구에서는 근대가족의 해체가 동거나 사실혼의 증가 그리고 혼외출산율의 상승으로 나타났고, 이혼율의 상승은 이혼과 재혼의 반복에 의해 이루어진 결합가족이나 복합가족의 증가로 이어졌다. 그러나 동아시아의 경우는 다르다. 혼인율이 낮아지지만 동거와 사실혼, 혼외출산율은 미미한 수준에 머무르고 있다. 동거율이 비교적 높게 나타난다고 하는 일본에서도 5퍼센트 남짓이고 혼외출산율은 여전히 2퍼센트 안팎에 머물고 있는 것이다. 다시 말해 동아시아에서 중년 비혼자 중 다수는 친밀한 파트너도 자식도 없이 1인 가구로 살거나 아니면 고령인 부모와 함께 살고 있는 것이다.

나는 특히 고령의 부모와 함께 사는 일본의 중년 비혼자들에게 관심이 있었다. 한류 팬 조사를 하면서 그런 상황에 있는 여성들을 많이 만났기 때문이다. 개념상으로 가족주의 사회에서 비혼은 가족의 삶과 대척점에 있는 존재인데 이들이 오히려 출생가족과 더 밀착되는 역설적 결과는 왜 발생하는가? 이 여성들은 세간에 알려진 대로 부모에게 얹혀사는 나이 든 기생parasite 독신들인가, 아니면 부모 돌봄의 볼모로 잡힌 희생자들인가? 이런 문제에 관심이 생겼고 답을 찾아보고 싶었다.

위의 두 질문은 내가 박사논문을 시작해서 마칠 때까지 베이스캠프 역할을 한 질문들이었다. 연구가 미궁에 빠졌다고 느낄 때마다, 나는 이 질문들로 돌아와 새롭게 출발하는 일을 반복했다. 그런데 위의 두 질문은 좀처럼 서로 균형을 잡지 못했고 종종 상치되는 것처럼 보였다. 한쪽을 추구하기 위해서는 다른 쪽의 질문을 접고 포기해야 한다는 생각 때문에 번뇌했고, 그러느라 연구가 교착상태에 빠지기도 했다. 그래도 질문 자체의 의의나 타당성에 대해 의심이 든 적은 한 번도 없었다. 역시 내 삶에서 직접 뽑아올린 질문들이어서 그랬을 것이다.

지진·방사능과 함께 시작된 일본 생활

석사논문에서 무작정 시작하는 연구의 괴로움을 충분히 맛보았기 때문에, 박사논문에서는 시행착오를 되풀이하지 않겠다고 다짐했다. 박사과정에 입학할 때부터 적절한 현지 선정, 언어 실력 향상, 비용 확보, 네트워크 구축 등 장기 현지조사를 위해 필요한 사항들을 착실하게 준비했다. 대학에서 제공하는 교환학생 프로그램을 이용해 2011년 후반 박사과정 마지막 학기부터 도쿄에 있는 대학으로 옮겨 현지조사를 시작할 계획이었다. 일본학생지원기구로부터 1년의 교환학생 생활에 필요한 장학금도 확보해두었다. 2011년 가을학기 시작 전에 미리 일본으로 건너가 몇몇 단체들을 방문하고 협력을 요청할 작정이었다.

그해 봄에 일어난 동일본 대지진은 나로서도 발생 가능성을 상정해본 적이 없는 일이었다. 2011년 3월 11일 일본 관측 사상 최대 규모의 지진과 초대형 쓰나미가 도호쿠 지방의 해변 도시들을 덮쳤다. 도쿄를 비롯한 수도권 일대까지 건물 붕괴와 대형 화재가 잇따르며 피해가 속출했다. 특히 지상으로 밀려든 대규모 쓰나미로 인해 전원 공급이 중단되면서 후쿠시마현에 위치한 원전의 가동이 중지되었고 방사능 누출 사고가 발생했다는 소식은 한국에도 큰 파장을 일으켰다. 도쿄를 포함해 동일본 전체가 치명적인 수준의 방사능에 오염되었다는 소문이 퍼지는 가운데, 일본 정부가 구체적인 오염 수치를 비밀에 부치고 있어서 온갖 루머가 나돌았다. 그해 일본으로 나와 함께 교환학생을 떠날 예정이었던 학생들의 대부분은 도일渡日을 포기했다.

3·11과 그후의 방사능 오염은 나에게도 큰 충격을 주었다. 하지만 그것 때문에 내 계획을 바꿀 마음은 없었다. 도쿄 사람들이 다 마시고 있는 방사능을 나도 좀 나눠 마셨다고 별일 있으랴 싶었고, 원산지 표시를 잘 보고 북쪽에서 온 식재료는 안 먹으면 그만이라고 애써 가볍게 생각했다. 주위의 염려를 누르고 가을 학기 시작에 맞춰 일본으로 갔다.

당시 도쿄에는 강도 높은 여진이 계속되어 자다가 지진 때문에 놀라서 깨거나 건물 안에 있을 때 땅 밑이 크게 흔들리는 일이 반복됐다. 나는 도쿄 서쪽에 위치한 히토츠바시대학 대학원 사회학연구과에 적을 두고 외국인 학생 기숙사에 짐을 풀었다. 유학생들 사이에서는 지진과 방사능을 피해 본국으로 돌아갔거나 오사카 쪽으로 피신한 사람들에 관한 소식이 잇달았다. 텔레비전 프로그램은 온통 지진, 쓰나미, 방사능, 피난, 연대에 관한 이야기들로 채워졌다. 도쿄를 상징하던 화려한 상점가들도 절전을 위해 조도를 한껏 낮추어 거리는 어둑어둑했고, 도시 전체가 초상집처럼 무거운 분위기에 휩싸여 있었다. 새로운 현장을 개척하고 새롭게 사람을 만나기에 적당한 때는 아니었다. 만나기로 했던 비혼자들 중에는 재난의 여파로 고향에 돌아갔거나 충격을 받아서 두문불출하게 된 경우도 있었다. 복지와 돌봄을 테마로 활동하는 여러 단체에 방문하고 싶다고 연락을 넣었지만 대부분은 답신이 없었고, 간혹 답신이 와도 외부인의 참가는 곤란하다는 거절의 메시지였다.

아까운 시간이 그대로 흘러가는 것이 초조하기 짝이 없었고, 태어나서 처음으로 위궤양을 앓았다. 나는 한국에서 졸업에 필요한 학점을 거의 채웠기 때문에 1년 동안 한 과목만 이수하면 되는 상황이었다. 하지만 시간이 많았기 때문에 젠더연구와 관련된 수업을 3개나 들었고, 한국 학원가에는 개설된 곳이 없어서 듣기 어려웠던 고급 일본어 수업도 2개 신청했다, 거기다 생애사 연구가 전문인 담당교수의 세미나에도 매주 꼬박꼬박 출석했다. 내가 유학을 온 것인지 조사를 하러 온 것인지 헷갈리는 나날이었다. 그래도 나중에 생각지도 않게 이렇게 수업을 들어둔 덕을 보기는 했다.
겨울방학이 시작되자 기숙사는 한산해졌다. 나는 좁은 방에 틀어박

관찰과 참여의 경계 위에서

혀 텔레비전을 끼고 살았다. 후쿠시마 원전은 여전히 방사능의 누출과 방출을 반복하고 있었다. 물과 공기에 섞여 퍼지는 고농도 방사능에 모두가 예민하던 때였다. 그런데 관련 뉴스를 지켜보다가 나는 이상한 점을 발견했다. 미국, 영국, 프랑스, 독일 등이 일본의 원전사고와 방사능 오염에 대해 어떤 반응을 보이고 있는지에 대한 뉴스는 계속 업데이트되었지만, 인접 국가인 러시아, 중국, 한국의 반응을 다룬 뉴스는 찾아보기 힘들었다. 특히 바로 옆 나라인 한국에서 겪고 있는 방사능에 대한 공포를 생각하면 '이유가 뭐지'? 하는 생각을 하지 않을 수가 없었다. 일본인의 심상지리에서 일본은 대서양 어디쯤에 있는 섬나라인가? 메이지 유신 이래 일본이 내건 아시아를 벗어나 서구로 향한다는 탈아입구脫亞入歐가 바로 이런 것인가? 하지만 1986년 체르노빌 원전사고 때 일본이 벌인 소동을 생각하면 현주소를 모르는 것은 아니지 않나? 등등의 의문이 꼬리를 물었다. 재해 직후의 일본은 여러 가지 의미에서 '일본이란 무엇인가'를 생각하기에 적절한 환경이었다.

독신을 맹세하고 연대하며 살아온 여성들과의 만남

2012년 3·11 1주기를 기점으로 일본 사회는 서서히 충격에서 벗어나 애도의 국면으로 전환되고 활기가 돌기 시작했다. 때맞춰 나의 현지조사에도 봄이 찾아왔다. 가족돌봄자를 지원하는 단체의 대표로부터 만나주겠다는 연락이 온 것이다.

수도권을 중심으로 활동하는 비영리재단Non Profit Organization(이하 NPO) 알라딘은 가족돌봄자 지원 분야에서 꽤 지명도 있는 단체라서 나는 고무되었다. 알라딘에서 출간한 책도 탐독하고 열심히 인터뷰를 준비해서 찾아갔다. 마키노 대표는 카리스마 넘치면서도 너그러운 인물이었다. 가족돌봄자에 주목한 내가 기특하다고 하면서 자신들의 활동에 대한 조사를 허락했고, 활동가들에게 직접 나를 소개해주었다.

수도권 가족돌봄자 모임의 연합체 격인 알라딘의 활동 중에서 특히 내 눈길을 끈 것은 알라딘이 직접 운영하는 '부모를 돌보는 딸들의 모임'(이하 무스메사롱)과 '부모를 돌보는 아들들의 모임'(이하 무스코사롱)이었다. 이들은 도쿄 시내에서 몇 년째 각각 한 달에 한 번씩 부모를 돌보는 아들들과 딸들의 모임을 이어오고 있었다. 참가자의 다수가 비혼자인 이들 모임에 참석한 순간, 나는 비혼의 삶의 양식을 탐구하는 둘째 질문을 위한 더할 나위 없는 현장을 찾았음을 알아차렸다.

한편 첫째 질문인 가부장제 사회와 비혼의 에이전시 규명을 위한 현장도 뜻밖의 계기로 찾게 되었다. 내가 '도쿄 언니들'이라고 부르던, 한류 팬 조사가 인연이 되어 알게 된 비혼여성들 중 가장 형편이 좋은 그룹이 있었다. 핵심 멤버는 3명으로 대기업에서 20년 안팎의 경력을 쌓아온 여성들인데, 도쿄 중심지에 자기 아파트를 소유하고 혼자 살면서 수시로 해외여행을 하고, 도쿄에서 벌어지는 갖가지 문화 활동에 관여했다. 일본의 트렌디 드라마에서 막 빠져나온 듯한 인물들이었다. 그중 한 명은 내가 일본에 도착했을 때 "이런 상황에서 도쿄에 와줘서 고맙다"는 환영의 메시지와 선물을 보내주기도 했다. 그중 두 명이 해가 바뀐 후에도 조사가 잘 진행되지 않아 의기소침해 있던 나를 응원하기 위해 일부러 히토츠바시대학까지 놀러 와주었다. 어떤 조사를 하는지 나에게 이것저것 물어보다가, 그중 출판사 편집자인 언니가 자신과 함께 일하는 작가가 독신부인연맹에 관한 책을 쓴 저자라면서 그녀를 소개해주겠노라고 했다.

독신부인연맹은 노동감독관이었던 오쿠보 씨가 주축이 되어 1967년에 결성된 독신여성 단체였다. 스스로를 전쟁 때문에 독신이 된 '전쟁독신'으로 규정한 여성들의 모임인 이 단체는 반전평화, 여성의 일할 권리, 1인 가구의 주거권 등을 내걸고 활동하다가 2003년에 해산했다. 『도쿠후렌』은 이 독신부인연맹의 회원들을 인터뷰 조사한 결과를 바탕으로 집필한 책이었다. 도쿠후렌은 독신부인연맹의 별칭이었다. 나도 진작에 『도쿠후렌』을 읽었고 저자를 만나고 싶다고 생각했지만 방도를 몰라 포기하고 있었다. 성사 불가능해 보이던 만남인데, 대형 출판사 베테랑 편집자의 영향력을 빌리니 일이 매우 쉬웠다. 얼마 후 도쿄 시내에서 『도쿠후렌』 작가와의 약속이 잡혔다.

나는 『도쿠후렌』을 샅샅이 읽고 내용에 대한 감상과 분석, 내 연구와 관련한 질문들로 구성된 6쪽짜리 페이퍼를 만들어 약속 장소에 나갔다. 페이퍼를 만드는 데 꼬박 일주일이 걸렸다. 소개해준 편집자의 체면도 살려주고 저자에게 어필하려는 뜻에서 준비했는데, 다행히 성의가 통했다. 그들은 내가 만든 페이퍼를 신기해했고, 문장에서 일본인이 쓰지 않는 이상한 표현을 찾아내며 즐거워했다. 헤어질 때 작가로부터 독신부인연맹의 회원들과 만나게 해주겠다는 약속도 받았다.

작가가 나서서 주선해주었지만, 인터뷰는 성사되기 어려운 경우가 많았다. 독신부인연맹 회원들의 연령이 워낙 높아서 바깥출입이 어렵거나 치매를 앓고 있는 이들이 많았기 때문이다. 몇 번 무산된 끝에 어렵게 약속을 잡아서 처음으로 만난 사람이 독신부인연맹의 총무를 맡았던 92세 여성이었다. 신주쿠 역 부근의 이탈리안 레스토랑에서 만났는데, 그녀는 주중에는 아타미에 있는 실버타운에서 생활하고 주말에는 프랑스 자수 모임에 참여하기 위해 도쿄 시모키타자와에 있는 자신의 아파트에 머무른다고 했다. 2차 세계대전 전에 외교관인 아버지를 따라 영국에서 어린 시절을 보냈다는 그녀의 일대기는 장구했다. 전쟁 직후 남편이 급사했지만 재혼 권유를 뿌리치고 자식도 없이 평생 독신으로 살면서 국제교류와 사회운동에 헌신해왔다는 것이다. 남편을 기리기 위해 영국의 모 대학에 일본 연구를 하는 학생들에게 제공하는 장학금도 만들었다고 했다. 독신부인연맹 회원들의 계층 범위가 넓다는 것을 실감했다. 상류층부터 생활보호를 받는 빈곤층까지 다양한 계층의 비혼여성이 조직에 포섭되어 있었다. 평생을 독신으로 사는 여성들이 극소수였던 시절이라 가능한 일이었다.

내가 평범한 회원들도 만나고 싶다고 요청하자, 작가는 요양병원에서 생활하고 있는 독신부인연맹의 전 회장에게 문병 갈 때 나를 불러주겠다고 했다. 사진 2는 도쿄 외곽에 위치한 요양병원에서 생활하고 있는 독신부인연맹의 전 회장 오쿠보 씨를 찾아갔을 때 찍은 것이다. 가운데가 오쿠보 회장이다. 오쿠보 회장은 뇌출혈로 반신마비와 언어장애를 겪고 있었다. 말을 알아듣기는 하지만 대화는 불가능한 상태였다. 나와 내 연구에 대한 소개를 듣고 내 손을 잡던 힘이 얼마나 세던지 지금도 기억이 생생하다. 내가 반갑고 나에게 하고 싶은 말이 많다는 뜻이 분명하게 전달되었다. 사진 왼쪽의 인물은 나고야에서 온 키마타 씨인데, 당시 칠십 대 중반으로 독신부인연맹 회원들 중 가장 젊은 축이었다.

사진을 찍고 잠시 후에 오사카에서 온 팔십 대 회원 한 명이 더 방

사진 2 독신부인연맹의 전 회장 오쿠보 씨와 함께,
가운데가 오쿠보씨, 오른쪽이 필자

문했다. 네 명이 모여 요양병원 건너편에 있는 초밥집으로 몰려갔다. 의기투합해서 무단횡단을 했던 것이 기억에 남는다. 아직 환할 때였는데, 초밥집에 들어가자마자 술을 시키고 지인들의 사망 소식을 중심으로 한 근황 토크를 시작했다. 그때 마침 TV에서 이명박 대통령의 독도 방문을 비난하는 뉴스가 흘러나왔다. "저거 왜 저러는 거냐?" "또 다케시마냐? 순 정치싸움이지 뭐." "그런데 저 섬이 우리한테 중요한 거야?" "몰라, 난 필요 없어. 줘도 상관없는데." "나도 그래. 그럼 너 가져라"라고 갑자기 나에게 배턴을 넘겼다. 나도 얼떨결에 "어머, 저도 필요 없어요"라고 응수했다. 모두들 웃음이 터졌다. 그날의 대화는 거의 그런 식이었다. 오가는 말에 거침이 없었고, 말 속에는 오랫동안 일본 사회 주변부에서 살아온 사람들의 통찰력이 묻어났다. 나는 삶에 대한 그들의 유쾌하고 의연한 태도에 감명받았고, 비혼여성의 에이전시를 탐구하는 데 적합한 현장을 찾았다는 생각에 흥분했다.

이제야 일이 잘 풀리는가 싶었는데, 뜻밖의 문제가 생겼다. 학교 측으로부터 여름이 끝나면 한국으로 돌아가야 한다는 통보를 받은 것이다. 나는 1년의 교환학생 기간이 끝나고 객원연구원으로 신분을 바꿔 1년간 더 체류할 예정이었다. 객원연구원 자격을 얻기 위해서는 공적인 기관으로부터 펀딩을 받아야 했다. 때맞춰 서울대 대외협력본부로부터 장기 해외연수 지원금을 받게 되어 관련 증빙과 객원연구원 신청서를 제출한 상태였다. 그것으로 일이 해결된 줄 알았다. 그런데 교무 부서에서 교환학생으로 왔다가 그대로 신분을 바꿔 객원연구원으로 눌러앉는 것은 전례가 없는 일이라고 제동을 걸고 나섰다. 일단 한국에 돌아갔다가 객원연구원 허가를 받은 다음 다시 오라는 것이

관찰과 참여의 경계 위에서

었다. 담임교수는 안타깝지만 어쩔 수 없지 않느냐고 했다. 나로서는 현지조사가 이제 막 궤도에 올랐는데 한국으로 돌아가는 것만은 어떻게든 피하고 싶었다. 그래서 지금 조사를 중단하고 한국으로 돌아갈 수는 없다고 담임교수에게 호소했고, 만일 객원연구원 신분이 어렵다면 연구생으로라도 받아달라고 부탁했다. 연구생은 대학원 진학을 위한 일종의 예비과정인데, 당시 한국 돈으로 500만원이 넘는 등록금을 내야 했다. 담임교수는 난처해하며 일단 운영위원회에 회부해볼 터이니 큰 기대는 하지 말고 기다리라고 했다.

초조하게 며칠이 지났다. 담임교수가 불러서 갔다. 그는 환한 얼굴로 운영위원회에서 내 건에 대해서는 특별히 사정을 봐주기로 했다고 알려주었다. 크게 안도하는 나에게 담임교수는 전례가 없는 일이니 소문 내지 말라고 당부했다. 그리고 본인도 가망 없는 일이라고 생각했는데 내 입장이 단호한 것과 내가 첫 학기에 수업을 여러 개 들어서 얼굴을 아는 교수들이 많았던 것이 도움이 되었다고 후일담을 전해주었다.

신분이 안정된 것에 힘입어 나는 현지조사에 박차를 가했다. 무스메사롱과 무스코사롱에 대한 참여관찰뿐 아니라, 알라딘이 벌이는 다양한 활동에도 참가했고, 한편으로 독신부인연맹에 대한 조사도 계속 진행했다. 요양병원에서 만났던 나고야의 키마타 씨 집에 머물면서 구 독신부인연맹 동해지부 회원들에 대한 인터뷰 조사도 진행했다. 독신부인연맹의 회원들은 전쟁독신이라는 피해자 정체성을 반전평화운동에 적극적으로 활용하는 한편, 각 지부별로 정기적으로 공부나 식사 모임, 꽃놀이, 온천여행 등 다양한 여가 활동을 함께 하면서 살아왔다. 내가 만난 회원은 10여 명이었는데, 모두 자신들이 누구의 처나 첩으로 살지 않았다는 것, 일을 해서 스스로를 부양하고 평생 독립적으로 살아왔다는 것에 자부심을 갖고 있었다. 또한 '남자는 일, 여자는 가정'이라는 성별 분리가 뚜렷한 전후 일본사회에서 여성의 삶에 새로운 길을 제시했다고 생각하고 있었다. 그들의 생애 이야기는 사회집단으로서 스스로의 위치에 대해 자각하고 있고 그것을 정체성으로 내면화해온 사람들의 서사였다. 나는 전후 일본의 가족주의 사회에서 가족과는 다른 친밀권을 추구하면서 연대하여 살아온 이 독신부인연맹이 비혼여성의 에이전시의 한 전형을 보여준다고 생각했다.

하지만 문제는 이들이 더 이상 활동을 하지 않으며 사라지고 있다는 점이었다. 조직은 이미 해산한 상태였고, 생존한 회원들은 대부분 삶의 최종 단계에 들어서 있었다. 조사 중에 날아든 오쿠보 씨의 부고는 한 시대가 마감되었다는 느낌을 더욱 생생하게 만들었다. 독신부인연맹을 계속 조사할 것인가? 나고야에서 한 것처럼 전국을 돌면서 아직 생존해 있는 회원들을 인터뷰하는 방법도 있었다. 하지만 내가 도쿄에서 만난 비혼자 중에는 독신부인연맹의 존재를 아는 사람이 거의 없었다. 독신을 맹세하고 평생을 연대해서 살아온 이들의 삶의 양식이 일본 비혼여성의 삶에서 갖는 대표성과 현재성을 고려하지 않을 수 없었다. 나는 독신부인연맹에 대한 조사를 일단락하고 알라딘과 연결된 가족돌봄자 모임에 더 집중하기로 했다.

비혼돌봄자에 대한 현지조사와 깊어가는 고민

매달 도쿄에서 열리는 무스메사롱은 2010년 무렵부터 시작되었다. 기존의 가족돌봄자 모임에서는 수용하기 어려운 비혼돌봄자들의 요구를 감지하고 알라딘이 직접 나서서 만든 모임이다. 무스메사롱은 직장인들이 참가할 수 있도록 토요일 오후에 열린다는 것과 부모를 돌보는 딸들만의 모임이라는 것이 특색이었다. 모임 장소도 도쿄 중심부의 접근성 좋은 곳에 있었다. 딸 돌봄자만의 모임이 드물었기 때문에 각지에서 사람들이 모여들었다. 가끔은 비행기를 타고 왔노라는 참가자도 있었다.

나는 2012년 5월부터 2013년 10월 귀국 직전까지 매월 이 모임을 참여관찰했다. 기본적으로 간단한 자기소개를 한 후 구석에 앉아서 모임을 지켜보는 형식이었는데, 녹취가 허락되지 않았기 때문에 오가는 대화를 가능한 한 모두 메모하려고 노력했다. 그러나 때로 일손이 부족할 때는 펜을 놓고 접수대를 맡거나 차를 나르고 설거지를 할 때도 있었다. 10평 남짓한 모임 공간에 많을 때는 참가자, 운영진, 필자를 포함한 연구자들에 취재진까지 더해져 30명 가까운 인원이 모이는 날도 있었다. 모임 시간은 2시간이었지만, 끝나고 그대로 돌아가는 사람은 드물었다. 대개 1시간 이상 참석자들 간의 활발한 교류가 이어졌고 나도 그 시간을 이용해 인맥을 넓혀나갔다.

처음에는 돌봄 현장에서 사용하는 언어도 생소하고, 사람들이 털어놓는 돌봄의 정황도 이해하기 어려웠다. 하지만 6개월쯤 지나면서 상황이 눈에 들어오기 시작했다. 한국도 마찬가지지만, 일본에서 노인을 돌보는 사회보험 서비스는 가족의 돌봄 부담을 근본적으로 경감해주지 못했다. 오히려 제도가 가족돌봄을 전제로 하고 설계되었다고 하는 편이 맞을 것이다. 나이 든 부모가 혼자서 일상생활을 이어갈 수 없게 되었을 때, 부모를 보조하는 역할을 누가 할 것인가? 일본에서는 한국처럼 입주 도우미나 간병인을 고용해 돌봄을 맡기는 것이 쉽지 않다. 적합한 사람을 찾기도 어렵거니와 비용이 너무 비싸다. 그래서 돌봄이 필요한 고령자가 시설에 입소하지 않고 자기 집에서 계속 생활하는 경우 하루에 30분 혹은 1시간씩 방문하는 방문요양사와 아침 9시부터 오후 5시까지 운영되는 데이케어센터를 활용하게 된다. 그 나머지는 오롯이 본인과 가족이 알아서 해야 하는 시간이다. 가족의 사적 노동이 투입되기 어려운 경우, 돌봄이 필요한 고령자의 생활의 질은 그대로 바닥으로 떨어진다. 시설에 입소하는 방안도 생각해볼 수 있지만, 공공으로 운영되는 곳은 입소 대기자가 많아 언제 차례가 올지 모르고, 사설 요양원 중 제대로 운영되는 곳은 비용이 만만치 않다. 과거에는 고령자가 노인병원 같은 곳에 장기 입원할 수 있었지만, 일본 정부가 의료보험 제도를 개혁하면서 그 길을 봉쇄해버렸다. 자식 세대가 부모돌봄의 부담에서 벗어나기가 전보다 더 어려워진 것이다.

가족돌봄과 관련된 전반적인 상황이 이해되기 시작하면서, 나는 비혼돌봄자에 대한 개별 인터뷰를 진행하는 한편, 다양한 사례를 수집하기 위해 알라딘 밖으로 조사범위를 넓혀갔다. 2013년부터는 도쿄도 전역에서 비혼자들이 모일 법한 가족돌봄자 모임과 행사에 다양하게 참석했고, 관련 단체나 지자체가 개최하는 포럼 또는 강연회에도 자주 갔다. 이러한 방식의 조사는 도쿄의 물가를 생각하면 상당한 비용이 들었다. 일한교류기금으로터 조사비용을 지원받아 경제적 부담을 덜 수 있었던 것은 행운이었다.

그런데 그런 모임들에서는 무스메사롱에서와 달리, 관심 가는 사람을 발견해도, 다시 만날 수 있으리라는 보장이 없었기 때문에 그 자리에서 바로 인터뷰나 협조를 구하는 일이 많았다. 그런 식의 접근에서 자기소개가 지니는 중요성도 곧 깨닫게 되었다. 처음에는 주최 측에서 자기소개를 하라고 하면 이름과 신분을 밝히고 연구내용을 한두 마디 소개하는 것이 고작이었다. 하지만 그것을 잘할수록 참가자들로부터 인터뷰나 연구 협조를 얻어내기가 쉬워진다는 것을 깨달은 뒤부터는 그날의 모임 주제에 맞춰 2~3분짜리 즉석 '스피치'를 했다. 스피치는 잘 안 될 때가 많았지만, 드물게 잘된 날에는 모임이 끝난 후 나와 인사하기 위해 사람들의 행렬이 만들어지기도 했다.

비혼 딸들과 개별적으로 인터뷰를 진행하면서, 나는 우선 자식 세대 내에서 부모돌봄이 어떻게 분배되는가를 파악하는 데 집중했다. 무스메사롱뿐 아니라 같은 형식으로 이루어지는 무스코사롱도 함께 참여관찰했기 때문에, 가족 내 돌봄의 분배 양상을 다각적으로 살필 수 있었다. 일본에서는 2000년 개호보험 제도의 출범을 기점으로 전통적인 며느리의 역할은 퇴조하고 부모돌봄은 친자녀가 할 일이라는 인식이 정착되고 있었다. 하지만 제도는 여전히 가족돌봄을 전제로 운영되었기 때문에, 노인돌봄의 주요 담당자였던 며느리가 빠져나간 자리는 친자녀와 배우자를 중심으로 한 다른 가족 구성원에 의해 메워지고 있었다. '노노^{老老}돌봄'으로 불리는 부부간 돌봄이 증가하고, 자녀 세대 내에서 며느리, 딸에 더해 아들 돌봄자가 증가한 것도 눈에 띄었다.

가족돌봄자의 이러한 변화를 친자녀 내의 돌봄 분배 양상으로만 한정해놓고 보면 다음과 같은 경향을 확인할 수 있었다. 기혼의 자녀보다는 비혼의 자녀, 아들보다는 딸에게 부모돌봄의 압력이 크게 작용하고 있다는 것이다. 그 결과 비혼 딸들은 자녀 세대에서 부모돌봄자가 될 가능성이 가장 높은 집단으로 부상했다. 내가 조사한 바에 따르면, 비혼인 여자 형제가 있으면 다른 형제들이 주 돌봄자가 되지 않으려고 끝까지 버티는 경향이 있었다. 결혼한 여자 형제는 나는 가정을 돌봐야 하니까 부모는 네가 책임지라고 유무언의 압력을 주고, 남자 형제는 당연히 여자인 네가 해야 한다는 태도를 취하는 경우가 많았다. 이런 상황에서 비혼 딸이 부모돌봄에 관여하지 않겠다는 입장을 견지하는 것은 사실상 불가능했다. 부모돌봄을 분배하는 국면에서 비혼여성은 전통적인 친자규범과 여성이라는 젠더규범의 작동에 더해 사회재생산에 기여하지 않는 비생산적 존재라는 저출산 담론의 이데올로기로부터도 영향을 받았기 때문이다. 그런 까닭에 대부분의 비혼 딸 돌봄자들은 자신이 통제하기 어려운 상황에 밀려 주 돌봄자 역할을 떠맡고 있었다. 비혼 딸에게 부모돌봄은 사실상 강제노동에 가까워 보였다.

게다가 비혼 딸은 돌봄 형태의 선택에서도 '일보다는 부모를 택하라'는 주변의 압력을 강도 높게 받고 있었다. IT 기업에서 일하는 사십 대 후반의 한 비혼여성은 어머니를 담당하는 케어 매니저로부터 "어머니를 하루 종일 혼자 둘 거냐? 도대체 언제 직장을 그만둘 거냐?"는 문자 메시지를 받았다고 분개하며 털어놓았다. 사회적 성취가 높은 경우에도 그런 압력에서 벗어나기 어려웠다. 도쿄에서 복지현장을 누비고 다니는 여성 시의원으로부터 사석에서 들은 이야기다. 그녀는 거동이 불편한 어머니를 집 근처 시설에 입소시켜놓고 아침저녁으로 찾아가 보고 있다고 했다. 그런데 어머니가 집으로 가고 싶다는 말만 되풀이해서 얼굴을 대하는 것이 괴롭다고 했다. 또 어머니의 형제들로부터 걸려오는 전화도 부담스럽다고 했다. 그들은 어머니가 원하는 대로 해주라고 자꾸만 그녀에게 '조언'을 한다는 것이다. 그녀가 일이 바빠서 그럴 수 없다고 하자, "그럼 네가 시의원을 그만두면 되잖아"라고 말하더라며 씁쓸해했다. 에하라 유미코는 '남자는 일, 여자는 가정'의 등식으로 알려진 성별 분업의 심층적 의미가 돌봄을 여성에게 우선적으로 배당한다고 지적했는데, 위 사례들은 결혼하지 않았다고 해서 성별 분업을 피해갈 수는 없음을 잘 보여주었다.

위와 같은 가족 내 돌봄 분배에서의 불균형, 특히 비혼 딸의 가족 내 취약한 위치와 돌봄에서 1순위가 되는 문제에 대해 당사자인 비혼 딸들은 어떻게 받아들이고 있는가? 이 지점이 내 연구에서 중요한 또 다른 포인트였다. 나는 비혼여성 부모돌봄의 구조적 '강제'의 측면에 주목했기 때문에, 그것에 대한 반발이나 저항이 있지 않을까 내심 기대했다. 하지만 내가 수집한 사례에서는 그런 불공평한 상황에 대해 부모형제와 협상을 시도해본 사람조차 드물었다. 비혼돌봄자들은 기본적으로 '내 부모니까 어쩔 수 없다'고 체념하고 상황에 쓸려가는 것처럼 보였다. 인터뷰에서도 가족 간 돌봄 분배의 불균형에 대해 내가 파고들라치면, "다 결혼 안 한 내 잘못이다", "나도 결혼한 형제들과 같은 입장이면 좋겠다"는 식으로 물러서버리기 일쑤였다.

나는 그들의 말을 글자 그대로 받아들이기보다는, 함의와 맥락을 파악하려고 노력했다. 즉 비혼돌봄자들이 털어놓는 돌봄 경험에서 가족에 대한 불만, 가족 간 갈등의 서사에 주목해 '깊이 읽기'를 시도하고 행간에 숨겨진, 가족주의 사회를 넘어서는 어떤 징후를 읽어내려고 했다. 부모를 돌보는 비혼자들이 일견 보수적인 사회질서에 포섭된 것처럼 보이지만, 비혼 자체에 저항의 가능성이 내포되어 있기 때문에 그들의 부모돌봄도 가부장제 사회에 대한 도전이 될 수 있다는 관점에서 그들의 상황을 읽어보려고 한 것이다. 현지조사를 하는 도중 이와 같은 논지의 글을 작성해 논문자격시험을 위해 제출했다. 그런데 심사위원으로부터 급소를 찌르는 코멘트가 돌아왔다. '당사자들은 가족이 소중하다고 말하는데, 연구자 혼자만 그들에게 가족이 중요하지 않다는 해석을 고수하고 있다'는 지적이었다. 자료와 해석이 따로 논다는 이런 지적은 슬프게도 너무 적확한 것이어서 무시하기가 어려웠다.

　논문자격시험 이후 비혼돌봄과 에이전시의 관계는 나에게 반드시 해결해야 하지만 좀처럼 풀기 어려운 난제가 되었다. 조사가 종반으로 갈수록 결국 택일만이 해결책인 것처럼 여겨졌다. 에이전시 관점에서 비혼돌봄을 설명하는 것이 어렵다면, 조사자료가 더 풍부하게 수집되었고 문제에 다각적으로 접근해온 비혼돌봄 자체에 논문의 초점을 맞출 수밖에 없었다. 그러나 그렇게 논문을 구성할 경우 조사 초반에 독신부인연맹의 에이전시와 관련해 수집한 자료는 제한적으로만 활용될 터였다. 개인적 생애를 살펴보면 그녀들도 대부분 부모돌봄자였다는 식으로 말이다. 하지만 그것은 독신부인연맹의 회원들이 보여주었던 공론장을 활용한 독특한 에이전시가 부각되지 못하는 결과를 낳을 것이고, 그것은 피하고 싶었다. 하지만 그러자면 비혼돌봄의 영역에서도 독신부인연맹처럼 비혼의 삶의 에이전시를 보여줄 수 있는 구체적인 활동이나 외화된 움직이 있어야 했다. 하지만 그때까지 내가 무스메사롱이나 개별 인터뷰를 통해 수집한 자료로 그것을 드러내기는 요원해 보였고, 내 생각도 비혼 자체에 저항이 내재되어 있다는 본질주의적 접근에서 좀처럼 나아가지 못하고 있었다.

현지조사와 인생상담의 경계에서

현지조사를 하면서 나는 습관적으로 몇 가지 질문과 주제를 놓고 다음과 같은 시뮬레이션을 반복했다. 내가 만약 지금 책상 앞에 앉아 이 문제에 관해 논문을 쓰고 있다면 어디에 초점을 두겠는가? 어떤 자료에 의지할 것 같은가? 무엇이 필요한데 없다고 슬퍼할 것 같은가? 하는 식으로 생각해보는 것이다. 그런 식으로 계속 생각하다 보면 지금 무엇을 조사해야 하고 어떤 사람을 만나야 할지 떠오를 때가 많았다.

그런데 비혼돌봄의 에이전시와 관련해서는 궁리를 거듭해도 신통하게 떠오르는 것이 없었다. 조사 종반에 접어들어서도 그런 상태가 이어졌다. 아쉽지만 박사논문에서는 에이전시의 문제보다는 비혼돌봄자의 삶을 충실하게 기술하는 데 힘을 실어야겠다고 생각하게 되었다. 그런데 조사 막바지에 예상치 못한 변수가 발생했다. 내가 비혼 딸 돌봄자를 향해 말을 하기 시작한 것이다.

무스메사롱에서 조사를 시작하고 1년쯤 지나자 비혼 딸 돌봄자 중에서 내 연구에 관심을 보이며 묻는 사람들이 나타나기 시작했다. 1년 넘게 무엇을 조사하느냐, 어떤 사람들을 만났느냐 등등. 처음에는 상대의 의중을 몰라서 어디서 누구를 인터뷰했다는 식으로 개요를 알려주었다. 하지만 어느 날 형제 간의 돌봄 분배를 둘러싼 갈등에 대해 이야기하던 비혼 딸 돌봄자가 정색을 하고 나에게 물었다. "이런 때 다른 사람들은 어떻게 하느냐, 너는 비슷한 사례를 많이 봤을 거 아니냐, 내가 어떻게 하면 좋겠냐"고. 그동안 나는 당사자의 가족 문제에 대해 연구자로서 거리를 두고 경청하는 자세를 유지하려고 노력했다. 하지만 그 순간에는 그럴 수 없다는 것을 알았다. 그녀는 연구자에게 질문한 것이 아니라 생활을 공유한 낯익은 지인에게 조언을 구한 것이었기 때문이다. 응답해야 한다고 생각했다. 그날 나는 조사자료에 근거해 그녀가 선택할 수 있는 몇 가지 대처방안을 신중하게 이야기했다. 나의 조언이 그녀에게 실제로 도움이 되었는지는 모르겠다. 하지만 흥미진진하게 듣기는 했다.

이렇게 한번 입이 터지자, 인터뷰하다가 나도 모르게 '조언' 모드로 들어가는 일도 생겼다. 내가 만난 비혼 딸 돌봄자 중 가장 어린 29세 여성을 인터뷰할 때의 일이다. 그녀는 갑자기 뇌경색으로 쓰러진 어머니를 돌보느라 직장도 그만두고 병수발과 재활치료로 심신이 피폐해진 상황이었다. 그런데 상황을 들어보니 고향에 있는 아버지와 도쿄에 함께 사는 오빠는 생활에서 달라진 것이 없었다. 어머니에게 드는 비용도 몇 달째 그녀가 저축을 헐어서 보조하고 있는 상황이었다. 이건 정말 아니다 싶어서 나는 집안 남자들에게도 돈과 시간을 부담시키라고 그녀를 설득했다.

그녀와 헤어지고 귀가하면서 나는 충동적으로 개입한 것에 대해 반성하고 자제해야겠다고 다짐했다. 그런데 얼마 후 다시 만난 자리에서 그녀가 울먹이는 얼굴로 나에게 다가와 감사의 인사를 하는 것이었다. 내 말을 듣고 아버지에게 그동안 쌓인 것을 이야기했더니, 아버지가 그렇게 돈이 많이 드는 줄 몰랐다고 하면서 정기적으로 송금을 해주겠노라 했다는 것이다. 참고만 있을 일이 아니었다고, 내 덕분이라고 크게 고마워했다.

이 정도는 개입해도 되는구나 싶었다. 그래서 비슷한 상황에 처한 삼십 대 중반의 여성에게도 비슷한 조언을 했다. 하지만 그녀는 결국 가족들에게 아무 말도 하지 못했고 오히려 나를 피하기 시작했다. 그러면서 동시에 자신을 인터뷰한 기사가 실린 소식지나 잡지 같은 것을 나에게 우편으로 보내오기 시작했다. 동네 소식지부터 주요 일간지까지 그녀는 참으로 다양한 곳에 자신의 돌봄 사연을 제공하고 있었다. 그녀가 보내준 자료는 내가 그녀의 상황을 더 잘 이해하는 데 도움이 되는 것도 간혹 있었지만, 대개는 그녀의 이름과 사연이 한두 줄 정도로 짤막하게 언급된 기사들이었다. 그녀가 보낸 우편물을 받을 때마다 나는 움찔했지만, 달리 대응할 방법이 없어서 비혼 딸 돌봄자에게 힘을 실어주기 위해서는 무엇이 필요한가를 생각하는 시간으로 삼았다. 그렇게 스트레스를 견디다가 결국 엉뚱한 곳에서 터졌다.

귀국을 한 달 앞두고 무스메사롱에서 가장 죽이 잘 맞았던 와키 씨와 식사 약속을 했다. 그녀는 건설업에서 대졸 사원으로 일하다가 치매 어머니를 돌보느라 직장을 사직했고, 어머니의 얼마 안 되는 연금과 그녀가 집 근처 병원의 콜센터에서 파트타임으로 일해서 버는 돈으로 근근이 살고 있었다. 삼십 대 초반에 시작한 그런 생활이 벌써 10년째라고 하면서도 그녀는 활달하고 거침없어서 주변 사람들에게 위로가 되는 인물이었다. 그녀가 참석하면 그 회차 무스메사롱의 분위기가 활기를 띠곤 했다.

번화가인 이케부쿠로 역에서 와키 씨와 만났다. 오후 5시쯤 만났는데 그날 밤 10시가 넘어서야 헤어졌다. 자리를 세 번이나 옮기면서 비혼과 돌봄을 주제로 온갖 이야기를 나누었다. 대화 후반부는 내가 그녀에게 일본의 복지와 돌봄 NPO의 현황에 대해 설명하고 사회적 기업의 유행에 대해 알려준 뒤, 비혼돌봄자의 일과 돌봄의 양립이라는 이슈를 내건 단체가 아직 없으니 당신이 한번 만들어보라는 권유로 채워졌다. 유능한 영업사원이었던 그녀가 내 제안에 흥미를 보이자, 나는 신이 나서 온갖 이야기를 쏟아내면서 열심히 그녀를 설득했다. 그날의 분위기는 즐거웠으나 술이 깨고 난 후 돌이켜보니 그녀가 나의 '술주정'을 받아준 것이구나 싶어 부끄러웠다.

그런데 며칠 후 와키 씨로부터 뜻밖의 전화를 받았다. 내 말대로 한번 해보겠다는 것이었다. 나는 기뻤고, 즉시 내가 무스코사롱을 통해 알게 된 사람들 중 가장 유능하고 성격 좋은 사람과 만나 함께 사업계획을 의논하는 자리를 만들었다. 이후 와키 씨의 활약은 눈이 부셨다. '일하는 돌봄자, 오히토리사마 미팅'(이하 오히토리사마 미팅)이라고 모임 이름을 정하고 "일도 돌봄도 연애도 하고 싶다"는 모임 슬로건도 만들었다. 알라딘과 무스메사롱의 협조를 얻어 모임 참가자를 모집하는 한편, 인터넷 모임방을 만들어 직접 여기저기 홍보를 했다.

나는 오히토리사마 미팅의 첫번째 모임이 열리기 전에 현지조사를 끝내고 귀국했지만, 와키 씨의 페이스북과 관계자들의 메일 리스트를 통해 상황을 주시했다. 오히토리사마 미팅이 시작된 시기가 마침 일본 정부에서 돌봄자의 퇴직 문제를 일본의 성장동력을 저해하는 사회적 문제로 지목하고 적극적 대응을 강조하기 시작한 때와 겹쳤던 덕분에, 오히토리사마 미팅은 미디어의 주목을 받았다. 모임이 주목을 받게 되면서 와키 씨는 하던 일을 그만두고 일과 돌봄의 균형을 내건 연구소 Work & Care Balance(이하 WCB)를 만들었고, 지인의 사무실에 책상 하나를 들여놓고 상근으로 일하기 시작했다. 각종 미디어의 취재가 몰려들면서 그녀는 단기간에 미디어 세계에서 부모돌봄 때문에 퇴직한 비혼여성의 아이콘이 되었고 이듬해에는 관련 저서도 출간했다.

사진 3 **오히토리사마 미팅을 만든 와키 씨와 함께**

와키 씨를 비롯해 오히토리사마 미팅에 참가한 비혼돌봄자들은 자신이 처한 상황에 대한 '커밍아웃'을 통해 일과 돌봄의 양립이 불가능한 사회 시스템에 대해 문제제기를 하자는 데 의기투합하고 온·오프라인을 넘나들며 활동을 벌였다. 이들의 등장은 평범한 사람들이 그저 질서에 순응하는 것처럼 보이지만 세상이 어떻게 돌아가는지 파악하고 있으며, 계기가 주어지면 견고해 보이는 질서의 틈을 찾아내 자신들의 목소리로 세계를 변화시키는 활동에 나선다는 것을 보여주는 좋은 사례였다. 오히토리사마 미팅에 힘입어 나는 내가 생각한 대로 박사논문을 쓸 수 있었다. 오히토리사마 미팅이라는 도착지점을 얻었기 때문에 독신부인연맹에서 출발해 전후 일본 사회에서 비혼의 에이전시가 어떻게 달라져왔고 시대에 따라 어떤 집단이 비혼의 삶의 양식을 대표해왔는지를 체계적으로 서술할 수 있었다. 논문 전체에서는 몇 쪽 안 되지만, 오히토리사마 미팅이 논문을 쓰는 내내 나에게 최종 목적지로서 역할을 해준 것이다.

와키 씨는 지금도 치매인 어머니와의 일상을 페이스북에 꾸준히 올리고 있다. 사진 3은 2019년 2월 도쿄에서 열린 '개호이직 방지 캠페인 이벤트' 행사장에서 패널로 참석한 와키 씨를 만나 찍은 사진이다. 와키 씨는 현재 WCB의 소장이면서 사단법인 개호이직방지대책촉진기구를 설립해 대표로 일하고 있다. 그녀는 치매 노인의 일상에 대한 참여관찰이 필요하면 언제든 자신의 집으로 오라고 나를 초대해주었다. 아직은 계획이 없지만 그 연구를 하게 되면 제일 먼저 그녀에게 도움을 청할 것 같다.

비혼의 생애는 어떻게 대안적 삶의 양식이 되는가?

이 장을 시작하면서 나는 비혼에 관한 나의 두 가지 연구질문을 소개했다. 이와 관련해 박사논문을 쓰면서 새롭게 알게 된 내용을 몇 가지 소개하면서 이 장을 마무리하려고 한다.

먼저 비혼의 에이전시와 관련된 첫번째 질문이다. 이것은 내가 현장조사에서 에이전시를 어떻게 발견했는가에 관한 이야기이다. 조사 초반에 나는 이 에이전시를 연구자가 매의 눈을 가지고 공중에서 부감으로 현장이라는 숲을 내려다보면서 찾아내야 하는 어떤 것으로 여기고 있었다. 그런데 내가 에이전시라고 생각한 오히토리사마 미팅에 도달한 과정을 돌이켜보면, 에이전시를 발견하는 것은 보물찾기나 사냥처럼 일방향의 과정이 아니었다. 오히려 연구자와 연구대상이 접촉하는 과정에서 서로 영향을 받고 상호작용하는 속에서 생성되는 어떤 것임을 알 수 있었다.

조사를 시작할 때 나는 복지국가 혹은 정의로운 사회라면, 부모돌봄에서 오는 리스크를 개인에게 떠맡기는 것이 아니라 평등과 권리의 문제로 접근해 사회적으로 보전해주어야 한다고 믿었다. 그리고 그 밑바닥에는 고령의 부모돌봄은 나를 포함해 누구에게나 피하고 싶은 일이라는 전제가 깔려 있었다. 그래서 비혼돌봄자들이 자신의 독박돌봄을 '결혼 안 한 내 잘못'으로 자책하고, 부모복 없음을 한탄할 때 나는 늘 이렇게 질문했다. "왜 그런 불만을 가지고 있으면서도 항의하지 않는가? 그럼에도 불구하고 왜 돌봄을 계속하고 있는가?" 그러면 당사자들은 "부모니까"와 "어쩔 수 없다"라는 답변만 되풀이했다.

그 짧은 답변의 이면을 더 파고들었어야 했다. 그러나 파고들 길을 찾지 못했다. 왜냐하면 나는 처음부터 그들의 돌봄의 이유를 젠더규범과 가족주의에 기댄 복지 시스템이 합작한 구조적 강제라는 틀에서 파악했고 비혼돌봄자들의 언행에서 그런 질서를 뒤엎을 저항이나 개혁의 징후 같은 것을 찾고 있었기 때문이다. 그런데 나중에야 깨달은 것이지만 내가 만난 사람들은 비혼돌봄자들 중에서도 상대적으로 장기간에 걸쳐 헌신적으로 부모를 돌보고 있는 사람들이었다. 그 점을 충분히 고려해야 했는데, 나는 어느새 그것을 자연적으로 주어진 특성으로 간주해버렸기 때문에 당시에는 그 의미에 대해 깊게 생각해보지 않았다. 그래서 헌신적인 돌봄자들 속에서 돌봄에 대해 비판적인 시각을 가지고 행동하는 사람을 찾으려는 가망 없는 노력을 계속한 것이다.

그러다 조사 종반에 이르러서야 내가 만난 비혼돌봄자들이 도망가고 싶다고 생각하면서 억지로 부모돌봄을 하고 있는 것이 아니라는 점을 진심으로 이해하고 받아들이게 되었다. "부모니까"라는 그들의 짧은 답변 속에 응축된 상대에 대한 애정과 책임감, 그리고 자기성실성integrity의 윤리 같은 것이 비로소 눈에 들어오기 시작했다. 사실 내가 발견했다기보다는 내가 그들에게 배우고 설득당했다고 하는 것이 옳을 것이다. 나는 내 연구에서 그런 점을 부각하는 것이 싫었지만, 구조적 강제와 함께 그런 점도 비혼돌봄에서 배제할 수 없는 중요한 측면임을 결국 수긍하게 되었다.

이렇듯 조사과정에서 나 자신이 변했기 때문에 비혼돌봄자에게 중요한 현안이 돌봄의 생을 지속하는 것 그리고 일과 돌봄을 양립하는 것이라는 점에 생각이 미쳤고, 그래서 확신을 가지고 와키 씨에게 단체 설립을 권유할 수 있었던 것이다. 나는 오히토리사마 미팅과 와키 씨의 활약을 관찰하면서 그 내용을 박사논문에 반영했고, 이들을 통

관찰과 참여의 경계 위에서

해 돌봄 행위자가 이 세계의 질서에 영향을 미치려고 할 때의 동학에 대한 탐구를 계속해오고 있다. 이 과정을 살펴보면, 연구자인 내가 연구대상자들에게 배우고 그 내용을 언어화해서 연구대상자들에게 영향을 미치고 다시 그 결과가 나에게 돌아오는 연쇄적인 상호작용이 일어나고 있음을 알 수 있다. 즉 연구자는 매처럼 하늘에 떠서 연구대상을 내려다보는 것이 아니라, 자신도 지상의 되먹임 사슬에 포함되어 상호작용하는 존재인 것이다.

위와 같은 깨달음은 두번째 질문인 비혼의 삶의 양식에 대한 해석에도 영향을 미쳤다. 나는 '남자는 일 여자는 가정'이라는 성별 분업의 논리가 강하게 작동하는 남성중심 사회에서 비혼을 선택하는 여자들이 증가하는 것이 가부장제 사회에 어떤 변화를 가져올 수 있는지 알고 싶었다. 생애미혼율이 높아지고 비혼자가 증가하는 인구변동이 가족관계, 복지시스템, 소비문화에 미치는 영향이 크다는 것은 분명했다. 하지만 비혼이라는 생애 선택의 증가가 그 자체로 한 사회의 성별 분업과 이성애 중심주의에 대한 도전이 되고 가부장제에 타격을 주느냐고 묻는다면, 전후 일본 사회의 비혼화에 관한 내 연구에 비추어볼 때 반드시 그렇지는 않다고 대답하고 싶다. 결혼하지 않고 일에서의 성공을 추구하며 살든, 부모와 가족을 위해 헌신하는 삶을 살든, 비혼이 그 자체로 가부장제에 대한 도전이 되지는 않는 것 같다. 오히려 가족주의 사회와 가부장제의 해체를 완화해주는 완충재로 기능하는 것처럼 보이기도 한다. 하지만 늘 그런 것은 아니다. 독신부인연맹이나 오히토리사마 미팅의 참가자들처럼 자신들의 사회적 위치를 자각하고 구조에 능동적으로 관여하려는 의지와 비전을 갖고 집단적으로 움직이는 비혼여성들도 존재하는 것이다. 즉 핵심은 비혼이라는 조건 자체가 아니라 에이전시의 문제인 것이다.

내가 박사논문에서 생애과정에 대한 새로운 접근이라는 측면에서 의의를 강조한 것은 일도 돌봄도 스스로 책임져야 하는 비혼돌봄자들의 존재였다. 나는 오히토리사마 미팅을 통해 비혼돌봄의 생애는 남자는 일 여자는 가정이라는 낡은 남성 생계부양자 모델이 지닌 한계를 폭로하는 것이며 모든 성인이 일도 돌봄도 하는 보편적 돌봄자 모델의 도래를 예고하는 것으로 해석했다. 나아가 비혼돌봄의 생애가 보편적 생애과정으로 확산된다면 성별분업 사회의 젠더질서를 넘어 젠더통합적인 생애전망을 새롭게 제시하여 가부장제에 대한 도전이 될 수 있다고 주장했다. 그리고 이것이 급속하게 초고령 사회로 진입하고 있는 동아시아 사회에서 대안적 삶의 양식으로 받아들여져야 할 거라고 강조했다.

4. 졸업 이후의 연구

나는 2016년 2월 "비혼을 통해 본 현대일본의 가족관계와 젠더질서"라는 제목의 박사논문을 제출하고 졸업했다. 졸업 직후에는 '여자'의 일을 하게 된 남자들의 남성성의 변화라는 관점에서 일본 남성 가족원의 노인돌봄을 조명하고 그것이 젠더질서의 변화에서 지니는 의미를 탐색하는 연구에 주력해왔다. 또 그동안 관심은 있었으나 미뤄두었던 한국에서 일본으로 결혼이주한 여성들에 대한 연구도 시작했다. 비혼 연구는 일본에서 큰 변화가 생기기 전까지는 당분간 접어두자는 생각이었다. 그런데 2015년 이후 한국에서 급진적 페미니즘

　　　　　　　　　　　　　관찰과 참여의 경계 위에서

과 비혼담론이 부상하는 것을 보면서 그런 현상에 자극받아 최근에는 한국의 비혼화와 고령화를 일본의 사례를 참조하여 분석하는 연구도 추진 중이다. 연구자로서는 확장기에 접어들었다는 느낌인데, 막상 연구에 쏟을 수 있는 시간은 학생 때보다 줄어들어서 욕심과 현실 사이에서 허덕이고 있다.

나는 일본 여성에 대한 관심 때문에 일본 연구를 시작했다. 인류학과 대학원에 입학한 이후 현재까지 나의 연구주제는 팬 활동, 혼인, 돌봄, 이주 등으로 확장되고 분화해왔지만, 그 바탕에는 '일본'에서 '여성'으로 살아간다는 것이 무엇인지를 더 깊이 이해하고자 하는 호기심과 의욕이 뿌리깊게 자리 잡고 있었다. 이 글에서 나는 내가 어떤 경위로 일본 여성에 대해 학문적 호기심을 품게 되었고 그러한 지적 자극을 어떻게 전개하고 발전시켜왔는지, 그리고 그 과정에서 얻은 발견과 깨달음이 무엇인지를 소개했다. 이 글이 일본 지역연구와 인류학적 현지조사에 흥미를 가진 독자에게 참고가 되었으면 좋겠다.

참고문헌

루스 베네딕트, 『국화와 칼: 일본 문화의 유형』, 박규태 옮김, 서울: 문예출판사, 2008.

지은숙, 『한류의 확산과 지속: 일본 한류 팬의 형성과 분화 과정을 중심으로』, 서울대학교 인류학
    석사학위 논문, 2009.

_____ 『비혼을 통해 본 현대 일본의 가족관계와 젠더질서』, 서울대학교 인류학 박사학위 논문,
    2016.

파울로 코엘료, 『연금술사』, 최정수 옮김, 서울: 문학동네, 2001.

Befu, Harumi, "Nationalism and nihonjinron." *Cultural nationalism in East Asia:*
    Representation and Identity, Berkeley, Calif: Institute of East Asian Studies, University of
    California, 1993.

古庄弘枝, 『独身婦人連盟どくふれん—元祖「シングル」を生きた女たち』, 東京: ジュリアン出版,
    2005.

2

개발의 현장에서 함께 싸우고 기록하다:

필리핀에서의 불의 세례 현지조사

엄은희

1. 들어가며: 동남아를 연구하는 여성 지리학자

13년 차 지역연구자로서 동남아시아를 누비고 다니지만, 새로 만나는 사람들 중 내가 기혼자이며 그것도 고등학생 딸을 둔 엄마라는 사실에 놀라는 이들을 적지 않게 만난다. "결혼하셨어요? 그렇게 안 보이세요……" 말줄임표 뒤에 숨은 '남편과 아이는 어쩌고?'라는 호기심 더하기 힐난 더하기 부러움의 긴장감을 모르지 않는다. 그럴 때마다 무용담을 말하듯 대꾸한다. "제가요, 석사논문 쓰는 것과 아이 낳는 것과 박사과정 입시를 동시에 치른 사람입니다." 어쨌든 나는 이십 대 후반에 내 인생 과업 세 가지를 해치웠다. 한편으론 우쭐한 마음도 없지 않다. 이십 대의 부부는 젊었고, 성격은 정반대인데 죽이 잘 맞았고, 아이는 건강하고 어린이집을 잘 다니고 있었다. 의욕 넘치는 구 운동권 커플은 배짱 좋게 『아이 키우기엔 가난한 것이 더 좋아』 같은 수상한 제목의 책을 읽으며 '돈이 대수냐, 가오로 살자!'며 서로의 삶을 응원했다.

그런데 그런 '의지'의 슈퍼우먼의 인생이 내내 행복한 직선의 경로였을까? 고백하자면 박사과정을 수료한 직후부터 나는 전혀 다른 고민의 늪에 빠져들었다. 논문보다 당장 눈앞의 생활이 걱정이었다. '직업의 방향을 새로 정해야 하는 것 아닌가?' '직업연구자가 나에게 맞는 길일까?' '임용고시를 봐서 교사가 되어야 하나?' '남은 인생을 생각해 평생 일할 수 있는 한의대 편입에 도전해볼까?' (경제적인 면에서) 철이 없던 대학원생-시민활동가 부부의 소득은 생계를 겨우 이어가는 수준이었다. 내가 시간강사 일과 소소한 프로젝트로 버는 인건비에 야간대학원생이자 시민활동가인 남편의 활동비를 합친 우리 가구의 총수입은 미미하고 불안정했다. 하필 나이에 'ㄴ'자가 붙는다는 서른이 목전이었다. 당시 김광석의 노래를 얼마나 돌려 들었던지! 세기 말보다 더 불투명한 '서른맞이'를 앞두고, 매일 밤 이대로 박사논문을 향해 뚜벅뚜벅 걸어갈지 생계와 직업적 안정을 좇아 전혀 다른 길로 선회할지 답 없는 질문으로 방황하던 나날이었다.

그러던 중 2004년 12월에 인생의 '우연'이라고 말할 수밖에 없는 필리핀 방문의 기회가 찾아왔다. 빈민운동을 하는 남편과 동료들이 필리핀 주민운동Community Organization, CO 주제로 연수를 떠나게 되었는데, 결원이 생겨 동행을 제안받았다. 이들 방문단의 소개 자료를 영어로 번역해준 공로를 인정받은 결과였다. 그렇게 나이 서른에 처음 여권을 만들어 필리핀을 방문했다. 4박 5일이라는 짧은 기간에, 그것도 마닐라의 빈민가들만 둘러보는 일정이었지만, 그 방문은 내 머릿속에 잊히지 않은 강렬한 인상을 남겼다. 그 짧은 연수를 다녀온 후, 나는 '연구'로 '다른 세계'를 만날 가능성을 꿈꾸기 시작했다.

못 가본 해외 유학과 비슷한 경험을 하고픈 욕구와 '사실상의 섬나라'를 벗어나 더 넓은 세계로 지평을 넓히고픈 타고난 역마살이 마음 한편에서 무럭무럭 자라났다. 한국의 대학원생으로 석사과정을 마치고 박사과정 진학을 고민할 때 '유학'이라는 옵션을 생각하지 않은 것은 아니다. 하지만 상대적으로 일찍 한 결혼과 출산으로 사회적 관계망이 토착화된 데다, '토종 박사'로 승부하겠다는 약간은 무모한 자신감이 나로 하여금 국내 박사과정 진학을 선택하게 만들었다.

그런데 짧은 필리핀 방문 이후 해외 사례로 논문을 쓸 수도 있겠다는 생각이 들자 마음이 들썩거렸다. 다른 한편 한국에서 나를 둘러싸고 있던 겹겹의 역할들—엄마, 안사람, 며느리, 시간강사, 학과 조교

사진 1 섬에 들어가기 전 마욘 화산 트레킹 중
(이때만 해도 이 화산 쇄설물이 태풍이 몰고 온 폭우로
산사태가 되어 많은 인명피해를 낳을 줄은 상상하지 못했다)

등—에서 벗어나 오롯이 공부에만 집중하고 싶기도 했다. 그곳에 가면 뭔가 더 꽉 찬 경험도 하고 더 전문가가 될 수 있을 것 같았다. 가정보다 나 자신을 위하는 이기적 선택일 수도 있지만, 내 이름 석 자로 기억되는 연구자가 되기 위해서는 새로운 장소와 사건과 사람들을 만날 필요가 있다고 여겨졌다. 적잖이 이기적인 욕망이었지만, 나는 그 마음을 좇아 삼십 대 초반 1년 반의 시간을 현지조사를 위해 필리핀에서 보냈다. 결코 쉽지는 않았지만 그래도 그 과정을 이겨냈고, 최종적으로 '박사논문'이라는 뿌듯한 열매를 생산했다. 그리고 운 좋게 지금껏 동남아 해외 연구를 하며 '동남아 지역전문가'이자 연구자라는 직업을 유지해오고 있다.

이 글은 나의 현지조사 입문기이다. 사실 현지조사 기간은 많은 경우 블랙박스 혹은 바닷속에 잠긴 빙산의 거대한 몸체와 같다. 지역연구 논문을 쓰려는 사람에게 현지에서의 장기 조사는 필수 과정이지만, 조사는 그저 과정일 뿐 그 자체로 수면 위에 떠오르는 경우가 거의 없다. 연구자가 학문 세계에 자신을 드러내는 방법은 '논문'이나 '저서' 같은 최종 결과물이기 때문이다.

이 글을 통해 나는 수면 아래 잠긴 현지조사의 구체적인 내용, 다시 말해 내가 어떻게 필리핀 지역연구에 입문하게 되었고, 어떤 준비들을 했으며, 현장에서 누구를 만나 어떻게 조사를 했는지를 상세히 말하려 한다. 글을 구상할 때 떠오른 기억들은 축약된 형태의 낭만적이고 용감한 모험기에 가까웠다. 그런데 기억의 심층을 복기하다 보니 '어머, 어떻게 이런 일이 있었지?' 하는 생각이 들면서 가라앉았던 기억들이 되살아났다. 다행히 오래된 폴더에는 그 시절의 일기가 있었고, 지금은 폐쇄된 SNS 계정에 남겨둔 사진과 메모들도 접속 가능했으며, 남편이 그 시절을 버티며 써내려간 독박육아기 블로그도 '발굴'했다.

그 기억들에는 개인적으로 추억 여행 같은 낭만도 있었지만, 엄마이자 아내이자 어느 집 며느리이자 가난한 대학원생의 간난신고의 순간들도 불쑥불쑥 끼어들어 있었다. 어쨌든 그 모든 것을 버텨내고 '무질서 속에서 복잡한 질서'를 발견해 논문을 완성한 과정들로 이제 시간 여행을 떠나본다.

2. 실행보다 중요한 사전준비

짧은 필리핀 체류에서 돌아온 후, 나는 거창하게도 제3세계의 환경문제를 '환경정의'와 '지역연구'의 관점에서 풀어내리라 마음먹었다. 사실 박사과정을 시작할 때만 해도 내가 주로 활동하고 교류하는 현장과 사회적 관계들은 대학원, 국내의 환경 NGO들, 그리고 교사집단이었다(나는 서울대학교 교육대학원의 '환경교육 협동과정'에서 학위과정을 마쳤다). 내가 쓰려던 논문의 방향도 환경문제를 현장에서 어떻게 교육으로 풀어낼지에 관한 것이었다. 그래서 '환생교'(정식 명칭은 '환경과 생명을 지키는 교사 모임')라는 교사 단체의 활동에 참여하고 그들과 함께 프로젝트를 만들고 수행하며 그들의 활동을 바탕으로 환경교육학 논문을 쓰겠다는 구상을 갖고 있었다. 그런데 필리핀에서 보낸 그 며칠의 기억이 내 마음속에 꺼지지 않은 불씨를 남겼고, 나는 마음이 이끄는 방향을 좇아 '동남아 지역학'으로 박사논문을 쓰기로 결심했다. 다행히 심사위원들이 대부분 지리학자들이었고, 한국에서 보기 드

관찰과 참여의 경계 위에서

문 지리학을 배경으로 한 해외 사례 연구논문의 탄생을 격려해주셨다.

지역연구자들에게 현지조사란 "불의 세례"라고 불릴 만큼 강력한 경험이다(전제성 외, 2016). 그런데 그 과정은 지역, 대상, 시간의 측면에서 연구자 스스로가 연구도구가 되어 다른 세계로 들어가 장기간 살아내면서 관찰하고, 대화하고, 기록하고, 기억을 되짚어 성찰한다는 점에서 개별적인 동시에 특수한 체험이다. 하지만 가고 싶다고 누구나 혹은 언제든 갈 수는 없는 노릇이다. 그 꿈을 실행에 옮기기 위한 준비과정만 1년 이상 걸렸다. 현장 이야기로 직행하기 전에, 현지조사만큼이나 공을 들여야 하는 준비과정에 대한 팁을 풀어놓겠다.

먼저 해외 현지조사를 나갈 재원 마련하기. 다행스럽게 이 절차는 나에게는 상대적으로 가장 쉬웠다. 소속 대학 본부의 '대학원생 장기 해외연수 지원 프로그램'에 공모하여 1년간 해외에 체류할 수 있는 자금을 마련했다. 요즘엔 다양한 지원 프로그램들이 생겨난 듯한데, 10여 년 전만 해도 국내 대학원생의 해외 경험을 지원하는 프로그램이 많지 않았다. 다행스럽게 서울대학교에서 막 그런 프로그램이 태동하는 시점이었다. 일정한 영어 점수와 현지 기관의 초청장만 구비되면 연구계획서만으로도 지원을 받을 수 있었다. 운이 좋게 지원자들의 목적지가 대부분 영어권의 선진국이나 가까운 일본, 중국에 집중되어 있던 데 반해, 나는 상대적으로 인기가 없는 동남아 지역을 연수지로 택해 오히려 경쟁력이 있었다.

이에 더해 '한국동남아학회'의 대학원생 현지조사 지원 프로그램에도 선정되었다. 사실 국내 대학의 학과별 칸막이식 체제 안에서 학위과정을 밟고 있던 나에게 동남아학회는 경험의 범주 밖에 있는 학문집단이었다. 한국동남아학회는 학문 후속 세대를 위한 현지조사 지원을 제도화한 보기 드문 해외 지역연구 전문학회다. 이 조직은 '한-아세안 학술연구 교류사업'이라는 이름하에 전문연구자에게는 현장에 기반한 학술연구를, 학문 후속 세대에게는 현지조사를 통해 지역연구에 입문할 수 있는 기회를 제공한다. 이 두 개의 지원 프로그램 덕분에 현지조사에 필요한 연구비에 대한 걱정을 줄일 수 있었다. 또한 지역을 중심으로 다양한 학문배경의 연구자들이 모여 있는 학제적 연구자 집단인 동남아학회를 만나면서 박사 후 나의 연구방향에서 지역연구자의 성향이 강화될 수 있었다.

두번째 관문은 지원할 국가나 지역을 정하고 나를 받아줄 기관으로부터 체류 허가를 받는 절차였다. 당시 필리핀 단기 연수가 내가 경험한 해외 생활의 전부였으니 목적지는 필리핀으로 이미 정해져 있었다. 단순한 여행이 아니라 학습을 위한 연수 프로그램이었던 만큼 여행자들이 볼 수 없는 현장과 사람들을 만날 수 있었는데, 이 자리를 빌려 큰 도움을 받은 한 단체와 사람에게 감사를 표하고 싶다.

당시 마닐라에는 한국의 시민단체들이 공동출자한 '아시안브릿지 Asian Bridge'라는 단체이자 게스트하우스가 운영되고 있었다. 국내의 시민사회 활동가들에게 국제연대, 안식년, 영어연수, 장단기 교류 프로그램 등을 제공하자는 데 뜻을 모은 한국의 NGO들이 설립한 단체였다. 나와 남편이 참여했던 필리핀 연수도 이 단체의 코디네이션으로 이루어졌다. 장기 연수를 준비하면서 이 단체를 통해 향후 필리핀의 시민사회와 접촉하는 데 도움을 기대할 수 있었다. 더불어 단기 연수 동안 내가 K선생을 만난 것은 인생의 행운이었다. 그는 필리핀 로스바뇨스

대학교University of the Philippines Los Baños, UPLB의 박사과정에 재학 중이었다. 서산환경운동연합의 전前사무국장이자 당시 아시안브릿지의 자문위원으로, 우연히 나와 연이 닿았다. 장기 연수를 위해 초청기관의 초청 장과 방문학생 허가를 받는 과정에서, 더 나아가 내가 로스바뇨스에서 보낸 반년 동안, 그의 보살핌과 지원은 절대적이었다. K선생을 통해 UPLB 발전커뮤니케이션대학원College of Development Communication의 방문 학생 허가를 얻으며 나의 현지조사가 시작될 수 있었다.

마지막으로 남겨질 가족의 생활과 생계에 대한 플랜 짜기. 자녀도 있는 기혼 대학원생이지만 내가 장기 현지조사를 떠날 마음을 먹을 수 있었던 것은 나와 남편이 살림과 육아에서 더없이 평등한 부부이기 때문이었다. 주위 환경도 나쁘지 않았다. 당시 우리의 거처는 서울 대학교의 기혼자 기숙사여서 저렴한 임대료로 집 문제를 해결할 수 있었을 뿐 아니라, 서로 의지할 수 있는 비슷한 처지의 이웃들이 있었다. 대학 시절부터 알고 지낸 여러 선후배를 기혼자 대학원생이 되어 그곳에서 다시 만났다. 대부분의 가정이 본인은 대학원에 다니고 배우자는 직장을 다니며 아이는 기숙사 단지 내 어린이집에 다니는 식이었다. 서로의 처지를 잘 알다 보니 급한 일이 생기면 품앗이로 옆집 아이도 하원길에 데려가 먹이고 씻기고 아이들끼리 놀게 하는 자발적 '공동 육아'가 이루어졌다. 네 살배기 딸에 대한 책임은 1년 동안 전적으로 남편에게 주어졌지만, 기숙사의 이웃들이 없었다면 떠나는 일이 쉽지는 않았을 것이다. 그래도 경제적인 문제가 남았다. 우리 부부는 경제적인 면에서 '필요하면 뭘 하든 돈이야 못 벌겠냐?'라며 생각만은 낙관적이었다. 가족 중 아픈 사람이 없었고, 부모 부양의 의무도 없으니 가능한 조건이었다. 다행히 대학원을 수료한 남편이 지역단체의 전업활동가가 되면서 그간 자원봉사자 수준으로 받던 활동비가 두 식구가 먹고살 만큼으로 늘어났다.

아이가 나의 부재를 어떻게 받아들일지가 마지막으로 남은 큰 걱정거리였다. 일 때문에 일주일에서 열흘씩 집을 비운 적이 이미 여러 번 있었지만, 이렇게 장기간 떨어져 있는 것은 아이에게도 나에게도 도전이었다. 숱한 고민을 했지만, 누구의 엄마가 아니라 내 이름 석 자로 살아내려면 한 번은 독해져야 한다고 마음먹었다. 그래서 떠나기 한참 전부터 네 살배기 딸아이와 수없이 묻고 답했다.

> 나: "엄마 어디 간다고?"
> 딸: "피니핀."
> 나: "엄마 왜 가는데?"
> 딸: "공부하러."
> 나: "엄마 언제 온다고?"
> 딸: "크리스마스."
> 나: "그래, 그러니까 아빠 말 잘 듣고 밥 잘 먹고 아프지 말고 잘 지내야 해."

나의 이 결정이 딸에게 그늘이 되지는 않았을지 그때나 지금이나 여전히 조심스럽다. 내가 이해받았다기보다 딸을 체념시킨 것은 아닌지 반성도 많이 해봤다. 이 글을 쓰면서 지금은 고등학생이 된 딸에게 물었다. "엄마가 집을 비울 때 너는 어떤 기분이야?" "음…… 뭐, 그런 거지. 깊이 생각 안 해봤는데. 엄마는 그냥 엄마 일 하는 거잖아"라는 쿨한 답이 돌아왔다. 다행히 나의 두 식구는 이제 나의 주기적인 장

관찰과 참여의 경계 위에서

기 부재를 그러려니 받아들이며 살아간다. 가족의 유형뿐 아니라 동거하는 생명체의 종류도 워낙 다양해지는 시대가 아닌가. 이 글을 읽는 독자들도 저렇게 사는 가족도 있겠거니, 그럴 수도 있지, 하는 시선으로 봐주시길 바랄 뿐이다.

3. 나의 연구주제와 현장들

현지조사 이야기에 앞서 먼저 내가 쓴 논문에 대해 잠시 설명을 해보겠다. 내 박사논문은 '필리핀의 광산'에 관한 것이다. 이 소재로 논문을 썼다고 하면 전공이 지질학이냐고 묻는 사람들이 많다. 하지만 나는 인문지리학자이자 지역연구자로, 내 학위논문의 제목은 '환경의 신자유주의화와 제3세계 환경의 변화: 필리핀 라푸라푸 광산 프로젝트의 정치생태학'이다. 내 논문의 개요를 한 문장으로 정리하면 "필리핀에서 국가적으로 광산개발을 강화하는 과정과 그 과정에서 발생한 광산 폐기물 유출사고 이후 피해 입은 주민들의 저항과 국내외의 시민사회가 그들의 저항에 결합하는 지구-지역적 대항연대의 역동성"에 관한 이야기이다.

박사논문의 제목에 붙은 '정치생태학'이라는 꼬리표가 내 논문의 성격을 잘 드러낸다. 정치생태학은 1980년대 이후 등장했으며, 환경문제를 보다 폭넓은 정치경제학적 측면에서 분석하는 연구 접근법이다. 지리학, 인류학, 비판적 환경연구, 제3세계 지역연구 등에서 유사한 흐름이 나타났는데, 그렇다 보니 단일한 연구방법론이 있기보다는 정치경제학적 구조 분석, 역사적 계보화, 민속지학적 방법론, 담론 분석,

생태학적 현장연구 등이 다양하게 적용된다. 정치생태학을 표방하는 연구들이 공유하는 특징이 있다면, 국지적 지역에서의 환경문제를 해당 지역뿐 아니라 지역을 넘어서는 다양한 스케일multi-scalar의 영향력과 변화들을 고려해 설명의 중층성을 구축한다는 점이다(Neumann, 2005). 이러한 과정은 점진적 맥락화progressive contextualization(Vayda, 1983) 혹은 설명의 연쇄chain of explanation(Blaikie and Brookfield, 1987)로 개념화된다. 환경문제를 단일 원인의 결과로 보는 것을 거부하며 더 넓은 정치경제학적 구조와 국제적 맥락 안에서 해석하는 것이 이 연구전통의 중요한 태도라 할 수 있다.

이러한 연구전통을 따르다 보니, 내 논문의 현장은 콕 집어 한 장소가 아니라 필리핀의 여러 지역 층위에 걸쳐 있다. 핵심현장은 광산 사고가 발생한 라푸라푸라는 작은 섬이지만, 나의 관심사는 사고와 섬사람들에만 국한되지는 않았다. 세계적 차원에서 광산업이 금융과 기술에 기반한 신新산업으로 전환되는 구조의 변동에 대한 이해도 필요했고, 21세기에 광산업을 선도사업으로, 광산 개발지를 경제특구로 지정한 필리핀 중앙정부의 정책 결정 과정도 파악해야 했으며, 사고 이후 이 지역에 연대한 지방-중앙-국제적 수준의 다양한 환경단체와 기관들의 대응까지 조사하고 서로 연결지어 설명하는 것이 내 논문의 전체적 얼개였다.

4. 현지조사: 경계 너머의 삶을 보고 관찰하다

지금부터 이야기할 본격적인 현지조사기에서는 해외 체류 생초보의 현지 적응기부터 핵심현장인 섬에서 보낸 한 달까지 1년 반 동안 머물렀던 곳을 시간순으로 서술할 것이다.

현지 적응기: 영어라는 장벽, 관계의 기술

2005년 10월 초 한국을 떠나 필리핀의 수도 마닐라에서 일주일을 보낸 후 첫번째 목적지인 로스바뇨스로 이동했다. 로스바뇨스는 마닐라에서 남쪽으로 2시간 거리에 있는 대학도시이다. 아직 연구주제도 확실치 않은 상태에서 바로 현장으로 들어갈 수는 없으니 대학에서 방문학생으로 한 학기의 적응기를 보낼 생각이었다. 내가 가게 된 UP Los baños(줄여서 UPLB)는 농업과 환경 분야 전문 대학이다.[1] 새로운 곳에의 삶은 기대도 컸지만, 두꺼운 장벽이 곳곳에서 출몰했다. 가장 먼저 맞닥뜨린 문제는 바로 영어였다. 당시 나의 영어 의사소통 수준은 대학원 박사과정 수료생, 초고학력 예비 연구자라는 타이틀이 민망할 정도로 바닥이었다. 호기롭게 해외 지역연구를 하겠노라 선언했으나, 어른의 몸과 머리와는 달리 언어구사력은 초등 수준에 가까웠다. 한국의 대학원에서 아무리 많은 영어 논문을 읽어냈어도, 현실의 의사소통에는 한계가 많았다. 그야말로 버벅 영어. 언어환경의 기본값이 영어로 바뀌니, 귀에 닿는 소리가 그저 파동이고 노이즈였다. 한국식으로 영어를 공부하던 사람이 점수를 받기 위한 시험이 아니라 듣고 말하고 토론해야 하는 상황에, 그것도 나이 서른에 제 발로 걸어들어간 상황이었다. 예상된 진통이었으나, '말을 알아듣는 수

---

1 참고로 필리핀국립대학교University of the Philippines는 단일 종합대학이 아니라 수도 마닐라를 포함해 전국 주요도시 총 8개 대학의 연합체이다. 그래서 UP Diliman(마닐라의 본캠퍼스), UP Cebu, UP Bagio처럼 UP라는 대학명 뒤에 대학이 위치한 도시명이 붙는다.

준'이 될 때까지 우울이 바닥을 치는 절망의 시간을 여러 번 거쳐야
했다.

영어 때문에 바닥을 맛본 고비는 크게 두 번 찾아왔다. 첫번째 고
비는 필리핀 생활 2개월 차에 하숙집의 여섯 살짜리 아들과 말싸움
한 일이다. 지금은 네 살배기 딸을 둔 엄마로서 여섯 살짜리 꼬마와
말싸움을 했다는 사실이 너무 부끄럽지만, 당시에는 그 '말의 전투'에
서 철저하게 패배한 것이 그저 서럽고 분했다. 아이의 이름은 비를 뜻
하는 '울란Ulan'이었는데, 그 아이의 논박이 그야말로 폭우처럼 내 가
슴에 내리꽂혔다. 말싸움의 발단이 무엇이었는지는 이제 기억도 희미
하지만, 할머니와 할아버지에 엄마까지 대학 교수였던 꼬마의 말솜씨
는 나를 능가했다. 울란이 "할 말 없지?"를 외치며 의기양양하게 내
숙소 현관을 '쾅' 닫고 떠난 다음, 나는 홍당무처럼 달아오른 얼굴로
분을 어쩌지 못해 이불을 뒤집어쓰고 한참을 울어야만 했다.

그 여파는 오래갔다. 크리스마스 휴가를 틈타 2주를 서울에서 보낸
후 무거운 마음으로 다시 필리핀에 복귀했는데, 인터넷 고장이라는
더 큰 지뢰가 나를 기다리고 있었다. 그 인터넷도 필리핀에 도착해서
한 달하고도 일주일 만에 겨우 연결된 것이었는데 아무 이유도 없이
멈춰버렸다. 크리스마스 휴가 이후로 미뤄두었던 대학원 수업 발표와
과제의 압박이 끝도 없이 밀려오는데 인터넷이 접속되지 않으니 미칠
노릇이었다. '문제가 있다니 방문은 해볼게'라는 식으로 지역 서비스
스테이션의 기술자들이 2주 동안 번갈아 내 집을 방문했고, 나는 매
일 두세 번씩 전화와 문자를 보내다가 정 답답하면 지역 오피스에 쳐
들어가 사정도 하고 화내기를 반복했다. 그 대화와 항의 중 내가 사
용한 단어와 문장은 너무 제한적이었다. 2주 가까이 서로 같은 말만

주고받다가 멀뚱멀뚱 전선만 만지는 기술자를 돌려보낸 후 이불을 뒤집어쓰고 한참을 서럽게 울었다. 인터넷은 일주일 동안 더 먹통이다가 언제 그랬냐는 듯 다시 연결되었다. 그렇게 바닥을 치고 난 후에도 몇 번의 고비가 있었지만, 방문학생으로서의 한 학기는 빠르게 흘러갔다.

영어의 벽에 비해 생활상의 적응은 상대적으로 쉬웠다. '무늬만 신자'였으나 내가 가톨릭 신자로서 세례명을 가졌다는 사실은 가톨릭 국가 필리핀에서 연구하는 데 정말 큰 도움이 되었다. 내 한국 이름은 'ㅓ', 'ㅡ', 'ㅢ'가 연접해 있어 일부 한국인, 예를 들어 경상도 사람들도 제대로 발음하지 못한다. 그러니 외국인들이 내 이름을 제대로 불러주기를 기대하는 것은 더더욱 난망했다. 다행히 나에겐 '로사'라는 세례명이 있었고, 나를 소개할 때마다 한국 이름 대신 세례명으로 불러달라 청했다. 가톨릭 인구가 절대 다수인 곳이니, 공식 행사든 사교 행사든 사제의 축성과 기도로 시작한다. 그런 상황에서 "나도 가톨릭 신자고 이름은 로사야"라고 말하면 필리피노들의 초기 호감을 얻는 데 유효했다.

캠퍼스 생활은 그야말로 대학 시절로 되돌아간 느낌이었다. 내가 속한 대학원이 실용적 전공이다 보니 이론 수업보다 팀 과제와 실습이 많았다. 커뮤니케이션 이론, 발전이론, 지역참여실습 등을 수강하며 팀원과 함께 거리나 농촌 현장에 나가 필리핀 일반인들의 생활을 관찰하고, 인터뷰를 통해 그들이 당면한 문제를 조사하고 해법을 제시해보는 기회를 얻을 수 있었다. 해당 대학의 국제학생회ISA에 참여해 외국인 학생들과도 교류했다. 필리핀은 1980년대를 기점으로 정치경제적으로 심한 타격을 입었지만, 특정 분야의 고등교육에서 여전히 높은 경쟁력을 갖추고 있다. UPLB는 농학 분야에서 아세안 내 랭킹이 높은 곳이어서 아세안, 유럽, 북미의 유학생들이 제법 되었다. 비록 한 학기에 불과했지만, 마킬링 화산이 품고 있는 드넓은 UPLB의 캠퍼스에서 필리핀이라는 나라를 이해하고 다양한 사람들을 만나며 필리핀 사회에 적응할 수 있었다. 그렇지만 주어진 시간이 한정되어 있었기에, 연구주제를 찾아 현장으로 한발 더 들어가야만 했다. 학기 종료 후 로스바뇨스와 마닐라를 오고 가며 나를 받아줄 환경 NGO들을 접촉하기 시작했다.

NGO 사무실로의 '고독한 출근기'

거처를 마닐라로 옮긴 후 2006년 7월부터는 본격적으로 필리핀의 대표적 환경단체인 LRC-KsK(Legal Rights and Natural Resource Center/Kasama sa Kalikasan, 이하 LRC)에 자원활동가로 출근을 시작했다. 사실 출근해도 특별히 할 일이 있는 건 아니었다. 활동가들이 보기에 나는 좀 이상한 사람이었다. 대학원생이고 조사를 하러 필리핀에 왔다는데 인터뷰 한두 번 하고 말지 사무실에 출근을 하게 해달라는 것부터가 귀찮은 요구였다.

연구주제가 뭐냐는 질문에 "아직은, 필리핀의 환경문제 일반"이라고 답하니 "이 나라에 문제 아닌 게 어디 있겠어?"라는 대꾸가 돌아왔다. 해당 단체의 입장에서 생각해봐도 나는 국제연대 파트너가 공식 파견한 활동가도 아니었고, 좀 나아졌다지만 영어 실력도 여전히 의사소통을 완벽하게 할 수준은 못 되었다. 변명을 덧붙이면 내 영어구사력의 한계도 분명했지만, 사실 필리피노들은 일상에서 현지어인 타갈로그어를 더 많이 사용한다. 영어만 따라가기도 버거운 수준

관찰과 참여의 경계 위에서

에서 타글리시$^{\text{Tagalog+English}}$가 일상인 그들의 대화에 내가 끼어들기란 난망한 일이었다.

사정이 이러하니 나의 출근은 '듣보잡의 죽치고 앉아 있기'에 가까 웠다. 다행히 참여관찰의 연구도구인 나 자신의 성향이 매우 사교적 이이서 새로운 사람과 일을 만나는 것이 두렵지는 않았다. 매일 오전 사무실에 나와 직원들에게 인사를 하고 커피 한 잔 타서 큰 테이블을 차지한 채 당일 신문을 읽는 것으로 나만의 하루를 시작했다. '저 사 람은 직원도 아닌데 왜 저러나?' 하는 의아한 눈빛에 애써 담담해지 려 노력하면서.

그들의 마음을 여는 데는 시간이 필요했다. 재정이 부족한 단체 라 신문 구독도 못 하고 있었기에 매일 내가 사들고 가는 신문을 가 끔 그들을 위한 스크랩용으로 활용하거나 커피믹스 또는 간식을 사 들고 가서 나누며 서먹함을 녹이려 노력했다. 다들 일하는데 혼자 멀 뚱히 있는 것은 나에게도 고역이었다. 오후에는 자료실로 자리를 옮 겨 LRC가 발행한 자료들을 읽거나 다른 자료를 찾기 위해 인근 UP Diliman의 도서관 등을 찾아다녔다.

내부회의 참석은 오랫동안 허락받지 못했고, 대신 현장을 나갈 때 는 동행했다. 주로 다닌 현장은 철거를 앞둔 스쿼터촌, 홍수로 쓰레기 가 범람한 강변의 빈민촌, 거리의 시위 장소나 주요 관청의 닫힌 철문 앞, 환경 관련 토론회장, 기자회견장 등이었다. 워낙 흥이 많은 국민인 지라 필리피노들의 집회장에는 격정적 호소뿐 아니라 흥이 넘쳤지만, 반대로 마음 아픈 현장도 많았다. 당시 필리핀은 시민사회활동가나 언론인에 대한 정치적 살해로 악명 높았다.[2] 시민활동가들은 주로 반 정부적 입장과 구호를 내세웠기에 스스로도 어느 정도 위험을 감수하며 활동하고 있었다. 그렇지만 살해당한 이들을 기리는 기자회견장에 갈 때마다 마음이 무거웠다. 현장에 자주 나타나니 내 존재도 쓸모가 생겼다. 디지털 카메라로 현장 사진을 찍어 공유하는 것이 그들에게 약간이나마 도움이 되었다. 집회 현장에서 눈 인사를 나누는 활동가들이 늘어갔고, 나를 걱정하는 그들의 목소리도 함께 높아갔다. "로사야, 사진 찍는다고 너무 앞으로 가지는 마라. 외국인이니 죽이지는 않겠지만 추방당할 수 있어." 나는 그저 그런 현장에 같이 있음으로써 그들의 마음에 다가가고 싶었다.

연구주제 좁히기: 광산이 문제다

단체활동가들과 친해지기는 했지만 나도 마음이 급했다. 나의 정체성은 직업 활동가가 아니라 '학위논문'이라는 결과물로 증명해야 하는 연구자가 아닌가. NGO 활동가로 여기에 머무는 것이 아닌 이상 연구주제를 좁히고 현장을 정해 참여관찰하고 기록하고 자료를 모아야 했다. 그들의 삶의 리듬을 따라가면서 나는 나대로 독자적인 리듬을 만들어야 했다.

　　당시 LRC는 필리핀의 여러 지역에서 동시다발적으로 진행된 광산개발로 피해를 호소하는 주민들과 연대하는 활동에 집중하고 있

2　오늘날에도 '필리핀=치안이 불안하고 위험한 나라'라는 인식이 뿌리 깊은데, 필자가 보기에 여기에는 몇 가지 이유가 얽혀 있다. 첫째는 공식 경제의 비중이 낮다 보니 범죄에 연루된 비공식 지하경제의 영역이 넓다는 점, 둘째는 (미국과 마찬가지로) 개인의 총기 소지가 자유롭다는 점, 셋째는 분리독립을 주장하는 반군과 이슬람 집단이 존재한다는 점이다. 필리핀의 지배세력이 표방한 '테러와의 전쟁'(아로요 정부)이나 '마약과의 전쟁'(두테르테 정부)은 반드시 범죄자만을 겨냥하는 것이 아니다. 특히 아로요 전前 대통령 시대에는 테러 대응을 명목으로 살인을 방조하거나 심한 경우 정적을 제거하는 수단으로 삼는 일이 많았다. 아로요 대통령 집권기에만 정치적 살해로 희생된 사람의 수가 1만 명에 달했는데, 여기에는 시민활동가나 학생활동가, 언론인, 종교지도자도 다수 포함되었다.

었다. 필리핀 정부는 1995년에 광산 부문의 개방을 위한 광산법을 제정했고, 2000년대 이후에는 광산업을 국가발전을 위한 선도사업이자 외국인 투자가 가능한 우선투자업종으로 지정했다. 광산업에 대한 외국인 투자는 외환위기와 정치적 혼란 속에 계속 지연되다가 신자유주의적 성향의 아로요 대통령(재임기간 2001~2010) 집권 후 전국적인 개발이 본격화되었다. 루손 섬 북부의 코르디예라 고산지역과 루손 섬 남부 알바이 주의 라푸라푸 섬 등에서 외국계 기업의 광산개발이 빠르게 진행 중이었는데, 광산업의 환경 및 사회적 영향을 규율하는 정부의 의지와 역량이 부족한 데다 외국계 기업들의 공격적 경영으로 환경문제를 일으키는 사례가 왕왕 있었다.

알바이 주 라푸라푸 섬의 사례가 가장 심각했다. 라푸라푸 섬의 광산개발은 LPI(Lafayette Philippine Incorporated)라는 다국적 광산기업이 주도했는데, 이 기업의 최대 주주(지분 70%)는 호주 업체 라파옛이고, 나머지 약 30%의 지분을 한국 공기업인 광물자원공사, 한국 민간기업 L사, 말레이시아 기업 M사가 나누어 갖고 있었다. 이 사업은 아로요 정부가 허용한 제1호 우선투자 광산개발 사업으로, 개발을 주장하는 이들과 반대하는 이들이 맞서고 있었다.

그런데 이미 2005년 10월에 광산 폐기물 유출사고(테일링 댐tailing dam 붕괴)가 두 번이나 발생하여 광산개발을 둘러싼 찬성과 반대의 의견대립이 팽팽했다. 주민의 대부분이 어민인 낙도의 어촌 마을에 물고기 사체가 떠오르고, 주민들은 피부병을 호소했다. 더 큰 문제는 라푸라푸 섬은 물론 인근 지역에서 잡은 생선 판매가 수개월간 금지되어 주민들의 생계활동이 끊긴 점이었다. 섬에서는 LPI의 광물탐사가 시작된 2000년대 초부터 교회와 어민들이 '섬을 구하자'라는 뜻인 사깁이슬라Sagip Isla라는 단체를 결성해 광산개발 반대를 외쳐왔는데, 사고 이후 이들이 가장 앞에서 광산개발 중단을 요구하며 섬 밖의 연대의 손길을 기다리고 있었다.

1호 사업이었던 만큼 정부도 주민들의 저항을 두고 볼 수만은 없었다. 2006년 3월 대통령령으로 진상조사위원회가 구성되었고, 한 달 반의 집중조사를 통해 진상 보고서도 제출되었다. 마닐라의 환경전문가와 LRC의 활동가도 이 보고서 작성에 참여했다. 하지만 진상조사위원회의 의견서는 채택되지 못한 채 종이로만 남았다. 진상조사를 발주한 필리핀 환경부는 2006년 6월 "문제가 있음을 부정하지는 않지만 1호 광산 경제특구이자 해외자본 우선투자사업은 계속 이어가자"라는 취지의 입장문을 내놓았고, 곧이어 '임시' 꼬리표를 붙인 채 광물 가공시설의 가동도 승인해주었다. 이 결정이 내려지자 섬 주민을 넘어 알바이 주 전역을 포괄하는 SARASave the RapuRapu Alliance가 결성되었다. 고립된 한 섬의 저항을 넘어 알바이 주의 지역사회단체들이 연합한 범지역조직이 나타난 것이다. 그런데 광산개발의 인허가와 재승인 과정에서 지방정부는 아무런 권한이 없었고, 대부분의 과정이 중앙정부의 주도로 이루어졌다. 그래서 사깁이슬라와 SARA는 수도권의 NGO들에게 지원을 요청해왔다.

8월 초부터 마닐라의 환경 NGO들이 급하게 움직였다. SARA의 활동가인 조슈아도 마닐라로 파견되어 현장상황을 공유하면서 8월 하순 라푸라푸 섬과 레가스피에서 열릴 예정인 큰 행사에 대한 공동대응을 논의했다. 그즈음 글로벌 환경단체 그린피스Green Peace가 에스페란자 호[3]를 이끌고 라푸라푸 섬을 방문하는 국제연대 행사를 준비하고 있었다. LRC의 활동가들은 내가 그 일정에 동행하는 것을 허락

관찰과 참여의 경계 위에서

했다. 나의 현장이 결정되는 순간이었다.

며느리의 의무: 현지조사 중단과 급작스러운 귀국

그런데 그 현장에 들어갈 수 없는 상황이 닥쳐왔다. 한창 섬에 들어갈 준비를 하던 중에 시아버지가 위독하시다는 남편의 연락을 받았다. 새벽녘에 울음 섞인 목소리로 전화를 건 남편은 들어오는 것이 좋겠다, 아버지를 뵈러 먼저 내려가겠다는 말을 남겼다. 나도 단체와 필리핀의 지인들에게 소식을 전한 후 공항으로 달려갔다. 마음이 급했지만 귀국길은 순탄치 못했다. 하필이면 초중등학교 여름방학이 며칠 남지 않아 어학연수 왔던 학생들이 대거 귀국길에 오를 때였다. 내가 가진 항공권은 귀국일이 지정되지 않은 오픈티켓이었고, 다른 티켓은 매진이었다. 공항에서 대기하다 취소 좌석이 생기면 대기순으로 타는 것 말고는 방법이 없었다. 사정을 호소하고 내 앞의 한두 명에게 순서를 양보받기도 했지만, 나 말고도 저마다 사연을 가진 대기자들이 많았다. 공항에서만 20시간 넘게 대기한 끝에야 겨우 서울행 비행기에 오를 수 있었다.

결국 시아버지의 임종을 지키지 못했다. 하나뿐인 며느리로서 시아버지께 죄송했던 마음과 가족들에 대한 미안함은 지금도 사그라지지 않는다. 남편은 기운이 빠져 보였고, 장례식이 끝나자 떼도 안 쓰고 버텨주던 딸이 덜컥 독감에 걸렸다. 딸의 여름 독감은 입원으로까지 이어졌다. 현지조사고 뭐고 필리핀 생활을 정리하고 그냥 들어와

---

3   글로벌 환경단체 그린피스는 1970년 결성되었다. 반핵 단체로 출발해서 현재는 포경 반대, 기후변화 대응 등 다양한 이슈의 국제적 캠페인을 펼친다. 이 단체는 다양한 규모의 배를 이끌고 세계의 환경현장을 다니며 다양한 국제연대 활동을 펼치는 것으로 유명하다. 에스페란자는 스페인어로 '희망'을 의미한다.

야 하나 하는 생각에 머리도 마음도 다시 복잡해졌다. 그런 상황에서
보통의 한국 가정이라면, 적어도 49재 때까지는 머무르는 것이 옳았
을 것이다. 그런데 시댁 식구와 남편이 내가 다시 현지조사를 떠나도
록 마음을 모아주었다. 시어머니는 없는 형편에 비행기 값 쓰게 했다
며 오히려 항공비에 조사비까지 더한 돈 봉투를 내 가방에 넣어주
셨다. 남편도 다음 학기까지는 어떻게든 살아내보겠다며 다시 가라고
격려해주었다. 아이는? 사실 어떤 마음이었는지 잘 모르겠다. "크리
스마스에 다시 만나자"는 나의 말에 서운한 눈빛을 했지만, 아이도 떠
날 수 있도록 나의 손을 놓아주었다. 그렇게 한국에서 생각지도 못했
던 2주를 보낸 후, 다시 필리핀으로 돌아와 현장으로 들어갈 준비를
시작했다.

섬에 들어가다

8월 말에 있었던 그린피스의 라푸라푸 섬 방문은 섬 주민과 반광산
운동 진영에 소풍 같은 위로를 선사했다. 그린피스의 에스페란자 호
는 8일이나 섬 앞에 정박했고, 그 기간 동안 주민과 국제 NGO 활동
가들은 해상 시위, 해상 미사, 해양 조사 등을 함께 하며 모처럼 축제
와 같은 시간을 즐겼다고 했다. 하지만 그린피스가 떠난 뒤에 달라진
것은 없었다. 환경부는 주민들의 요구에 묵묵부답하며 오히려 광물
가공시설의 시험 운영을 두 달 더 연장했다. 9월 말에는 태풍이 불어
닥쳐 광산 시설도 상당한 피해를 입었다는 보도가 나왔지만, 필리핀
정부와 광산기업의 사업 고수 의지는 강고했다.

　시민사회에서는 또 다른 활동이 필요한 시점이었다. 필리핀의 진
보적 민간 싱크탱크인 이본 재단Ibon Foundation이 10월 중순부터 피해

를 호소하는 섬 주민을 대상으로 집중적인 사회심리 현장조사 계획을 제안했다. 어느덧 나의 모단체가 된 LRC는 내가 이 조사의 보조원으로 참여하도록 주선해주었다. 조사단은 15일 일정으로 레가스피와 라푸라푸 섬을 방문해 포커스 그룹 인터뷰Focus Group Interview, FGI 방식으로 조사를 진행할 예정이었다. 나는 그 조사 이후 혼자 섬에 남아 2주 정도 단독 현지조사를 하는 것도 허락받았다. 조사기간 동안 나의 업무는 인터뷰를 녹음하는 것(인터뷰가 현지어로 진행되어 녹취까지는 할 수 없었다)과 마닐라에서와 마찬가지로 사진 기록을 남기는 것이었다. 내가 크게 도움을 줄 수 있는 상황은 아니었지만, 두 단체의 배려 덕분에 자연스럽게 섬에 들어갈 수 있었다.

처음 장기 연수를 시작한 때가 2005년 10월이니, 섬에 들어갈 때는 이미 1년의 기한이 다한 상태였다. 하지만 예정에 없던 한국 체류가 늘어나면서 조사가 부족하다 느끼던 참이었다. 게다가 핵심 현장인 섬에 들어갈 수 있는 기회를 눈앞에 둔 상황이었다. 그래서 다시 필리핀으로 돌아오면서 과감하게 석 달을 더 체류하기로 결심하고 가족들에게도 양해를 구했다. 한국의 가족들에게는 미안했지만, 크리스마스 재회를 약속하며 현지조사에 더욱 몰입하기로 했다. 불행과 행운이 짝지어 왔다. 섬으로 들어가기 직전 마지막으로 메일을 확인했는데, 한국동남아학회에서 지원하는 해외 현지조사 지원대상자로 선정되었다는 소식이 당도해 있었다. 해외 연구는 결심만으로 되는 것이 아니고, 반드시 현지조사 자금이 필요하다. 대학 본부의 지원금은 바닥이 난 상태였는데, 다행히 추가 지원을 받게 되면서 다음 해에 본 조사로 섬에 다시 들어갈 수 있다는 기대를 더욱 갖게 되었다.

섬 탐구생활: 하우스메이트 안토니오 신부와 나나 이야기

이본 재단의 조사는 순조롭게 마무리되었다. 조사단을 떠나보낸 후 11월 중순부터 나 홀로 섬 조사를 시작했다. 조사 계획이 완벽하게 잡혀 있던 것은 아니었다. 추가 지원이 확정된 뒤라 내년에 다시 한번 올 수 있다는 생각에, 이번엔 윤곽만 파악하자는 소박한 목표를 세웠다.

첫째, 주민들과 안면을 트자(라포 형성).
둘째, 이왕이면 섬을 일주하고 마을 절반은 방문하자(라푸라푸 섬에는 총 13개의 바랑가이[4]가 있다).
셋째, 광산 현장에 들어가기 위해 노력하자.

혼자 조사를 하려면 숙소와 연구보조원부터 구해야 했다. 그중 숙소를 생각하면, '어떻게 그게 가능했을까?' 싶어서 지금도 헛웃음이 나온다. 숙소는 내 눈앞에서 결정됐지만 내 의지와 무관했다. 나의 체류를 놓고 마을 조직 사깁이슬라의 망mang(할아버지의 애칭) 토니 대표와 포블라시옹 성당의 안토니오 신부가 '내가 알아들을 수 없는 현지어'로 한참 동안 심각하게 회의를 했다. 그 결과 나에게 허락된 숙소는 사제관 안토니오 신부의 침실 바로 옆방(!)이었다. 사제관이라지만 니빠잎으로 지은 필리핀식 전통 가옥인데, 화장실도 하나뿐이고 밤에는 전기도 들어오지 않는 집이었다.[5] 아무리 가톨릭 사제라지만, 안토

---

4 한국의 동·면·읍에 해당하는 행정구역.

5 포블라시옹은 라푸라푸 섬의 중심지지만 소규모 디젤 발전으로 저녁 무렵 2시간 정도만 전기가 들어오는 낙후한 마을이었다.

관찰과 참여의 경계 위에서

니오 신부는 나와 한두 살 차이의 또래 남성이었다. 개 두 마리가 있기는 했지만, 신부님과 외국인 여성을 한집에서 지내게 하다니.

"정말 그래도 되나요?"라고 되물었지만, 사실 대안이 없었다. 섬에는 숙박시설이 따로 없었다. 이본 재단의 조사기간 동안 방문자들은 학교 교실만 한 성당 교육관에서 함께 생활했다. 그런데 혼자 남은 내가 따로 지키는 사람도 없고 문도 허술한 그 큰 교육관에서 홀로 밤을 보내는 것은 그들이 보기에 '매우' 위험한 일이었다. 더불어 내가 가톨릭 신자이고 기혼자라는 점은 오히려 그 결정을 '말이 되도록' 만들었다. 아무리 가톨릭 신자라도 만약에 내가 미혼 여성이었다면? 아마도 내가 사제관에서 생활하는 것은 불가능했을 것이다. 다행히 유쾌남 안토니오 신부가 2주간 나의 하우스 메이트가 되어주었다. 다시 생각해도 고마운 결정이었다. 결과적으로 나는 도둑과 잠재적 위협에서 벗어나 안전하게 섬 생활을 할 수 있게 되었다.

연구보조원은 엄밀히 말하면 내가 구했다기보다 그녀에게 내가 간택당했다. 만 20세의 섬 토박이이자 싱글맘이었던 나나가 없었다면 섬 사람들과 어떻게 만났을까? 신부님의 외국인 친구라는 신분은 안전했지만 동네 사람들에게 벽을 만들었는데, 나나의 친구가 되자 섬 사람들에게 다가가기가 훨씬 쉬워졌다. 나나와 나는 하루 2시간 전기가 공급되는 동안 성당 사무실에서 문서작업을 하고, 나머지 시간에는 섬 곳곳을 함께 누비고 다녔다. 낮시간에는 나나를 비롯한 섬 젊은이들과 어울려 산행을 하고 바다낚시를 가기도 했고, 저녁에는 마을에서 말깨나 하는 인사들의 집에 맥주 몇 병을 사들고 찾아가 시간을 보냈다. 그녀는 단순히 통역을 넘어 본인이 알아서 그런 자리를 주선해줄 만큼 적극적인 성격이었다. 나에게는 큰 행운이었고, 그녀

사진 2 라푸라푸 섬 안의 반광산 현수막

사진 3 주민조직 사깁이슬라의 사무실 겸 성당 교육관

사진 4 라푸라푸 섬의 청년들과 함께

의 입장에서도 심심한 섬 생활에서 간만에 뭔가 일다운 일을 하면서 많지는 않아도 돈도 벌 수 있는 기회였다.[6]

공식 인터뷰는 아니었지만, 저녁이면 나나와 함께 랜턴을 켜고 섬의 중심 마을 포블라시옹 주민들의 집으로 마실을 다니며 그들이 사는 모습을 관찰했다. 그 섬에서 밤은 불빛 없는 어둠이 지배하는 시간인데, 가족 중 외국에 나간 사람이 있는 집의 경우엔 사정이 달랐다. 가정용 디젤 발전기를 갖추고 심지어 노래방 기계를 돌리는 집도 있었다. 그냥 노는 일도 많았지만, 간간이 섬 생활의 장단점, 광산에 대한 입장, 사는 이야기들도 들을 수 있었다. 처음부터 강경하게 광산개발에 반대하며 '사깁이슬라' 조직에 가담한 이들도 있었지만, 일자리가 많아지고 돈이 돌 거라는 기대에 광산개발에 찬성한 이들도 많았다.

하지만 2005년 10월에 일어난 두 차례의 광산사고로 어업 활동에 큰 지장을 입은 후로는 적어도 포블라시옹 마을의 입장은 크게 달라졌다. 게다가 기대와는 달리 개발의 혜택도 섬 주민 중 일부만 누릴 수 있었다. 광산개발로 인한 경제적 혜택, 예를 들어 고용, 학교나 커뮤니티 시설의 개선, 장학금, 지역사회 발전기금 등은 독점적으로 광산 인근의 3개 마을과 포블라시옹 군청 공무원들만 누릴 수 있었

---

6 사실 섬에는 나나가 할 만한 일이 없었다. 배로 3시간 거리에 있는 레가스피에 나가봐야 고졸 학력으로 할 수 있는 일은 상점 판매원이나 식당 종업원 정도였다. 참고로 필리핀의 경제를 설명하는 중요 키워드 중 하나가 해외 필리핀 노동자OFWs이다. 국내의 산업구조가 기형적으로 서비스 산업에 치우쳐 있는 까닭에 국내에 적절한 일자리가 만들어지지 못했다. 그래서 능력 있는 젊은이일수록 해외로 노동이주를 떠난다. 필리핀의 OFWs 규모는 약 1,000만 명으로 인구 10명당 1명 꼴인데 이들이 보내오는 송금은 필리핀 GDP의 10% 정도를 차지하는 엄청난 규모다. 라푸라푸 섬 젊은이들도 대부분 섬을 떠나 해외 노동자가 되기를 꿈꾸었다. 하지만 애 아빠가 누구인지는 자신만의 영원한 비밀이라는 싱글맘 나나는 어린아이를 두고 섬 밖으로 나가기도 쉽지 않아 보였다.

기에, 그 밖의 섬 주민들 사이에서는 광산을 통해 얻는 이익은 없고 바다만 오염시켰다는 불만의 목소리가 있음을 확인하게 되었다.

광부 없는 광산

라푸라푸 섬에는 총 13개의 바랑가이가 있는데, 남부 산호초를 끼고 있는 포블라시옹이 가장 번화하고 농사도 가능한 마을로, 나의 숙소인 성당과 사깁이슬라의 본거지도 이곳에 있었다. 가장 가까운 도시이자 알바이의 주도州都인 레가스피와 포블라시옹을 왕래하는 정기 여객선이 하루 2회 다닌다. 포블라시옹과 광산개발지 사이에는 당시에 이미 폐허가 된 2개 마을이 더 있었다. 일제시대부터 1960년대까지 광산으로 개발되었던 곳인데, 당시에는 코코넛 농사를 짓는 소수의 주민만 거주했다.[7] 동쪽에 위치한 세 곳의 바랑가이—말로바고, 팔콜본, 비노사완—가 라푸라푸 광산의 조업지이자 경제특구로 지정된 마을들이다. 그 외에도 섬 북쪽 하천과 만灣이 만나는 곳에 7개 마을이 더 있는데, 어민이 절대 다수인 고립된 어촌 마을이었다.

사실 산을 넘으면 모든 마을에 갈 수 있었지만, 마을 간 거리가 대체로 성인의 걸음으로 3시간 이상 걸어야 하는 정도였다. 또한 3개 마을을 포함한 광산지구는 경제특구로 지정되어 회사가 설치한 철조망으로 진입이 막혀 있었다. 회사 소유지는 허가 없이는 접근이 불가능했다. 예외적인 경우가 일주일마다 열리는 순회미사 때이다. 섬에 하나뿐인 성당인 포블라시옹 성당의 안토니오 신부는 사깁이슬라의 지도자이기도 해서 회사 입장에서는 껄끄러운 인물이었다. 그래도 가

---

7   오래된 광산의 폐쇄 조치가 제대로 이루어지지 않아 이 마을의 앞바다에서는 어업 활동이 불가능했다. 이런 경험이 있었기에 라푸라푸 주민들은 더더욱 섬에서의 광산 개발에 반대했다.

톨릭국가이니 미사 집전 때는 특별히 성당 소유의 모터보트를 타고 경제특구 안에 들어갈 수 있었다. 나도 미사 보조 명목으로 한 차례 따라 들어갔다. 하지만 거기서도 갈 수 있는 곳은 회사가 지어준 성당 건물과 가까운 주민들의 거주지까지였다. 회사의 담장은 높았고, 미사가 열리는 낮시간에는 광산에서 일하는 사람들이 아닌 집에 남은 가족들만 제한적으로 만날 수밖에 없었다. 마닐라의 본사를 통해 공식 방문을 허락받지 않는 한, 이미 섬에 들어와 있는 외국인 대학원생이 광산개발 현장에 직접 들어가기는 불가능했다.

주민들과의 생활에 익숙해지면서 현장에서 보고 느끼는 바가 많았지만, 광산개발 현장과 기업의 입장을 직접 접하지 못해 연구자로서 균형 잡힌 관점을 놓치는 것은 아닌지 걱정도 되었다. 이러한 우려도 뜻밖의 기회를 통해 떨쳐낼 수 있었다. 유럽의 전문 활동가 한 사람이 섬에 들어온 것이다. 요한 프리츠Johan Fritz라는 이름의 그는 네덜란드의 '뱅크트랙BankTrack'이라는 NGO의 활동가였다. 뱅크트랙은 이름과는 달리 전문 환경단체였다.[8] 그런데 그들의 활동목표는 나의 경험과 인식의 범주 속에 있던 환경단체와는 확연히 달랐다. 내가 아는 환경단체의 표준형은 이슈에 직접 개입하여 개발이나 오염 행위에 저항하거나 피해 입은 주민을 옹호하는 활동을 펼치는 곳이었는데, 뱅크트랙은 환경사회적 영향을 미치는 글로벌 대규모 개발사업의 돈줄, 즉 투자자를 대상으로 하는 캠페인이 주요 사업이었다. 그가 섬에 온 이유는, 네덜란드의 은행 ABN 암로ABN Amro도 이 광산개발에 투자를 했는데 사회적 문제를 일으킨 이 개발사업에 자국 은행이 투자한

---

8   뱅크트랙 홈페이지—https://www.banktrack.org/. 요한 프리츠는 이 방문 이후 상당 기간 라푸라푸 광산에 반대하는 국제연대 그룹에서 핵심적 역할을 수행했다.

사진 5 **광산개발 현장**

사진 6 **네덜란드 활동가 요한과 함께 광산에 들어가던 날**

것이 '투자의 윤리적 책무'를 위반한 것은 아닌지를 확인하기 위함이었다.

투자은행을 감시하는 유럽 NGO 활동가는 일개 대학원생이 가질 수 없는 영향력을 보여주었다. 그는 입국 전에 이미 마닐라의 본사에 공식 방문을 신청한 상태였고, 섬에 와서는 사깁이슬라 회원인 섬 주민들의 동반 입회를 강력하게 요구했다. 덕분에 대통령령으로 이루어진 진상조사 이후 7개월 만에 섬 주민들도 경제특구의 철조망을 넘어 광산 현장으로 들어갈 수 있었다. 나도 그 무리에 동행했다. 개인적으로는 가슴 떨리는 '잠입'이었다. 방문자 명단에도 내 이름이 아닌 나나의 이름을 올렸고, 주민의 한 사람일 뿐이고 '외국인 티가 나는 질문'은 하지 않는다는 조건이 붙었다. 다행히 현지생활이 길어져 나의 피부색은 현지인과 비슷할 정도로 까무잡잡해져 있었고, 입만 열지 않으면 중국계 필리피나로 보는 이들이 많던 상황이었다.

직접 눈으로 확인한 노천채굴 방식의 광산 규모는 엄청났다. 규모뿐 아니라 조업방식도 상상 속의 광산과 달랐다. 내 상상 속의 광산은 헤드라이트 달린 헬멧을 쓴 광부들이 돌을 깨고 땅을 파며 광물을 캐내는 것이었는데, 현대의 광산은 거꾸로 선 피라미드처럼 넓은 대지를 위에서 아래로 파고 들어가는 대규모 노천채굴 방식이 대세였다. 3개 마을의 광산 취업자는 30명 내외였는데, 한두 명을 제외하고는 경비 업무나 야외 노무작업에 투입되는 계약직 노동자였다. 이 현장을 직접 목격하니 '광부 없는 광산'의 현실이 단박에 이해되었다. 현대 광산에서 필요한 인력은 포클레인이나 대형 트럭을 몰 수 있는 중장비기사, 폭파 기술자, 가공공장의 운영 기술자, 관리직 사원 등 고급 기술인력이 대부분이었다. 그 광경을 보고 나니, 현대 광업이 단순히 1차 채굴산업이 아니라 탐사 및 개발 기술과 장기간의 프로젝트 금융Project Financing에 기반한 첨단산업임을 실감할 수 있었다.

하지만 육지에서 3시간이나 떨어진 인구 1만 명도 안 되는 낙도에, 그것도 태풍의 진입로에 그처럼 거대한 구조물과 중장비들을 설치해 놓은 산업현장이 오히려 비현실적으로 느껴졌다. 사실 2005년의 광산사고는 태풍이나 집중호우 같은 자연재해가 아니라 테일링 댐 구조물의 붕괴를 막기 위한 기업 측의 '통제된' 배수가 사고로 이어진 것이었다. 그래서 더 큰 공분을 샀고, 주민들의 저항에 연대하려는 국내외 단체들이 많았던 것이다.

현장을 둘러본 후 뱅크트랙의 요한과 사깁이슬라는 다음의 입장을 광산개발 회사에 전달했다. "첫째, 현장을 돌아보고 라푸라푸 섬은 광산개발에 적합한 곳이 아니라는 점을 다시 한번 확인했다. 둘째, 뱅크트랙은 향후 자국의 은행에 본 프로젝트에 대한 투자 철회를 요구할 것이다. 셋째, 두 달 전 광산에 상당한 피해를 안긴 태풍 밀레욘은 이 섬을 스쳐 갈 마지막 태풍이 아닐 것이다." 이에 대해 회사는 "사고에 대해 사과한다. 재발방지를 위해 노력하고 있다. 우리 회사의 목표는 필리핀 정부와 국민에게 발전을 선물하려는 것임을 믿어달라"고 답했다.

현지조사 중인 참여관찰자로서 그 대화의 장면을 목도한 순간, 나는 내 현지조사의 가장 중요한 장면에 입회했다는 짜릿함을 느꼈다. 하지만 동시에 그런 생각을 한 나 자신이 부끄러워지기도 했다. 나는 주민의 일부로 현장에 잠입했고, 이미 주민과 반광산연대를 지지하는 편에 서 있었다. 현실의 사회문제에서 나는 대체로 약자의 편에 서고자 노력하는 편이다. 하지만 대부분의 경우 선악이 선명히 구분되기보다 복잡한 이해관계들이 충돌하는 경우가 많다는 사실을 부정하지는 않는다. 그래서 사회과학자로서 현안을 연구주제로 삼을 때마다 늘 고민에 빠진다. '저항의 기록'을 수행하는 순간, 연구자와 활동가 사이에서 경험하는 정체성 갈등은 비슷한 관심사를 가진 지역 연구자들에게 큰 숙제임이 틀림없다.

태풍 속의 고립

현장에 들어가는 일이 아주 순조롭게 진행된 데 비해, 현장에서 빠져나오는 과정은 갑작스럽고 위험했다. 11월 1일에 섬에 들어온 나는 한 달을 꼭 채워 섬에 있기로 예정되어 있었다. 그런데 심상치 않은 바람이 불어왔다. 11월 27일, 먼바다에서 태풍이 오고 있다는 소식이 들려왔다. 9월 말 섬에 닥친 태풍도 큰 상처를 남겼는데, 이번에 오는 태풍은 시그널 4호의 초강력 태풍이었다.[9] 섬 사람들은 외부인인 내가 이 태풍이 오기 전에 마닐라로 돌아가기를 원했다. 심각한 태풍이라면 더더욱 당신들과 함께 있겠다고 말했지만, 태풍에 가족을 잃기도 했다며 외부인이 섬에서 험한 꼴을 당하게 두고 볼 수는 없다고 했다. 망 토니의 생각은 완고했다.

　나는 11월 28일 섬을 떠나 공항이 있는 레가스피로 이동했다. 그런데 바로 마닐라로 돌아가지는 못했다. 여행사를 통해 항공권 날짜를 변경하려 하니 내가 가진 티켓으로는 불가능했고, 당일에 떠나려면

9　필리핀 기상청은 태풍을 강도에 따라 1~5단계로 구분한다. 시그널 4호는 중심풍속이 시간당 170~220킬로미터에 달하는 강한 태풍이다. 2013년 6,000명 이상의 사망자를 낸 시그널 5호 태풍 하이옌(중심풍속이 시속 220킬로미터 이상)보다는 약했지만, 현지조사 중 필자가 맞닥뜨린 시그널 4호 태풍 레밍(국제명 두리안)의 피해도 만만치 않았다.

항공권을 새로 사야만 했다. 그때 항공권을 새로 샀으면 어땠을까? 그 순간 나는 가난한 대학원생의 마음으로 결정을 내렸다. 돈을 아껴야 하는 학생 조사자로서, 그냥 표에 적힌 날짜에 떠나자 마음먹었다. 얼마나 강한 태풍인지 직접 보고 싶다는 겁 없는 만용도 어느 정도는 있었지 싶다. 태풍 레밍이 몰고 온 엄청난 바람과 폭우를 목격하고 후회가 밀려왔지만, 이미 태풍은 도시를 관통하고 있었다. 나는 태풍으로 폐허가 된 도시에 며칠간 고립되었다. 평소 겁 없음을 자랑했지만 그때는 얼마나 마음을 졸였는지 당시 일기장의 기록을 옮겨와본다.

"(11월) 30일, 비콜 지역에 signal no. 4의 엄청난 태풍이 불어닥쳤다. 나는 태풍이 몰고 온 광풍과 폭우를 그곳에서 온몸으로 겪었다. 태풍이 불어닥치자 호텔 건물이 마치 지진이 난 듯 흔들리기 시작했다. 거센 바람이 내 방의 창문을 와장창 깨뜨렸고, 곧이어 거의 수평에 가까운 강한 빗줄기가 방으로 쏟아져들어왔다. 비명을 지르며 복도로 뛰어나가니, 'ㄱ'자 모양의 호텔 건물 중 내가 묵던 바다 쪽 방들의 창문이 쩍쩍 갈라지며 모조리 깨져나가고 있었다. 호텔 직원들이 뛰어다니며 손님들을 상대적으로 바람이 덜 부는 반대쪽 방으로 이동시켰다. 우르릉 쾅쾅, 천둥번개는 고막을 찢을 정도였고, 한낮인데도 창밖 1미터 전방이 보이지 않을 정도로 엄청난 비가 거의 7시간 동안이나 그야말로 마구 퍼부었다. 심장이 쿵쾅거릴 만큼 무서운 시간이었다. 그런데 나도 참 어이가 없지. 어느 순간 체념했는지 그 폭풍 속에서 깜빡 잠이 들기도 했다.

7시간 후 빗줄기는 가늘어졌지만, 내가 묵던 3층짜리 호텔은 부서진 창문으로 들이친 비바람 때문에 바닥이 빗물로 흥건해졌고, 호텔 안 사람들은 손님이건 직원이건 모두 물에 빠진 생쥐 꼴이었다. 문제는 건물

사진 7, 8 태풍에 파괴된 숙소와 공항

밖으로 나갈 수도 없다는 것. 바닷가에 가까운 호텔이었는데 1층이 완전히 침수되어 밖으로 나갈 수가 없었다.

꼬박 하루를 더 호텔에 갇혀 있다가, 아직도 무릎 높이까지 물에 잠긴 거리를 50미터쯤 걸어 혹시나 하는 기대를 안고 근처 파출소에 다녀왔다. 파출소 건물도 부서져 있었고 지키는 사람도 없었다. 쥐와 닭과 바퀴벌레의 사체가 둥둥 떠다니는 물속에 발을 담그고 헤쳐 걸어오며 그저 내가 살아 있음에 감사할 뿐이었다. '어떤 수단을 강구해서라도 이곳을 빠져나가야겠다.' 이것 말고 다른 어떤 것도 생각할 수 없었다."

— 마닐라로 돌아온 2006년 12월 3일의 일기 중

호텔 안이나 밖이나 상황은 절망적이었다. 알바이 주의 레가스피는 태풍 레밍의 상륙지로 도시는 도시대로 마비가 되고, 산자락 쪽 농촌 마을에서는 1,000명이 넘는 인명피해가 있었다. 도시의 머리맡에 놓인 '마욘' 화산은 2006년 초에도 폭발한 활화산으로, 그 폭발 때 분출해 산등성이에 얹혀 있던 화산 쇄설물이 태풍으로 불어난 계곡물을 타고 산 아래 마을을 덮쳐버렸다. 그로 인해 두서너 마을이 송두리째 흙 속에 묻혀버렸고 사상자의 수도 크게 늘어났다.

비가 그치자 언제 그랬냐는 듯 도시에 폭염이 쏟아져내렸다. 태풍 속에서 살아남기는 했는데, 마닐라로 돌아갈 일이 막막해졌다. 호텔 주인이 셔터를 내리고 자신도 떠나겠다고 선언해 그곳에 더 머물 수도 없었다. 지난 1년의 기록이 저장된 노트북과 카메라와 전원 꺼진 휴대폰과 섬에서 가져온 자료와 일부 생필품만 빼고 짐을 모두 버렸다. 배낭을 앞으로 돌려메고 거리로 나왔는데 그 막막함이라니. 현금이 바닥났는데 전기가 끊긴 도시에서 ATM도 작동을 멈춰 통장에 있는 돈을 찾을 수가 없었다. 휴대폰 배터리도 방전되었고, 수첩에 연락처가 남은 레가스피의 유일한 지인인 현지 활동가 조슈아와도 태풍이 닥친 날부터 연락이 끊겨버렸다. 나중에 확인하니, 조슈아의 고향이 산사태가 난 마을 인근이라 가족을 염려해 마을로 들어간 후 그 역시 통신망에서 벗어난 상태였다고 했다.

그나마 다행스럽게 호텔을 떠날 때 매점의 물과 비스킷을 공짜로 얻을 수 있었고, 물에 잠긴 길거리에서 울기 직전의 나를 공짜로 안전한 곳까지 태워준 트라이시클 기사도 만나는 등 재난 속에서 싹튼 인간의 정을 느낀 순간도 있었다. 그렇지만 재난 이후 도시에서 여성 혼자 버티는 것은 엄청난 긴장과 공포 그 자체였다. 돈도 체력도 바닥난 상태로 거리를 헤매다, 어떻게든 떠나야 한다는 일념으로 히치하이킹을 해가며 공항에 도착했다. 고생고생해 공항에 도착하니 모든 건물이 부서지고 활주로에는 뿌리 뽑힌 나무만 굴러다니고 있어서 과연 비행기가 뜰 수 있을지 의문이었다.

다행히 불운은 거기서 멈춰주었다. 공항에서 비슷한 처지의 필리피나 3명과 안면을 텄고, 마닐라로 돌아갈 때까지 그들과 그룹을 지어 함께 행동하기로 결의했다. 그중 '멘도사'가 사회적 신분이 확실한 변호사였다. 공항에서 쪽잠으로 하룻밤을 보낸 후 우리의 상황은 다시 극적으로 바뀌었다. 이번엔 확실한 행운이 올 차례였다. 레가스피시의 지인과 연락이 닿은 멘도사 덕분에 우리는 침수되지 않은 호텔로 옮겨가 며칠 만에 제대로 씻고 잠시나마 휴식을 취할 수 있었다. 호텔에서 휴대폰 배터리도 충전해서 마닐라의 지인들과도 닷새 만에 다시 연락이 닿았다. 마닐라의 지인들도 나와 연락이 닿지 않아 노심초사하고 사람을 보내야 하나 생각하던 차였다.

염치가 없었지만 일행 모두가 멘도사, 정확하게는 그녀의 지인에게 돈을 빌려 새 항공권을 구매했다. 나는 카메라를 담보로 내밀었는데, 의리 있는 멘도사는 마닐라에서 다시 보자며 미소를 지을 뿐이었다. 다행히 우리는 모두 12월 3일에 마닐라로 돌아왔고, 공항으로 마중 나온 친구 덕분에 멘도사에게 빌린 돈도 공항에서 바로 되갚았다. 폐허에서 살아 돌아온 우리는 함께 얼싸안으며 다시 만날 것을 약속했지만, 아쉽게도 그 만남은 성사되지 못했다. 돌아보면 꿈이었나 싶을 만큼 엄청난 행운의 여신이 그 순간 나를 스쳐 간 것이 틀림없다.

레가스피를 떠나는 마지막 순간에 또 다른 갈등이 찾아왔다. 마닐라행 비행기를 기다리던 중 LRC의 대장 활동가에게서 문자가 왔다. '로사, 무사하다는 소식 들었다. 현재 당신이 현장에서 가장 가까운 사람이다. 조슈아와도 섬과도 연락이 닿지 않는다. 혹시 돌아가서 현장을 체크해줄 수 있겠나?' 다시 살아난 노키아 구형 아날로그 폰에 여러 번에 걸쳐 도착한 그 문자를 읽으며 나는 갈등을 느꼈다. 다시 섬으로 돌아가야 하는 걸까? 섬 주민들의 얼굴이 떠오르며 그들의 안부가 너무나 궁금해졌다. 육지의 도시도 태풍에 이 정도로 크게 파괴되었는데, 태풍의 길목에 있는 작은 섬과 사깁이슬라 사람들은 어떻게 되었는지 걱정이 컸다.

하지만 한참을 망설인 끝에 꾹꾹 눌러 답장을 보냈다. '미안하다. 나도 지금 큰 어려움을 겪고 있다. 더 이상 돈도 없고 2주 후면 나 역시 한국으로 돌아가야 한다. 내가 할 수 있는 일이 없을 것 같다.' 그렇게 무거운 마음을 저울추처럼 매단 채 현지조사는 일단 종료되었고, 2006년의 크리스마스를 앞둔 시점에 나는 한국으로 돌아왔다.

관찰과 참여의 경계 위에서

반년 후 다시 찾은 현장 그리고 진짜 이별

2007년 여름 다시 현지조사를 떠났다. 한국에 있는 한 학기 동안 현지조사의 결과물들로 논문의 얼개를 구성할 수 있었기에, 그다음 조사는 좀 더 계획적으로 진행되었다. 자료에 있는 구멍은 주로 공식자료를 찾아 채워넣어야 해서, 마닐라에 머물거나 관련 연구자의 조언을 구하기 위해 싱가포르에 다녀오기도 했다.

그래도 현장방문을 빼놓을 수는 없었다. 시간을 내서 레가스피 시와 라푸라푸 섬을 찾았다. 반년 만에 다시 찾은 레가스피 공항에 인사도 없이 헤어졌던 조슈아가 웃는 얼굴로 마중을 나와주었다. 시내로 들어가는 길에 그가 전해준 현장의 소식은 또다시 정신없이 변해 있었다. 먼저 좋은 소식은 2007년 5월 필리핀 지방선거에서 반라파옛-반광산을 선언한 전 상원의원 출신의 정치인이 주지사로 당선된 사실이었다. 반광산연대의 입장에서는 천군만마를 얻은 셈이었다. 하지만 광산개발은 중앙정부 차원에서 경제특구로 지정해 특혜로 진행한 일이라 지방정부에서 할 수 있는 일은 그리 많지 않다는 말도 덧붙였다.

가슴 아픈 사건도 있었다. 내가 방문하기 바로 며칠 전 레가스피에서 한 활동가가 정치적 살해의 희생자가 되었다. 그는 그 지역 아퀴나스대학의 학생이자 반광산연대인 SARA의 핵심활동가인 스물한 살의 '암보'라는 청년이었다. 당시의 많은 정치적 죽음이 그러했듯 범인은 잡히지 않았고, 그의 죽음은 반광산연대의 활동까지 주춤하게 만들었다. 그 이야기를 듣고 나니 그런 상황에서 공항까지 나와준 조슈아가 각별히 더 고마웠다. 조슈아는 나를 아퀴나스대학으로 데려가 SARA의 대변인인 페르디난도 교수와 만나게 해주었다. 그는 제자의

사진 9 **사깁이슬라의 대표 망 토니**

죽음에 분노하며 내가 놓친 지난 반년간의 이야기를 3시간 넘게 들려주었다.

라푸라푸 섬도 다시 찾았다. 아직 논문을 끝내지는 못했지만 빈손으로 갈 수 없어서, 한 해 전 섬에서 찍은 사진들을 앨범으로 만들어 선물로 들고 간 길이었다. 하지만 이번에는 길게 머물 상황이 아니었다. 그사이 포블라시옹 성당의 주임사제가 바뀌어 있었고, 한 해 전 나를 열렬하게 도와준 나나도 일자리를 찾아 마닐라로 떠났다고 했다. 성당에서 요리사로 일하던 헤나 할머니가 태풍에 집도 잃고 시름시름 앓다가 얼마 전 세상을 떠났다는 소식도 들었다. 정부와 기업의 태도는 변함이 없고, 광산개발도 이어지고 있는 상황이었다.

그 와중에 단 한 사람, 망 토니만은 늘 그랬듯 지치지 않고 유쾌함을 유지하고 있었다. 문득 그의 저력은 어디서 나오는지 궁금해졌다. 사진 앨범을 건네주며 물었다.

나: 망 토니, 당신은 왜 싸우나요?

망 토니: 나는 어민이야. 지금 바다가 죽어가고 있잖아. 어제는 문제가 없었는데 오늘은 문제가 있지. 오늘 무엇이든 하지 않으면 내일은 더 큰 문제가 기다리고 있을 거야. 그래서 싸우는 거야.

늘 건강하고 안전하시라, 당신들의 싸움을 잘 정리해보겠다는 말을 마지막으로 남기고 섬을 떠났다. 2007년 8월 3일 오후. 박사논문을 위한 나의 현지조사는 그렇게 마무리되었다.

5. 마치며: 현장은 현장으로 이어진다

2007년 이후, 여름의 추가 현지조사 기간을 제외하고 1년 반을 연구실에 붙박이로 앉아 논문 쓰기에 몰두했다. 현지조사는 시장에서 재료를 산 것이고, 밥을 먹으려면 재료를 다듬어 논문이라는 요리를 만들어내야 한다. 논문 쓰기라는 본경기에서는 의자에 오래 앉아 버틸 수 있는 엉덩이의 힘이 중요했다. 현지조사에 1년 반을 투자했는데, 그 자료를 가지고 논문을 쓰는 과정에도 딱 그만큼 시간이 소요되었다.

나의 연구 현장과 대상은 현재진행형의 장소였다. 현지의 사정은 계속 바뀌고 있었고, 그렇다 보니 어느 선까지 현장상황을 추적하고 어느 선에서 끊어야 할지 고민이 필요했다. 2007년 12월에 특히 큰 국면 전환이 있었다. 라푸라푸 광산의 최대 주주인 호주의 라파옛이 파산을 선언했고 동시에 사업 포기를 선언했다. 이대로 사업이 종료되는 것인가? 그런데 사건은 전혀 의외의 방향으로 전개되었다. 여전히 논문을 쓰고 있던 반년 뒤, 사업의 2대 주주였던 한국의 L사가 라파옛의 사업지분을 인수한다는 소식이 들려왔다. 마닐라의 반광산 활동가들은 한국 대사관 앞으로 몰려가 시위를 했고, 나에게도 이 이슈를 한국에서 알도록 도와달라고 요청해왔다. 나는 그간의 상황을 정리해 한국의 모 환경단체에 전달했다.

그 이후에는? 현장과의 관계를 어떻게 할 것인가 고민이 이어졌다. 하지만 그 이상 활동에 더 관여하는 것은 다시 한번 '나는 활동가인가, 연구자인가?'라는 정체성 혼란으로 이어질 것이 명백해 보였다. 장고長考 끝에 나는 연구자의 길을 택했다. 여전히 움직이는 현장을 쫓

관찰과 참여의 경계 위에서

아가면 논문이 아니라 백서만 만들다가 끝날 수도 있겠다는 생각에 더럭 겁도 났다. 그래서 계속 움직이는 사건과 사람들에게 마음속으로 작별을 고하고 멈춰 서서 그때까지 수집한 자료만으로 논문을 쓰겠다고 결심했다.[10]

한국에 들어온 이상 가정사도 완전히 내팽개칠 수는 없었다. 남편과 시간을 조정해 논문 쓰기-육아-강의를 하는 틈틈이 아르바이트 프로젝트도 병행해야 했다. 올빼미형 인간인 나와 새벽형 인간 남편의 역할이 자연스럽게 구분되었다. 느지막이 일어나 점심 무렵 연구실에 나와 작업을 하다 저녁 6시에 어린이집에 들러 아이를 데려다가 먹이고 씻기고 재우는 것까지가 나의 몫이었다. 남편이 퇴근하면 다시 연구실로 올라가 밤새 논문을 쓰다 새벽에 귀가했다. 아침에 아이를 깨우고 먹이고 입힌 후 어린이집에 등원시키는 것은 남편의 몫이었다. 2007년을 시작으로 연구주제가 구체화하며 새롭게 연구계획서를 작성하고 2008년 상반기 세 번의 심사를 거치며 1년 반의 시간을 논문 쓰기에 몰두했다. 그 과정에서도 가족과 이웃들의 숱한 도움이 없었다면 하루하루 버틸 수 없었을 것이다.

논문을 완성한 다음 라푸라푸 섬을 다시 찾겠다는 망 토니와의 약속은 아직까지 지키지 못했다. 왜 못 찾아가고 있는지 스스로에게 물어보았다. 사실 현장에서 연구자가 겪는 감정은 너무도 복잡다단하다. 연구자 스스로가 연구도구가 되어야 하는 장기 현지조사는

---

10 라푸라푸 섬의 광산은 개발 시작 9년 만인 2013년에 공식 폐업했다. 조업이 끝났다고 끝이 아니다. 원계획대로라면 광산 폐기물의 처리와 토지복원이 광산개발에 소요된 햇수만큼 진행되어야 한다. 그런데 현 상태를 확인해보니 이미 진행 중이어야 할 복원작업은 아직 착수도 못하고 있었다. 죠슈아에게 사깁이슬라와 SARA의 최근 상황을 물어보니, 주민들은 복원과 피해보상을 외치며 여전히 싸우고 있다고 한다. 안타깝게도 싸움의 대상은 이미 사라져버렸지만.

기본적으로 연구대상과 연구지역에 대한 애정과 관심을 전제로 했을 때 시작된다. 하지만 장기 체류 과정에서 감내해야 하는 상황의 복잡함, 외지인이기에 혹은 여성이기에 긴장을 놓을 수 없는 피로감, 겹겹으로 가중되는 생활의 불편함에서 오는 짜증이 불끈불끈 솟구친다. 사람들 사이에서의 감정노동도 만만치 않다. 현지의 지배 엘리트 집단에 대한 분노도 있었지만, 피해 당사자들의 의지 없고 무기력한 태도에 배신감이 들 때도 많았다. 어떤 상황에서든 당사자가 될 수 없는 국외자로서 미묘한 소외감을 느낄 때도 있었다. 푸른 하늘과 바다로 열린 섬에서의 현지조사 때는 상대적으로 덜했지만, 꽉 막히고 답답한 대도시 마닐라에서는 그야말로 '되는 것도 없고 안 되는 것도 없는' 어정쩡한 상황을 자주 직면했다. 고백하면, 그럴 때마다 '논문만 끝나면 이 지긋지긋한 도시와 나라에 다시는 안 오련다'는 결심을 여러 번 되뇌었다. 감정이 쌓인 만큼, 마음을 다시 비우는 과정도 필요했을 것이다. 필리핀에서의 1년 반은 내 인생의 중요한 전환기였고 그곳에서 만난 필리핀 사람들에 대한 '애정'은 여전하다. 하지만 내 논문을 객관적으로 만들기 위해, 그리고 논문이 끝난 후에는 감정의 찌꺼기들을 정리하느라 연구현장에 거리를 두려고 일부러 노력했다.

또 다른 이유를 찾자면, 내가 쓴 한글 논문을 들고 그들을 찾는 것이 무슨 소용이 있나 하는 자괴감도 나의 발목을 잡았다. 논문을 쓰는 동안 나는 나의 작업이 그들의 호소에 답하는 것이라 여겼다. 하지만 나는 그들이 읽을 수 없는 한국어로 답했고, 내가 찾은 답을 전달하러 그 섬에 다시 갈 기회도 여전히 찾지 못하고 있다. 그래서인지 논문을 끝내고 난 후 마음의 불편함과 미안함이 여전히 남아 있다. 필리핀에 머무는 동안 만난 사람들이 모두 귀한 인연이었고, 그들은 어느덧 내 안에 들어와 '나''들'이 되어 있었다. 겁 없이 논문한 편으로 세상을 바꾸겠노라 결심했던 것은 아니지만, 그럼에도 만남을 마무리하는 데 최선을 다하지 못한 것 같아 마음이 여전히 무겁다.

최근 나는 전략을 좀 바꾸어 내 연구의 독자를 '동남아를 알고 싶어하는 한국인들'로 상정한 다양한 연구를 동시 진행 중이다. 박사논문 때와 같은 장기 체류는 이제 불가능하지만, 나는 여전히 현장으로서 필리핀 사회를, 더 넓게는 동남아 지역을 자주 방문하고 여전히 척박한 지역연구를 해보려 애쓰고 있다. 관심사와 주제는 꼬리에 꼬리를 물고 넓고 깊어지고 있는데, 짧은 보고서로 끝나는 연구들도 있지만 개중엔 박사논문 주제만큼이나 공을 들여 장기적으로 관찰하고 관계를 이어가는 현장도 생겨나고 있다. '설탕으로 본 필리핀'과 '공정무역'이라는 주제가 그러하다. 이 주제는 필리핀 민중을 힘겹게 하는 온갖 사회·환경 문제들을 '고발'하는 연구가 아니라 그들이 주인공이 되어 스스로 지역사회를 바꿔나가는 구체적이고 '건강한 삶의 현장'에 관한 기록이라는 점에서 나에게 좀 더 특별하다. 내가 노력한 만큼 이 현장을 알고 현장과 연대하려는 사람들의 수도 늘어나는 '사회적 효능감'도 느낄 수 있는 연구여서, 논문도 쓰고 보고서도 쓰고 단독 저서도 쓰며 이 현장의 사람들과 활동을 소개하려 다방면으로 노력 중이다.

올해도 나의 달력엔 방학의 시작과 동시에 동남아 지역으로의 여러 건의 현지조사 스케줄이 기입되고 있다. 지역연구자로서 연차가 늘어나는 만큼, 가야 할 현장과 가고 싶은 현장의 수 그리고 만나야 하는 사람들의 수와 주제도 늘어나고 있다. 나를 채워줄 '나''들'의 영역도 동남아 전역으로 확대되어간다. 그만큼 나의 세계도, 세계에 대한 나의 이해도 넓고 깊어지고 있다고 믿는다. 이 모든 것의 시작점이었던 필리핀에서 보낸 1년 반의 시간은 그런 점에서 분명 내 인생의 '불의 세례'였다.

참고문헌

전제성 외, 『맨발의 학자들: 동남아 전문가 6인의 도전과 열정의 현지조사』, 서울: 도서출판 눌민, 2014.

Blaikie, Piers, and Harold Brookfield, *Land Degradation and Society*, London: Methuen, 1987.

Ibon Foundation, *Minging Rapu-Rapu's Pot of Gold: A Study on the Socioeconomic Impacts of the Rapu-Rapu Polymetallic Mining Project on the Residents of Rapu-Rapu*, Alby and Prieto Diaz, Sorsogon, Ibon Foundation Inc, 2007.

Neumann, R. P. *Making political ecology*, London: Hodder Arnold, 2005.

Vayda, Andrew P. "Progressive Contextualization: Methods for research in Human Ecology", *Human Ecology* 11(3): 265-281, 1983.

3

베네수엘라 21세기 사회주의가
등장한 까닭은:

민중의 목소리를 찾아서

정이나

1. 2007년 여름, 베네수엘라로 향하다

내가 처음 베네수엘라를 방문한 것은 2007년 봄이 지나가고 본격적으로 여름이 시작되던 즈음이었던 것 같다. 나는 스페인 살라망카대학에서 사회인류학 박사과정을 공부 중이었고, 멕시코 사파티스타 Zapatista 원주민 운동을 박사논문 주제로 염두에 두고 있었다. 라틴아메리카 지역에서는 오랫동안 원주민에 대한 이슈가 한편으로 문화상품화해서 소위 국가 '브랜드'가 되고 있었으나, 정작 당사자들은 사회정치적 권리에서 철저히 배제되는 웃지 못할 아이러니한 일들이 벌어지기 시작한 시점이기도 했다.

한 예로 1980년대 중반까지 약 20만 명에 이르는 마야 원주민들을 국가폭력을 동원해 선택적으로 학살한, 이른바 제노사이드 혐의로부터 자유롭지 못한 중앙아메리카의 과테말라는 현재 마야 문명의 '위대함'과 '찬란함'을 국가의 관광자원으로 적극 활용하고 있다. 그럼에도 불구하고 여전히 과거사 문제나 책임자 처벌처럼 역사를 '바로잡는' 일은 고사하고, 전체 인구의 절반 이상을 차지하는 원주민들을 사회적으로 배제하고 경제적으로 착취하는 구조를 공고히 할 뿐이다.

이 같은 현실은 라틴아메리카 국가 전반에서 일어나고 있으며, 비단 과테말라에만 국한된 사실은 아니다. 이는 1994년 멕시코 치아파스 Chiapas 주에서 일어난 사파티스타 운동을 단순히 멕시코와 미국이 체결한 NAFTA(북미자유무역협정)를 반대하는 원주민들이 일으킨 '반란'으로 설명할 수 없는 구조적 배경이기도 하다.

그러는 사이 베네수엘라에서 '21세기 사회주의'라는 새로운 흐름

관찰과 참여의 경계 위에서

의 민중운동이 출현했다는 이야기가 간간이 들려왔다. 라틴아메리카 같은 제3세계의 소식이 국내에 소개되는 일이 극히 제한적이고 대중적 관심을 끄는 경우가 흔치 않은 시절이었다. 베네수엘라의 우고 차베스Hugo Chávez 대통령의 21세기 사회주의 선언처럼 국제사회의 이목이 집중된 정치적 이슈나 2000년대 초반 브라질 노동당 출신 룰라Lula의 대통령의 당선이 국내의 이른바 진보단체들의 관심을 받은 예외적인 경우가 아니라면 말이다.

라틴아메리카는 절대적 빈곤에 놓여 있는 아프리카 같은 지역과는 달리, 기형적 사회구조에 기반을 둔 극심한 빈부 격차와 사회적 불평등이 깊게 뿌리 내린 대륙이다. 라틴아메리카 지역의 주요 연구주제가 사회적 불평등이라는 사실이 새삼스럽지 않은 이유이다. 사회학은 말할 것도 없고, 정치학, 경제학 등 다양한 분과의 학문이 공통으로 만나는 지점이라고 해도 좋을 만큼 부조리한 사회구조는 이 지역 고유의 사회적 문제와 정치적 갈등이 주기적으로 반복되는 원인이 되고 있다.

근대 라틴아메리카의 역사를 이해하려면 우선 콜럼버스가 아메리카 대륙을 발견한 1492년으로 거슬러 올라가야 한다. 아메리카의 발견이 유럽에 세계사적인 영광을 가져다주었다면, 정작 지금의 라틴아메리카는 지난 300여 년간 식민지의 역사였으며, 유럽 제국으로부터 독립한 19세기 이후에는 유럽 구대륙 식민지의 잔재가 고스란히 이식된 채 근대국가로 성장했기 때문이다. 즉 식민지의 역사가 지금의 기형적 사회구조를 잉태한 모태가 된 것이다. 따라서 사회의 근본적이고 구조적인 개혁 없이는 현재 라틴아메리카 대륙에 끊임없이 재생산되는 고질적인 사회 갈등이나 모순적 경제구조를 해결한다는 것은 사실상 불가능할 수밖에 없다.

개인적으로 나에게 라틴아메리카는 안데스의 잉카 문명이나 메소아메리카의 고대 마야 문명 같은 찬란하고 풍요로운 문화유산으로 등치되는 흥미로운 대륙이었을 뿐이다. 고교 시절 고고학에 관심이 있었던 나에게 어쩌면 타임머신이라도 발견할 수 있을 것 같은 낭만을 품게 한 곳이기도 하다. 적어도 약 20년 전 처음 라틴아메리카 땅을 밟기 전까지는 말이다.

라틴아메리카의 기형적인 분배구조는 대다수 국민을 빈곤층으로 전락시키며, 소위 현대판 귀족 계급에 해당하는 과두 세력에게 집중된 부와 권력은 소수 상류층만 오롯이 향유하는 그들만의 리그가 된 지 오래였다. 단순한 관찰자의 시선으로 마주했지만 라틴아메리카의 그런 사회 현실은 그 자체로 큰 충격으로 다가왔다. 그 같은 현실 앞에서 문화의 풍요로움이나 낭만의 접점을 찾는 것은 결코 쉬운 일이 아니었다. 그런 것은 대다수 국민의 삶의 무게를 외면하는 염치없는 일로 느껴질 정도였으니 말이다.

교통이 여의치 않아 새벽 4시에 집을 나서 일터로 향하고, 고된 하루 노동의 대가가 가족의 하루 식량조차 해결할 수 없는 지경에 이르며, 학교에 가는 대신 도로에서 고급 자동차의 유리를 닦는 것이 '업'이 되어버린 아이들로 넘쳐나는 사회와 그것을 외면하는 국가에 대한 궁금증은 증폭되기 마련이다. 개혁의 필요성은 물론 반드시 해야만 하는 당위성 있는 일이라는 확신, 그리고 급진적 변화가 요구되는 사회의 '처절한' 현실들이 외면할 수 없는 일이 되었다.

이것이 베네수엘라가 나의 주요 연구분야가 될 수밖에 없었던 학문적 배경이라고 해도 좋을 것이다. 그렇게 나의 시선은 자연스럽게

관찰과 참여의 경계 위에서

베네수엘라 사회에 새로운 민중운동이 출현했다는 소식에 이끌렸고, 베네수엘라가 몹시 궁금해지기 시작했다. 자본의 권력 앞에 움츠리도록 오랜 시간 억눌리고 길들여진 사람들의 저항은 도대체 어떤 모습일까. 그 모습을 보고자 나는 2007년 여름 처음으로 베네수엘라를 찾았다.

2. 쿠바에서 카라카스를 생각하다

2007년 베네수엘라 카라카스에서 보낸 약 3개월은 나에게 마치 3년처럼 느껴졌다. 짧은 물리적 시간에 비해, 희망과 절망을 넘나드는 롤러코스터와 같은 시간이었기 때문이다. 대중적 민중운동의 뜨거운 열기와 희망으로 넘치는 사람들이 있었던 반면, 다른 한편으로는 기회주의적인 '정치꾼'들이 여전히 의회에 산재해 있었고, 과거 정권의 관변단체 세력들은 호시탐탐 반전의 기회를 노리며 베네수엘라 정부에 기생하고 있는 양상이었다. 우연한 기회로 몇몇 국회의원 및 의회 관계자들과의 면담이 성사되었으나, 베네수엘라의 새로운 사회적 시도가 과연 무엇인지 의심이 들 만큼, 개혁의 구상이나 비전은 고사하고 '국회의원' 신분을 즐기는 데만 관심 있는 어처구니없는 자들의 일면을 확인했을 뿐이다.

그러나 소위 정치권의 기회주의자들이나 정치를 온갖 특혜와 혜택이 보전되는 가성비 좋은 '직업'쯤으로 여기는 정치꾼들을 멀리하자, 새로운 사실들이 눈에 띄기 시작했다. 베네수엘라 민중운동의 본질이 비로소 어렴풋이 보이는 듯했고, 그 핵심 동력을 찾을 수 있을 것 같았다. 생명의 위대함으로 고단한 삶을 이끌어가는 바리오 주민들, 즉 빈민가 민중이 베네수엘라의 새로운 변화를 희망하고 있다는 사실을 감지한 후였다. 어렴풋이 느껴진 이 사실을 확인하기 위해 약 1년 뒤 다시 베네수엘라를 찾았다. 이번에는 인류학 박사논문을 위한 필드조사라는 구체적인 목적과 나름의 '야심 찬' 계획을 갖고서.

그렇게 나의 두번째 여행이 시작되었다. 2008년 9월 두번째로 베네수엘라를 향해 가는 길도 처음과 마찬가지로 지리적으로나 심리적으로나 만만치 않은 여정이었다. 처음 베네수엘라를 찾을 때는 그 사회를 있는 그대로 관찰하겠다는 '막연함'이 있었다면, 이제는 다소 구체적인 목적과 연구 방향이 정해졌을 뿐이었다.

쿠바에서 약 2주를 머문 뒤 베네수엘라 카라카스로 떠난다는 계획이었다. 쿠바 사회주의 의료 시스템 연구지원을 위해 잠시 아바나를 거쳐가는 일정이었다. 한국이 가을로 들어설 즈음 쿠바는 허리케인을 맞을 준비로 분주했고 모든 항공편이 결항되었다. 카라카스로 가는 계획이 무산되고, 자연의 '결정' 앞에서 속수무책 하늘만 바라볼 뿐이었다.

기실 나는 허리케인으로 예기치 않았던 휴식을 갖고 덕분에 쿠바에서 잠시 숨을 고를 수 있었으니, 어찌 보면 발이 묶였다기보다 3일, 즉 72시간이라는 선물을 받은 셈이었다. 쿠바에서의 15일은 사회주의 의료 시스템을 연구하는 바쁜 시간이기도 했지만, 다른 한편으로는 과연 '사회주의란 무엇일까'라는 상념으로 분주한 날들의 연속이기도 했다. 쿠바는 '유일하게' 살아남은 20세기 사회주의 국가였고, 내가 가려는 베네수엘라는 이제 막 21세기 사회주의를 선언한 국가였다.

　　　　　　　　　　　　　　관찰과 참여의 경계 위에서

'사회주의'라는 공통분모는 20세기 중반에 시작된 쿠바의 사회주의 체제와 베네수엘라의 21세기 사회주의 사이 어딘가에 걸쳐 있었고, 나는 그 교착지점에 서 있는 것만 같았다. 쿠바에서 보낸 2주는 한가할 수 없는 시간이었다. 짧은 시간이지만 부지런하게 움직이며 관찰하는 모든 것과 그 인상들을 가능한 한 많이 기억해야 했기 때문이다.

아는 바와 같이 베네수엘라는 우리에게 그저 풍부한 석유자원이나 세계미인대회를 매번 석권하는 미녀들이 많은 나라였을 뿐이다. 그러나 언제부터인가 베네수엘라에 대해 이야기하는 목소리가 달라지기 시작했다. 1999년 차베스 대통령의 집권 이후부터였을 것이다. 석유와 미녀만 보도하던 데서 벗어나, 이제 베네수엘라는 혼란한 정국을 맞이한 남미의 '불행한' 국가의 표상이 되어가고 있었다. 급기야 2002년 반정부 쿠데타를 시작으로 더욱 혼란스러운 외신들이 이어졌고, 곧이어 베네수엘라의 주요 생산수단이던 석유산업이 노동자들의 파업으로 수 개월간 중단되었다는 소식까지 들려왔다.

한편에서는 베네수엘라에 대해 새로운 민중운동의 출현이라는 희망을 이야기하는가 하면, 다른 한편에서는 정치적 구상이나 비전을 전혀 제시하지 않은 채 혹세무민하는 정치 선동가가 정권을 잡은 전형적인 '포퓰리즘'으로 비하하고 있었다. 그 같은 양극단의 시선은 나의 관심을 더욱 증폭시켰다. 적어도 둘 중 하나는 진실에 가까울 것이므로. 베네수엘라 사회에서 대체 무슨 일이 벌어지고 있는지 눈으로 직접 확인해야 할 차례였다.

3. 가난한 자들의 도시 카라카스:
왜 21세기 사회주의는 바리오 주민들의 희망이 되었을까

베네수엘라의 수도 카라카스 주변부에 즐비하게 들어서 있는 바리오, 소위 빈민가라고 불리는 이 공간은 역설적이게도 2000년 이후 21세기 사회주의를 주창한 차베스 정권의 주요 지지기반이자 개혁의 사회적 동력이었다. 요약하면 사정은 이렇다. 1960년대 이후 베네수엘라에는 매우 '안정적'인 민주주의 체제가 약 40년간 유지되었다. 다른 라틴아메리카 국가들이 군부독재로 치닫던 시기에도 베네수엘라에서는 평화적 정권 교체가 이루어졌다. 그러나 소위 이러한 '안정적인 민주주의'를 통해 전체 국민의 70퍼센트 이상이 절대 빈곤에 가까운 빈민층으로 전락했으며, 그 사회적 결과는 카라카스를 에워싸며 형성된 거대하고 즐비한 빈민가였다.

형식적으로는 '완벽한' 정치 민주주의를 유지했으나 사회경제적으로는 전혀 민주적이지 않은 기이한 결과를 낳은 셈이다. 엄청난 규모의 바리오와 인구의 절대 다수를 차지하는 빈민층의 존재가 베네수엘라 민주주의의 허구적 실체와 위선을 적나라하게 드러내고 있었다. 이런 상황에서 1999년 차베스가 바리오 주민들의 절대적 지지를 받으며 대통령이 되었고, 비로소 베네수엘라의 급진적 사회개혁이 시작되는 정치적 계기가 마련될 수 있었다.

소비에트 연방의 몰락으로, 20세기 사회주의는 자본주의를 대신하는 사회적 대안이 될 수 없다는 사실에 쐐기가 박힌 듯했다. 그와 함께 거침없이 몰아친 이른바 신자유주의 세계화는 특히 라틴아메리카와 같은 제3세계를 강타했고, 그 결과는 극심한 양극화를 동반한

사진 1 **카라카스 도심의 바리오**(2008)

다수 대중의 빈곤화였다. 그럼에도 불구하고 새로운 대안은 없어 보였다. 게다가 20세기 사회주의의 '실험'이 실패로 돌아간 이상, 자본주의를 대신할 체제로서의 사회적 대안이 사회주의는 아닐 터였다.

이 같은 배경에서 2000년대 초반 베네수엘라에서 시도된 21세기 사회주의에 찬반과 관계없이 국제사회의 이목이 쏠리는 것은 당연한 일이었다. 자본주의의 대안으로 여전히 사회주의 이념과 가치를 지향했던 이들에게는 반가운 희망이었고, 자유시장주의자들에게는 결코 용납할 수 없는 위협이었다. 차베스의 베네수엘라는 이렇게 세간의 이목과 관심을 끌면서 끊임없는 논쟁의 중심이 되었고, 이런 상황은 현재도 여전히 진행 중이다. 그리고 언제나 그렇듯 그 논쟁에는 사회적 주체, 즉 베네수엘라 사람들의 이야기는 드러나지 않는다.

이른바 전문가를 앞세운 정치체제와 경제정책에 관한 거시적 논쟁은 현란하지만 공허했고, 내가 궁금한 베네수엘라 사람들의 이야기는 늘 배제되어 있었다. 그것이 베네수엘라를 직접 찾은 이유였다. '내가 궁금한 것을 직접 알아봐야 하지 않겠는가'라는 당찬 도전이었던 셈이다. 왜 베네수엘라 사람들이 21세기 사회주의를 이야기하는가에 대해 그들의 이야기를 직접 들어볼 필요가 있었다.

4. 카라카스 현지조사기

홀로서기를 시작하다

본격적으로 베네수엘라에서 현지조사를 하기로 마음먹은 후 가장 시급하게 해결해야 할 과제는 거주 공간을 확보하는 일이었다. 주거가 해결된다면 해결하지 못할 일이 없을 테니까. 잠시 풍찬노숙을 하는 것쯤이야 크게 두려울 것 없었으나, 호락호락하지 않다는 '치안' 상태는 여성인 내가 그곳에서 맞닥뜨린 첫 과제가 되었다. 우선 과거 짧은 방문 기간에 우정을 쌓은 친구들에게 도움을 요청하기로 했다. 과거 그들과 함께 생활하면서 식사 대신 담배와 커피로 허기를 달래며 동고동락한 기억이 만들어주는 끈끈한 유대의 힘이 있었다. 당시 베네수엘라에서는 하루 세 끼 식사를 거르지 않고 꼬박꼬박 하는 것이 모든 사람에게 당연하게 주어지는 현실이 아니었음을 알아주길 바란다.

나는 두 사람이 간신히 다리 뻗고 잘 수 있는 그들의 조그만 집으로 염치 불구하고 쳐들어갔다. 당시 커플이었던 그들의 안방을 점거한 것이나 다름없었다. 내가 그들의 보금자리를 차지했으니, 그들은 '자연스럽게' 방구석에 만들어진 칸막이 없는 다락방으로 자신들의 침대 매트리스를 옮겨놓았다. 칸막이조차 없어 다락방 위 아래에서 서로의 일상을 공유할 수밖에 없는 구조였으니, 뜻하지 않게 밤낮 가릴 것 없이 소통의 공간이 만들어진 셈이었다. 우리 셋의 동거는 그렇게 약 일주일 정도 계속되었다.

두말할 나위 없이 열악한 생활 환경이었음에도, 나의 생활은 활기차게 시작되었다. 심심찮게 수돗물이 끊기고, 정전도 일상이었으며, 셋이 앉으면 몸이 닿지 않을 수 없는 좁은 공간이었다. 하지만 친구들의 시니컬하지만 언제나 속 깊은 농담이 웃음을 주었고, 다 큰 어른을 보살피려고 서툴지만(?) 나름대로 노력하는 친구들 옆에서 나는 정서적으로 안정되었으며, 그런 상황이 내 생활의 동력이 되어주었다. 매일 나의 식사를 걱정하며 요리를 하고 좌충우돌하는 그들의 모습이 나는 왜 그렇게 재미있고 좋았을까.

밥보다 담배를 좋아하고, 종일 마셔대는 커피로 치아가 누렇게 변해버린 그들의 모습에서 나는 무엇을 보았을까. 그들은 참으로 부지런히 살고 있었다. 생활을 위해 액세서리 같은 물건들을 손수 만들어 팔았고, 동시에 그들이 속해 있는 단체인 '볼리바리안 스쿨Escuela Bolivariana'에서 진행하는 각종 활동과 행사에 빠짐없이 참여했다. 사생활과 단체의 활동이 구분되지 않을 만큼 빼곡히 채워진 일상이었다.

친구들의 '보호'를 받는 호사는 일주일이면 충분했고, 이제 독립해야 할 시간이 다가왔다. 그새 그들과의 동거가 익숙해졌지만, 그런 생활을 계속 유지할 수는 없는 노릇이었다. 친숙하고 편해진 그들 곁을 떠나 카라카스 도심 주변을 맴돌기 시작했다. 약 일주일 후인 2008년 9월이 지나갈 때쯤, 나는 카라카스 도심에 숙소를 마련할 수 있었다.

바리오 아르티가스 정착기

처음 카라카스에 도착해 약 일주일 동안 신세를 졌던 친구들의 보금자리를 떠난 뒤 나의 홀로서기가 시작되었다. 우선 집을 구해야 했다. 혼자 지낼 수 있을 정도로 치안이 보장되고 도보로 지하철이나 버스를 이용할 수 있는 곳이어야 한다는 것이 조건이었다. 그런 조건이면 충분했다. 나는 카라카스 일간지의 정보란을 통해 동네의 위치를 대략 판단해 집주인과 연락을 해보았다.

이때 유선상의 대화는 상대의 성격이나 의도 등을 파악하는 데 좋은 단서가 된다. 따라서 가능하다면 집을 구하기 전 집주인들에게 많은 대화를 유도해보는 것도 좋은 방법일 것이다. 그렇게 수소문을 시작한 지 얼마 되지 않아 헛걸음 없이 카라카스 도심의 한 아파트에 방을 구할 수 있었다. 나와 나이가 비슷해 보이는 젊은 엄마 에니^{Eni} 그리고 그녀의 네 살 된 아들 알베르토^{Alberto}와의 동거는 그렇게 시작되었다.

그녀가 나를 세입자로 받아들인 이유 그리고 내가 그 집의 세입자가 되기로 결정한 이유는 아마도 서로에 대해 느낀 안도감이었을 것이다. 그녀는 홀로 사내아이를 키우는 엄마였고, 나는 그녀에게 전혀 위협이 되지 않는 존재였을 테니까. 당시 급격한 정치적 '변화'를 겪고 있던 베네수엘라를 바라보는 그녀의 시선은 흔들리고 있었고, 그런 상황에서 같은 베네수엘라 사람보다 오히려 먼 동양에서 온 '여성'에게 안도감을 느꼈을 거라고 미루어 짐작해본다. 그리고 나는 여전히 익숙하지 않은 카라카스에 안전한 거주지를 확보한 셈이었으니 서로에게 만족스러운 결과였다. 이제 나의 홀로서기가 현장으로 옮겨져야 할 시간이었다.

무작정 따라나서다

인류학의 주요 연구방법론인 이른바 현지조사의 큰 장점은 현장의 가공되지 않은 모습을 직접 관찰하고, 더 나아가 운이 좋을 경우 '참여'라는 형식의 밀착된 연구가 가능하다는 점이다. 산발적이고 미시적이지만 현장의 1차 자료를 마음껏 수집할 수 있다는 것도 현지조사의 큰 매력 중 하나이다. 이 같은 사실이 내가 베네수엘라의 수도 카라카스, 특히 아르티가스^{Artigas} 지역에 위치한 바리오에 정착한 직접적인 이유였다.

아르티가스는 카라카스 도심에 있는, 일반적으로 통칭해서 '바리오'라고 부르는 지역 중 한 곳이다. 바리오^{Barrio}는 '빈민가'를 지칭하는 또 다른 표현이며, 가난과 폭력이 난무하는 무섭고 위험한 사회적 공간으로 인식되는 그곳을 일컫는 이른바 베네수엘라식 '고유명사'이다. 베네수엘라의 수도 카라카스의 모습은 실로 기이하다. 세계 어느 도시와 비교해도 뒤지지 않을 높은 빌딩과 잘 정비된 넓은 도로가 있는 메트로폴리스 주변을 거대한 바리오들이 분지처럼 에워싸고 있기 때문이다. 심지어 도심에서 바라다보이는 바리오의 모습은 평온하기까지 하다.

하지만 도심에 사는 주민들, 이른바 중산층은 이미 바리오 주민들을 '언덕에서 내려온' 자신들과는 다른 부류의 사람들로 구별 짓고 있다. 따라서 가능하면 멀리해야 하고 부딪치지 않도록 조심해야 한다. 도심의 중산층에게 언덕의 바리오 주민들은 잠재적인 '범죄자'들이니까. 카라카스의 분위기는 대략 이러했다.

그리고 나는 그런 바리오로 들어가고자 도심 주변을 서성거리는, 외국에서 온 여성 연구자였다. 내가 바리오에서 하려던 현지조사는 여성인 나로서는 매우 큰 모험이었다. 게다가 나는 겁이 많고 은근히 '소심'한 구석도 많은 사람이니 말이다. 빠른 판단과 민첩한 행동 따위는 애초부터 나에게는 탑재되어 있지 않은, 그저 부럽기만 한 타인의 재능일 뿐이다. 그래서 나는 낯선 곳에서 동선을 결정할 때 일신의 안전을 가장 우선시하는 편이다. 그래도 간혹 나의 의지만으로는 어찌해볼 수 없는 당혹스러운 일들을 맞닥뜨려야 하는 것은 어쩔 수 없는 일이다. 그래서 베네수엘라의 바리오로 들어가기 위해 우선 친구들이 속해 있는 '볼리바리안 스쿨'이라는 사회단체의 활동반경에 기대어보기로 했다.

볼리바리안 스쿨에 대해 잠시 이야기하자면 이렇다. 조직의 이름이 말하듯, 바리오 지역에서 소위 '학교' 역할을 하는 단체이다. 사람들

관찰과 참여의 경계 위에서

이 바리오에서 못 내려오거나 내려오지 않으니 직접 찾아가는 학교인 셈이다. 이 조직은 학생, 일반인, 주부, 예술가 등 다양한 사람들로 구성된, 이른바 자생적인 사회단체다. 조직의 장長은 사회과학을 전공한 삼십 대 중반의 다혈질 활동가였다. 삶에 대한 열정과 불의에 대한 분노가 그의 전투적 기질과 결합해 시너지를 내고 있었으니, 단체의 활동도 역동적일 수밖에 없었다.

또한 과거 스페인 식민지 시절 흑인의 유입이 많았던 터라, 인종적·문화적 다양성만큼이나 카리브해 특유의 '흥'이 넘쳤다. 흥과 농담을 즐기는 그들과 조용하고 지루한 나는 의외로 궁합이 잘 맞는 듯했다. 나와는 다른 그들의 모습에 내 시선이 닿은 만큼, 그들도 자기들과 다른 나를 경험하는 재미가 나쁘지 않았던 모양이다. 그들에게 나는 한국인이 아니라 동양에서 온 '정체 모를' 여성이었을 테니까. 게다가 그들의 언어를 사용하지 않는가. 제법 오래 배운지라 나는 스페인어를 곧잘 한다는 소리를 들었다. 단순한 의사소통을 넘어 속 깊은 대화까지 나눌 수 있었던 만큼, 그들에게는 내가 더욱 흥미로운 사람이었을 것이다. 그렇게 우리는 조금씩 서로를 알아가며 가까워졌다.

카라카스에 도착하고 한 달쯤 뒤, 바리오 아르티가스의 플라솔레타Plazoleta 구역에서 주민평의회Consejo Comunal 선거를 한다는 소식이 들려왔다. 볼리바리안 스쿨에서는 선거를 지원하기 위해 인력을 충원했고, 필요한 물자를 공급하기 위한 TF팀이 꾸려졌다. 그 과정을 옆에서 지켜보던 나는 자연스럽게 그 팀의 구성원이 되어 무작정 따라나섰고, 그렇게 바리오 아르티가스에 발을 들여놓을 수 있었다. 나의 의지로 결정한 일은 카라카스에 간 것과 바리오 지역의 현지조사를 하겠다고 결심한 것뿐이었다.

이후 카라카스에서 일어난 일련의 사건들은 모두 우연과 예상치 못했던 기회 등의 절묘한 조합이었다. 흔히 우리는 매우 낯선 곳에서 뜻밖에 마주치게 되는 사람들과의 관계를 동양적 사고로 '인연'이라고 말한다. 나는 마치 인연의 힘에 떠밀리듯 다양한 사람들을 만났고, 그들과 일상을 공유하며 시나브로 그들의 삶 속으로 스며들어 갔다.

현지조사를 위한 과도한 계획, 치밀한 일정, 고정된 방법들은 오히려 현장의 동선과 범위를 제한할 수 있고 우연한 기회와 인연들이 만들어주는 역동성을 해칠 수 있다고 말하면 너무 과한 표현일까. 현장의 변화무쌍한 현실을 오롯이 담을 수 있는 완벽한 사전계획이라는 것은 불가능한 것 같다. 어찌 되었든 이제 현지조사에 가장 필요한 조사목적과 목적지는 해결한 셈이었다.

아르티가스의 첫 인상

무작정 따라나서 우연히 도착한 아르티가스에서는 주민 선거 준비가 한창이었다. 어른들은 물론이고 아이들도 신명이 나 있었다. 여자아이들은 파티에 가는 아이들처럼 드레스 비슷한 의상을 입고 있었다. 곧 알게 된 사실이지만 그 옷은 나름 심혈을 기울여 준비한 공연복이었다. 마땅히 옷감을 구할 수 없어 집에 걸어놓았던 꽃무늬 커튼을 떼어내 직접 만들었단다. 처음 방문한 바리오 아르티가스는 평온해 보였고 심지어 축제 분위기를 연상케 했다. 바리오의 한 골목에 걸려 있는 '마약 없는 동네'Libre de Drogas'라고 쓰인 현수막이 과거 어둡던 아르티가스의 모습을 짐작하게 할 뿐이었다.

사진 2 **바리오 아르티가스의 모습**(2008),
멀리 '마약 없는 동네'라고 쓰인 현수막이 보인다

불과 10여 년 전만 해도, 아르티가스는 경찰과 같은 공권력이 미치지 않은 곳이었다. 지역 주민 외에는 함부로 드나들 수 없었다는 이야기, 장을 보고 집으로 돌아오는 길에 날아오는 총알을 피해 차 밑으로 숨었다는 카티Cathy 아주머니의 경험담 등이 동네의 수다스러운 아주머니들 사이에서 재미있는 '무용담'이 되었고, 깔깔거리며 그 이야기를 나누는 화기애애한 광경이 인상적이었다. 그런 모습에서 감지되는 슬픈 '유쾌함'에 순간 압도되기도 했다. 그런 치안 부재와 혼란의 틈바구니에서 갱들 간의 총격전으로 튕겨나온 유탄에 둘째 아들을 잃었다는 넬리Nelly 아주머니의 사연은 나를 숙연하게 만들었다.

당시 아르티가스의 분위기는 역동적이었으며 곧 있을 주민평의회 선거로 분주했다. 마치 축제를 준비하듯 즐거워 보였으며, 특히 바리오 아이들은 나에게 지대한 관심을 보이며 주위를 서성이느라 더욱 바빠 보였다. 수줍은 듯 나를 힐끔 쳐다보고, 주위를 맴돌다가 도망가기도 하고, 삼삼오오 나를 졸졸 따라다니기도 했으니 말이다. 그래서 나는 조금 '아이 같은' 모습으로 그들에게 다가서기로 마음먹었고, 어느새 우리는 그냥 '또래' 친구가 되어 있었다. 의외로 어린아이들과 놀이 궁합이 잘 맞는다는 사실을 깨달은 새로운 '자아발견'의 시간이었다고 할까. 그러는 사이 조금씩 주민들과 친해졌으며, 그렇게 나는 바리오 아르티가스에서 두번째 홀로서기를 준비하고 있었다.

카라카스에서 다양한 군상을 만나다

가장 중요한 숙소 그리고 필드조사가 집중적으로 이루어지는, 이른바 '연구대상'인 지역과 단체의 가닥이 잡히면서, 필드연구를 위한 준비가 마무리되었다. 2008년 9월 카라카스에 도착하고 약 한 달이 지난 뒤였다. 연구방법론도 가닥이 잡혔고, 연구지역까지 결정되자 한 시름 놓았다. 카라카스 바리오 아르티가스의 플라솔레타 지역이었다. 내 주거지와 그리 멀지 않았고, 무엇보다 다른 바리오에 비해 접근성이 좋았다. 혼자 자유롭게 다닐 수 있는 동선이었고, 편리한 교통수단이 있었으며, 지역 아이들을 중심으로 '문화서클'이 조직되어 있어서 상시적으로 다양한 주민 접촉이 가능했다. 따라서 주민평의회 선거라는 큰 행사가 끝나더라도 지역 활동의 움직임을 가시적으로 포착할 수 있는 가능성이 크다는 판단이 들었다. 이제 숨을 조금 돌리고 카라카스와 친해져보기로 했다.

이방인이라면 접근하기 쉬운 경로를 가장 먼저 선택하는 것이 합리적이다. 많은 사람들이 모이는 개방된 공간이라면 더욱 좋을 것이다. 지하철을 자유롭게 이용할 수 있다는 점은 큰 장점이었다. 라틴아메리카에서 대중교통을 이용한다는 것은 생각처럼 간단한 일이 아니다. 과거 멕시코에서 지하철을 타려고 했을 때 현지인으로부터 참으로 '용감'하다는 말을 들은 적이 있다. 중미의 과테말라에서는 버스를 탈 때조차 큰 '위험'을 감수해야 하고, 심지어 직접 운전하는 것도 안전하지 않다. 총기를 소지한 거리의 '반항아'들의 표적이 되기 쉽기 때문이다.

그러나 적어도 베네수엘라에서는 지하철은 물론 버스나 동네를 순회하는 마을버스 등을 이용하는 일이 안전에 큰 위협이 되지는 않았다. 오히려 대중교통을 이용할 때 사람들 틈에서 안전함을 느낄 수 있었다. 당시 외신들은 연일 베네수엘라의 치안을 '준전시' 상황으로 묘사하는 뉴스들을 쏟아냈지만 직접 경험한 현실은 달랐다.

익명의 사람들이 가장 많이 모이고 유동 인구가 많은 지역은 대부분 호텔과 쇼핑센터들이 밀집된 지역이다. 카라카스의 부촌에 해당하는 차카오Chacao도 그중 한 곳이다. 우리나라의 강남쯤 되는 곳이라 볼 수 있다. 해가 지고 저녁이 되어도 사람들이 끊임없이 지하철역으로 드나들었고, 거리는 사람들로 제법 붐볐다. 또한 카라카스 도심 곳곳에 있는 플라사plaza라고 불리는 공원들은 가족, 친구, 연인들로 언제나 붐볐으며 가볍게 무장(?)한 군인들도 종종 눈에 띄었다. 특히 여군들의 모습이 제법 많이 목격되었다.

역사적으로 라틴아메리카에서 군인들이 일반 민중에게 그처럼 친근한 존재였던 적이 없는 것 같다. 심지어 무장한 그들과 사진을 찍는 호사(?)도 누려보았다. 사진을 찍자는 나의 제안에 수줍게 응해주는 어린 군인들의 천진한 모습을 포착했다. 종종 내가 미처 느끼지 못한 위험을 감지한 현지 동료들이 카메라를 들고 여기저기 돌아다니는 나의 겁 없는 행동을 저지할 때에야 비로소 카라카스 도심 저변에 흐르는 긴장감을 느꼈을 뿐이다. 그럴수록 나의 질문들은 오히려 늘어갔다.

카라카스의 일상은 대체로 평화롭고 자유로워 보였다. 차베스 정권이 들어서고 교육의 기회를 확대하기 위해 설립한 볼리바리안대학교 구내식당에서 학생은 물론 일반 대중에게도 무료로 급식을 제공하고 있었다. 식사를 해결하지 못하는 인구가 여전히 많은 곳이었다. 학교 식당이 식사를 해결하지 못하는 이들에게 음식을 제공하는 것은 당연하고 좋은 일이 아닌가. 정부가 여러 사회 프로그램을 통해 기본 식료품을 보급하고 있지만 가야 할 길은 여전히 멀었다. 인구의 70~80퍼센트를 빈민으로 전락시킨 과거 수십 년 정권의 달갑지 않은 '유산'을 고스란히 물려받았기 때문이다.

관찰과 참여의 경계 위에서

인포먼트: 카라카스를 말하다

카라카스는 이른바 '비대해진' 도시이다. 인구의 밀집도가 베네수엘라의 다른 도시들과 비교해 월등히 높다는 의미이다. 카라카스 주변에 형성된 거대한 구역은 도시가 형성된 역사적 경로뿐 아니라 그 사회경제적 상황까지 짐작하게 한다. 도시 중심의 메트로폴리스와 소수의 상류 부유층이 밀집해 있는 거주지를 제외하면, 카라카스는 분명 바리오의 도시다. 이미 카라카스에 입성한 이상, 시각적으로 확인되는 부정할 수 없는 현실이다. 카라카스 인구의 약 75%가 바리오에 거주하고 있다. 그렇다면 내가 도심에서 직·간접적으로 부딪치는 사람들의 3분의 2가 바리오에 살고 있다는 의미가 된다.

그래서 카라카스의 바리오 일반에 대한 조사는 크게 어렵지 않다. 바리오가 그들의 주거지이기도 하고 이웃이기도 하기에 카라카스 주민들은 언제나 바리오에 대해 할 말이 많다. 굳이 인포먼트를 찾아나서지 않아도 된다는 이점이 있다. 역설적이지만 바리오에 살지 않는 소위 중산층의 이야기를 듣는 것이 더 어려웠다. 그들을 만나려면 사설 보안경비 시스템을 갖춘 그들의 거주 지역에 가야 하는데, 그것은 바리오에 들어가는 것보다 더 복잡하고 어려운 일이었다. 그것은 현지조사의 목적과도 부합하지 않는 일이기에, 부차적인 사안으로 시간과 에너지를 소모하지 않기로 했다.

아주 우연한 기회에 도시민들과 하게 되는 계획되지 않은 대화는 카라카스를 현미경이 아닌 거시적인 틀에서 이해하게 하는 좋은 콘텐츠를 제공한다. 아주 좋은 시작이다. 잘 모르는 공간에서 '이방인'이 활용할 수 있는 가장 좋은 방법은 많은 사람들의 이야기를 다양하고 폭넓게 수집하는 것이다. 그런 다음 적절한 기준과 판단에 따라 자료를 분류하고, 필요한 경우 피드백의 소스로 활용한다. 바리오는 위험한 지역이니 조심해야 한다는 사람부터, 개인이 조심하면 아무 일도 일어나지 않는다는 충고, 경우에 따라서는 항상 지역 주민과 동행해서 다녀야 한다는 구체적인 가이드라인까지, 질문에 비하면 대답이 몇 배로 많은 성과를 내기 마련이다.

　친분과 신뢰가 쌓인 현지 인포먼트는 당연히 연구의 든든한 조력자이다. 하지만 그들의 내러티브에 압도당할 수 있으니 그 또한 경계해야 한다. 자칫 그들의 관점과 시선에 갇힐 수 있기 때문이다. 인포먼트와 인간적 신뢰 관계가 형성되는 것을 흔히 라포가 형성되었다고 한다. 라포 형성의 중요성은 의심할 여지가 없지만, 나의 동선과 조사 영역이 제한될 수 있음도 감안해야 한다. 따라서 라포를 형성하는 것도 중요하지만, 경우에 따라서는 형성하지 않는 전략도 필요할 수 있다.

　예를 들어 나는 볼리바리안 스쿨이라는 단체를 통해 '우연히' 그리고 자연스럽게 바리오 아르티가스에 정착할 수 있었지만, 그럼으로써 성격이 유사한 다른 단체나 기관과의 교류에는 제한이 생길 수밖에 없었다. 나는 아직 카라카스의 조직과 단체들의 운영방식에 대한 정보가 부족했기에 부주의한 행동이 가져올 수 있는 오해는 일단 피하는 것이 상책이었다. 그렇게 나의 행동 범위는 자연스럽게 결정되었다. 이제 바리오 아르티가스에 집중해야 할 때였다.

주민평의회: 여성들은 움직인다

여기서 잠시 베네수엘라의 주민평의회가 무엇인지 소개할 필요가 있어 보인다. 주민평의회는 2006년 차베스가 도입한 사회통합 정책이다.

즉 바리오의 거주환경과 생활조건을 개선하기 위한 주민들의 자치기구이다. 임의적이거나 임시적인 조직이 아닌 구체적인 법안으로 정당성과 합법성을 제도적으로 보장한 기구이므로, 주민들의 의견을 직접적으로 대변하고 전달하는 제도적 장치이다. 이것이 주민평의회의 주요 목적이기도 하다.

도시의 경우 인구밀집도가 높은 점을 고려해 200~400가구를 묶어 단일 조직을 구성할 수 있으며, 이를 통해 주민들의 '민원'을 해결한다. 다시 말해 바리오 사람들을 조직하는 것이다. 당시 바리오 아르티가스의 대표적인 성과는 그 지역을 '마약 없는 동네'로 변화시켰다는 것이었다. 과거 바리오 사람들은 촘촘하게 밀집된 주거 조건과는 달리 서로가 서로에게 '익명'으로 존재했다. 주민들 간의 수평적 교류가 전무했다는 반증이다. 그들은 서로의 이름, 고향, 직업, 누구와 살고 있는지 등을 알 수 없었고 알려고 하지도 않았다. 30년 넘게 이곳에서 살았다는 수단에서 이민 온 켈리Kelly라는 중년 여성의 증언이다.

주민평의회라는 조직 자체가 상상할 수 없었던 변화를 만들어내고 있는 만큼, 그녀는 누구보다 열정적이었다. 그녀의 열세 살 난 손자는 바리오에서 조직한 문화서클에서 네 줄 기타를 쳤다. 무뚝뚝한 소년의 얼굴과 네 줄 기타의 조화가 참으로 인상적이었다. 그런 변화가 일어나지 않았다면 어쩌면 소년은 기타 대신 마약을 나르고 있을지도 모를 일이다. 아르티가스의 이 문화서클을 조직한 넬리 아주머니는 바리오 아이들에게 마약과 폭력이 아닌 다른 경험과 기회를 주고자했다. 이쯤 되면 넬리 아주머니로서는 소기의 목적은 달성한 셈이다.

주민평의회는 그동안 서로에게 익명으로만 존재했던 주민들을

사진 3 바리오 문화서클이 공연을 앞두고 연습에 몰두하는 모습

서로 만나게 해주는 공간이 되었다. 정책이 시행되고 약 1년 후인 2007년 당시 카라카스에만 대략 600여 개의 주민평의회가 만들어졌다는 공식자료가 발표되었다. 바리오 주민들의 호응이 매우 높다는 반증이다. 사실 바리오 아르티가스의 주민평의회는 다른 바리오들에 비해 시기적으로 반걸음 늦게 시작된 경우였다.

아르티가스의 진기한 풍경: 든든한 여성들과 '순종적'인 남성

대부분의 조직과 단체는 보통 남성이 주도하거나 리더 역할을 하는 경우가 많다. 그러나 바리오 아르티가스의 풍경은 조금 예사롭지 않아 보였다. 아르티가스 지역 인구의 남녀 구성비를 보면 6:4 정도로 여성이 남성보다 조금 많은 정도이다. 그러나 주민평의회의 대변인, 즉 담당 분과의 책임자를 뽑는 사람들은 대부분 여성들로 구성되어 있었다.

바리오의 주요 활동 근거가 되는 문화서클을 주도적으로 조직한 사람도 넬리 아주머니 같은 여성이었다. 그녀는 지난 20여 년간 이곳에서 남편 그리고 열한 살 난 아들과 함께 살아왔다. 아들이 셋이었으나, 큰아들은 교통사고로 잃고 둘째 아들은 집 앞에서 갱들의 총격전이 일어났을 때 날아든 유탄을 맞고 사망해 이제는 막내아들만 남았다는 이야기를 슬픈 눈빛의 '덤덤함'으로 표현하던 아주머니였다.

그런 사연이 바리오에서 아이들을 모아 문화서클을 시작하게 된 이유이기도 했다. "더는 나의 아이들을 그렇게 허망하게 잃고 싶지 않다", "유일하게 남은 내 아들이 사는 동네가 더 이상 사람이 죽는 위험한 곳이 되도록 내버려둘 수는 없다"는 것이 그녀가 바리오에 문

사진 4 주민평의회 선거를 준비하는 바리오 주민들(2008),
선거인단 명부를 직접 준비하고 있다

사진 5 주민평의회 선거를 준비하는 바리오 주민들(2008),
투표용지를 담을 상자들이 놓여 있다

화서클을 만들게 된 직접적인 동기였다. 그 모임이 동네 주민들과의 소통 공간을 만들었고, 급기야 주민평의회를 조직하는 기반이 될 수 있었다. 넬리 아주머니의 문화서클 활동이 도화선이 되어 바리오 주민평의회가 조직될 수 있는 동력이 만들어진 것이다.

내가 한발 들여놓은 아르티가스는 우연히도 넬리 아주머니와 같은 '든든한' 여성들로 넘쳐났고, 나는 그런 분위기에 살그머니 스며들어 갔다. 그리고 그런 분위기는 뜻하지 않게 나의 연구활동을 위한 최상의 환경이 되어주었다.

늦은 밤까지 바리오에 남아 이곳저곳을 어슬렁거리던 어느 날, 동네 골목에서 맥주를 마시던 젊은이가 나에게 '희롱성 짙은 농담'을 던진 일이 있다. 그러자 넬리 아주머니가 그들에게 호통을 쳤다. "이봐, 젊은이들. 자네들의 누이라고 해도 이럴 텐가?!" 이 또한 만국 공통일까. 넬리 아주머니의 훈계 방식은 어딘지 익숙하고 친근한 느낌을 주었다. 상대는 키 크고 마른 두 흑인 남성이었다. 아마도 아이티나 수단에서 온 이민자였던 것 같다. 그들은 멋쩍어하며 조용히 자리를 떠났다. 그날 넬리 아주머니가 보여준 강렬한 카리스마는 나에게 오랫동안 잊히지 않는 현장의 기억으로 남았다.

아르티가스 주민평의회 선거를 치르는 과정에서 남성들이 여성 주민들의 '지도'를 받고 따르는 것은 흔한 풍경이었다. 주민평의회 선거 활동은 젊은 청년들이 주를 이루지만, 중년의 아주머니들은 바리오 선거를 총지휘하는 리더로서는 발군이었다. 반면 중년 이상의 남성들은 찾아보기 힘들었다. 몇몇 사람만 눈에 띌 뿐, 그들의 역할은 나처럼 주변을 어슬렁거리는 정도에 머물러 있는 듯했다. 자신들에게 무슨 역할이라도 주어지기를 기대하는 듯 '순종적'인 소극성을 내비칠 뿐, 지역 활동에 동참하려는 적극적인 모습은 보이지 않았다. 바리오 아르티가스는 분명 여성들의 지도력이 돋보이는 곳이었다.

더 나은 삶을 위한 바리오 주민들의 선택

카라카스 바리오에 대한 제한된 정보와 가공된 이미지 때문에 내가 부지불식간 갖게 된 편견과 오해는 현지조사를 하는 과정에서는 역으로 유용한 피드백이 되었다. 특히 아르티가스에 정착하고 3주쯤 후에 진행된 주민평의회 선거는 참여한 주민들은 물론 인근 바리오의 주민들까지 단시간에 압축적으로 접한 좋은 기회가 되었다. 넉넉하지 않은 생활 여건이나 과거 외부인과의 교류가 원활하지 않았던 탓에 이방인에게 배타적인 경계심과 폐쇄성을 드러내지 않을까 했던 나의 짐작은 여실히 틀린 것으로 증명되었다. 오히려 그들은 유쾌하고 친절했으며, 배려심도 남달랐다.

외부인을 바라보는 호기심 어린 눈빛은 시간이 지나면서 친근한 시선으로 바뀌었고, 바리오에서 나의 존재는 그들을 인터뷰하고 열심히 사진을 찍으며 그들의 활동에 지극한 관심을 보이는 반가운 손님 같았다. 내 연구활동이 그들에게 새로운 활동 '동기'를 부여하는 듯한 강한 인상을 받기도 했다. 지금까지 사회로부터 외면당했던 자신들의 목소리와 이야기에 마침내 누군가가 귀 기울이고 있다는 사실을 알아차린 것처럼 말이다.

간혹 인터뷰를 위해 녹음기를 올려놓으면, 살짝 부끄러워하지만 거부하지 않았고, 녹음기를 의식한 듯 떨리는 목소리가 감지되거나 열정이 사뭇 배가되는 듯한 인상을 받기도 했다. 그동안 자주 무시받았던 존재들의 '주관적'인 이야기들이 구성해내는 역사적 행위의 가능성을 과거의 목소리를 통해 역사를 재구성하는 구술사의 가치로 설명한 폴 톰슨Paul Thompson의 이야기가 떠오르는 순간들이었다. 구술을 기록하는 과정에서 서술자의 기억이 그들로 하여금 자기 확신에 이르게 한다는 이야기처럼, 바리오 주민들의 목소리를 경청하는 이방인이었던 나를 통해 그들은 목적과 방향에 대해 자기 확신을 분명히 하는 것 같았다.

카라카스를 둘러싼 거대한 바리오는 외국 자본과 결탁해 석유라는 풍부한 자원을 독점한 소수의 과두 지배계급이 만들어낸 기형적인 결과물이다. 그런데 반세기가 넘는 오랜 시간에 걸쳐 형성된 이 주거지역은 중산층의 시선처럼 단순히 폭력과 무질서가 난무하는 카오스적 공간이기만 한 것은 아니었다. 당연하지 않은가. 바리오는 평범한 사람들이 살아가는 삶의 공간이기도 한 것이다. 단지 객관적으로 볼 때 매우 열악한 삶의 조건을 가졌을 뿐이며, 이에 주민들이 21세기 사회주의라는 새로운 사회를 위한 프로젝트를 통해 더 나은 삶에 대한 희망을 감지했을 뿐이다.

카라카스에 바리오가 본격적으로 만들어지기 시작한 것은 20세기 중반 이후로, 아이러니하게도 이른바 라틴아메리카의 '모범적'인 민주주의 체제가 약 40년간 유지되었던 시기와 일치한다. 정치는 소수의 안녕과 복지를 보장하는 그들만의 리그였고, 이에 민중은 구체제를 거부하고 저항했으며, 이것이 베네수엘라의 21세기 사회주의가 등장한 배경이다.

그럼에도 바리오 주민들이 선택한 이 새로운 사회적 프로젝트는 현재 안팎으로 큰 저항과 어려움에 직면해 있는 것이 사실이다. 대외적으로는 베네수엘라에 대한 미국의 경제봉쇄와 금융제재로 인해 국내의 경제위기가 심화되고 있으며, 정치적 혼란과 대립이 격해지고 있다. 그리고 내부적으로는 이미 반세기 전 계층간의 소통이 단절되어, 대다수 바리오 주민들을 사회구성원으로 받아들이지 않는 기득권층의 태도가 여전한 실정이다. 이를 단편적으로 드러내는 나의 경험담을 소개하면 다음과 같다.

어느 날 집주인 에니 그리고 그녀가 끔찍이도 아끼는 아들 알베르토와 함께 장을 보고 집으로 돌아오는 길이었다. 그녀는 당시 베네수엘라의 상황을 영 달갑지 않아했다. 차베스와 그의 지지자들을 노골적으로 적대시했다. 아니, 오히려 공포스러워했다고 할까. 차베스 지지자들에게 뭔가를 빼앗길까봐 두려워하는 듯했다. 얼마 전 바리오 사람들이 주인이 있는 빈 건물을 점거해 자신들의 주거지로 만들었다는 사실을 예로 들면서 두려워하고 있었다. 그녀는 과거 미국 계열의 석유회사에서 근무했고, 알베르토의 아버지를 만나며 일을 그만두었다고 했다. 그러나 그녀는 나에게 친절했고, 인정이 많았으며, 진심으로 나를 걱정해주는 좋은 집주인이었다. 개인적으로 좋은 친구가 될 수도 있는 사람이었다.

집에 거의 도착할 무렵 아파트 건물 앞에 작은 수레를 세워놓고 채소와 과일을 파는 할아버지를 발견했다. 우리는 과일을 사기 위해 다가갔고, 할아버지는 알베르토가 예쁘다며 머리를 쓰다듬으려고 손을 뻗었다. 그러자 에니는 거의 반사적으로 할아버지의 손등을 탁! 치며 거칠게 밀어냈다. 알베르토를 만지지 못하도록 저지한 것이다. 옆에 멀뚱히 있던 나는 순식간에 일어난 일에 당황해서 다급히 시선을 돌려 상황을 모면할 수밖에 없었다. 할아버지가 느꼈을 무안함이 고스란히 전해졌기 때문이다.

관찰과 참여의 경계 위에서

잠시 후 나는 아무렇지 않은 듯 질문을 던져보았다. "아까 그 할아버지는 그냥 알베르토가 예뻐서 그런 것 같던데?……" 그녀의 짧막한 대답. "바리오 사람들 손에는 병균이 많아." 그 순간 나와 그녀 사이를 가로막는 장벽이 있음을 직감했다. 당시 나의 계급적 정체성은 노점을 하는 허름한 옷차림의 할아버지를 대하는 그녀의 무례함에 작은 '분노'를 느꼈던 것 같다. 베네수엘라의 중산층이 바리오 사람들을 어떻게 대하고 바라보는지 어렴풋이 짐작할 수 있었던 유쾌하지 않은 경험이었다.

그녀가 나에게 '좋은 사람'이라는 사실은 그녀가 자신이 맺고 있는 사회적 관계를 통해 드러내는 계급적 실체와는 엄연히 다른 것이었다. 그녀를 통해 지난 수십 년간 베네수엘라의 체제 밖에 존재했던 바리오 주민들을 여전히 거부하는, 베네수엘라의 변화를 탐탁지 않아하는 대다수 중산층의 일면을 확인한 느낌이었다.

베네수엘라의 21세기 사회주의 프로젝트는 결국 카라카스 도심과 바리오 두 세계가 평화롭게 공존할 수 있는 사회를 만들기 위함일 것이다. 그리고 분명한 것은 아르티카스의 바리오 주민들이 품은 미래에 대한 희망과 그것을 담아내려는 열정들의 집합이 파편화하고 원자화한 개인들에게서는 찾아볼 수 없는 희망이라는 점일 것이다. 그들이 절실히 얻고자 하는 더 나은 삶에 대한 가능성은 이기적인 개인들을 통해서는 이룰 수 없다는 진실에 조금 더 다가선 느낌이었다. 낯선 이방인으로 시작해 그 지역사회의 일부가 되어 경계가 허물어지는 과정을 경험할 수 있었던 것은 내가 연구자로서 현지조사를 통해 목적했던 성과 이상이었다. 그렇게 나의 필드연구는 다음 해인 2009년 5월까지 진행되었고, 현지조사의 사회적 책임과 실천에 대한 고민을 남긴 채 더 많은 숙제를 안고 카라카스를 떠나야 했다.

5. 사회운동이론과 인류학의 만남: 연구자의 정치적 중립성을 논하다

학문의 영역에서는 흔히 '과학'이라는 이름으로 연구자에게 이른바 '중립성'이라는 것을 요구한다. 혹은 객관성이라고 해도 좋을 것이다. 2000년대 후반 베네수엘라 사회가 정치경제는 물론이고 사회문화적으로도 급격한 변화를 겪었다는 데는 논쟁의 여지가 없다. 단지 그 방향을 두고 갑론을박이 있었을 뿐이다. 이때 연구자 자신이 그 변화를 어떻게 바라보는지 그리고 그의 시선이 어디에 머물고 있는지는 연구방향을 결정하는 데 중요한 변수가 된다. 그에 따라 관찰의 내용과 해석이 달라질 수 있기 때문이다. 이는 엄밀한 의미에서 어떤 연구자의 관점과 시선도 본질적으로 결코 중립적일 수 없다는 의미이기도 하다. 1 더하기 1은 2가 정답인 사안을 다루는 것이 아니기에 그렇다. 사회의 다양한 현상을 다루는 분야이므로, 기계적 중립이 필요한 분야와는 다를 수밖에 없다. 이것이 사회과학 분야에만 해당하는 딜레마는 아닐 것이다. 중력의 법칙처럼 너무도 당연하게 무비판적으로 받아들여지는 주류경제학 이론도 사실 시장찬양론자들에게나 설득력 있는 이론일 뿐이다.

베네수엘라 민중운동을 예로 들어보자. 사회운동을 정의할 때 종종 언급되는 진보라는 가치는 사회의 변화를 지향하는 것 이상의 의미는 아니라고 좁게 해석해봄직하다. 그에 반해, 보수라는 가치는 역으로 변화가 아닌 현재의 상태status quo를 유지하려는 힘이다. 그런데

관찰과 참여의 경계 위에서

고정된 사회는 존재하지 않으니, 진보든 보수든 어느 한쪽의 영향을 받는 것은 당연할 것이다. 기계적 중립이라는 어정쩡한 태도가 들어설 수 없는 영역인 것이다. 즉 변화를 원하는 베네수엘라 빈민가의 민중과 그 변화를 거부하는 다른 계층 간의 반목, 갈등, 대립 등이 확연히 관찰되는 곳이 바로 베네수엘라 사회였다.

카라카스의 바리오에 발을 들여놓는다는 것은 마치 태풍의 눈으로 들어가는 것과 같은 느낌이었다. 메트로폴리스의 중산층은 바리오 사람들을 '언덕에서 온 사람들'로 구분하고, 언제나 조심할 것을 당부하며, 그들이 무질서하고 폭력적인 계층임을 무수히 강조한다. 그들에게 바리오 사람들은 항상 무엇인가를 '갈취'하기 위해 '언덕'에서 내려오는 사람들일 뿐이다. 카라카스 도심을 에워싼 분지 모양의 산등성이에 즐비하게 들어선 빈민가의 입지 조건이 그들을 '언덕에서 내려온 사람들'이라고 규정하는 사회적 은어를 탄생시킨 배경이었다.

반면 바리오 사람들에게 메트로폴리스의 중산층은 사회적 통합에는 도통 관심이 없고 자신들의 기득권을 놓지 않기 위해 변화를 거부하는 '이기적'인 사람들이다. 서로의 존재가 탐탁지 않을 것이다. 급진적 사회개혁이 이루어지는 곳에서 변화를 거부하는 계층과 변화를 추구하는 계층 간의 갈등은 불가피하다. 그렇다면 지난 반세기 동안 계층 간 단절이 공고화되고 분열된 사회가 추구하는 변화란 무엇이어야 하는가. 이 같은 조건에서 연구자인 내가 중립을 지킨다는 것은 불가능했다. 이미 나는 베네수엘라 사회의 변화를 지지하고 그 변화의 역동성을 연구하고자 했기 때문이다. 따라서 연구자로서 '중립적'이어야 한다는 강박은 애초에 갖지 않는 것이 나을 수도 있다.

한편, 인류학적 연구방법의 약한 고리는 현상의 모든 주체와 객체를 맥락context에서 독립시켜 파악하려는 데 있다는 어느 저명한 역사학자의 지적은 관찰 가능한 현상을 기능적으로만 설명하려는 것을 두고 하는 비판이다. 이것을 나의 연구방법론에 적용해보면 단순히 바리오를 관찰만 하는 것으로는 베네수엘라 사회의 변화를 총체적으로 파악할 수 없다는 지적과 같은 맥락이다.

그러나 바리오에 나타나는 새로운 현상과 그 구조적 원인을 변증법적으로 분석할 수 있다면, 그의 비판을 넘어서는 인류학적 연구분석이 가능할 것이다. 다양하고 산발적이며, 개별적이고 특수한 사회현상을 총체적으로 분석한다는 것은 베네수엘라 사회변혁의 구조적 원인과 급진적 변화의 동학을 총체적으로 구성하는 것과 같다. 즉 구조와 주체의 변증법적 관계를 분석하는 일이다. 이후 내 박사논문의 주제가 '사회변혁 과정에서 나타나는 구조와 사회주체의 변증법적 관계에 대한 인류학적 연구분석'이 된 것과 무관하지 않다.

수많은 개별성에서 보편성에 이르는 것을 과학이라고 정의한 것처럼, 현지조사의 주요 방법론은 귀납적이다. 은유적으로 표현하자면, 날것의 원석raw material을 가공하여 하나의 '유용한' 생산물을 만드는 과정이라고 해도 좋을 것이다. 무엇을 어떻게 그리고 왜 만들어야 하는지를 결정하는 것이 오로지 생산자에게 주어진 권한이라면, 현지조사의 대상인 개별적 사례 연구에 대해 연구자가 갖는 영향력도 마찬가지이다. 모든 과정이 주관적이지 않을 수는 없기에 '중립적'일 수도 없다. 그것은 애초에 그른 일이다. 인류학은 주관성subjectivity을 통해 보편성universality에 이를 수 있는 '유일한' 학문이라는 레비스트로스의 성찰에 기대도 좋을 것이다.

관찰과 참여의 경계 위에서

6. 인류학도의 고민은 언제나 진행 중이다

현지조사의 강점은 텍스트를 통해 투영되는 정형화된 모습이 아닌 실재하는 현실의 모습을 경험할 수 있다는 것이다. 현실의 모습은 그 것을 읽어내는 관찰자의 다양한 관점과 시선을 통해 재구성되고 해석된다. 그 모습이 이데올로기적일 수도 있을 것이다. 부정할 수 없다. 특히 사회정치적 현상을 다룬다면 더욱 그러하다. 그리고 그에 대한 판단은 이미 분석과 해석을 마친 연구자가 아니라 그것을 받아들이는 대중의 몫이 된다. 따라서 현장의 유일한 증인이고 그 과정의 일부가 되는 인류학자의 사회적 책임은 무거울 수밖에 없다.

베네수엘라 국민의 다수를 차지하는 빈곤층을 주요 기반으로 해서 조직된 주민평의회의 기능은 극단적으로 양극화된 사회의 통합을 위한 수단으로 인식되는가 하면, 반대로 사회계층 간의 반목과 분열의 상징으로 해석되기도 한다. 그래서 주민평의회를 중립적으로 관찰하는 연구자는 존재할 수 없다. 형식적 중립, 기계적 중립을 유지하는 것조차 쉽지 않다. 주민평의회의 구체적 행위 담지자인 바리오 주민들의 행동과 실천은 그들의 미래이고 역사의 한 축이 되어갈 것이다. 그렇기에 단순한 관찰자로서 내가 느낀 사회적 무게는 그들의 이야기를 기록하는 행위에 대한 책임의 무게이기도 했다.

이후 진행된 멕시코 원주민 저항의 거점인 치아파스 지역의 사파티스타 운동에 대한 현지조사를 시도했을 때, 나는 같은 딜레마에 부딪힐 수밖에 없었다. 사파티스타 운동은 소위 '반反'체제적 저항운동으로 규정되기에 동참하는 원주민들을 만나는 일 자체가 매우 엄격한 과정을 요구했다. 그들은 나의 등장 자체가 그들의 삶에 지대한 영향을 미칠 수 있다고 보았기에 매우 살벌한 검증 과정을 거쳐 나를 그들의 공동체로 안내했으며, 관찰자로서의 아주 짧은 경험을 제공해주었다. 나는 그들의 저항운동이 지닌 명분과 대의를 지지하고 동의하고 있었다. 이미 나는 그들의 운동이 구체적인 사회적 결실로 이루어지기를 희망하는 연구자였다. 그리고 그 현지조사를 기반으로 한 나의 연구결과물은 어쩌면 그들의 기대와 일치했을지도 모른다.

적어도 내가 연구하는 '역동적인 라틴아메리카 민중의 삶과 운동'을 총체적으로 이해한다는 것은 아마도 모순을 객관적으로 이해하면서 그것을 극복할 주관적 의지를 동시에 발견하는 일일 것이다. 이는 연구자가 단순한 관찰자가 아니라 조금 더 전면적으로 관계를 맺으려 하는 행위자로서 함께할 때 가능하다는 문제의식을 카라카스가 나에게 던졌다면, 멕시코의 치아파스는 그에 대한 확신을 느끼는 계기가 되었다. 그래서 과연 참여인류학이란 무엇인가라는 질문은 여전히 진행 중이다.

7. 에필로그

이 글을 마지막으로 정리하고 있을 즈음, 카라카스에서 믿기지 않는 소식이 들려왔다. 유쾌하고 냉소적인 농담을 즐겨 하는, 베네수엘라에서 나를 보살펴주었던 친구 산디노가 약 열흘 전에 사망했다는 소식이었다. 2008년 본격적인 현지조사를 위해 숙소를 마련해야 했던 나에게 자신의 숙소를 잠시 '점거'당한 바로 그 친구이다.

그리고 나는 처음으로 외부에 그의 이야기를 하는 중이었다. 우연치고는 너무 가혹한 소식이었다. 병명은 뎅기열이었고, 급성폐렴이 사망 원인이었다. 최근 베네수엘라의 식료품과 의약품에 대한 미국의 경제봉쇄가 심해지는 가운데, 병원에서 의약품을 구하지 못해 어찌해볼 도리도 없이 갑작스럽게 세상을 떠났다는 소식이었다. 그날 나는 산디노의 부고를 전하며 미 제국주의가 베네수엘라에 야기한 희생이라고 분노에 찬 목소리로 말하는 또 다른 친구의 울먹이는 소리를 멍하니 듣고 있어야 했다. 현재 베네수엘라는 여러 가지로 큰 어려움에 직면해 있다. 그리고 그 결과 일어나는 희생은 언제나 바리오의 가난하고 이름 없는 사람들의 몫이 된다. 하지만 그들은 또다시 그들의 존재와 목소리를 잃지 않기 위해 작금의 위기를 스스로 해결하려는 희생과 힘겨운 노력을 하고 있음을 알아주기 바란다. 카라카스 도심의 '폼생폼사' 열혈 활동가였던 산디노가 이 세상에 잠시 존재했음을 알리는 기회가 되었으면 하는 작은 바람으로 글을 마친다.

4

한 융합연구자의 경계 넘나들기:

전환기 미얀마의 교육과 개발협력

홍문숙

1. 들어가며

다양한 수준의 데이터가 차고 넘치는 시대에 한 명의 개인 연구자가 한 사회와 공동체에 녹아들어 관찰하고 참여하여 완성하는 현장중심 연구는 어떤 가치를 지닐까. 이 글은 국제개발 '전문가'인 내가 왜 현장 중심으로 박사논문연구를 하려 했는지, '나'라는 개인이 현장연구의 가치를 어떻게 스스로 구성해갔는지, 그리고 현장연구라는 과정을 통해 나 개인의 삶과 학문의 세계가 어떻게 변했는지 등 학위논문에는 드러나지 않은 뒷이야기를 담은 글이다. 현장연구에 대한 나의 열정 혹은 욕망에 관한 이야기를 풀어내기 위해서는, 20년 전 호주의 한 대학 인류학과에서 운영했던 '편견과 차별에 대한 이해'라는 사회인류학 세미나실로 시간 이동을 할 필요가 있다. 당시 나는 그 학과의 유일한 아시아인 여학생이었다.

호주에서 사회과학(인류학과 정치학) 학부과정을 공부한 나는 인류학, 제3세계 정치, 탈식민주의, 민족주의, 페미니즘, 동남아시아 사회와 문화 등 다양한 주제를 배우며 다른 사회와 문화에 막연한 관심을 갖게 되었다. 정치·사회 문제에 관심이 많은 가정 분위기에서 성장한 탓(덕)에 자연스럽게 문화인류학 강의보다는 탈식민주의, 불평등, 차별 같은 것에 대해 토론하는 사회인류학 강의들이 나의 호기심을 자극했다. 영어 의사소통이 자유로워지고 다양한 문화권의 사람들과 어울려 지내는 것이 익숙해진 학부 3학년 무렵부터는 '그곳으로' 가서 그들의 사회와 문화 속에서 일할 수 있겠다는 자신감도 조금씩 쌓여가기 시작했다.

그러나 대학을 졸업한 뒤 생활고를 겪고 '한비야 키즈'로 불리는 내 세대들이 모두 일하고 싶어했던 유명 국제기구의 6개월 인턴십—세 차례의 서류 및 면접 심사를 거쳤다—이 무급이라는 사실을 뒤늦게 알게 되어 어쩔 수 없이 영어 강사로 직업전선에 뛰어들었다. 4년 동안 밤낮으로 영어를 가르치며 축적한 소박한 부(富)는 달콤했고 새로운 인생의 문을 열어주기에 충분했다. 생애 처음으로 아르바이트를 하지 않고 18개월 동안 아시아와 서아프리카를 육로로 여행하며 즐겁게 놀고, 춤추고, 수다 떨고, 다양한 자원 활동을 하면서 나만의 행복한 현장연구를 했다. 서아프리카의 개발 현장에서 만난 유럽인들 중에는 개발학을 전공한 사람들이 있었다. 그들은 젊은 나이에 꽤 괜찮은 연봉을 받았고 국제기구나 유명 NGO의 중요해 보이는 직함을 갖고 있었다. 영국, 호주, 벨기에 등지에서 개발학과 아프리카 지역학을 전공한 그들은 나에게 많은 정보를 주었다. 대화 중에 너무 많은 전문용어와 약어를 사용해서 그들이 제공하는 '꿀팁'을 모두 소화하기는 어려웠지만, 나는 개발학을 전공하는 것이 인류학도로서 유일하게 생계를 걱정하지 않고 여러 국가를 다니며 일할 수 있는 방법이라는 것을 감지했다.

행복했던 18개월의 현지 활동 후, 호주 국립대에서 인류학과와 동남아지역학 과정이 공동으로 운영하는 개발인류학 석사과정에 진학하기로 결정했다. 호주 캔버라에서 실천인류학과 개발학의 이론적·방법론적 훈련을 받는 과정은 즐거웠다. 무엇보다 아르바이트를 하지 않아도 되니 온전히 학업에 집중할 수 있었다. 인도네시아·말레이시아·태국·미얀마 등지의 현장연구 경험이 풍부한 교수진의 강의와 다자·양자 원조기관에서 일한 경험이 풍부한 박사 후 연구원들의 세미나는 상당히 역동적이었고, 동남아시아 및 태평양 지역 학생들이

전체의 3분의 1을 차지했기 때문에 자연스럽게 인류학·개발학·동남 아지역학의 연계가 논의되곤 했다.[1]

2013년, 나는 현장에서 경험한 사회구조적 문화와 교육을 연계해 서 공부하고자 서울대 대학원 글로벌교육 전공에 진학했고, 국내의 대표적인 교육사회학자, 평생교육학자, 국제학자들에게 다양한 교육 학의 이론과 방법을 배우게 되었다. 교육학 융합 전공으로 박사를 하 게 된 배경을 이 글에서 소개하겠지만, 나는 융합학을 하게 된 것이 상당히 운 좋은 일이라고 생각한다. 국내 교육학계에는 다른 국가 및 사회의 교육철학, 제도, 문화와 실천을 본격적으로 다루는 세부전공 이 거의 없는데, 필자가 한국에서 대학원을 가기로 결심한 시기에 서 울대학교와 부산대학교 두 대학에 관련 전공이 협동과정으로 시작 되었기 때문이다. 우리나라 교육계에는 근대교육의 뿌리인 서양의 교 육사나 우리가 벤치마킹할 수 있다고 판단되는 소수 선진국의 교육[2] 을 다루는 대학원 과정이 있지만, 초국가적이고 비교교육적인 차원 에서 교육학과 사회과학의 다양한 이론과 실천을 접목해서 연구하는 것은 선호되지 않았고 기회도 많지 않았다. 따라서 나는 국내에서는 흔치 않게 다른 사회의 교육에 관해 초국가적이고 비교교육적인 연

---

1 나는 호주에서 학사 및 석사 과정을 하면서 이미 융합학문을 배웠고 동남아시아 국가에 대한 사례연구를 하 고 여러 아시아 국가에 대한 에세이를 쓰면서 항상 '아시아'를 전공했다는 점을 나중에 뒤늦게 깨달았다. 내 가 호주에서 공부했다는 특수성도 여기에 영향을 미쳤을 것이다. 아시아, 특히 동남아시아와 지정학적으로 특수한 관계인 호주에서는 대학의 사회과학 전공과정 중 많은 과목이 동남아시아 지역학 과정과 연계해서 공동 운영되는 경우가 많았다.

2 한국교육계에서는 주로 미국이나 영국 같은 서구 선진국의 교육 연구가 주류로 받아들여지고 있다. 그러나 최근에는 '교육혁명국가'로 불리는 핀란드 등의 북유럽 교육으로 관심이 서서히 확장되기 시작했다. 동시에 '저개발국가'라고 잘못 불리는 다양한 아시아·아프리카·중남미 국가의 교육에 대한 과목이 개설되기 시작 했다.

구를 본격적으로 하는 '운 좋은 첫 세대'가 되었다고 생각한다. 그리고 2017년 봄 한국·미얀마·호주의 많은 학자·가족·동료·연구참여자들의 도움으로 전환기 미얀마 양곤의 학업중단 청소년 노동자들의 삶과 학습에 대한 현장연구로 박사논문을 완성했다.

박사학위를 마치고 2년 후, 나는 민간연구소를 떠나 신진학술연구자로서 대학의 일원이 되었다. 한국 대학에서 박사과정을 하면서 호주에서 공부한 사회과학 담론으로부터 탈식민지화하기 위해 스스로에게 끊임없이 질문했고, 학위를 마친 후에는 한국 학계에 암묵적으로 존재하는 학문적 엄격함과 권위적인 체계 속에서 재사회화 과정을 치열하게 거치고 있다. 요즘에는 그러한 과정 중 수많은 실패와 몇 개의 작은 성공을 경험하고 있다. 그리고 이 변화의 중심에는 나의 삶의 방향을 바꾸기에 충분했던 양곤에서의 뜨거운 현장연구가 있었다.

2. 선택의 갈림길에 서서:
'국제개발 전문가'로서의 나, '박사과정 연구생'으로서의 나

호주에서 석사학위를 마치고 2010년 한국에 귀국해 국책연구기관에서 잠시 연구원으로 일하면서도, 나는 현장과 연계해 연구하고 활동할 수 있는 일을 찾고 있었다. 그 당시 한국의 청년들 사이에는 내가 아프리카에서 만난 유럽인들이 소개해준 개발학이 꽤 인기가 있었다. 그래서 업무 외의 시간에 국제개발 관련 세미나들을 기웃거리기 시작했다. 여러 모임 중, ODA Watch(현 PIDA)의 월례 포럼과 세미나는 항상 특별했다. 월례 포럼에는 항상 많은 사람들이 모였고, 유명한 국제개발 전문가와 청년 활동가들이 만나는 소모임은 늘 새로운 캠페인과 활동에 관한 아이디어를 나누는 에너지가 넘쳐나는 공간이었다. 외국 유학 생활에서 늘 주변자였던 나는 한국 국제개발 분야의 정책과 방향이 개혁되어야 한다는 몇몇 유명한 열변가들의 설득력에 반했고, 유럽 청년들 못지않게 세련되고 역동적인 한국의 젊은 국제개발 활동가들에게 매료되었다. 그리고 호주에서 공부한 다양한 개발인류학 이론과 방법을 적용해볼 가능성을 생각하며 국제개발 전문 민간연구소의 초창기 구성원으로 국제개발의 세계에 한 발짝 더 깊이 뛰어들었다. 국제개발 전략 수립 및 평가 분야의 전문가로 활약하게 된 것은 젊은 실천연구자인 나에게 중요한 기회였다. 나는 현장조사단이나 평가단의 일원으로 많은 나라의 '가난하고 위험한' 지역들을 방문했다. 이때부터는 장차관을 만나거나 고위 공무원들을 만나서 회의하고 협상하는 것이 전혀 어색하거나 두렵지 않았다. 다양한 정책과 사업의 현장을 조사하고 평가하면서 기술적 전문성을 쌓는 과정이 흥미로웠고, 국제적 흐름을 전반적으로 쫓아가면서 새로운 것을 국내에 소개하는 연구소의 일들이 적성에 잘 맞았다. 더 즐거웠던 부분은 국제개발계에서 일하는 사람들을 만나는 것이었다. 주로 아시아와 아프리카 관련 일을 하고, 인류애나 인도주의 같은 공통의 가치를 추구하는 듯 보이면서도 적당히 자유분방한 그들이 '쿨하다'고 생각했다.

연구소와 연구소 주변의 젊은 국제개발인들은 빠르고 민첩하며 새로운 논의를 받아들이는 데 열정적인 데다 인간적으로도 매력적인 사람이 많았다. 연구소 생활이 익숙해지자 해외의 인적 네트워크도 자연스럽게 형성되기 시작했다. 내가 근무하던 연구소에서는 연구·평가·사업 모니터링 등을 위해 해마다 6~10회 정도 아시아, 동아프리카, 중남미 국가로 출장을 가야 했는데, 그러던 중 미얀마에도 정기적으로 방문할 기회가 생겼다. 미얀마 외교부, 교육부, 양곤대학교, 양곤공과대학교, 한국국제협력단 미얀마 현지 사무소의 도움을 받으며 출장을 다닌 덕분에 미얀마에도 인적 네트워크가 차곡차곡 축적되었다. 그 무렵 나는 누구든 쉽게 만났고 어깨에도 슬슬 힘이 들어가기 시작했다.

2015년 대학원 과정에 새로운 전공 주임교수가 와서 갑자기 분위기가 학문의 기초를 강조하는 방향으로 바뀌면서, 직업인 생활과 박사과정 연구생으로서의 생활에 균열이 시작되었다. 작은 보람을 느꼈던 조사작업들, 특히 단시간에 집약적으로 보고서를 작성해야 하는 프로젝트의 삶을 사는 민간연구소 생활에 의구심이 들기 시작했다. 외연상으로 우리 연구소 연구원들은 다수의 외부 전문가 네트워크를 가지게 되었고 실무에 내공도 쌓여 콘텐츠 차원에서 많은 발전이 있던 시기였지만, 개인적으로는 내 주특기인 연구와 평가보다는 경영에 참여해야 하는 피치 못할 상황이 계속되면서 내적 갈등이 깊어지기 시작했다.

아무도 공개적으로 이야기하지는 않지만, 민간연구소의 일상은 협력보다는 다른 컨설팅 기관, 시민사회 기관과의 경쟁에서 살아남아 사업을 낙찰받아야 하는 치열한 환경이고, 그런 상황에서 쌓이는 긴장감과 권력관계의 부담이 상당했다. 연구소가 6년 차가 넘어가고 계약직 팀원들까지 포함해 20명이 넘는 규모로 성장하면서 자연스럽게 경영을 담당하라는 지시를 받았지만, 개인적으로는 박사논문을 구상하기 시작하면서 콘텐츠에 대한 애정이 더 깊어지고 많은 사람들이 함께 진행하는 대규모 국제개발 프로젝트 연구와 평가 작업의 질을 담보하기가 점점 더 힘들어진다는 불안감이 축적되었다. 2015년 전후로 우리나라 국제개발계에 평가와 성과 관리 열풍이 불고 양적 데이터를 기반으로 하는 증거 기반 모니터링과 평가가 대세로 자리 잡기 시작하면서, 나는 국제개발 분야에서 더 많이 부름받고 더 많은 일을 할 수 있었다. 그러나 대학원에서 비판이론, 구성주의, 포스트 이론을 공부하고 다음 날 출근해서는 '4×4'로 규정된 프로젝트 디자인 매트릭스Project Design Matrix, PDM를 뚫어져라 바라보며 '매트릭스 밖으로 행군하고 싶다'는 생각을 했다.³ 주말 내내 탈식민주의 논문을 읽다가 월요일에 연구소에 가서 최빈국의 취약계층을 어떻게 타게팅할 것인가에 집중해 조사계획을 세우노라면, 이중인격자가 된 것처럼 인식의 분열이 일어나 영화 〈이레이저 헤드〉 포스터에 나오는 잭 낸스Jack Nance처럼 머리카락이 쭈뼛쭈뼛 서는 느낌을 받곤 했다. 반차를 내서 대학원 수업을 가는 날에는 낙성대역에 늘 대기하고 있는 마을버스 2번을 타지 못하고 주변 건물 구석에서 머리를 움켜쥐고 구토하는 날도 있었다.

이런 '정신분열의 과정'에서 더 힘든 것은 나 자신보다는 가족과 주변의 가까운 친구들이었다. 가족들은 아마 몇 년째 반복되는 내 이

---

3   필자는 박사학위를 마친 후, 이 당시 평가실무자로서 깊어가던 평가 패러다임에 대한 고민을 반영해 실증주의 및 구성주의와 비교되는 전환주의 및 임파워먼트 평가의 개념적·방법론적 특성을 존재론·인식론·방법론의 차원에서 살펴본 연구를 발표했다. 자세한 내용은 『국제개발협력연구』(2019)에 발표된 "전환주의 평가이론의 탐색: 임파워먼트 평가 개념 및 방법론을 중심으로Re-visiting Transformative Evaluation: Theoretical and Methodological Implications of Empowerment Evaluation International Development"라는 논문에서 확인하기 바란다.

야기가 지루했으리라. 학부 때부터 학문이라는 한 길에만 정진해온 가까운 선배는 힘들다고 투덜거리는 나에게 따뜻한 조언은커녕, "젊을 때 배낭여행이나 다니며 놀다가 나이 들어 한꺼번에 몰아서 공부하는 것이 쉬울 만큼 학문이란 것이 만만치 않다"고 따끔한 지적을 하기도 했다. 선배학자의 그런 솔직하고 애정 어린 지적은 반 발짝 물러서서 스스로를 객관적으로 보게 해주었다. 어느덧 나도 한 장章, 한 쪽의 글이라도 앉아서 시간을 가지고 생각해 완성하고 싶다는 욕망이 마음속에 자라기 시작했다. 내 글이 부족한 것을 알기 때문에 더 나아지고 싶은 열망이 있기도 했고, 동시에 개인 연구자로 성장해 혼자 고민하고 글을 쓰는 '학술연구의 세계'가 갑자기 의미 있게 다가왔기 때문이다. 그 당시 공부와 연구에 대한 열망이 커진 것은, 이제 와서 돌이켜 생각해보면 직업인으로서 연구평가실장이었던 내가 갑자기 학구적인 인간으로 변했다기보다는, 변화하는 전공 분위기와 2년 이상 한 가지 주제를 가지고 혼자 읽고 정리하고 글을 쓰면서 타협하지 않고 무엇인가를 완성해가는 느린 과정의 매력을 마흔이 되어 처음으로 느꼈기 때문이 아닐까 한다. 나의 생각을 나의 글로 옮긴다는 것, 그것은 참으로 짜릿한 기쁨이었다.

한편 양곤에서 현장연구를 하기로 결정하고 구체적인 준비가 시작되자, '국제개발 전문가로서의 나'는 꽤 체계적으로 계획을 수립했다. 모든 휴가를 활용해 시간이 허락하는 대로 미얀마 양곤으로 날아가 문헌을 수집하고 다양한 탐색적 면담을 진행했다. 탐색적 연구과정 중 미얀마에서 다시 한번 '원활한' 면담조사를 하고 귀국해 꽤 만족스러운 마음으로 서울대학교 도서관 중 가장 큰 창문이 있는 관정관으로 향했다. 도서관 한구석에 자리를 잡고 앉아 면담 결과를 정리한 내용을 상세히 살펴보니, 인터뷰의 내용과 결과가 지나치게 매끄럽고 세련되었다는 느낌을 지울 수 없었다. 게다가 인터뷰 내용도 공동 연구나 사업에 대한 아이디어를 내놓은 것이 대부분이었다. 혹여 내가 무의식적으로 인터뷰 내용을 지나치게 다듬고 윤문한 것은 아닌지 녹취를 다시 들어보았지만 전혀 문제가 없었다. 나는 관정관 6층의 구석에 서서 공부하는 백여 명의 학생들을 멍하니 바라보았다. 그리고 커다란 창문 앞에 서서 탐색적 현지조사 과정을 한 장면 한 장면 떠올려보았다. 어떻게 문헌을 수집했는가, 어떤 단체들과 이메일을 주고받았는가, 이메일을 보낼 때 나 자신을 어떻게 소개했는가, 면담 시 건넨 명함의 소속과 지위는 무엇인가. 박사과정 연구생인 내가 어떻게 유수기관의 기관장들과 원활하게 면담을 잡을 수 있었는가.

세번째 기관 면담의 녹취를 다시 들어보니, 외국인 국제개발 전문가의 역할과 가치를 아주 잘 알고 있는 단체대표와 박사과정생으로서의 정체성을 명확히 하고자 하는 나 사이의 밀고 당기기가 그대로 드러났다. 다음은 '국제개발 전문가'로서의 나를 버리고 순수한 연구자로서의 입지를 강조하고자 하는 필자와 외국인 전문가를 단체에 '유치'하고자 하는 단체 대표의 대화 내용이다.

> **필자**: 연구의 취지를 설명할 때 말씀드린 것처럼, 학업을 중단하고 이 단체에서 활동하게 된 청소년들이 학교를 그만둔 이유를 어떻게 생각하고 있는지, 그 당시에는 어떻게 생각했고 지금은 어떻게 생각하고 있는지 깊은 대화를 좀 나누고 싶습니다.
>
> **단체 대표**: 네, 그래요. 전적으로 공감합니다. 지금 전국적으로 5학년, 8학년의 수많은 아이들이 학교를 그만두고 있습니다. 교육이 불평등하

기 때문이지요.

필자: 교육이 불평등하다는 것은 어떤 의미인가요? 아이들이 학교에서 어떤 경험을 했을 때 '교육이 불평등하다'고 느꼈다고 하나요?

단체 대표: 항상요. 학교의 권위적인 분위기, 교사의 억압적인 태도, 군부 시대 때의 교과서…… 그래서 아이들이 우리 단체에 와서 공부하고 노는 것을 좋아하죠. 우리는 늘 아이들의 인권을 보장하니까요.

필자: 제가 단체 교육 현장에서 학생들의 단체 활동을 관찰하고 조금 전에 말씀드린 계획처럼 개별적인 심층 인터뷰를 진행하는 것이 가능할까요?

단체 대표: 당연하죠. 싸야마(여자 선생님 혹은 여성을 부를 때 사용하는 미얀마어 호칭) 같은 분은 늘 환영해요. 관찰하시고, 편하게 면담도 하시고, 우리 아이들에게 어떤 지원이 필요한지 한국에도 좀 알려주세요. 미얀마의 학교는 얼마나 권위적인지 몰라요. 거기에 비해 우리 단체들은 정말 아동중심적인 교육을 하고 있죠. 그렇지만 우리 같은 단체는 늘 재원이 부족하고, 책도 부족하고, 공책도 부족합니다. 실은 간식이 더 문제죠. 재원이 부족하니까 늘 힘들어요.

필자: 연구를 환영해주셔서 감사합니다. 그런데 제가 진행하는 이번 연구는 학술연구이다보니, 실제로 어떤 사업이나 후속 지원으로 연결된다는 전제가 없어서……

단체 대표: 당연하죠! 괜찮아요, 괜찮습니다. 지금 당장 프로젝트를 시작할 필요는 없지요.

필자: 이번에는 제가 이메일을 드렸던 국제개발 연구소 소속이 아니라 대학의 박사과정 연구생으로서 인터뷰를 요청드렸는데, 연구윤리 상……

단체 대표: 꼭 우리 단체에 무슨 지원을 해달라는 것이 아니라, 싸야마처럼 영어를 잘하고 국제적인 일을 하는 분이 오셔서 연구를 하면 우리 아이들이 간접적으로 후원을 받는 일이 종종 생기기도 하더라고요. 해외 유학이나 취업을 하는 경우도 있고요.

필자: 그런 경우들이 있군요. 그런데 이번 연구는 학위과정의 일환으로 진행되는 것이다 보니 국제개발 프로젝트와 연계가 되지는 않을 겁니다. 연구가 마무리된 후에도……

단체 대표: 괜찮아요, 괜찮습니다. 늘 와서 계세요. 월요일과 수요일에만 오지 말고 늘 오셔도 괜찮습니다. 사실 연구 동의서도 제가 다 작성해드릴 수 있어요. 모두 이주민 학생들이다 보니, 좀 전에 말씀하신 서명도 제가 후견인으로서 대신 해드리면 되지요. 사실입니다, 제가 후견인이라고 할 수 있죠.

　　　　　　　　—2015년 4월, 미얀마 아동단체 대표 A씨와의 인터뷰 중에서

아동보호단체 대표 A씨와의 만남처럼 국제개발 업무를 통해 쌓은 인적 네트워크는 2015년과 2016년 초반에 진행한 탐색적 현지조사에서 결정적인 순간 굳게 닫힌 정부, 국제기구, 국제 NGO의 문을 열어주었다. 나처럼 직업인으로 활동하다가 뒤늦게 뜻을 가지고 박사과정을 공부하는 사람에게는 직업 세계에서 구축한 인적 네트워크가 학위논문을 기획하는 과정에서 도움이 되는 경우가 많다. 나의 경우도 그러했다. 나는 이미 2014년에 미얀마에 국제개발 프로젝트로 출장을 다니면서 연구장소를 결정하기 위해 관련 국제기구의 전문가에게 추천을 받아 관련 활동을 하는 국제 및 미얀마 현지 기관들을 목록화했다. 누가 들어도 알 만한 국제 NGO인 S, W, C 및 미얀마

사진 1, 2 급격하게 도시화하고 있는 양곤의 풍경[2016년(왼쪽)과 2011년(오른쪽)]

내에서 보기 드물게 인도적 지원 및 국제 보건·교육 사업의 경험이 풍부한 K, B, E 단체의 기초적 사업정보 및 담당자 목록도 비교적 원활히 수집할 수 있었다. 그래서 서울과 양곤을 몇 차례씩 오가며 진행한 인터뷰가 매우 수월하게 진행되었던 것이다. 대부분의 담당자들이 영어를 구사했고, 내가 듣고자 하는 '단어'—교육권, 인권, 불평등, 중도 탈락과 같은 단어—들이 인터뷰 중 자연스럽게 사용되었다.

국제개발 전문가로서 수년간 다양한 연구, 평가, 사업 형성에 참여하면서 나는 개인 연구자로서 양곤에서 연구를 진행하는 것도 수월할 거라 기대했다. 연구기획, 방법, 현지 상황에 대한 이해의 측면에서는 초기에 비교적 원활하게 연구를 준비할 수 있었던 것이 사실이다.

그러나 국제개발 프로젝트를 형성하고 재원을 동원하고 전략을 만들고 평가하는 역할을 해온 '전문가로서의 나'와 사회현상 및 교육현상을 탐구하고자 하는 '박사과정 연구생으로서의 나' 사이에서 선택할 필요가 있었다. 학위논문의 방향을 완전히 틀어 국제개발에 대한 연구를 할 것인가, 아니면 지난 2년 반 동안 공부한 사회변화, 청(소)년이라는 주제로 동남아지역의 특수성을 살펴보는 데 집중할 것인가. 현장에서 실제로 집행되는 예산을 기획하고 평가하는 국제개발 전문가가 가진 특별한 작은 권력을 포기할 수 있는가. 관정관에서 인터뷰 녹취를 듣는 나는 중요한 선택의 갈림길에 서 있었다. 높은 천장에 울려 퍼지는 노트북 자판 두들기는 소리, 책장을 넘길 때만 느껴지는 공기의 무거운 움직임, 고개를 숙인 수백 명 학생들의 머리 사이로 아동보호단체 대표 A씨와의 인터뷰 내용이 돌아가고 있었다. 그 순간 나는 국제개발 전문가로서의 명함집을 닫고 연구소를 퇴직하기로 결심했다. 늦었지만 현장연구에 몰입하는 것이 내 인생에서 후회 없는

　　　　　　　　　　　　관찰과 참여의 경계 위에서

선택이 되리라. 이렇게 결심하고 관정관 앞 계단을 내려오면서 먼저 가족과 통화했다. 예상과 달리 남편은 나의 양곤 행을 진심으로 기뻐해주었다. 남편을 먼저 양곤으로 '파견'하는 현실적인 방법에 대한 의논은 생각보다 잘 풀려나갔다. 그리고 얼마 후, 한 달째 경영 현안으로 긴장이 정점을 찍던 월요일 오후에 나는 연구소 퇴직을 확정했다. 그날 퇴근하고 연구 노트에 몇 자 적은 내용이 지금도 기억에 생생하다. '나는 현장으로 간다. 가서 탈진하겠다. 그래야만 한다!'

3. 쏭뗀빠 그리고 묘지와의 짧지만 강렬했던 만남

탐색적 연구가 일단락되면서, 나는 기존에 축적해둔 기관 및 개인의 인맥을 전혀 활용하지 않고, 국제 NGO의 협조도 받지 않기로 했다. 흥미로운 사실은 '국제개발 전문가로서의 나'를 버리자 취약한 청소년들을 도통 만날 수가 없었다는 점이다. 국제개발과 원조를 둘러싼 역학관계에서 자유로운 연구를 준비하는 데는 많은 고민이 필요했다. 무엇보다 나 자신에게 '좀 더 떳떳'해지려면 '프로젝트'의 세계에서 벗어나야만 했다. '프로젝트 연구자와 평가자'로서의 나 자신을 뛰어넘을 수 있을지 확신이 없었지만, 그냥 덤벼보기로 했다. 현실적으로 취약한 청소년들을 만나려면 국제 교육과 개발 문제에 대한 감각이 있는 현지 전문가 혹은 현지 단체와 함께 조사를 다니는 것이 효과적인데, 자발적으로 그것을 거절하니 열악한 상황의 아이들을 만나는데 제약이 많았다. 자연스럽게 만난 관심 지역의 청소년들은 단체 대표들과 함께 단체에서 만난 청소년들과 달리 의사소통이 잘되지 않았다. 인터뷰에서도 내가 사용하는 단어, 내가 듣고 싶은 단어, 지난 수년간 내가 읽어온 책과 논문 속에 나온 단어들이 전혀 사용되지 않았다. 라포가 조금 형성된 청소년 그리고 그들의 보호자에게 연구의 목적, 절차, 방법, 예상 가능한 위험요인, 개인정보 보호, 연구참여자의 권리 및 질의사항에 대해 상세히 설명하는 단계에서는 고통스럽기까지 했다. 내가 연구윤리에 대해 상세히 이야기하면 연구참여자들이, 갑자기 겁을 먹었다. 그렇게 되면 더 이상 그 청소년들의 삶 속에서 관찰을 지속할 수 없었다.

그런 과정 중 나는 쏭뗀빠(가명, 20세)와 묘지(가명, 19세)를 만나게 되었다. 이들은 흘라잉따야라는 양곤시 외곽지역에서 만난 공장 청년들이 소개해준 청소년들로, 양곤 북부 외곽 지역의 작은 종교 기반 교육공동체의 지원으로 양곤에 이주해 식당에서 일하고 있었다. 그 교육공동체 사무실에 앉아 며칠 동안 미얀마어 공부도 하고 밀린 주간지도 읽으며 놀다 보니, 이 두 청소년과 자연스럽게 대화가 오갔다. 두 아이 모두 친족 출신이어서 그들이 사용하는 미얀마어에는 내 기초적인 미얀마어 실력으로는 도저히 해독이 안 되는 특유의 억양이 있었다. 다행히 양곤대학교에서 인류학을 전공하고 있는 학생 이몬의 도움을 받아 그들과 꽤 깊은 대화를 나누기도 했다.

묘지는 19세의 친족 청년으로, 5년 전인 7학년때 학교를 그만두고 양곤으로 이주한 상황이었다. 만날 때마다 늘 깨끗한 차림과 정돈된 머리 스타일을 하고 있었다. 운동을 꽤 많이 한 듯 팔에 잔 근육이 있고, 깔끔한 검은색 전자시계를 차고 다니는 패션 센스가 눈에 띄었다. 묘지보다 체구가 약간 왜소한 쏭뗀빠도 친주 출신 친족 청년으로, 묘지에게는 둘도 없는 형이었다. 역시 5년 전인 8학년 때 학교를 그만두

사진 3 **쏭뗀빠 그리고 묘지와 함께 보낸 즐거운 하루**
(필자의 논문 사진자료에서 재인용)

고 양곤에 이주했다. 마르고 키가 작아 외모로는 어려 보이지만, 강단 있는 말투 때문인지 대화를 나눌 때면 삼십 대는 된 성인과 이야기를 나누는 느낌이었다. 티셔츠를 두 겹씩 껴입고 다니는데, 안쪽 티셔츠는 늘 긴 팔이었다. 하루는 저녁을 먹다가 "더운 낮에 왜 옷을 두 겹이나 입니? 요즘 그렇게 겹쳐입는 게 유행이니?"라고 묻자, 쏭뗀바는 손목의 상처를 살짝 보여주었다. 팔목 아래쪽과 손목에 주삿바늘 자국 여러 개가 깊숙이 남아 있었다. 국경지대 청소년들이 음주, 흡연, '꿍'이라고 부르는 입담배에 중독되어 있다는 보고서를 가끔 읽은 적이 있지만, 미얀마 국경지대의 소수민족 지역과 친주에서 일어나는 청소년들의 마약 문제에 대해서는 그날 처음 알았다.

쏭뗀빠와 묘지는 초등학교 과정을 졸업한 뒤 학교 공부를 전혀 따라갈 수가 없었던 사실도 털어놓았다. 중학교 과정부터 공부가 어려워지더니 점점 외울 것이 많아져 7학년이 되는 순간에는 '정말 아무것도 모르겠다'고 자포자기하는 수준이 되어버렸다고 했다. 주도州都인 하카Hakha로 이주한 후 다니기 시작한 중학교는 작은 마을에 살 때에 비해 "진짜 악몽 같았다"고 표현했다. 선생님들이 교실 맨 앞에 서서 교과서의 내용을 읽으면 학생들이 그대로 따라 읽는 것이 수업의 거의 전부였고, 엉뚱한 질문이라도 하는 학생이 있으면 교사가 큰 소리로 화를 냈다고 했다. 새롭게 전학한 친주 하카중학교의 권위적인 교사들과 그들의 엄격한 교육방식은 '감옥'과 다를 바 없게 느껴졌다. 그러다 방과 후 동네에서 중고 오토바이를 타고 다니며 꿍도 피우고 맥주도 마시면서 자연스럽게 '학교 밖' 세상의 재미있는 것들을 발견하기 시작했다. 하카 같은 도시 어디에나 있는 '다양한 형태의 주유소'에 가면 꿍도 사고 미얀마 비야도 살 수 있었다. 그런 주유소들은 친주에서는 마약을 구입하거나 공급책을 만날 수 있는 최상의 장소이기도 했다. 주유소에서 놀기 시작한 순간, 쏭뗀빠와 묘지는 상황을 통제할 수 없을 정도로 마약에 의존하기 시작했다.

이때 음악과 명상을 중심으로 다양한 활동을 하던 지역센터의 선생님들이 그들에게 장학금을 받고 음악학교에 다니는 조건으로 양곤으로의 이주를 추천했다. 쏭뗀빠와 묘지는 "마약보다는 음악이 훨씬 더 하고 싶었기 때문에" 친주를 떠나기로 결심했다. 그러나 지금 돌아보니 "무엇보다 학교로부터 탈출하고 싶은 마음이 컸던 것 같다"고 회상했다.

두 청소년 모두 일주일에 5회 식당에서 웨이터로 일하고, 일주일에 4일은 장학금을 받고 사립 음악학교에 다니고 있었다. 요즘 가장 큰 고민은 어떤 음악을 할지 결정하지 못하고 있다는 점이다. 팝 음악을 해야 일자리도 쉽게 구하고 기회도 많을 것 같다는 생각이 들지만, 그래도 록 음악에 대한 열정을 버릴 수는 없다. 쏭뗀빠는 장학금으로 교육을 받고 있는 만큼 음악학교를 졸업하면 교육단체에서 강사로 일하고 싶다. 이들이 두번째로 고민하고 있는 부분은 과거로 돌아가지 않기 위해 일상생활에서 스스로를 체계적으로 돌보는 일이다. 스스로를 관리하지 못하면 '나약했던 과거'로 돌아갈 수 있기 때문에, 매일 기도하고 운동하고 일하고 식당에서 성실히 일하며 스스로를 훈련해야 한다는 것이다.

하루는 쏭뗀빠가 청소를 하고 있는 나와 이몬에게 나지막이 말했다. "학교요? 학교로 돌아가는 것은 불가능하다고 생각해요. 돌아가고 싶지 않고, 설령 돌아가더라도 학업을 따라갈 수 없어요. 그런

경우를 보지도 못했고요. 공부는 어디서나 가능해요"라고 말이다. 쏭
뗀빠의 이 말은 내가 연구할 미얀마 사회 속 교육 이야기가 반드시
대학이나 학교 안에서 일어나는 이야기일 필요는 없다는 이상한 자
유로움을 주었다. 청소년은 모든 곳에 존재하며, 학습도 어디에나 존
재하니까. '더 취약한 그들'을 찾으려는 욕심을 버리자 도시 안에 있
는 독특한 공간 두 곳이 눈에 들어왔고, 그곳에서 지내면서 청소년들
의 일터에서 그들의 삶을 좀 더 자연스럽게 관찰할 수 있게 되었다.
쏭뗀빠와 묘지는 이렇게 내가 '연구현장'과 '연구대상'을 만나게 해주
었다.

4. 할 수 있는 연구, 할 수 없는 연구, 해야 하는 연구

쏭뗀빠 그리고 묘지와의 만남 전에는 내가 할 수 있는 연구와 할 수
없는 연구에 대한 고민이 있었다. 중요한 이론과 개념을 섭렵하고 논
문자격시험을 준비할 즈음이 되면 모든 박사과정 연구생은 내 문제의
식을 연구주제로 어떻게 구체화할 것인지 고민을 하기 마련이다. '박
사과정생으로서의 나'에게도 나만의 연구주제를 찾기 위한 고민이 깊
어졌다.

개인 논문에 집중해 세미나에 참여하고 논문을 쓰는 데 3년 정도
집중하는 영연방국가의 대학원제도와 달리, 한국의 박사과정(교육학)
에서는 논문자격시험을 보기 전에 코스워크를 약 4학기 동안 이수
해야 했다. 박사과정의 첫 2학기에는 석사 수준의 선행과목을 수강
하고, 교육학의 기본적인 텍스트를 이해하는 데 많은 시간을 할애하

고, 교육사회학·교육인류학·평생교육을 중심으로 개론서 유형의 책들을 섭렵하고 관련 과목을 수강하면서 교육사회학과 평생교육의 맥락에서 진행되는 이론 및 국제교육개발의 맥락에서 사례를 접목하는 형태로 공부를 했다. 이론적 뿌리를 강화하고 싶었던 필자는 이 시기에 사회인류학 및 사회학에서 학교로 대표되는 공교육제도의 구조와 기능과 역할을 고찰한 교육사회학의 이론과 핵심개념을 공부하기 시작했다.[4]

그런데 박사과정 4학기에서 5학기로 넘어가면서 현장연구를 기획하기 시작하니, 사회 불평등과 교육 불평등에 관련된 서양의 교육사회학 및 지식사회학의 논의들이 역동적인 민주화 과정과 교육사를 지닌 동남아시아의 교육문제를 불평등 논리로 지나치게 단순화해서 천착하게 만드는 것이 아닌가 하는 의문이 증폭되었다. 아시아 교육 주체들의 의지, 저력, 인내를 불평등이라는 이름으로 단순화하는 것이 아닌지 스스로에게 되물었다. 사회인류학과 발전인류학을 공부한 내가 교육문제를 연구하려면 근본적으로 무엇이 달라야 하는가? 박사과정 중에 공부한 중요한 비판적 교육학, 비판적 사회학 이론들을 호주에서 공부한 사회인류학적인 것들과 엮어 나의 이론과 개념을 만들어볼 수 없을까? 아직도 명확한 해답을 얻지 못하고 실험 중이지만, 리미널리티liminality의 개념을 창의적으로 적용한 많은 현장연구와 에이블먼Ablemann, 바흐친Bakhtin, 소머스Somers, 프레이저Fraser 같은 학자

---

4   당시 교육의 사회적 역할, 좀 더 구체적으로 공교육의 기능과 역할에 대한 비판적 논의를 공부했는데, 볼스Bowles, 진티스Gintis, 카라벨Karabel, 윌리스Willis, 윌리엄스Williams, 지루Giroux, 애플Apple, 영Young, 피어리Fierie, 센Sen, 토레스Toress, 누스바움Nussbaum 등을 살펴보았지만, 영미 이론가들의 논의를 아시아와 동남아시아 교육에 적용하는 데는 가능성과 한계가 동시에 존재했다.

들의 글을 읽으면서 제도와 개인, 사회변동과 개인, '관계적 환경', 정체성과 정의 사이의 역동을 현장에서 관찰하며 좀 더 조명하는 연구를 하고 싶었다.

박사 2년 차 때부터 내가 구상했던 논문주제는 '역동적 전환의 시기 미얀마의 고등교육'에 관한 것이었다. 하지만 이 연구는 정치적 상황상 가능하지 않은 연구라는 것을 알게되었다. 특히 미얀마 현지의 대학에 객원교수로 초대를 받은 입장에서 학교 내에 상주하며 정권 변화, 고등교육, 불평등에 대해 연구하는 것이 불편하게 느껴졌다는 것이다.[5] 대학이라는 조직은 매우 관료적이고 보수적인 특성이 있고 특정한 정치적 처신을 요구하는 곳임을 알게 되었다. 그런데 체제 전환기의 대학개혁 과정 중에, 정치적·조직적·교육적으로 민감한 시기에 초대받은 외국인 객원교수로서 정권 변화와 고등교육 탄압에 대한 민족지를 쓰는 것이 정당한 일인지 의문이 들었다. 지금은 대학개혁이 진행되고 있는 과정인데 교육과 민주화에 대해 말할 수 있을까, 얼마나 많은 교수와 강사들이 얼마나 진술하게 자신의 견해를 말할 수 있을까, 라포를 쌓은 교수들과 심층면담을 성공적으로 진행한다 해도, 혹여나 그 교수와 강사들이 대학개혁 과정 중에 '보이지 않는' 불이익을 당하지 않을까. 수많은 우려와 고민 끝에 결국 고등교육 현장에서의 정치사회 변화, 고등교육 개혁, 교육 엘리트의 역동에 대한 연구는 '할 수 없는 연구'라고 결론지었다.

---

5 많은 분의 도움으로 양곤대학교 인류학과에서 객원교수로 1년 동안 활동하기로 협의했지만 미얀마 교육부에서 허가를 받는 것은 상당히 복잡한 일이었다. 실제 허가서를 발급하는 데 6개월 이상 소요되어 문서상으로 대학 구성원이 될 수 있었던 기간은 길지 못했다. 이와 같은 '공식 문서'와 비자 문제에 불구하고, 꾸준히 대학 내에서 활동할 수 있는 근거가 생기면서 인류학과 교수, 학생, 박사과정 연구생을 대상으로 응용인류학의 방법론 세미나를 진행하고 다양한 학교 행사에 참여한 것은 아주 특별한 경험이었다.

그렇다면 내가 '할 수 있는 연구'는 무엇인가? 현지 중심의 탐색적 조사가 시작되고 쏭뗀빠와 묘지를 만나면서 '제도권 밖'의 교육에서 대안연구의 가능성을 보게 되었다. 특히 '교육을 못 받은 가난한 아이들'이라고 치부하기에는 매우 성숙한 청소년들의 모습이 무척 흥미로웠다. 나는 사회적·교육적 삶의 이야기로서도 '가치'가 풍부한 쏭뗀빠와 묘지라는 청소년을 만나게 되었는데, 그들은 삶에 대한 나름의 비전, 공교육에 대한 판단, 인생의 우선순위, 학업과 일을 병행하고자 하는 의지, 더 나은 삶을 위한 다양한 선택에 대해 생각하고 있었다. 또한 현장에서 만난 모모Mo Mo, 묘민트Myo Myint, 진진뗏Zin Zin Htet과 같은 청소년들은 나를 '싸야마 문'(문 선생님) 혹은 '싸야마 홍'(홍 선생님)이라고 부르며 진심으로 환영하고 아껴주었다. 인사가 끝나면 곧바로 유명한 한국 스타들에 대한 질문 폭탄이 이어졌는데, 나는 이들 덕분에 동남아시아에서 인기 있는 SM과 YG 소속 스타들의 신상정보에 꽤 훤해졌다. 주로 영어권 아프리카 국가들을 다니며 길거리의 청소년들과 아이들에게 중국인을 비하하는 표현인 '칭총챙', '씬', '씬화'라고 놀림받던 경험과는 사뭇 다른 관계 맺기의 시작이었다. 쏭뗀빠와 묘지를 만나면서 나는 양곤대학교 내에서 민족지를 쓰는 것은 다음 기회로 미루기로 했다. 많은 분의 도움으로 1년 방문한 외국 객원 학자라는 위치로부터 자유로운 '학교 밖' 연구가 양곤에서 내가 '할 수 있는 연구'라고 판단했다.

'학교 밖' 청소년들을 만나면서 이론과의 연계를 좀 더 적극적으로 고려하기 시작했고, 자연스럽게 내가 '해야 하는 연구'는 무엇인가라는 질문이 이어졌다. 에이블먼이나 바흐친이 강조한 사회집단과 생활집단 속에 나타나는 서사 그리고 사적으로 보이나 매우 이데올로기적이고 공적인 그들의 언어를 강조하는 데는 나의 미얀마어 실력에 한계가 있다고 판단했다. 그러나 관찰·대화·인터뷰를 통해 미얀마에서 하는 첫 민족지 연구이므로, 이동하는 청소년들의 전환기 사회적 세계와 그들의 관계적 환경 그리고 그 속에서 청소년들이 구상하는 교육에 대한 서사를 다룰 수 있겠다는 가능성을 보았다. 그리고 나의 연구에 학업중단에 대한 이들의 이야기를 다루지만 구조적인 문제들도 동시에 녹여내야 한다고 생각했다. 그러면서 자연스럽게 여러 이론 연구와 더불어 청소년, 교도소 수감자, 임시직 전문가와 일용직 노동자들의 리미널리티를 다룬 다양한 사례연구를 살펴보았다.[6]

흥미로운 사실도 발견하게 되었는데, 인류학과 종교학에 주로 적용되던 1970년대의 리미널리티 개념이 2000년대에 들어오면서 놀라울 정도로 다양한 분야에서 논의되고 있다는 점이었다. 산업사회 이전의 전통사회에서 발견된 코뮤니타스 그리고 드라마틱한 의식과 제례를 중심으로 하는 터너Turner의 리미널리티 개념이 지난 30년간 어떻게 진화해 다양한 구조와 반구조 속의 불확실성에 적용될 수 있는지 그리고 내부적 과정internal process으로만 강조되었던 리미널리티의 개념이 최근 외부적 과정outer process의 사회변화 및 불평등한 구조와 상호작용하는 역동적인 과정으로 확장되어 해석되고 적용되는 등 리미널리티 연구의 외연이 확장을 시도하고 있는 것을 발견했다. 터너 후속 세대의 이러한 리미널리티에 대한 다양하고 확장된 재해석과 불평등한 거시구조에 대한 논의 그리고 사회의 구조structure와 반구조anti-structure 사이에 존재하는 틈의 공간인 리미널한 공간의 중요성과 공간

6　'신세대' 리미널리티와 관련한 최신 연구는 보그Borg(2016), 다스칼라키Daskalaki(2016), 버틀러 & 페트로 Butler & Petro(2016), 필드Field(2015), 그린Green(2015)의 사례를 확인하기 바란다.

을 이동하는 주체들이 경험하는 통과의례적 경험에 대한 개념이 양곤 도시이주 청소년들의 학업중단, 탈학교, 이주의 맥락을 이해하는 데 중요한 개념적 근간이 될 수 있을 거라고 생각했다. 또 미얀마의 현대사를 공부하면서 가장 인상 깊었던 미얀마의 청년들—군부정권 시대에도 역사 인식, 공동체 의식, 인내, 지성이 돋보였던—이 외부적이고 거시적인 사회변화 과정에 어떠한 영향을 받고 어떠한 사회적·교육적 선택을 하는지 그 모습도 살펴보고 싶었다. 중학교도 마치지 못한 청소년들의 삶과 학습 경험에 지나친 역사적 함의를 부여하는 것인지도 모르지만, 당시 나는 그런 생각을 하고 있었다. 그것이 '내가 해야 하는 연구'였다.

5. 양곤의 안과 밖, 현장의 낮과 밤

양곤에서 나의 현실적인 생활공간은 크게 두 곳으로 구분되었다. 첫째 공간은 당시 객원교수로 활동하며 일주일에 1회 강의를 했던 양곤대학교 인류학과였고, 둘째 공간은 참여관찰 현장인 술래 파고다에서 5분도 안 걸리는 시내 중심부 38번가 인근의 작은 아파트였다. 정부 자료에 의하면, 양곤은 4개의 디스트릭트district, 45개의 타운십township, 743개의 워드ward, 619개의 빌리지트랙트village tract, 그리고 2,126개의 빌리지village로 구성되어 있다고 한다. 그만큼 양곤 내에는 다양한 구역이 있고, 모든 지역에서 연구를 하는 것은 불가능했다. 탐색적 연구 초기에 내가 가장 관심 있었던 지역은 양곤 외곽의 공장지대였다. 그러나 몇몇 공장지대를 방문해 탐색적 면담을 하려다 지역 경찰에게

사진 4 쉐다곤 파고다, 세계 불자들의 성지순례지이자
수많은 미얀마들의 정신적 지주이다

사진 5 연구현장 1 술래 파고다 인근 지역

출처: Maps Retrieved from Google Maps, December, 2016, 논문 사진 재인용

사진 6 연구현장 2 쉐다곤 파고다 동쪽 지역

출처: Maps Retrieved from Google Maps, December, 2016, 논문 사진 재인용

몇 번 경고를 받았다. 조사를 하거나 사람들에게 질문을 하려면 타운십 대표 및 해당 경찰소, 보건소에서 허가 도장을 받으라는 것이다. 또한 대규모 및 중규모 공장에 근무하는 청소년들과는 퇴근 후에도 자유롭게 길거리 면담을 할 수 없었다. 대부분의 청소년들이 공장 내부 숙소에 거주했고, 외부 숙소에 있더라도 숙소마다 있는 관리자가 처음부터 대화를 차단했다.

그래서 수많은 청소년들이 거주하는 공장지대는 아니지만, 좀 더 자유로운 분위기에서 미얀마 전역의 청년들이 직업을 찾고 정보를 교환하는 양곤의 상업 중심지 술레 파고다 인근을 연구현장으로 선정했다. 그리고 전통시장 및 소규모 공사장 등에서 많은 청소년이 일하고 있는 양곤의 종교 중심지 쉐다곤 파고다 동쪽 지역도 추가로 정기참여관찰을 하기로 했다. 이 두 지역에서는 좀 더 정기적으로 참여관찰과 인터뷰를 진행했는데, 특별한 일정이 없는 이상 월요일과 금요일에는 쉐다곤 파고다 인근으로, 화요일과 목요일에는 술레 파고다 인근 30번가와 36번가 사이에 있는 여러 찻집으로 향했다. 쉐다곤 파고다 동쪽 지역의 청년들은 주로 세 가지 유형의 일터에서 일했다. 소규모 봉제공장, 소규모 상점과 편의점, 그리고 중소 규모의 공사 현장이었다. 술레 파고다 인근의 찻집 지역에 비해, 참여연구를 진행하기가 훨씬 수월했다. 이 지역은 특성상 모든 비즈니스가 오전 6시에 시작해 오후 3시면 끝나고 저녁 시간에는 분위기가 완전히 달라지므로, 하루는 오전 6시부터 오후 3시까지, 또 하루는 오전 6시부터 오후 7시까지 관찰 시간을 달리해 찻집 구석에 앉아 관찰을 진행했다.

참여관찰이 깊어지면서 다양한 현실적인 애로사항이 발생했다. 미얀마 사회에서 여성 교수라면 중요한 날에는 금목걸이와 금시계 정도는 하고 준비된 모습으로 학교 행사나 국제회의에 참석하는데, 그런 복장으로 저녁에 찻집에서 관찰을 하면, 아이들과 편하게 지내던 상황에서 갑자기 교수와 학생의 관계로 변화하는 이상한 분위기가 연출되어서 복장, 외모, 전자기기 등에도 주의할 필요가 있었다. 현장연구 중 방콕의 국제회의와 평가 워크숍에 초대를 받아 5성급 호텔에서 2박 3일이라도 지내고 온 월요일이면, 세계의 빈곤문제와 원조효과의 성과 같은 '중요한' 문제를 논하던 내가 찻집에 앉아 하루 종일 '놀고 있는 것' 같아서 갑자기 내 모습이 초라해지고 가끔은 한심하게 느껴지기도 했다.

양곤 찻집에서 연구하면서 또 다른 현실적인 고민은 탄수화물 과다섭취 문제였다. 미얀마의 찻집은 말이 찻집이지 실제로 간단한 식사를 하는 곳이기 때문에, 탄수화물 위주의 간식이 많은 미얀마에서 찻집에 종일 있다는 것은 종일 무엇인가를 먹어야 한다는 것을 의미했다. 그런 탓에 건강과 체중 관리에 대한 걱정이 가끔씩 몰려오기도 했다. 또한 차를 많이 마신다는 것은 위장이 아파지는 것을 의미했다. 가끔은 차를 너무 많이 마셔서 녹차 물이 역류해 집으로 향하는 시간이면 속이 많이 쓰리기도 했다.

참여관찰이 진행되면서 연구의 범위가 자연스럽게 정리되어갔다. 양곤 두 지역에 일하는 청소년 12명의 일터 생활을 참여관찰하는 것을 기본 골격으로 해서 청소년들과의 개별 심층면담을 진행했으며, 그들의 고용주·동료·친구들과 면담을 진행하면서 연구의 전체 과정에서 자연적인 연구방법과 반구조화된 연구방법을 균형 있게 적용하는 데 집중했다. 참여관찰 노트, 비형식적인 대화 결과, 반구조화된 개별면담 및 반구조화된 초점집단토론의 결과만을 직접적으로 인용하되, 2016년 상반기에 진행한 수많은 인터뷰는 오랜 고민 끝에 직접 인용하지 않는 것으로 결정했다. 내용 면에서도 미얀마 중부 지방 출신으로 공립학교에서 중도 탈락해 양곤으로 이주한 후 찻집·상점·편의점 등 서비스 분야에서 일하고 있는 청소년 노동자들이 학교 중도 탈락을 어떻게 과거와의 단절이라는 '종착점'이자 도시로의 이주라는 '출발점'으로 삼아 살아왔는지를 중심으로 살펴보는, 전략적 생애 이야기에 집중하는 방향으로 정리되어갔다.

양곤에 밤이 오면 내 노트북은 낮보다 뜨거웠다. 오늘 관찰한 것과 대화한 내용을 매일 정리했기 때문이다. 집에 와서도 이어지는 녹취록을 푸는 작업과 원고 작업 때문에 목과 어깨가 끊임없이 아팠다. 학위논문이 매주 새로운 수준으로 작성되던 2016년 말에는 아예 오른쪽 팔과 다리에 부분적으로 마비가 오기도 했다. 학위를 마친 지금은 운동과 요가를 꾸준히 하면서 건강을 유지하고 있지만, 질적 연구 과정 중의 필드노트 작성, 인터뷰 녹취 풀기는 어쩔 수 없는 고된 노동의 과정인 것이다. 이와 같은 녹취와 함께하는 수많은 '흥미로운 밤'들이 가족에게는 고역이라는 걸 가끔 잊어버리곤 했다. 나중에 박사학위 수여식 날 알게 되었는데, 남편의 입장에서는 양곤에서 주중에는 필자와의 일상적인 대화가 거의 불가능했다고 했다. 주중에 매일 참여관찰을 진행했기 때문에, 저녁 식사를 하면서도 머릿속은 필드노트를 작성하고 녹취를 푸는 작업에 머물러 있는 경우가 많았다. '가정'다운 '가정사'—예를 들어 전기요금 문제, 늘 작동이 안 되는 인터넷 문제, 쥐약을 집 안 어디에 놓을 것인가에 대한 전략적 판단 등—를 논의하려면 대화가 잘 안 되었던 모양이다. 가끔 시원한 저녁에 술래 파고다 건너편에 위치한 마하반둘라 공원에 산

관찰과 참여의 경계 위에서

책을 가면, 거기에 있는 수많은 청소년들도 학업을 중단하지 않았을까 궁금증이 생겨서 말을 건네지 않고는 도저히 버틸 수가 없었다. 가족들은 그렇게 현장연구에 살풀이를 하는 내가 종종 부끄러웠다고 한다.

양곤에서 대부분의 저녁 시간에 녹취를 풀고 원고를 작성하다 보니, 3개월이 지나는 시점부터는 사회이동과 중도 탈락을 경험한 12명의 미얀마 청소년 동류집단이 자신들의 인생뿐 아니라 주변에서 일어나고 있는 사회변화와 관계를 관찰하고 그 의미를 찾아가는 중요한 관찰자라는 논지가 글에 조금씩 드러나기 시작했다. 녹취를 풀고 글을 쓰는 과정 중에 나는 이 개혁개방 1세대들에게 더 많은 애정과 관심을 갖게 되었다. 2011년 1인당 국민소득 700달러로 전 세계 187개국 중 UNDP 인간개발지수에서 149위를 차지하며 동남아시아의 최빈국으로 추락했던 부모 세대와 달리, 내가 만난 청소년들은 군사정부의 리더십하에서 단계적인 민주주의가 논의된 2000년대 초기에 태어나 2015년 아웅산 수치의 국민민주주의연합NLD이 선거에서 승리하며 개방·개혁으로의 급격한 변화를 맞이한 역사적 순간을 경험한 신세대였다. 또한 아무리 가난한 청소년 노동자들이라도 단순히 빈곤 프레임으로만 정형화할 수 없을 정도로 비교적 빠른 사회변화 속에서 자유롭게 정보를 구하고 월급을 핸드폰으로 자유롭게 송금할 수 있는 첫 세대였기에 연구하고 관찰할 필요가 있다고 생각했다.

학업을 중단한 청소년 노동자의 전략적 생애 이야기에는 학교라는 제도에 대한 불신이 아주 깊이 녹아 있었다. 양곤의 청소년 노동자들에게 분리란 빈곤과 구조화된 낙제와 실패로 기억되는 학교와의 단절을 의미했다. 가난한 가정 형편과 수많은 고용의 기회 앞에서, 급하게 이주한 청소년들에게는 과거와의 단절이 중요했다. 그들에게 학교는 내가 남보다 더 가난하다는 사실을 '발견하고 확인한' 공간이며, 특히 '학교가 어떻게 돌아가는지 아는' 아이들에게 낙제와 실패는 이미 '결정된 사실'로 인식되었다. 전통적으로 교육열이 높고 교사에 대한 존경심이 강한 미얀마 문화에서도 지난 수십 년간 이어진 독재정권하의 공교육 붕괴가 섬겨야 할 오보伍寶의 대상으로 존경받던 교사의 권위에마저 큰 상처를 남긴 것은 아닐까. 아이들은 사회와 학교를, 특히 주입식 교육과 학교 교육의 '쓸모없음'을 격렬하게 비판했다. 동시에 남성 청소년들에게 어른이 되어가는 과정에서 학교를 그만둔 것은 '남자다운 일'이며 '돈이 있어도 학교에 가지 않은 것'은 책임감 있는 '남자의 결정'으로 자연스럽게 미화되었다. 그나마 미얀마 불교가 추구하는 배움의 가치를 존중하는 문화와 스승에 대한 존경심 덕분에 낀눼눼Khin Nwe Nwe, 깟뉜루Kgat Nyunt Luu 같은 아이들의 경우 선생님에 대한 기억을 추억으로 간직하고 있을 뿐이었다. 권위적인 학교 문화, 유연하지 않은 교육과 교육의 낮은 질로 인한 학교 교육에 대한 불만은 그들에게 이미 돌아갈 수 없는 강력하게 단절된 과거로서 일상생활 속의 담론에 뿌리 깊게 녹아 있었다.

　양곤의 남성 청소년들의 이야기는 더욱 흥미로웠다. 나는 그들이 '가르침의 이데올로기와 허구'를 알아차리는 경험 속에서 노동자 계층 남성이라는 정체성을 강화하며, 그들의 사회적 관계 속에서 이러한 논리를 강화하고 '교육받지 않는 것이 멋진 것'임을 기정사실로 고착화하는 상황에 스스로를 구조적으로 노출한다는 사실이 흥미로웠다. 그들의 삶의 이야기는 시대와 공간을 뛰어넘어 1980년대 영국 노동자 계급 청소년들의 하위문화와 계급 재생산의 논의를 다룬 폴

윌리스Paul Willis의 『학교와 계급재생산Learning to Labor』에 나오는 논의와 결을 같이하며, 그가 제기한 노동자 계급의 재생산 이론의 아시아적 사례 같기도 했다.

  기존 영미권의 연구에서 구조와 개인에 대한 이분법적 전제와 제도 및 개인의 인식이라는 이분법적 논의가 중심이 되었다면, 나의 미얀마 연구에서는 일상생활에서 포착된 구조와 개인 간의 권위와 권력을 둘러싼 '관계적 사회환경'의 중요성을 강조하면서 청소년들이 경험하는 일상생활의 내부적 구조 속에서 그들이 어떻게 학교·거주·노동 같은 거시적이고 외부적인 구조에 대응하고 적응하는지 혹은 저항하는지, 그리고 어떻게 개인의 위치를 정립하는지, 그 특징을 미얀마의 사회문화적 맥락-관계적 환경 속에서 어떻게 재구조화하는지를 더욱 부각했다. 이러한 과정 중에 미얀마 불교도들의 일상생활 속 권위와 권력에 대한 새로운 논의의 가능성을 발견한 것은 향후의 연구 과제로 남았다. 미얀마인들의 일상생활에 나타나는 사회관계의 근간이 그들의 일상생활에 녹아 있는 불교적 권력과 권위에 대한 의식 그리고 그 젠더관계를 통해 권력과 권위를 개념화하고 있다는 부분은 다음 현장연구를 통해 좀 더 관찰해봐야 할 것이다. 미얀마 정치문화에서 발견되는 정치종교적 권력인 오자Awza 혹은 남성에게 부여되는 권력인 퐁Hpon, 사회관계에서 고려해야 할 나눔, 자비Sedana 혹은 Dana와 같은 개념들이 일상에서 권력이 되어 그들의 생활 속에 내재화한 것은 아닌지 하는 새로운 후속 연구의 가능성도 엿보게 되었다.

사진 7 MyME 야간학습센터에서 진행한 행복한 초점집단토론
출처: 논문 사진자료에서 재인용

6. 미얀마어와 밀당하기

현장연구를 하는 연구자에게 언어를 배우는 것은 연구과정 중 중요한 부분을 차지한다. 참여관찰을 진행할 때는 큰 문제가 되지 않았던 언어 문제가 개별면담과 초점집단토론을 하는 과정에서는 큰 도전으로 다가왔다. 서울에는 부산과 달리 미얀마의 역사, 고전 그리고 미얀마어를 체계적으로 공부할 수 있는 학부나 대학원 과정이 없었기에, 나는 한국에서 박사과정을 공부하는 미얀마인 교수에게 미얀마어 기초를 개인교습 받는 방법으로 공부를 시작할 수밖에 없었다. 그런 다음 동영상으로 보면서 복습을 하고, 나중에는 양곤 현지에서 현지 미얀마인에게 회화를 배웠다. 필자가 아무리 언어에 관심이 많고 언어 배우는 것을 좋아한다 해도, 6개월에서 7개월 정도 배운 현지어 수준에서 현지어로 현지조사를 수행하는 데는 명확한 한계가 존재했다. 따라서 일상생활에서 가급적 미얀마어에 많이 노출되는 방법을 고심했다. 의도적으로 미얀마 중저소득층 가족들이 사는 시내 38번가에 '평범한' 숙소를 정하고 일상생활과 연구현장에서 참여관찰을 좀 더 치밀하게 진행하는 것을 원칙으로 했다.

그런데도 불구하고, 뭔가 좀 더 체계적인 방법을 찾았으면 하는 바람이 있었다. 과거 연구소에서 여러 언어로 진행되는 평가연구를 수행하면서 번역의 어려움을 겪은 바 있어서 타당성과 연구의 질을 보장할 수 있는 번역과 통역 방법의 노하우가 조금은 축적되어 있는 상황이었다. 주로 한국인 연구자들 간의 협업이나 협력국가 및 지역연구자와의 협력으로 진행되는 국제개발 연구에 적용되는 연구방법을 다시 한번 정리하기 시작했다. 우선 언어는 3가지가 아니라 영어와 미얀마어 2개 언어로 한정했다. 영어로 학위논문을 작성해야 하므로, 모든 연구결과를 처음부터 영어로 작성했다. 현장조사도 전문기관 면담은 영어로, 현지단체 및 청소년들과의 인터뷰는 미얀마어로 진행했다. 연구 초기 탐색적 연구를 하던 시기에는 친주와 같은 지역에서 이주한 청소년들을 만날 때 그들이 사용하는 강한 억양 때문에 그들의 말을 전혀 알아들을 수가 없었다. 그러나 본연구가 시작되자, 대부분의 연구참여자들이 미얀마 중부 및 평야 지역 출신으로 대부분 억양이 평이한 편이어서 소수민족의 언어까지 고려해야 할 상황은 아니었다. 이와 같은 상황에서 방법론적으로는 2개 언어를 중심으로 연구의 신뢰성과 타당성을 보장하는 방안과 장치를 마련하는 데 집중했다. 따라서 초점집단토론과 개별심층면담의 자료 번역과 통역에 가급적 엄격한 원칙, 절차, 질 검증 방법을 적용하고자 했다. 문헌 중 번역이 된 부분은 반드시 번역 자격이 있는 제3자에게 검수를 받았다.

통역은 번역보다 좀 더 세밀한 절차적·방법론적 고려가 필요했다. 현장 사람들과 라포를 형성하거나 참여관찰하는 과정에서는 큰 문제가 없었지만 초점집단토론과 개인 면담의 경우 통역의 도움을 받는 것이 중요하다고 판단했는데, 이는 1차 탐색적 연구과정에서 영어로만 면담을 진행했을 때 발생한 여러 가지 시행착오—인터뷰의 문답이 매우 기초적인 수준의 단답형 혹은 단문의 나열로 진행되거나 연구의 의도·전제·윤리적 연구수행에 대해 충분히 이해하고 질의응답하기 어려운 상황, 미얀마어에 없는 단어 혹은 낯선 개념의 단어 사용으로 인한 혼란—에 근거한 판단이었다. 특히 탐색적 연구과정에서 국제개발 분야에 많은 경력을 가지고 있는 '전문 통역인'과의 사이에 있었던 어려움을 고려해 본연구과정에서는 통역 선정, 사전준비, 현장에서의 관계 정립, 연구윤리 차원에서 모든 부분을 꼼꼼히 고려하기로 했다.

통역은 3인의 도움을 받았다. 두 명은 양곤대학교 인류학과 학생들로, 기본적인 현장조사 경험이 있고 영어와 미얀마어가 유창한 학생으로 학과장의 추천을 받은 5인의 학생 중 이력서 및 기본 번역 결과를 검토해서 선정했다. 추가적인 한 명은 뉴질랜드에서 교육학 박사과정을 공부하다가 휴학하고 양곤에 돌아와 있는 미얀마인 여성으로, 이미 통역사 자격을 가지고 있어서 난이도가 높은 인터뷰 통역에 참여하게 했다. 면담 통역을 담당한 3인 모두 총 3회 사전 면담 및 교육에 참여한 후 현장에서 통역을 하도록 했다. 1차 사전회의에서는 자기를 소개하고 서로 알아가는 시간을 가지며 라포를 형성하고, 2차 사전회의에서는 연구의 방향, 주요 내용, 연구윤리에 대한 기본 가이드를 영문으로 작성해 그 요지를 명확하게 설명하고자 했다. 3차 사전회의는 교육훈련 형식으로 진행되었는데, 미국번역협회American Translator Associations, ATA가 발간한 기본 통역 매뉴얼 및 실제로 사용할 반구조화된 질문의 내용을 출력하여 함께 숙지하고 면담을 사전에 연습해보았다. 이 과정을 통해 필자도 미얀마어로 질문하는 방법이나 표현을 익히는 과정을 거쳤다.

연구결과를 정리하고 분석하는 과정에서 연구의 질을 보장하기 위한 몇 가지 보완장치를 생각했다. 첫째는 번역과 통역 관련 결과에 대한 제3자의 질 검증 작업이었다. 논문을 작성하는 과정에서 직접 인용된 대화, 인터뷰 내용이 포함된 주요 전사자료transcript의 일부분을 발췌해 제3자인 전문가에게 무작위 번역random reverse translation을 받은

사진 8 **2017년 양곤대학교 객원교수 시절 동료들과 함께**

사진 9 **고마운 미얀마 양곤대학교 인류학과 교수진**
출처: Aye Aye Aung 교수

다음, 영문과 미얀마어 번역이 어색하거나 뉘앙스가 다르다고 판단되는 부분을 확인하고 수정했다. 둘째로는 미얀마 현지 대학에 3인의 자문진을 선정하고 현장연구 중 이해하기 어려운 개념, 단어, 해석의 함의에 대해 공식적·비공식적 자문을 받았다. 미얀마 양곤대학교 인류학과의 미야낀Daw Mya Mya Khin 교수, 딴빨레Daw Than Pale 교수, 그리고 이제는 정말 가까운 친구가 된 에에아웅Daw Aye Aye Aung 교수는 필자가 논문을 쓰던 당시 현장에서 낯선 단어를 가르쳐주고 퐁, 자비 같은 미얀마 문화의 독특한 개념을 이해하는 데 많은 도움을 주었다.

이러한 다양한 방법론적 고려에도 불구하고, 완결된 수준의 민족지 연구를 충분히 해내지 못하지 않았나 하는 아쉬움이 있다. 2012년부터 시작된 미얀마의 사회·문화 발전에 대한 관찰은 2016년 2월부터 2017년 2월까지 각종 문헌연구, 국내외의 심층면담, 현장연구 순으로 단계적으로 진행되었다. 그러나 실제 논문에 1차 자료로 인용된 양곤에서의 참여관찰 및 다양한 면담의 결과는 2016년 10월부터 2017년 1월 사이의 자료만 사용할 수밖에 없었기 때문에 부족한 점이 있으리라. 그러나 수년간 미얀마라는 한 국가와 지역 그리고 양곤 사람들을 관찰하고 이해한 결과가 녹아들었다는 점, 그리고 인류학을 통해 배운 기본기에 근거해 연구하고자 했다는 차원에서 최대한 민족지에 충실하고자 했다. 이후 나의 양곤 민족지는 후속연구의 형태로 계속되고 있다.[7]

---

7   해당 박사논문의 내용 중 일부는 2019년 말 "중도 탈락자 되기: 전환기 미얀마 학업중단 청소년의 경험 연구Being and Becoming Dropouts: Contextualizing Dropout Experiences of Youth in Transitional Myanmar"라는 논문으로 발간될 예정이다.

7. 나가며: 현장연구가 나에게 남긴 것

2012년 처음 미얀마에 가기 전에 나는 무엇을 기대했을까? 나는 2000년대에 미얀마에서 일해보고 싶어서 배낭여행을 다니거나 석사과정 중 방콕 유네스코에서 연구업무 지원을 할 때도 종종 미얀마에서 활동하는 내 모습을 상상하곤 했다. 그 그림 속에는 도시락을 들고 양곤대학교 정문에서 일직선으로 쭉 뻗은 대학로를 거쳐 중앙홀 Convocation Hall까지 걸어가는 상상도 포함되어 있었다. 2000년 초 제3세계 정치학 강의에서 1950년대 아시아 최고 수준이었던 대학교육, 탈식민지 지식인들의 동아리 활동, 사원교육의 전통을 자랑하던 과거 미얀마의 지성사에 대한 꽤 낭만적인 강의를 들은 경험이 있었기 때문이다. 그러나 2012년 필자가 처음 방문한 양곤대학교의 모습은 '아시아 최고의 학부', '동남아시아 지성의 상징'이라던 상상 속 모습과는 전혀 달랐다. 미얀마 지식인들과 문학가들이 아름답고 낭만적으로 묘사한 양곤대학교 대학로에는 학부생들의 흔적이라고는 전혀 찾아볼 수 없었다. 그 자리를 차지한 것은 유유히 활보하는 10여마리의 개떼였다.[8]

대학로 정면에 보이는 중앙홀은 아웅산 장군, 우 탄트 유엔사무총장, 싱가포르 리콴유 총리 등 역사적 정치인들이 연설문을 낭독했던 상상 속의 웅장한 모습이 아니라, 미얀마 민주화운동 역사의 상징적 사건인 1988년의 8888항쟁 이후 지속된 군사정부의 탄압과 대학 구성원들의 시위로 불에 탄 채 검게 그을려 있는 그대로였다. 양곤대학교 대학로를 기준으로 양측으로 구분된 인문대와 자연대 건물 외벽은 담쟁이덩굴로 덮여 있었고, 입구를 제외한 측면이 쓰레기 더미로

관찰과 참여의 경계 위에서

덮여 있는 건물도 눈에 띄었다. 많은 주목을 받고 있던 미얀마의 개혁 개방 뉴스에도 불구하고, 2012년에 내가 관찰한 미얀마의 고등교육 현실은 참담했다. 취약한 시설, 구식 교재와 교구, 자격 있는 교수 및 강사의 부족, 권위적이고 전근대적인 교수방법, 암기 위주에 기반한 평가, 권위적이고 전근대적인 교육 행정체계와 의사결정 과정 등 총체적인 문제에 직면해 있었다. 2000년대에 미얀마인들 사이에 팽배했던 대학교육 무용론은 어쩌면 자연스러운 것일 수 있었다. 수십 년에 걸친 교육 탄압과 지식인 탄압의 결과, 미얀마인들이 자랑하는 '모든 사람이 불교 경전을 읽는 문화', '길거리 상인들도 신문을 읽는 문화'는 사라지고 있었으며, 대학은 '공무원들이 탁상공론하는 곳' 또는 '기술을 배우는 곳'으로만 인식되는 수준으로 전락했다. 개혁개방이 시작된 2013년에도 미얀마에서는 기초교육 중 5년만 법적 의무교육으로 보장되어 있었으며, 2013년 기준으로도 GDP의 약 1.3퍼센트만 교육에 투자하는 수준이었다. 학부생의 입학이 금지되고 시민들의 출

---

8 미얀마 고등교육은 역사적으로 외부의 정치적·외교적 영향보다는 미얀마 국내정치의 정책적 영향을 받고 정치와 이념의 도구로 활용된 세계적 대표 사례라는 뼈아픈 역사를 지니고 있다. 국가법질서회복위원회 The State Law and Order Restoration Council, SLORC 및 국가평화발전평의회The State Peace & Development Council, SPDC는 양곤대학교를 비롯한 주요 대학들을 중심으로 전개된 1988년의 8888항쟁 이후 눈에 띄게 커진 대학생들의 사회적 영향력에 부담을 느껴 3년간 모든 고등교육기관을 완전히 폐쇄했다. 1991년에 대부분의 대학이 다시 개교했으나 양곤대학교, 양곤공과대학교, 만달레이대학교와 같은 주요 대학들의 학부 과정이 전면적으로 폐쇄되었고 단과대학 없이 작은 과department 수준으로 '산산조각' 났다. 1990년대 후반에도 주요 대학들이 여러 차례 개교와 폐교를 반복하며 겪으면서 미얀마 고등교육의 기능은 거의 마비되었다. 원격교육 및 기술훈련에만 집중했고 대학원 교육은 기능을 상실하게 되었다. 이렇듯 1990년대에 고등교육에 철저한 탄압이 가해짐으로써 대학교육이 '붕괴' 수준에 이르고, 대학의 운동은 지하조직화하기 시작했다. 주요 대학의 교수진들과 학생회 리더들은 8888항쟁을 계기로 정치·사회의 리더 역할뿐 아니라 미얀마 교육개혁의 핵심주체로 자리매김하게 되었다. 학자들은 1988년부터 2000년대 후반까지 쏘마웅Saw Muang과 딴 슈웨Than Shwe 대통령이 진두지휘한 군사정부의 고등교육 탄압이 의도적이고 조직적이며 '매우 효과적'이었다고 보았다. 상세한 내용은 "전환기 미얀마 정치사회 변화와 신新고등교육 개혁: 정책·지식·권력의 역동을 중심으로"(홍문숙, 2018)를 참고하기 바란다.

입이 통제된 대학 교정에는 군사독재의 그늘에 가려진 미얀마 현대사와 군부가 자행한 철저한 대학교육 해체의 흔적이 고스란히 남아 있는 듯했다.

학위논문을 마치며 곰곰이 돌아보니, 양곤에서 논문을 쓰기로 한 것은 2012년 해외 출장으로 방문했을 때 미얀마의 역동적인 역사, 뜨거운 정치 그리고 '책을 읽고 학교에서 정치를 논하는' 그들의 교육문화에 매료되면서부터였다. 2012년부터 2015년까지 한국 정부가 지원하는 다양한 국제개발 관련 과제로 미얀마 출장을 다녀오는 행운을 얻었다는 점도 소중하게 다가왔다. 학위논문 연구를 위해 나름 비장하게 퇴직을 결심하고 현장연구를 시작할 때는 '국제개발 전문가로서의 나'를 많이 버려야 했지만, 실제 미얀마와의 첫 만남, 미얀마인들의 은근한 끈기와 열정, 선생으로서 자존심이 있지만 옆집 이모처럼 다정한 양곤대학교 인류학과 교수님들과의 관계가 시작된 것도 국제개발을 통해서였다. 나는 국제개발에 체계가 갖춰지지 않은 시기부터 일을 시작해 그 분야의 일을 하며 수많은 밤을 불태웠지만, 동시에 국가와 민간에서 주도하는 다양한 국제개발 프로젝트의 혜택을 입으면서 세계의 현장을 먼저 다닐 수 있었고, 다양한 전문가들과 뛰어난 청년들과 함께 일할 수 있는 기회를 얻었으며, 현장에서 장·차관부터 마을 아이들까지 자유롭게 만날 수 있었다. 그런 특별한 '열쇠'를 얻은 것에 감사한 마음이 있다.

한 국가와 사회의 체제 전환기의 모습을 관찰할 수 있었던 것은 사회과학 연구자로서 일생일대의 기회였다. 내가 미얀마와 가까워지기 시작한 2010년은 군부가 지원하는 연방단결개발당USDP이 총선에서 승리하고 2011년 떼인쉐인Thein Sein 대통령이 개혁개방 정책을 시작하면서 전반적인 개방을 알리던 시기로, 떼인쒜인 대통령이 아웅산 수치와 현 집권당인 NLD^National League for Democracy에 정권을 넘기면서 눈에 띄는 전환기를 맞이한 시기이다. 나는 바로 이 시기에 양곤을 관찰할 수 있었다. 당시 언론에서는 미얀마의 개혁개방을 환영하는 흥분 섞인 소식이 주류를 이루었고, 양곤 시내 길거리에 "드디어 민주주의가 왔다!"라는 표어가 붙은 것을 바라보며 철옹성 같던 미얀마 군부 정권의 끝자락(혹은 변모의 시작)을 관찰할 수 있었다. 나는 2012년 군부의 수장이었던 딴 슈웨 장군의 안전 보장, 떼인쒜인 대통령의 개혁 의지, 군부의 지위 보전 약속을 골자로 하는 대통령과 아웅산 수치의 비밀회담 이야기를 들었고, 전前 학생운동가이자 광주인권상 수상자 밍꼬나잉 등 8888항쟁의 핵심인물들을 포함한 정치범 2,100여 명이 석방된 과정도 현지에서 듣고 배웠다. 정당등록법이 개정되고 야당의 정치 활동이 공식적인 차원에서 보장되기 시작했으며, 국가인권위원회가 설치되고 평화 집회 및 시위 법령 도입 등 핵심적인 정치 자유화 조치가 발표되는 시기에 나는 미얀마를 연구하게 되었다.(Hong & Kim, 2019)

교육학자로서 미얀마 고등교육의 개혁개방 과정을 관찰하게 된 것도 큰 행운이었다. 2012년부터 2016년까지 미얀마는 격동의 체제 전환기였고, 동시에 아시아 교육 민주화 역사의 중요한 현장이기도 했다. 2012년 양곤대학교는 전 국가적 개혁개방이 곧 시작될 거라는 조심스러운 기대감과 대학 개혁을 통해 권력의 이동이 크게 일어날 것을 걱정하는 두려움이 공존하던 시기였다. 나는 2012년 양곤대학교의 국제협력이 확대되기 시작하는 시기에 뛰어난 총장님 및 부총장님과 함께 일할 수 있었고, 2012년에는 미국 존스홉킨스대학의 지

사진 10 젊고 역동적인 아시아 고등교육 엘리트 현지조사팀

원으로 대부분의 건물 외벽이 새롭게 단장되는 과정도 지켜보았다. 양곤대학교 인류학과와 한양대 다문화연구원을 포함해 두 국가의 다양한 기관과 청년들이 함께 힘을 합쳐 양곤대학교 지역지식센터를 설립하는 과정에도 후방 지원하며 참여할 수 있었다.

2013년부터 양곤대학교와 양곤공과대학교에 학부가 재개설되었고, 2016년에는 대학 민주화 작업이 시작되었다. 2016년 고등교육 개혁 이후 눈에 띄게 개선된 대학 시설 및 학부생의 등장을 관찰했다. 불에 검게 그을린 양곤대학교 중앙홀은 상징적으로 남아 있지만, 텅 빈 대학로는 이제 미얀마 전통의상인 론지 차림에 한 손에는 도시락을, 다른 한 손에는 화웨이 핸드폰을 든 신입생들로 붐비는 꽤 설레는 모습이었다. 대부분의 인문대와 자연대 건물 외벽은 깨끗하게 새로 단장되었고, 이제 건물 밖 쓰레기 더미도 대부분 사라졌다. 양곤대학교와 양곤공과대학교가 다시 학부생을 받게 된 것을 환영하는, '개혁개방 1세대'의 인터뷰 기사가 신문 1면에 장식되었다. 수십 년 만에 대학에 새로 입학한 신세대 학부생이 활보하는 캠퍼스는 마치 흑백영화에서 디지털 영화로 전환된 느낌이라고 할까. 나는 아시아 교육 민주화의 중요한 현장을 관찰한 중요한 관찰자가 되었다. 지금 돌이켜보니 양곤의 현장은 나에게 참 많은 것을 주었다.[9]

참여와 관찰을 넘나들고 한국과 미얀마의 국경을 넘으면서 박사학위를 마치고 나니, 이제 융합연구자로서 몇 갈래 교차로에 다시 서 있

9　최근 필자는 양곤대학교와 양곤공과대학교의 신엘리트 청년들에 대한 연구를 시작했다. 또한 양곤대학교, 양곤공과대학교의 교수진, 민꼬나잉 선생님 및 전 학생운동가들의 도움으로 박사과정 중 진행하지 않기로 결정했던 고등교육의 민주화 연구도 후속 연구로 진행했다. 그 결과와 상세한 내용은 "미얀마의 고등교육, 학생운동 그리고 '잊혀가는 민주주의': 과거, 현재와 미래Forgotten democracy, student activism, and higher education in Myanmar: past, present, and future"(Asia Pacific Education Review, 2019)에서 확인할 수 있다.

는 내 모습을 발견하게 된다. 양곤 현장연구의 뜨거운 낮과 밤을 생각하며, 관찰과 참여 사이에서의 끊임없던 밀당을 생각하며, 다양한 삶과 인생 경로 속에서 고군분투하는 양곤의 청년들을 생각하며, 이론과 현상을 엮어내는 연구자로서 다층위적 개발과 교육의 문제를 인과관계로만 단순화해서 해석하지 않아야 한다는 교훈을 잊지 않기로 했다.

물론 융합연구자가 가진 학술적 한계와 구조적 취약성이 존재하고, 우리나라 학계의 위계질서 속에서 경계인의 역할에 대한 의심과 회의가 있다는 것을 안다. 그러나 내 학문의 주변성을 한탄하기보다 여러 주제를 섞고 다양한 시공간을 비교하고 탐구하는 융합연구의 치명적 매력과 무한한 가능성을 즐기며 다학제 연구의 미래가 아주 밝다고 생각하기로 했다. 한국의 관점에서는 경계인일 수 있지만 다양한 사회와 문화의 상층부와 하층부를 넘나들 수 있는 '특권'을 가진 연구자라는 점을 간과해서는 안된다. 그런 의미에서는 나는 지식사회학자 김종영(2015)이 이야기한 트랜스내셔널 미들맨과 같은 정체성을 가지고 있는 것은 아닐까. 국제개발학과 국제교육학계의 '트랜스내셔널 미들퍼슨transnational middleperson'인 내가 아시아 사회의 공고한 계층과 위계적 구조 그리고 편견과 배제에 균열을 내는 새로운 세대의 연구자가 될 수 있을 것이라 감히 상상해본다. 동남아, 국제개발, 교육의 경계를 넘나드는 한 융합연구자가 앞으로 어떠한 삶과 배움의 이야기를 펼쳐나갈지 10년 후쯤 다시 펜을 들어보리라. 우선 내일모레 양곤으로 갈 짐을 빨리 싸야겠다. 박사논문은 2년 전 마무리되었지만, 뜨거운 개발과 교육현장에서의 나의 민족지는 오늘도 현재진행형이다.

　　　　　　　　　　　　관찰과 참여의 경계 위에서

참고문헌

김종영, 『지배받는 지배자: 미국 유학과 한국 엘리트의 탄생』, 파주: 돌베개, 2015.

홍문숙, "전환기 미얀마 정치사회변화와 신^新고등교육 개혁: 정책·지식·권력의 역동을 중심으로", 『비교교육연구』 28(3): 135-159, 2018.

홍문숙·박채원·변수진, "전환주의 평가이론의 탐색: 임파워먼트 평가 개념 및 방법론을 중심으로", 『국제개발협력연구』 11(1): 39-56, 2019.

Hong, Moon Suk, and Hani Kim, "'Forgotten' Democracy, Student Activism, and Higher Education in Myanmar: past, present, and future," *Asia Pacific Education Review* 21(2): 101-115, 2019.

Hong, Moon Suk, forthcoming, "Being and Becoming Dropouts: Contextualizing Dropout Experiences of Youth in Transitional Myanmar," *Journal of Qualitative Studies in Education*, 2020.

찾아보기

저자 소개

채현정 서울대학교 인류학과 학사(2006년)와 동 대학원 석사(2008년)를 마치고, LG전자 디자인연구소에서 근무했다. 이후 2018년에 동 대학원에서 아세안경제협력 시대의 태국 북부 국경지역 개발과 국경교역 실천을 주제로 박사학위를 받았다. 현재 덕성여자대학교 문화인류학과 조교수로 재직 중이다. 아세안의 지역 시장 형성 과정과 국경 정책 변화에 대한 연구 및 로컬 상품과 지역 시장, 국경이동의 제도적·절차적 변화, 사람과 상품의 이동에 관심을 가지고 있다. 주요 논문으로는 "아세안 지역시장의 출현과 국경교역 장의 재편: 태국 북부 치앙라이 국경상인의 사회적 자본과 교역 실천 전략 분화를 중심으로", "국경의 다중성 개념을 통해 본 아세안지역경제협력의 국경 자유화 정책: 태국 북부 치앙라이 국경교역 사례를 중심으로"가 있다.

임안나 숭실대학교 영문학과 학사(2001년)와 서울대학교 인류학 석사(2005년)를 마치고 2015년에 이스라엘 텔아비브대학교에서 필리핀 이주노동자의 이주 공간 형성에 관한 주제로 인류학 박사학위를 받았다. 초국적 이동과 공간, 이스라엘 이민정책과 시민권, 필리핀 이주노동자에 관심을 두고 연구하고 있다. 강원대학교 사회과학연구원에서 박사후연구원으로 이스라엘의 필리핀 미등록 이주여성에 관한 연구를 수행한 바 있으며 현재 서울대학교 비교문화연구소 연구원으로 재직 중이다. 주요 논문으로는 "Networked Mobility in the 'Migration Industry'", "주말 아파트와 공동체: 이스라엘 내 필리핀 노인 돌봄 노동자의 이주 공간 형성에 관한 연구", "이스라엘 유대인 사회의 종족성과 정체성" 등이 있다.

최영래 서울대학교 해양학과 학사(2003년) 영국 옥스퍼드대학교 지리학 석사(2005년)를 마치고, 2015년에 동아시아 연안 거버넌스의 변화를 주제로 미국 오하이오주립대학교에서 지리학 박사학위를 받았다. 정치생태학 및 환경인류학의 관점에서 동아시아 연안·해양의 개발-보전 정치를 연구하고 있다. 현재 플로리다국제대학교 글로벌사회문화학과에 조교수로 재직 중이다. 주요 논문으로 "Modernization, development and underdevelopment: Reclamation of Korean tidal flats, 1950s-2000s", "녹색성장-갯벌어업-해삼양식 어셈블리지로 읽는 발전주의와 자연의 신자유주의화" 등이 있고, 저서로『생물다양성과 황해』(공저)가 있다.

장정아 서울대학교 인류학과 학사(1992년)와 동 대학원 석사(1995년)를 마치고 2003년에 홍콩인의 경계와 정체성이 만들어지는 과정을 주제로 서울대학교에서 인류학 박사 학위를 받았다. 이후 중국 본토로도 조사지를 확장하여 여러 지역의 농촌에서 현지 조사하며 연구하고 있고, 중국의 문화유산과 문화민족주의, 홍콩의 식민주의와 정체성, 국경과 변경의 정치학에 관심을 가지고 있다. 현재 인천대 중어중국학과 교수 및 중국·화교문화연구소장으로 재직 중이다. 주요 논문으로 "홍콩 땅을 지킨다는 것: 홍콩 정체성에서 향촌과 토지의 의미", "빈민가에서 문화유산의 거리로: 홍콩 삼쉬포 지역 사례를 통해 본 도시권", "홍콩의 법치와 식민주의: 식민과 토착의 뒤틀림" 등이 있고, 주요 저서로 *Intangible Cultural Heritage in Contemporary China: The Participation of Local Communities*(공저), 『도시로 읽는 현대중국』(공저), 『경독(耕讀): 중국 촌락의 쇠퇴와 재건』(공저), 『종족과 민족: 그 단일과 보편의 신화를 넘어서』(공저) 등이 있다.

구기연 한국외국어대학교 이란어과에서 학사(2000년), 서울대학교 인류학과에서 석사(2003년)를 마쳤다. 2013년에 국가 체제에 대항하는 이란 도시 젊은이들의 자아구성을 주제로 서울대학교 인류학과에서 박사학위를 받았다. 주로 이란의 청년세대와 여성 문제, 이란 내 한류 그리고 미디어를 통한 시민사회운동 등에 대해 연구해왔다. 최근에는 한국 내 이슬람 혐오 이슈와 한국 무슬림 난민 문제에 관심을 기울이고 있다. 현재 서울대학교 아시아연구소 서아시아센터 선임연구원으로 재직 중이다. 주요 논문으로 "혁명 거리의 소녀들: 해시태그 정치를 통한 이란 여성의 사회운동", "할 수만 있다면 누구든지 떠난다!: 이란의 고학력 이주 현상에 대한 인류학적 분석", "Islamophobia and the Politics of Representation of Islam in Korea" 등이 있고, 주요 저서로는 『이란 도시 젊은이, 그들만의 세상 만들기』, *Participation Culture in the Gulf: Networks, Politics and Identity*(공저), *Media in the Middle East: Activism, Politics, and Culture*(공저) 등이 있다.

김희경 이화여자대학교 보건교육학, 사회복지학 학사(2000년)와 서울대학교 인류학 석사(2003년)를 마치고, 2015년 인구 고령화 시대에 생명정치의 진전 양상 및 죽음 윤리의 변화를 주제로 서울대학교 인류학과에서 박사학위를 받았다. 한국과 일본 사회를 중심으로 인구 고령화와 지역사회의 역동, 생애주기의 제도화·의료화와 이에 따른 죽음에 대한 윤리와 실천이 어떻게 변화하고 있는지에 관심을 두고 연구하고 있다. 현재 경북대학교 고고인류학과 조교수로 재직 중이다. 주요 논문으로 "할마쇼크: 한국 가족주의의 그림자와 할머니-모성의 사회문화적 구성", "내가 죽으면: 초고령화 일본 사회에서 생명정치와 죽음윤리", "Underground Strongman: 'Silver' Seats, Fare-Exempt Status, and the Struggles for Recognition on the Seoul Subway" 등이 있고, 주요 저서로 *Beyond Filial Piety: Rethinking Aging and Caregiving in Contemporary East Asian Societies*(공저), 『안전사회 일본의 동요와 사회적 연대의 모색』(공저), 『의료, 아시아의 근대를 읽는 창』(공저) 등이 있다.

육수현 전북대학교 고고문화인류학과 학사(2007년)와 동 대학원 석사(2009년)를 마치고, 2017년에 베트남 청년세대의 사회이동과 혼종적 주체성을 주제로 전북대학교 문화인류학과에서 박사학위를 받았다. 외국에 진출한 한국 기업과 로컬 간의 상호작용과 상생 방안, 베트남 청년세대와 여성, 문화다양성 확산에 관심을 두고 연구하고 있다. 현재 서울대학교 사회과학연구원 선임연구원으로 재직 중이다. 주요 논문으로 "반(半)주변부국가 언어의 경계 넘기: 베트남 내 한국어 구사자의 수용과 활용을 중심으로", "호찌민시 한-베 다문화 가족의 한국어 학습 수요에 관한 연구: 한글학교 재학 중인 2세의 학부모를 대상으로" 등이 있고, 주요 저서로는 『문화를 보는, 어머니 이야기』(공저), 『다문화와 다양성』(공저), 『한국기업의 VIP 국가 투자진출: 지역전문가의 조언』(공저) 등이 있다.

노고운 전남대학교 인류학과 학사(1997년)와 서울대학교 인류학과 석사(2001년)를 마치고, 2011년에 중국 옌벤조선족자치주를 중심으로 사회주의에서 후기사회주의로의 전환기에 나타나는 초국적 이주 및 전략과 그에 대한 도덕성 담론과 젠더 정치학에 관한 연구로 미국 캘리포니아대학교(Davis)에서 인류학 박사학위를 받았다. 한국과 중국을 묶는 다문화주의 및 초국적 이동에 관한 연구뿐만 아니라 동물, 생태, 환경 문제에 대한 한국 사회의 다양한 현상 및 담론 분석에 관심을 두고 연구하고 있다. 현재 한국외국어대학교 한국학과 조교수로 재직 중이다. 주요 논문으로 "Mass Media and Transnational Community: The Sense of Belonging Beyond State Borders among Korean-Chinese in the Yanbian Korean-Chinese Autonomous Prefecture", "Ecological Nationalism and the Demonization of 'Invasive' Animal Species in Contemporary South Korea" 등이 있다.

지은숙   고려대학교 철학과 학사(1992년)와 서울대학교 인류학과 석사(2009년)를 마치고, 2016년에 비혼의 관점에서 본 일본의 가족관계와 젠더질서의 변화를 주제로 서울대학교 인류학과에서 박사학위를 받았다. 인구 고령화와 가족관계의 변동, 돌봄의 민주화와 젠더질서의 변화, 젠더와 나이 듦의 의미, 한국 여성의 일본 이주 등을 키워드로 연구를 진행하고 있다. 현재 서울대학교 인류학과 BK21플러스사업단 계약교수로 재직 중이다. 주요 논문으로 "가족주의 사회와 비혼여성의 새로운 친밀권: 독신부인연맹의 사례를 중심으로", "비혼을 통해 본 현대일본의 가족관계와 젠더질서: 사회집단으로서 비혼의 형성과 변화를 중심으로", "남성 돌봄자 증가와 젠더질서의 역동: 일본 남성의 노인돌봄을 둘러싼 담론과 정책의 변화를 중심으로" 등이 있고, 주요 저서로는 『남성의 관점에서 본 노인돌봄 경험과 역할 전환에 관한 연구』(공저), 『젠더와 일본사회』(공저)가 있다.

엄은희   서울대학교 지리교육학 학사(2000년)와 환경교육학 석사(2002년)를 마치고, 2008년에 동대학원에서 다국적기업에 의한 필리핀의 광산개발과 그에 저항하는 주민들의 이야기를 주제로 지리/환경교육학 박사학위를 받았다. 연구 주제는 동남아의 환경문제, 도시화, 국제개발협력, 해외 한인기업과 한인사회 등이며, 현재 서울대학교 사회과학원 및 아시아연구소의 선임연구원으로 재직 중이다. 주요 논문으로 "공정무역 생산자의 조직화와 국제적 관계망: 필리핀 마스코바도 생산자 조직을 사례로", "메콩의 에너지 경관: 메콩 지역 수력 경로의 형성과 변화", "재외동포의 사회운동과 정치적 역동: 416자카르타 촛불행동의 활동을 중심으로"(공저) 등이 있고, 주요 저서 및 역서로는 『말레이 세계로 간 한국 기업들』(공저), 『개발도상국과 국제개발』(공역), 『흑설탕이 아니라 마스코바도』 등이 있다.

정이나   멕시코 바예데아테마학대학교 국제통상 학사(2000년)와 스페인 살라망카주립대 중남미 지역학 석사(2006년)를 마치고 급진적인 사회 구조적 변화를 겪고 있던 베네수엘라의 사회구조 분석을 주제로 2012년에 스페인 살라망카주립대 중남미 사회인류학과에서 박사학위를 받았다. 라틴아메리카의 사회불평등, 빈곤, 계급, 민중운동, 사회개혁 등에 관심을 두고 연구하고 있다. 부산외대 HK연구교수를 거쳐 현재 쿠바 아바나대학교 의대에서 수학 중이다. 주요 논문으로 "사파티스타 운동 연구에 대한 인류학적 소고", "라틴아메리카 사회주의 운동 연구: 쿠바 혁명을 중심으로", "과테말라 원주민 운동 정치: 계급과 문화 사이에서", "토지개혁과 계급 역관계

에 대한 고찰: 한국과 과테말라 사례를 중심으로" 등이 있다.

홍문숙 호주 모나시대학교 사회과학 학사(2002년)와 호주국립대학교 인류학 석사(2009년)를 마치고, 2017년 서울대학교에서 교육학과 개발학을 접목한 융합분야 교육학 박사학위를 받았다. 국제개발 현장의 정책적·실천적 조사와 평가 분야 전문가로 활동하다 최근에는 역동적인 아시아의 사회발전, 국제개발, 청년과 학습에 대한 담론과 현장에 관한 학술연구에 집중하고 있다. 현재 서울대학교 글로벌교육협력대학원 및 아시아언어문명학부 동남아 전공, 경희대학교 국제대학원 국제개발 전공에서 강사 및 객원교수로 강의 중이다. 주요 논문으로 "Being and Becoming Dropouts: Contextualizing Dropout Experiences of Youth in Transitional Myanmar", "Forgotten Democracy, Student Activism, and Higher Education in Myanmar: Past, Present, and Future"(공저), "Re-thinking democracy, development and social justice in education: connecting global, national and local challenges"(공저), "전환주의 평가이론의 탐색: 임파워먼트 평가 개념 및 방법론을 중심으로"(공저) 등이 있다.

여성 연구자, 선을 넘다

1판 1쇄 펴냄 2020년 1월 28일
1판 4쇄 펴냄 2022년 6월 10일

엮은이 엄은희 · 구기연
펴낸이 정성원 · 심민규
펴낸곳 도서출판 눌민

출판등록 2013. 2. 28 제25100 – 2017 – 000028호
주소　　서울시 은평구 가좌로11가길 30, 301호 (03439)
전화　　(02) 332 – 2486　　**팩스**　　(02) 332 – 2487
이메일 nulminbooks@gmail.com
인스타그램 · 페이스북 nulminbooks

ⓒ 엄은희, 구기연, 채현정, 임안나, 최영래, 장정아, 김희경, 육수현, 노고운, 지은숙,
　 정이나, 홍문숙 2020

Printed in Seoul, Korea

ISBN 979 – 11 – 87750 – 28 – 4 03300

• 이 도서의 국립중앙도서관 출판예정도서목록(CIP)은 서지정보유통지원시스템
　홈페이지(http://seoji.nl.go.kr)와 국가자료종합목록시스템(http://www.nl.go.kr/
　kolisnet)에서 이용하실 수 있습니다. (CIP제어번호 : CIP2020002307)